suhrkamp taschenbuch
wissenschaft 2173

Auch zu Beginn des 21. Jahrhunderts lebt ein großer Teil der Menschheit in bitterer Armut. Daraus ergibt sich die brennende Frage, was die Bürgerinnen und Bürger wohlhabender Länder extrem armen Menschen moralisch schulden. Valentin Beck beantwortet sie im Rahmen einer umfassenden Theorie der globalen Verantwortung. In seinem glänzend geschriebenen Buch behandelt er zentrale Fragen der Theorie globaler Gerechtigkeit, unterzieht unsere Verflechtung in globale soziale Strukturen einer detaillierten Analyse und wirft so ein neues Licht auf eine der größten moralischen Herausforderungen unserer Zeit. Wir müssen mit Blick auf den politischen und individuellen Umgang mit der Weltarmut umdenken, so lautet die zentrale Forderung dieser Studie.

Valentin Beck ist wissenschaftlicher Mitarbeiter am Institut für Philosophie der Freien Universität Berlin.

Valentin Beck

Eine Theorie der globalen Verantwortung

Was wir Menschen in extremer Armut schulden

Suhrkamp

Bibliografische Information der Deutschen Nationalbibliothek
Die Deutsche Nationalbibliothek verzeichnet diese Publikation in der Deutschen Nationalbibliografie; detaillierte bibliografische Daten sind im Internet über http://dnb.d-nb.de abrufbar.

D 188
suhrkamp taschenbuch wissenschaft 2173
Erste Auflage 2016

Umschlag nach Entwürfen von
Willy Fleckhaus und Rolf Staudt
Druck: Druckhaus Nomos, Sinzheim
Printed in Germany
ISBN 978-3-518-29773-5

Inhalt

Es ist das Verhängnis jedes Menschen, verstrickt zu sein in Machtverhältnisse, durch die er lebt. Dieses ist die unausweichliche Schuld aller, die Schuld des Menschseins. Ihr wird entgegengewirkt durch Einsatz für die Macht, welche das Recht, die Menschenrechte, verwirklicht. Das Unterlassen der Mitarbeit an der Strukturierung der Machtverhältnisse, am Kampfe um die Macht im Sinne des Dienstes für das Recht, ist eine politische Grundschuld, die zugleich eine moralische Schuld ist.

Karl Jaspers[1]

Vorwort

Die Vorstellungen der Menschen über das moralisch Richtige und Falsche sind schon immer Gegenstand von Revisionen und Neuartikulationen gewesen. Dabei kann das Subjekt moralischer Überlegungen vom Wunsch nach Orientierung an althergebrachten Verhaltensregeln und dem Erfordernis, diese Regeln im Lichte veränderter lebensweltlicher Hintergrundbedingungen neu zu bestimmen, in gegenläufige Richtungen gezerrt werden. Obwohl die vorliegende Studie der Analyse unseres moralischen Verhältnisses zu Menschen in extremer Armut gewidmet ist, geht es in ihr nicht zuletzt auch um diese Spannung und um die damit verbundene Frage nach einer Aktualisierung unseres Welt- und Selbstverständnisses. Eine zentrale These dieser Untersuchung ist, dass im Angesicht der materiellen Lage eines Teils der Weltbevölkerung eine Korrektur und Ergänzung einiger gewöhnlicher Moralvorstellungen erforderlich ist. Die Weltarmut ist sogar ein hervorstechendes Beispiel, an dem sich die Unzulänglichkeit solcher moralischer Beurteilungsschemata aufweisen lässt, in denen institutionelle und politische Rahmenbedingungen für die Evaluation menschlichen Verhaltens keine oder eine zu geringfügige Rolle spielen. Dagegen gilt es zu zeigen, dass wir durchaus soziale Hintergrundstrukturen berücksichtigen und uns aktiv zu ihnen verhalten müssen, wenn wir ein im moralischen Sinn gutes Leben führen wollen. Diese Einsicht lässt sich auch in den Worten des bekannten feministischen Slogans ausdrücken, wonach das Persönliche politisch und das Po-

1 *Die Schuldfrage*, Heidelberg 1946, S. 33.

litische persönlich ist, insofern es unter normativ kritikwürdigen Hintergrundbedingungen in die Sphäre nur vermeintlich privater Entscheidungen hineinreicht.[2] In unserem Zeitalter haben soziale Strukturen von globaler Dimension einen großen Einfluss darauf, wie wir – jeder Einzelne von uns – unser Leben führen und gestalten. Und auch wenn sie nicht immer alle anderen Gesichtspunkte, unter denen wir persönliche Entscheidungen treffen, zu übertrumpfen vermögen, so sollten moralische Erwägungen doch einen wichtigen Stellenwert besitzen. Man muss deshalb nicht Adornos berühmtes Diktum für bare Münze nehmen, dass es kein richtiges Leben im Falschen gebe.[3] Aber das politisch Falsche mag dennoch von entscheidender Bedeutung dafür sein, was auf der Ebene persönlicher Entscheidungen das Richtige genannt werden kann. Von diesem Spannungsverhältnis handelt letztlich dieses Buch.

2 Der Slogan »Das Persönliche ist politisch« oder auch »Das Private ist politisch« ist seit den 1970er Jahren zunächst von Feministinnen verwendet worden, um die Dichotomie zwischen den Sphären des Privaten (wie die Familie) und des Öffentlichen zu hinterfragen. Vgl. u.a. Susan Moller Okin, *Justice, Gender, and the Family*, New York 1989, S.124. Die Wendung wurde später aber im Rahmen der Interpretation von Gerechtigkeitsnormen auch weiter verstanden. Siehe etwa Gerald A. Cohen, »Where the Action Is: On the Site of Distributive Justice«, in: *Philosophy & Public Affairs* 26 (1997), S.3-30, hier S.3. Der Ausspruch passt, etwas anders gelagert, auch zur Weltarmutsproblematik, insofern auch hier die Berufung auf eine falsch verstandene »Privatheit« dazu beitragen kann, die gegenwärtige Ungerechtigkeit zu perpetuieren.

3 Theodor W. Adorno, *Minima Moralia. Reflexionen aus dem beschädigten Leben*, Frankfurt/M. 1969 [1951], S.42.

I.
Einleitung

Auch in der zweiten Dekade des 21. Jahrhunderts lebt ein großer Teil der Menschheit in bitterer Armut. Diese Menschen sind nicht nur im Vergleich zu uns Bewohnern wohlhabender Länder arm. Ihr Leben bewegt sich vielmehr in einer Dimension, für die Entwicklungsökonomen den Begriff der absoluten oder auch extremen Armut geprägt haben. Im Gegensatz zur exakten quantitativen Bemessung von extremer Armut sind die mit ihr verbundenen Entbehrungen qualitativ unstrittig. Extrem arme Menschen haben zumeist keinen gesicherten Zugang zu angemessener Nahrung, sauberem Trinkwasser, sanitären Anlagen oder einer medizinischen Grundversorgung. Oft fehlt es ihnen auch an Schutz bietenden Unterkünften und der Möglichkeit, sich durch eine solide Schulausbildung elementare kognitive Fähigkeiten wie Lesen und Schreiben anzueignen. Die Zahl der chronisch Unterernährten bewegt sich seit Jahrzehnten auf sehr hohem Niveau und liegt im Jahr 2015 bei etwa 795 Millionen Menschen.[1] Armut ist im wahrsten Sinne des Wortes tödlich. Im Jahr 2011 war Mangelernährung die Ursache von weltweit 45 Prozent aller Todesfälle von Kindern unter 5 Jahren.[2] Datenerhebungen der WHO zufolge sterben täglich ungefähr 50 000 Menschen – das sind über 18 Millionen jährlich und etwa ein Drittel aller Todesfälle überhaupt – an armutsbedingten Ursachen, darunter Krankheiten wie Durchfall, Masern oder Malaria, die in den wohlhabenden Ländern in der Regel einfach zu behandeln sind.[3]

Wie viele Menschen *genau* in extremer Armut leben, ist gar

1 Diese Zahl entspricht der jüngsten Prognose der Food and Agriculture Organization (FAO) für die Jahre 2014 bis 2016. Damit ist derzeit, trotz Fortschritten in den letzten Jahren, immer noch jeder neunte Mensch unterernährt. Vgl. Deutsche Welthungerhilfe, *Welthunger-Index 2015*, Bonn, Washington, D.C., u. a. 2015, S. 15.

2 Robert E. Black u. a., »Maternal and Child Undernutrition and Overweight in Low-Income and Middle-Income Countries«, in: *The Lancet* 832 (2013), S. 427-451, hier S. 442.

3 Vgl. Thomas Pogge, *Weltarmut und Menschenrechte*, Berlin, New York 2011 [Orig. 2002, ²2008], S. 2, sowie World Health Organization (WHO), *The Global Burden of Disease: 2004 Update*, Genf 2008, S. 54 ff.

nicht so einfach zu beantworten. Dies liegt nicht allein an empirischen Bemessungsschwierigkeiten, sondern hat auch begriffliche Gründe. Denn Armut ist im Kern ein normativer Begriff. Mit seiner Verwendung gehen stets auch bestimmte Werturteile darüber einher, woran es Menschen genau mangeln muss, um als arm gelten zu können. Armut wird zwar in der Praxis häufig an monetären Indikatoren festgemacht. Zum Beispiel mussten, Schätzungen der Weltbank zufolge, im Jahr 2008 weltweit 2471 Millionen Menschen mit weniger als 2 US-Dollar pro Tag und 1289 Millionen Menschen mit weniger als 1,25 US-Dollar pro Tag auskommen,[4] was in etwa einem Drittel beziehungsweise einem Sechstel der Weltbevölkerung entspricht. Meldungen dieser Art sind jedoch mit Vorsicht zu genießen – und zwar unabhängig davon, ob sie einen vermeintlichen Erfolg oder Misserfolg hinsichtlich des Ziels der Reduzierung von Armut verkünden. Nicht nur wird die empirische Verlässlichkeit dieser internationalen Armutsmetrik zu Recht in Zweifel gezogen.[5] Wichtiger noch ist, dass selbst die zuverlässigsten Daten zum Einkommen von Individuen nur sehr begrenzte Rückschlüsse auf deren Lebensqualität zulassen. Denn es sind die individuellen Unterschiede von Menschen und ihre Einbettung in ein soziales Umfeld, die letztlich den Ausschlag dafür geben, welche finanziellen Mittel für ein menschenwürdiges Leben ausreichen. Weil der Bedarf an Einkommen dementsprechend variiert, sind bei der quantitativen Vermessung von Armut immer auch nichtmonetäre Gesichtspunkte wie der Zugang zu sicheren Unterkünften, Ernährung und sauberem Trinkwasser sowie zu Gesundheitsfürsorge und Bildung zu berücksichtigen.

Die mit extremer Armut einhergehende absolute Bedürftigkeit ist gewiss kein spezifisch modernes Phänomen. Auch ist der *Anteil* von Menschen in extremer Armut an der Weltbevölkerung in den letzten Jahrzehnten allem Anschein nach zurückgegangen, was einerseits auf den Wirtschaftsaufschwung in einigen Schwellenländern und andererseits auf die wachsende Weltbevölkerung zurück-

4 Vgl. Shaohua Chen, Martin Ravallion, »An Update to the World Bank's Estimates of Consumption Poverty in the Developing World«, S. 6, ⟨http://siteresources.worldbank.org/INTPOVCALNET/Resources/Global_Poverty_Update_2012_02-29-12.pdf⟩, letzter Zugriff 03. 08. 2015.

5 Vgl. hierzu die Beiträge in Sudhir Anand u. a. (Hg.), *Debates on the Measurement of Global Poverty*, Oxford 2010, sowie die Diskussion unten, in Kap. VI.1.

zuführen ist. Jeglicher Optimismus in Bezug auf die gegenwärtige Lage scheint gleichwohl unangebracht. Denn trotz aller Bemessungsschwierigkeiten ist unstrittig, dass sich die *Zahl* der Menschen in extremer Armut weltweit weiterhin auf einem sehr hohen und vollkommen inakzeptablen Niveau bewegt. Zugleich lebten noch nie so viele Menschen wie heute in Reichtum und Wohlstand – einige davon in einem Reichtum bisher nicht gekannten Ausmaßes. Die Einkommensungleichheiten zwischen dem in den reichsten Ländern lebenden ersten Fünftel und dem in den ärmsten Ländern lebenden letzten Fünftel der Weltbevölkerung haben sich in den letzten 200 Jahren mehr als verzwanzigfacht. Während das durchschnittliche Pro-Kopf-Einkommen des reichsten Fünftels im Jahr 1820 dreimal so hoch war wie dasjenige des ärmsten Fünftels, betrug dieses Verhältnis im Jahr 1960 schon 30:1, im Jahr 1990 bereits 60:1 und im Jahr 1997 schließlich 71:1.[6] Empirische Untersuchungen zur weltweiten Verteilung von Einkommen und Vermögen bestätigen nicht nur, dass materielle Ungleichheiten im globalen Kontext seit einiger Zeit auf extrem hohem Niveau verharren – trotz des Wirtschaftswachstums und der Herausbildung einer Mittelschicht in China und Indien, den beiden bevölkerungsreichsten Ländern der Erde. Sie prognostizieren auch, dass die derzeitigen materiellen Ungleichheiten im Weltmaßstab fortbestehen oder gar weiter anwachsen werden, wenn keine gezielten politischen Anstrengungen zu ihrer Eindämmung unternommen werden.[7]

Warnungen davor, das Armutsproblem durch eine Fokussierung auf die Menge der vorhandenen materiellen Güter zu verharmlosen, sind sicherlich berechtigt. Die weltweiten Ungleichheiten bei Einkommen und Vermögen und der mit ihnen gewachsene materielle Wohlstand eines Teils der Weltbevölkerung sowie ein ungebrochener technischer Fortschritt in der Herstellung und dem Vertrieb von lebensnotwendigen Gütern können jedoch zur Überlegung führen, ob absolute Armut heutzutage nicht als ein prinzipiell vermeidbares Übel gelten muss. Die Gesamtmenge vorhandener lebensnotwendiger Güter ist zwar nicht allein dafür entscheidend,

6 United Nations Development Programme, *Human Development Report 1999*, New York 1999, S. 3.

7 Vgl. dazu Branko Milanović, *The Haves and the Have-Nots: A Brief and Idiosyncratic History of Global Inequality*, New York 2010, und Thomas Piketty, *Das Kapital im 21. Jahrhundert*, München 2014 [Orig. 2013].

ob die Weltarmut erfolgreich bekämpft werden kann. Es kommt vielmehr auf eine Veränderung all derjenigen *sozialen Strukturen* an, die Einfluss auf die *Verteilung* solcher Güter haben und die Menschen in extremer Armut den Zugang zu diesen blockieren, aber auch öffnen können.[8] Auch aus einer Perspektive, die um die Bedeutung von sozialen Strukturen weiß, bleibt jedoch zu konstatieren, dass heute deutlich mehr Anstrengungen zur Bekämpfung von extremer Armut nötig und auch möglich sind. Damit ist zugleich die Frage aufgeworfen, welche Verantwortung den Bessergestellten und nicht zuletzt den Menschen in wohlhabenden Ländern hierfür zukommt.

Neben der prinzipiellen *Vermeidbarkeit* von Armut gibt es noch zwei anders geartete und stärker auf *Verursachung* zielende Gesichtspunkte, die ebenfalls zur Frage nach der moralischen Verantwortung Bessergestellter gegenüber Menschen in extremer Armut führen. Erstens ist unser globales Zeitalter durch weitreichende ökonomische Interdependenzen charakterisiert. Die Produktion von und der Handel mit Waren scheint noch immer räumlich zu expandieren und nimmt zunehmend weltumspannende Dimensionen an. Diesbezüglich ruft die Verwundbarkeit der in globalen Zulieferketten beschäftigten Menschen Erinnerungen an die Zeit der industriellen Revolution hervor, die auch die Bewohner wohlhabender Länder bei näherer Betrachtung noch nicht wirklich hinter sich gelassen haben. Denn ein beträchtlicher Teil der von ihnen konsumierten Waren wird unter höchst prekären Bedingungen hergestellt: Hungerlöhne, elendig lange Arbeitstage, Kinderarbeit, mangelhafte sanitäre Anlagen und medizinische Versorgung sowie fehlender Schutz vor gesundheitsschädlichen Stoffen sind nur einige der besonders hervorstechenden Charakteristika dieser Produktionsbedingungen. Einen zweiten Aspekt stellt die mit der ökonomischen Verflechtung einhergehende ökologische Interdependenz dar. Die in ihrer wissenschaftlichen Bedeutung immer besser erforschten menschengemachten Treibhausgasemissionen, die eine

8 Amartya Sen hat gezeigt, dass die Menge verfügbarer Nahrungsmittel nur eine und nicht einmal eine besonders zentrale Variable in einem komplexen Netz von Ursachen für Hungersnöte ist und dass sich einige der schlimmsten Hungersnöte ohne merkliche Verringerungen der Verfügbarkeit von Nahrungsmitteln ereigneten. Vgl. Amartya Sen, *Poverty and Famines. An Essay on Entitlement and Deprivation*, New York 1981.

irreversible Erwärmung der Erde zur Folge haben, sind ein besonders markantes Beispiel für eine ökologische Verursachungsrelation von globalem Ausmaß. Dabei zeigt sich, dass die meisten in extremer Armut lebenden Menschen als *Klimagläubiger* anzusehen sind, die schon heute zunehmend unter Umweltschäden zu leiden haben, die größtenteils auf das Konto der Bewohner wohlhabender Länder (sowie einiger diesbezüglich »aufholender« Schwellenländer) gehen, die als *Klimaschuldner* gelten müssen.

Diese ersten Überlegungen zu extremen materiellen Ungleichheiten sowie ökonomischer und ökologischer Interdependenz im globalen Kontext unterstreichen nicht nur, dass es vermehrter politischer Anstrengungen zur Bekämpfung der Weltarmut bedarf. Sie fordern auch dazu auf, dieses Problem aus dezidiert normativer Perspektive zu betrachten. Dies wird insbesondere angesichts der Frage deutlich, ob und wenn ja, welche moralische Verantwortung *wir*, die Bürgerinnen und Bürger wohlhabender Länder, einzeln und gemeinsam gegenüber Menschen in extremer Armut tragen. Genauer ist zu fragen, mit Bezug auf welche normativen Standards eine solche Verantwortung formuliert werden kann, welches Gewicht sie im Vergleich zu anderen lebensweltlichen Verantwortungsbeziehungen hat und welche Konsequenzen sie in der politischen Sphäre zeitigen müsste. Es ist zwar zutreffend, dass die extremen Entbehrungen von in Armut lebenden Menschen in der Regel negativ beurteilt und moralisch für nicht tolerierbar gehalten werden. So gesehen scheint ein breiter Konsens darüber möglich, dass extreme Armut und die damit verbundenen Entbehrungen, die heute für einen beträchtlichen Teil der Menschheit Alltag sind, ein für alle Mal aus der Welt geschafft werden sollten. Doch viele in der Öffentlichkeit kursierende Verlautbarungen über Weltarmut sind letztendlich wirkungslos, weil sie niemanden konkret in die Verantwortung nehmen. Solange sie ausblenden, wer in moralischer Hinsicht für die Realisierung einer Welt ohne extreme materielle Entbehrungen was genau tun muss, sind solche Proklamationen sogar eher ein Teil des Problems als ein Beitrag zu seiner Lösung. Sie sind dann in erster Linie ein Symptom für die allgemeine Verdrängung der ungeklärten Frage, was Bessergestellte den Menschen in extremer Armut moralisch schulden.

Dies ist die zentrale Fragestellung dieses Buches, die bei näherem Hinsehen eine tiefgreifende Uneinigkeit jenseits des oberflächlichen Konsenses über die ergebnisorientierte Verurteilung von extremer Armut zutage befördert. Ich gehe dieser Frage im Folgenden systematisch auf den Grund, wobei der Begriff der Verantwortung als Grundbegriff fungiert, den ich im Gegensatz zu einer entsprechenden Tendenz im zeitgenössischen akademischen Diskurs über Weltarmut und globale Gerechtigkeit nicht als deckungsgleich mit dem Begriff der Pflicht ansehe. Entgegen der Annahme, diese beiden Grundbegriffe unseres moralischen Vokabulars seien füreinander austauschbar, werde ich dafür argumentieren, dass der Verantwortungsbegriff besser als der Pflichtbegriff dafür geeignet ist, unser moralisches Verhältnis gegenüber Menschen in extremer Armut zu bestimmen. Der Begriff der Verantwortung hat nicht nur einen weiteren Verwendungsbereich als der Pflichtbegriff. Mit ihm können auch die retrospektive Dimension, relevante Kausalrelationen sowie die Subjektstelle des in Frage stehenden moralischen Verhältnisses differenzierter gefasst werden. Ich werde dafür argumentieren, dass wir, die Bürgerinnen und Bürger wohlhabender Länder, einzeln und gemeinsam eine gewichtige moralische Verantwortung gegenüber Menschen in extremer Armut tragen. Unter Berücksichtigung der einschlägigen theoretischen Kontroversen werde ich untersuchen, auf welche normativen Ressourcen bei der Formulierung und Begründung dieser Verantwortung zurückgegriffen werden kann. Dafür sind mindestens *vier* Felder solcher Kontroversen zu unterscheiden, die aus sich zwar zum Teil überschneidenden, aber prinzipiell voneinander abgrenzbaren Debatten normativer Theoriebildung hervorgehen.[9]

9 Zu den einschlägigen Aufsatzsammlungen jüngeren Datums, in denen eine oder mehrere dieser Kontroversen ausgefochten werden, gehören: William Aiken, Hugh LaFollette (Hg.), *World Hunger and Morality*, London [2]1996 [1977]; Pablo De Greiff, Ciaran Cronin (Hg.), *Global Justice and Transnational Politics*, Cambridge/MA, London 2002; Deen K. Chatterjee (Hg.), *The Ethics of Assistance. Morality and the Distant Needy*, Cambridge 2004; Andrew Kuper (Hg.), *Global Responsibilities. Who Must Deliver on Human Rights?*, New York, London 2005; Barbara Bleisch, Peter Schaber (Hg.), *Weltarmut und Ethik*, Paderborn 2007; Thomas Pogge (Hg.), *Freedom from Poverty as a Human Right: Who Owes What to the Very Poor?*, Oxford 2007; Charles Beitz, Robert Goodin (Hg.), *Global Basic Rights*, Oxford 2009; Christoph Broszies, Henning Hahn (Hg.), *Globale Gerechtigkeit. Schlüsseltexte zur Debatte zwischen Partikularismus und Kosmopolitismus*, Berlin 2010, und Gillian Brock (Hg.), *Cosmopolitanism versus Non-Cosmopolitanism. Critiques, Defenses, Reconceptualizations*, Oxford 2013.

Eine *erste* Kontroverse bezieht sich auf die *Reichweite* und, damit verbunden, die *Geltungsgründe* von moralischer Verantwortung. Zum einen geht es darum, ob Armutsbekämpfung nur eine Sache übergebührlichen, das heißt ehrbaren und löblichen, aber nicht verpflichtenden Verhaltens ist, oder ob die Existenz von extremer Armut eine gewichtige moralische Verantwortung insbesondere auf Seiten Bessergestellter nach sich zieht. Zur Debatte steht damit auch, ob eine Tatenlosigkeit mit Blick auf die Lage des in extremer Armut lebenden Teils der Menschheit überhaupt tadelnswert ist. Zum anderen geht es in dieser ersten Kontroverse darum, welcher Art die moralischen Gründe sind, die uns gegebenenfalls zur Armutsbekämpfung auffordern. Dabei verstehe ich den Begriff der Moral zunächst so weit, dass auch Gründe der Gerechtigkeit neben anderen moralischen Gründen eine von mehreren unterschiedlichen Quellen moralischer Verantwortung darstellen. Auch wenn es natürlich möglich ist, Überlegungen zur »Moral« in einem engeren Sinn von Gerechtigkeitsüberlegungen definitorisch abzugrenzen, stellt ein weitgefasster Begriff von moralischer Verantwortung meines Erachtens keine unzulässige Überdehnung dar. Denn auch ungerechte soziale Verhältnisse können unter bestimmten Umständen plausible moralische Forderungen an verschiedene Akteure nach sich ziehen. Beispielsweise kann eine Gruppe von Personen moralisch dafür verantwortlich sein, eine Ungerechtigkeit zu beheben, und zwar nicht nur, weil sie prospektiv dazu in der Lage ist, sondern gegebenenfalls auch, weil sie für ihre Entstehung retrospektiv verantwortlich ist. Obwohl sich Gerechtigkeitsforderungen typischerweise auf bestimmte Entscheidungen und Handlungen im politischen Raum richten, kann diesen Forderungen unter Umständen eine ähnliche Dringlichkeit wie moralischen Forderungen im engeren Sinn zukommen. Unter bestimmten Bedingungen kann die Unterlassung von aus Gründen der Gerechtigkeit eingeforderten Handlungen in der Tat schwerwiegende Schuldvorwürfe zur Folge haben. Dass nun extreme Armut ein Gerechtigkeitsdefizit markiert, scheint weithin unstrittig zu sein. Umstritten dagegen ist, und zwar nicht nur in der Alltagsmoral, sondern auch in der normativen Theoriebildung, welcher Personenkreis sich von diesem Gerechtigkeitsproblem angesprochen fühlen muss und aus welchen Gründen dementsprechend wem eine moralische Verantwortung zur Bekämpfung von extremer Armut zufällt. In der zeitgenössischen Gerechtigkeitstheorie herrscht schon darüber Uneinigkeit, ob extreme Armut nicht nur für die Landsleute der von ihr Betroffenen, sondern auch *für uns* und generell für die in räumlicher Distanz zu den Armen Lebenden ein Gerechtigkeitsproblem darstellt, ob sie uns also auch aus Gründen der Gerechtigkeit in die Verantwortung nimmt und nicht etwa nur aus Gründen der Humanität.

Eine *zweite* Kontroverse betrifft den *Gehalt der Normen,* die der moralischen Verantwortung Bessergestellter gegenüber Menschen in extremer Armut zugrunde liegen. Denn über das allgemeine Verhältnis von Gerechtigkeitsgründen und Humanitätsgründen hinaus ist auch zu klären, auf welche spezifischen inhaltlichen Normen man sich bei der Zuschreibung von moralischer Weltarmutsverantwortung genau berufen kann und welche Rolle soziale Strukturen dabei spielen. Geht man davon aus (so wie ich es in diesem Buch tun werde), dass es primär um eine moralische Verantwortung zur Veränderung von noch genauer zu betrachtenden sozialen Strukturen geht, die extreme Armut reproduzieren, so stellt sich die Frage nach dem für diese Art von Verantwortung genau heranzuziehenden normativen Standard. Diesbezüglich gibt es eine vielstimmige Diskussion über relevante normative Standards und ihre Anwendungsbedingungen in verschiedenen sozialen Kontexten. Mit Blick auf extreme Armut wird insbesondere kontrovers diskutiert, ob die heranzuziehenden Normen zur Gruppe der Schwellenstandards gehören oder ob darüber hinaus auch bestimmte komparative Anforderungen für das Verhältnis von besser und schlechter situierten Personen relevant sind.

In einer *dritten* Kontroverse geht es um das *Gewicht* der Weltarmutsverantwortung verglichen mit anderen moralisch bedeutsamen Relationen, in denen wir als Bürger wohlhabender Länder ebenfalls stehen, darunter familiäre und freundschaftliche Bindungen sowie die Beziehung zu unseren Mitbürgern in den jeweiligen politischen Gemeinschaften. Auf den ersten Blick ähnelt diese Frage derjenigen, ob wir zu Menschen in extremer Armut in einer Beziehung der Gerechtigkeit oder nur der Humanität stehen. Bei näherem Hinsehen zeigt sich jedoch, dass eine Antwort auf letztere Frage allein noch nicht das relative Gewicht von Weltarmutsverantwortung zu klären vermag, auch wenn beide Fragen in einer bestimmten Hinsicht miteinander verknüpft sind. Selbst wenn es also richtig wäre (wie Etatisten meinen), dass wir aus Gründen der Humanität, nicht aber aus Gründen der Gerechtigkeit eine moralische Weltarmutsverantwortung tragen, so würde diese Annahme allein noch nicht die Schlussfolgerung unterstützen, dass es sich dabei nur um eine schwache, das heißt im Vergleich zu anderen moralischen Relationen weniger gewichtige Verantwortung handelt.

Eine *vierte* Kontroverse betrifft schließlich das Verhältnis von *individueller* und *kollektiver* Weltarmutsverantwortung. Denn es ist eine Sache, zu diagnostizieren, dass eine oder auch mehrere Gruppen von Menschen eine bestimmte Verantwortung tragen, aber eine ganz andere, daraus mittels weiterer Annahmen auf Inhalt und Umfang der individuellen Verantwortung von Mitgliedern dieser Gruppen zu schließen. Dafür müssten nicht nur die schon erwähnten normativen Überlegungen darüber mit ins Spiel kommen, welches Gewicht der Weltarmutsverantwortung im Vergleich zu anderen Verantwortungsbeziehungen (etwa zwischen Familienmitgliedern, Freunden und Landsleuten) zukommt und welche Freiheitsspielräume Verantwortungssubjekten hinsichtlich legitimer nichtmoralischer Lebensziele zugestanden werden sollten. Darüber hinaus wäre zu ermitteln, wie schwer die Weltarmutsverantwortung von Individuen im Vergleich zu derjenigen anderer Mitglieder einer oder mehrerer relevanter Gruppen wiegt. Denn es ist nicht per se plausibel, dass alle Mitglieder einer einschlägigen Gruppe ungeachtet ihrer unterschiedlichen sozialen Positionierungen in dieser Gruppe und in der Weltgesellschaft für das Gleiche und zu gleichen Teilen verantwortlich sein sollen.

Für eine überzeugende Analyse und Begründung der Weltarmutsverantwortung von Individuen und Kollektiven ist die systematische Berücksichtigung aller vier Kontroversen und der in ihnen aufgeworfenen Fragen essentiell. Darüber hinaus ist es wichtig, zwischen zwei verschiedenen Arten des Umgangs mit diesen Fragen zu unterscheiden. Die erste Art des Umgangs ist durch eine *grundsätzliche Perspektive* auf Probleme der Moral und der Gerechtigkeit ausgezeichnet und in der politischen Philosophie (nicht nur der Gegenwart) vorherrschend. Diese Perspektive ist dadurch charakterisiert, dass Fragen der Normgeltung in verschiedenen Kontexten mit einer spezifischen Normenbegründung verbunden werden und dadurch eine in diesem Sinn grundsätzliche Beantwortung erfahren. Die zweite Art des Umgangs kann prinzipiell in der Auseinandersetzung mit denselben Sachfragen zum Tragen kommen, zum Beispiel bei der inhaltlichen Bestimmung von Gerechtigkeitsnormen und der Zuschreibung von Verantwortung an Akteure in verschiedenen sozialen Kontexten, zeichnet sich aber gerade durch die Abwesenheit eines grundsätzlichen Anspruchs bei der Beantwortung dieser Fragen aus. Ihr kennzeichnendes Charakteristikum ist somit, dass sie offen für ein Spektrum von sich wechselseitig ausschließenden Normgrundlegungen ist. Diese Art des Umgangs mit moralischen Problemen nenne ich hier und im Folgenden die *begründungspluralistische Perspektive*. Sie atmet einen ökumenischen Geist, dem mehr an einem versöhnenden Blick auf Gemeinsamkeiten als an der Herausarbeitung normativer Differenzen zwischen verschiedenen grundsätzlichen Positionen gelegen ist. Ich halte die begründungspluralistische Perspektive im Hinblick auf viele kontroverse Fragen der praktischen Philosophie für enorm produktiv. Ich werde mich aber hier schwerpunkthaft damit befassen, zu welchen konkreten und praxisrelevanten Ergebnissen die Ausarbeitung einer solchen Perspektive auf Weltarmutsverantwortung führt, solange es dabei um eine Konvergenz von verschiedenen normativen Positionen im Rahmen eines vernünftigen Pluralismus geht.

Um Missverständnissen vorzubeugen, möchte ich betonen, dass ich die Einnahme einer grundsätzlichen Perspektive keineswegs generell für fruchtlos halte, weder hinsichtlich der angesprochenen vier Kontroversen noch in der Auseinandersetzung mit anderen normativen Streitfragen. Dennoch habe ich bewusst einen anderen Weg gewählt, denn die praktische Bedeutung des Weltarmutsproblems ist schlicht zu groß, um beim Streit über Grundsatzfragen den konkreten Beitrag der politischen Theorie zur Klärung globaler Verantwortungsbeziehungen aus den Augen zu verlieren. Deshalb werde ich meine Anstrengungen darauf konzentrieren zu zeigen, dass es möglich ist, eine aussagekräftige und praxisrelevante Position mit Blick auf unsere moralische Relation zu Menschen in extremer Armut herauszuarbeiten, die sich der Zustimmung eines breiten Spektrums verschiedener grundsätzlicher Positionen gewiss sein kann. Um auch in praktischer Hinsicht handlungsanleitend zu sein und nicht zuletzt um auch kollektives politisches Handeln zur Bekämpfung von extremer Armut motivieren zu können, muss diese begründungspluralistische Position jedoch hinreichend konkret sein. Sie muss mit Bezug auf die oben genannten Kontroversen eindeutig genug sein, also hinsichtlich der Reichweite von Armutsverantwortung, der zum Tragen kommenden inhaltlichen Standards und ihres relativen Gewichts im Vergleich zu anderen moralischen Relationen sowie zu menschlichen Zielsetzungen nichtmoralischer Art. Nicht zuletzt muss sie auch hinreichend konkret im Hinblick auf die Art der Handlungen sein, die Individuen und Gruppen dem in extremer Armut lebenden Teil der Menschheit moralisch schulden.

Im Unterschied zu den Forderungen, die aus den Spielarten der grundsätzlichen Perspektive auf das Weltarmutsproblem formuliert werden können, beinhaltet die begründungspluralistische Perspektive ihrem Wesen nach nur Schlussfolgerungen darüber, was wir Menschen in extremer Armut in moralischer Hinsicht *mindestens* schulden, nicht aber darüber, was wir ihnen insgesamt schulden. Dennoch geht es im Folgenden nicht einfach nur darum, die oberflächliche Schnittmenge verschiedener Positionen im Sinne eines kleinsten gemeinsamen Nenners zu präsentieren. Es handelt sich vielmehr um eine umfangreiche theoretische Auseinandersetzung mit einem Spektrum von grundsätzlichen Positionen, die schließlich zur Identifikation einer tiefer liegenden und dem Betrachter zunächst verborgenen begründungspluralistischen Position führen wird. Es wäre darüber hinaus auch falsch, den Zweck der in diesem Sinn ökumenischen Beschäftigung mit dem Weltarmutsproblem nur im Aufweis eines gemeinsamen Terrains von verschiedenen grundsätzlichen Ansätzen und damit in der bloßen Abbildung einer Theorienlandkarte zu sehen. Vielmehr geht es darum, sich ein Stück weit von Grundsatzfragen zu emanzipieren, um so bestimmte Sachprobleme zu erhellen und Lösungen anzubieten, die auch für grundsätzliche Positionen relevant sind und dort zu einer neuen Rahmung begrifflicher und inhaltlicher Fragen führen können. Die grundsätzliche und die begründungspluralistische Perspektive auf Probleme der Moral stellen also keine konkurrierenden, sondern *komplementäre* Herangehensweisen dar, die aufeinander verwiesen bleiben und sich gegenseitig befruchten können. Dessen ungeachtet zeichnet sich die hier entwickelte Theorie der globalen Verantwortung dadurch aus, dass sie in Bezug auf das, was Menschen in extremer Armut geschuldet wird, sowie auf dessen Gewicht eine implizite Übereinstimmung innerhalb eines breiten Spektrums von theoretischen und weltanschaulichen Perspektiven ausweist, ohne dass diese zugleich auch in den normativen Gründen übereinstimmen, die sie zu diesem Ergebnis führen. In anderen Worten: Es soll ein Konsens verschiedener grundsätzlicher Positionen darüber ausgewiesen werden, *was* wir Menschen in extremer Armut schulden, ohne die tiefgreifenden und zumindest teilweise auch vernünftigen Meinungsverschiedenheiten darüber zu nivellieren, *warum* wir ihnen gegenüber eine solche moralische Verantwortung tragen.

Neben der begründungspluralistischen Perspektive ist es eine Analyse der Struktur des Verantwortungsbegriffs, die den Aufbau und Argumentationsgang dieser Studie entscheidend prägt. Ich werde in Kapitel II die These vertreten, dass jede moralische Verantwortungsbeziehung als soziale Relation mit acht verschiedenen Dimensionen begriffen werden kann: Zuschreibungen von moralischer Verantwortung können stets im Hinblick darauf analysiert werden, (1) welches Subjekt (2) in welchem Kontext (3) gegenüber welchem Adressat (4) für welches Objekt (5) mit welcher Ausrichtung (6) in Bezug auf welche normativen Standards sowie (7) normativen Gründe und Rechtfertigungsinstanzen (8) mit welcher Zeitrichtung verantwortlich gemacht wird. Es wird sich im Verlauf dieser Arbeit zeigen, dass die Analyse dieser acht Verantwortungsdimensionen sowie ihre Übertragung auf das Problem der Weltarmut einen wesentlichen Beitrag zur Bestimmung unseres moralischen Verhältnisses zu Menschen in extremer Armut zu leisten vermag.

Der *Aufbau* dieser Arbeit geht auf eine Art begriffliche Landkarte zurück, die durch die allgemeine Struktur des Verantwortungsbegriffs vorgezeichnet ist. Dieses begriffliche Terrain erarbeite ich daher in *Kapitel II* in Gestalt einer genauen *Analyse des Verantwortungsbegriffs* und insbesondere der hier bereits skizzierten Verantwortungsdimensionen. Diese Begriffsanalyse zu Beginn der Untersuchung hat nicht nur einen intrinsischen Wert, sondern lenkt auch die anschließende Reflexion unseres moralischen Verhältnisses zu in extremer Armut lebenden Menschen in klarere Bahnen. Auch wenn die Lektüre dieses Kapitels nicht zwingend für ein Verständnis der im weiteren Verlauf entwickelten Theorie globaler Verantwortung vonnöten ist, bildet es dennoch den Grundstein für meine inhaltliche Argumentation, erhellt die Grundkategorien der Untersuchung und trägt zu einem besseren Verständnis des thematischen Problemhorizontes bei. Es kann aber auch isoliert gelesen werden, da die dort entwickelten Einsichten auch für eine Beschäftigung mit dem Stellenwert des Verantwortungsbegriffs im moralischen Diskurs unserer Zeit sowie für die Analyse von Verantwortungsbeziehungen in anderen sozialen Kontexten einschlägig sind.

Danach werde ich die Frage nach unserer Weltarmutsverantwortung schrittweise und unter besonderer Berücksichtigung der herausgestellten Verantwortungsdimensionen untersuchen. Dazu analysiere ich in *Kapitel III* zunächst einige Wesensmerkmale des *globalen Kontextes* der Verantwortung und zeige, wie er sich zu anderen, hinsichtlich ihrer jeweiligen *Adressatenkreise* beschränkteren Kontexten (wie die Kontexte der Familie oder des Nationalstaats) verhält. Dabei untersuche ich den Stellenwert dieses umfangreichsten Kontextes, indem ich einige im gewöhnlichen Moraldenken enthaltene Kernannahmen über allgemeinmenschliche und besondere Verantwortung diskutiere und sie mit den in der globalisierten Welt herrschenden Lebensbedingungen konfrontiere. Unter »gewöhnlichem Moraldenken« verstehe ich ein Set von weitverbreiteten moralischen Grundannahmen, die eine wichtige Rolle in unserem gegenwärtigen Welt- und Selbstverständnis sowie in unserer alltäglichen Praxis des moralischen Urteilens spielen, wenn auch nicht notwendigerweise immer in Gestalt von bewusstgemachten Überzeugungen. Als allgemeinmenschliche Verantwortungsbeziehungen können nun solche moralischen Relationen gelten, in denen sich Menschen als Menschen gegenüberstehen (wie sie etwa von der Forderung angesprochen werden, Menschen in Not zu helfen, unabhängig von ihren individuellen Merkmalen, das heißt zum Beispiel von ihrer Nationalität, ihrer Hautfarbe, ihrer Religionszugehörigkeit oder ihrer sexuellen Orientierung). Die Kategorie der besonderen Verantwortungsbeziehungen umfasst dagegen all diejenigen sozialen Relationen, in denen Menschen aufgrund bestimmter gemeinsamer Gruppenzugehörigkeiten oder vergangener Handlungen stehen. Das gewöhnliche Moraldenken geht nun einerseits davon aus, dass Schädigungsverbote, denen man durch Unterlassungen Genüge tun kann, moralisch bedeutsamer sind als Hilfsgebote, die ein aktives Tun erfordern, und andererseits dass Beziehungen besonderer Verantwortung einen gewissen Vorrang vor Beziehungen allgemeinmenschlicher Verantwortung besitzen. Aus diesen beiden Annahmen könnte gefolgert werden, dass die Weltarmutsverantwortung nur ein schwaches Gewicht im Vergleich zu anderen Verantwortungsbeziehungen, wie etwa zwischen Familienmitgliedern, besitzt. Ich zeige dagegen, dass in solchen Schlussfolgerungen von Anfang an eine empirische Fehlannahme steckt, weil dabei außer Acht gelassen wird, dass die Verantwortungsbeziehungen zwischen Bürgern wohlhabender Länder und Menschen in extremer Armut nicht nur als solche allgemeinmenschlicher, sondern auch besonderer Art begriffen werden müssen. Denn der globale Kontext der Verantwortung ist durch ein dichtes Geflecht von grenzüberschreitenden Interaktionen und ein globales Netz an sozialen und politischen Institutionen eben nicht nur durch Beziehungen allgemeinmenschlicher, sondern auch besonderer Art charakterisiert. Am Schluss von Kapitel III erörtere ich, warum das gewöhnliche Moraldenken in einer weiteren maßgeblichen Hinsicht zu simpel gestrickt und ergänzungsbedürftig ist: Indem es auf Regeln für individuelle soziale Interaktionen beschränkt ist, spiegelt es eine apolitische Sicht auf die soziale Welt wider, die sowohl die Effekte kollektiven Handelns als auch wirkmächtige Hintergrundstrukturen von Interaktionen ausblendet und dadurch der hochgradigen Interdependenz unserer Weltgesellschaft nicht gerecht wird.

Im *Kapitel IV* steht die Dimension der *Ausrichtung* von Verantwortung und die von ihr ausgehende Unterscheidung zwischen interpersonaler und struktureller Verantwortung im Zentrum. Hier gilt es insbesondere den Stellenwert von Institutionen und sozialen Strukturen für die Verantwortungszuschreibung herauszustellen. Ich werde drei Gründe unterscheiden, warum die Evaluation gesellschaftlicher Institutionen und sozialer Strukturen eine so herausragende Bedeutung für die normative Theoriebildung besitzt: Institutionen und Strukturen haben erstens eine das soziale Leben durchdringende Wirkung, da sie die Identitäten von Gesellschaftsmitgliedern und deren Wohlfahrts- und Karrierechancen prägen. Die Evaluation von Institutionen und Strukturen ist zweitens auch in methodologischer Hinsicht bedeutsam, da diese als Hintergrundbedingungen von Handlungen auch bei der angemessenen Zuschreibung von personaler und interpersonaler Verantwortung berücksichtigt werden müssen. Drittens muss die Rolle gesellschaftlicher Institutionen bei der Realisierung einer fairen oder zumindest faireren moralischen Arbeitsteilung beurteilt werden. Anschließend zeige ich, dass *strukturelle Verantwortung* einen wichtigen Stellenwert besitzt, weil sie auf die Gestaltung von sozialen

Institutionen und sozialen Hintergrundstrukturen ausgerichtet ist. Obwohl diese Form der Verantwortung in der Alltagsmoral kaum Beachtung findet, müssen Beziehungen struktureller Verantwortung im globalen Kontext genauer in den Blick genommen werden, um der moralischen Relation zwischen Bürgerinnen und Bürgern wohlhabender Länder und Menschen in extremer Armut systematisch auf den Grund zu gehen.

Kapitel V ist den *Geltungsgründen* und der *Reichweite* von struktureller Verantwortung gewidmet. Ich werde eine Reihe verschiedener Perspektiven auf die Geltungsgründe von moralischer Verantwortung im globalen Kontext erörtern. Dabei unterscheide ich insbesondere zwischen zwei Lagern, nämlich den praxisunabhängigen und den praxisabhängigen Konzeptionen. Praxis*un*abhängige Ansätze gehen davon aus, dass die Reichweite von Gerechtigkeitsforderungen prinzipiell global ist, unabhängig davon, in welchen lebensweltlichen Relationen die Subjekte und Adressaten dieser Forderungen stehen und ob sie durch bestimmte existierende Praktiken verbunden sind oder nicht. Ihnen zufolge tragen die Bürger wohlhabenderer Länder prinzipiell eine Gerechtigkeitsverantwortung gegenüber Menschen in extremer Armut, die darin besteht, soziale Institutionen im globalen Kontext so zu gestalten, dass sie mit gewissen für gültig befundenen Gerechtigkeitsstandards übereinstimmen. Die Tatsache, dass Subjekte und Adressaten von Gerechtigkeitsverantwortung über bestimmte Praktiken verbunden sind, ist aus dieser Perspektive nicht für die Geltung von Gerechtigkeitsnormen zwischen ihnen relevant, sondern erst für die Anwendung bestimmter praxisunabhängig gültiger Normen auf reale Verhältnisse. Im Gegensatz dazu behaupten praxis*ab*hängige Ansätze, dass Gerechtigkeitsforderungen zwischen verschiedenen Akteuren nur durch Praktiken mit bestimmten Eigenschaften generiert werden können und also nur zwischen denjenigen Geltung besitzen, die in diese Praktiken auf die eine oder andere Art involviert sind. Diese allgemeine Annahme über die praxisabhängige Reichweite von Gerechtigkeitsforderungen ist sowohl mit verschiedenen normativen Annahmen darüber kombinierbar, welche Praktiken genau Gerechtigkeitsforderungen generieren, als auch mit empirischen Annahmen darüber, in welchen sozialen Kontexten diese Praktiken derzeit anzutreffen sind. Deshalb kann es sowohl praxisabhängige Konzeptionen geben, die unter den gegebenen Bedingungen eine globale Reichweite von Gerechtigkeitsforderungen behaupten, als auch solche, wonach deren Reichweite auf weniger umfassende soziale Kontexte beschränkt ist. Nach der Diskussion eines breiten Spektrums von Positionen zeige ich, dem ökumenischen Geist dieser Untersuchung entsprechend, warum trotz aller Divergenzen ein Konsens über die auf verschiedenen Wegen erreichbare Schlussfolgerung möglich ist, dass die Bürger wohlhabender Länder gegenüber Menschen in extremer Armut eine strukturelle Verantwortung tragen, sei es aus Gründen der Gerechtigkeit, sei es aus Gründen der geteilten Humanität, oder in beiderlei Hinsicht.

In *Kapitel VI* behandle ich die Frage nach dem Gehalt der *normativen Standards*, die für die Zuschreibung von Weltarmutsverantwortung heranzuziehen sind. Hier argumentiere ich dafür, dass sich basale Menschenrechte am besten für die Beurteilung sozialer Institutionen im globalen Kontext eignen, weil sie für ein breites Spektrum von normativen Perspektiven jeweils einen akzeptierbaren Minimalstandard darstellen. Zum einen können basale Menschenrechte, verstanden als institutionell zu sichernde Rechte auf Zugang zu Grundgütern, als normative Standards von Gerechtigkeits- und Humanitätsverantwortung dienen. Zum anderen drängen sie sich auch deshalb als normativer Maßstab von Weltarmutsverantwortung auf, weil sie *rechtfertigungsoffene Standards* darstellen, und zwar in dreierlei Hinsicht: Erstens kann in Gestalt von naturrechtlichen, anthropologischen, utilitaristischen und konstruktivistischen Überlegungen eine Pluralität von sich wechselseitig ausschließenden Gründen für die Geltung basaler Menschenrechte angeführt werden. Zweitens kann der institutionelle Schutz basaler Menschenrechte aus verschiedenen, miteinander unvereinbaren Perspektiven auf das Wesen von sozialer Gerechtigkeit gutgeheißen werden. Zwar divergieren verschiedene Gerechtigkeitsauffassungen im Hinblick darauf, welches das maßgebliche Schema für eine gerechte Verteilung von Gütern in verschiedenen sozialen Kontexten ist. Sie sind zum Beispiel uneins darüber, ob dabei nur Schwellenwerte berücksichtigt werden müssen oder ob die Güterverteilung auch einem komparativen Standard zu entsprechen hat. Während Menschenrechtsstandards typischerweise der Gruppe der Schwellenstandards angehören, da sie zumeist nur Vorgaben für zu erreichende individuelle Schwellenwerte formulieren, fallen etwa Prinzipien der Chancengleichheit oder das

Rawls'sche Differenzprinzip in die Kategorie der komparativen Gerechtigkeitsgesichtspunkte, die Vorgaben für die Gleichverteilung beziehungsweise legitime Ungleichverteilung des Zugangs zu Gütern zwischen verschiedenen Gesellschaftsmitgliedern formulieren. Es zeigt sich aber, dass ungeachtet dieser normativen Differenzen der Schutz basaler Menschenrechte von einem breiten Spektrum von Gerechtigkeitskonzeptionen jeweils immer als eine notwendige (wenn auch keine hinreichende) Bedingung für Gerechtigkeit anerkannt wird. Neben dieser Kontroverse über die richtige Güterverteilungsfunktion gibt es außerdem noch zwei weitere Kontroversen über das Wesen sozialer Gerechtigkeit. In der ersten geht es darum, ob Grundgüter überhaupt eine sinnvolle Maßeinheit sind, um gesellschaftlichen Fortschritt zu messen, in der zweiten darum, ob das sogenannte distributive Paradigma der sozialen Gerechtigkeit nicht zugunsten eines prozeduralistischen Paradigmas zurückgewiesen werden muss. Ich werde zeigen, warum basale Menschenrechte trotz des Konflikts von vielstimmigen grundsätzlichen Perspektiven auf soziale Gerechtigkeit als rechtfertigungsoffene Minimalstandards gelten können, die aus allen diesen unterschiedlichen Blickwinkeln Akzeptanz erfahren können, wenn auch aus unterschiedlichen Gründen. Die dritte Hinsicht, in der sich basale Menschenrechte als normative Standards von Weltarmutsverantwortung aufdrängen, besteht darin, dass sie, wie ich zeigen werde, mit einigen Einschränkungen auch von der Warte verschiedener kulturrelativer Weltanschauungen als konsensuale Standards zur Beurteilung sozialer Institutionen gelten können.

Kapitel VII ist den *Objekten* von Weltarmutsverantwortung gewidmet. Ich werde dort zwischen zwei konkurrierenden Perspektiven auf die Objekte von struktureller Verantwortung unterscheiden. Nach der Darstellung der *reduktionistischen Perspektive*, welche die Ursachen extremer Armut ausschließlich in den Institutionen der von Armut betroffenen Länder verortet, erörtere ich eingehend, warum diese zu kurz greift und zugunsten einer *holistischen Perspektive* verworfen werden muss. Daraus ergeben sich drei institutionelle Bereiche, die für die Zuschreibung von Weltarmutsverantwortung an die Bürger wohlhabender Länder jeweils relevant sind. Ihnen kann nicht nur – wie in der reduktionistischen Perspektive – eine strukturelle Verantwortung zugeschrieben werden, in Kooperation mit den von extremer Armut Betroffenen auf die

Veränderung derjenigen nationalstaatlichen Institutionen hinzuwirken, unter denen diese Menschen leben. Vielmehr kommt ihnen auch eine strukturelle Verantwortung zu, die für die Koordination kollektiven Handelns wichtigen internationalen Institutionen sowie ihre eigenen nationalstaatlichen Institutionen mit Blick auf externe Effekte jeweils in Einklang mit dem Erfordernis der Armutsbekämpfung und dem weltweiten Menschenrechtsschutz zu gestalten.

In *Kapitel VIII* befasse ich mich mit den *Subjekten* von Weltarmutsverantwortung und stelle den letzten systematischen Baustein für die umfassende Interpretation unserer moralischen Relation zu Menschen in extremer Armut dar. Es geht hier darum, das Wesen und den Umfang von individueller und kollektiver Weltarmutsverantwortung unter Einbezug der bisherigen Ergebnisse des Argumentationsgangs näher zu bestimmen. Dabei ist strukturelle Verantwortung zunächst als eine bestimmte Spielart der Gruppenverantwortung zu begreifen. Strukturelle Verantwortung ist wesentlich eine kollektive Verantwortung, weil soziale Institutionen und Strukturen nur von größeren Menschengruppen (paradigmatischerweise in Form von politischer Mitbestimmung) durch kollektives Handeln reformiert und in Einklang mit normativen Standards gebracht werden können. In einem zweiten Schritt kann und muss strukturelle Verantwortung dennoch immer auch Individuen zugeschrieben werden, die entweder relevanten Gruppen angehören oder aber Gruppen, denen sie nicht angehören, von außen im Sinne des Menschenrechtsschutzes beeinflussen können. Für die Zuschreibung von individueller Weltarmutsverantwortung ist es somit vonnöten, erstens die relevanten Kollektive mit verschiedenen normativ relevanten Eigenschaften zu identifizieren und zweitens plausible Kriterien zu entwickeln, mit denen Gruppenverantwortung in individuelle Verantwortung übersetzt werden kann. Mit der Betrachtung der Subjektstelle von Weltarmutsverantwortung schließt sich der zentrale argumentative Bogen dieser Studie.

Kapitel IX ist ein *Exkurs* über Peter Singers Sicht auf Weltarmutsverantwortung, der kein zentraler Bestandteil des übergreifenden Arguments für die begründungspluralistische Bestimmung von Weltarmutsverantwortung mehr ist. Es gibt mehrere Gründe, warum sich die nähere Beschäftigung mit Singers Position dennoch lohnt. Erstens ist sein Argument das wohl bekannteste

Beispiel für eine radikal-revisionistische Position, die relativ klare Vorgaben dahingehend formuliert, was jeder Einzelne von uns im Angesicht der Weltarmut moralisch gesehen zu tun hat. Versuchte man, sein Leben nach Singers Vorgaben auszurichten, so würde dies ganz beträchtliche materielle Opfer in Form von umfangreichen Spenden für Nothilfeorganisationen erforderlich machen. Zweitens lohnt sich die Beschäftigung mit Singers Position, weil sie durch die fehlende systematische Berücksichtigung von struktureller Verantwortung in starkem Kontrast zu der in dieser Arbeit vertretenen Position steht. Es wird sich zeigen, dass Singers Argument letztendlich nicht nur deshalb fehlgeht, weil es im Rahmen der von ihm entwickelten grundsätzlichen Perspektive – derjenigen des Präferenzutilitarismus – unrealistisch hohe Ansprüche an individuelle Verantwortungssubjekte stellt (was in der Tat als der Standardeinwand gegenüber Singer gelten kann). Darüber hinaus bleibt auch der Stellenwert mehrerer Verantwortungsdimensionen unterbelichtet, die jede plausible Konzeption der Weltarmutsverantwortung berücksichtigen sollte – unabhängig davon, ob diese Konzeption im Rahmen einer grundsätzlichen oder einer begründungspluralistischen Perspektive auf Weltarmutsverantwortung entwickelt wird. Zu den bei Singer nicht ausreichend berücksichtigten Dimensionen gehören besonders das Subjekt, die Objekte und die Ausrichtung der Verantwortung. Obwohl die Lektüre des Exkurses zu Singer ähnlich wie zuvor die Lektüre von Kapitel II für ein Verständnis der hier entwickelten Position nicht zwingend erforderlich ist, kann sie die zuvor entwickelten elementaren Einsichten noch einmal beispielhaft kontrastieren und erhellen. Im Anschluss daran fasst der *Schluss* die zentralen Erkenntnisse der Arbeit zusammen und stellt diese in den Kontext einiger aktueller weltpolitischer Entwicklungen.

Das in diesem Buch entwickelte Argument verhält sich revisionistisch zu weitverbreiteten alltagsmoralischen Ansichten über das Verhältnis zwischen Menschen in extremer Armut und solchen in wohlhabenden Ländern. Zwar handelt es sich bei der hier präsentierten Konzeption der Weltarmutsverantwortung nur um eine Minimalkonzeption, gewonnen in begründungspluralistischer Perspektive, die geringere Ansprüche an einzelne Subjekte stellt als so manche im Rahmen einer grundsätzlichen Perspektive entwickelte Position. Dennoch haben auch die aus dieser Minimalkonzeption ableitbaren moralischen Forderungen verglichen mit der alltagsmoralischen Bewertung der Weltarmut ein viel stärkeres Gewicht. So folgt aus dem hier vertretenen Ansatz unter anderem, dass die Regierungen von Nationalstaaten der Gewährleistung basaler Rechte von Menschen in extremer Armut auf allen relevanten Politikebenen weit mehr Berücksichtigung schenken müssen, als es derzeit der Fall ist, angefangen bei der Wirtschafts- und Finanzpolitik bis hin zur Ausgestaltung von internationalen Verträgen und der Agenda internationaler Organisationen. Am besten wäre es zweifellos, wenn sich alle Verantwortungssubjekte gemeinsam und arbeitsteilig der Reformierung und Stärkung des derzeitigen Systems internationaler Institutionen im Sinne der Armutsbekämpfung verschrieben. Doch auch wenn ein effektives kollektives Handeln auf höchster politischer Ebene gegenwärtig unrealistisch erscheint: Die *Kompartimentierung* und *Separierung* von Weltarmutsverantwortung durch nationalstaatliche Regierungen in Form von »Entwicklungshilfe« unter Beibehaltung der Grundzüge der derzeitigen Wirtschafts- und Sozialpolitik ist und bleibt keine mit den Ergebnissen dieser Arbeit verträgliche Option. Infrage gestellt ist damit weder die generelle Bedeutung von Entwicklungszusammenarbeit noch die jahrzehntealte Vorgabe der Vereinten Nationen, die nationalen Entwicklungshilfeetats auf 0,7 Prozent des jeweiligen Bruttonationaleinkommens aufzustocken, die von den meisten wohlhabenden Ländern noch immer deutlich unterschritten wird. Doch das Weltarmutsproblem erschöpft sich nicht in der traurigen Tatsache nicht eingelöster Entwicklungshilfeversprechen. Vielmehr ist ein politisches Handeln entsprechend dem in diesem Buch entwickelten *holistischen Verständnis* von Weltarmutsverantwortung erforderlich, das weder vor einer Regulierung nationaler Wirtschafts- und Umweltpolitik noch vor einer entsprechenden Neugestaltung des bestehenden Systems internationaler Institutionen haltmacht. In anderen Worten: Nötig ist ein *Mainstreaming* des Faktums der Weltarmut in unserem durch weltwirtschaftliche Zusammenhänge geprägten Leben und eine holistische Reaktion seitens individueller und kollektiver Verantwortungssubjekte.

Weil es sich um eine begründungspluralistische Neubestimmung unseres moralischen Verhältnisses zu Menschen in extremer Armut handelt, entsteht der Kontrast zur alltagsmoralischen Bewertung dieses Verhältnisses nicht allein und nicht einmal primär durch eine Neubewertung des relativen Stellenwerts von allgemeinmenschlicher und besonderer Verantwortung. Er entsteht vor allem deshalb, weil zum einen die Alltagsmoral die Wirkungsmacht sozialer Hintergrundstrukturen ignoriert, indem sie auf die moralische Interpretation von *interpersonalen Beziehungen* beschränkt bleibt; und zum anderen, weil die Alltagsmoral meist auf die Handlungen von *Einzelmenschen* als Verantwortungssubjekte abstellt und dabei den Einfluss von kollektiven Akteuren und die Fähigkeit von Individuen zu gemeinsamem politischem Handeln ausblendet. Da die hier entwickelte begründungspluralistische Perspektive auf Weltarmutsverantwortung die Notwendigkeit kollektiven politischen Handelns betont und da dieser Verantwortung nur durch aktives Tun und nicht allein durch verschiedene Unterlassungshandlungen individueller Akteure nachgekommen werden kann, kommt es auch zu einer Neubewertung des Stellenwerts von Tun und Unterlassen, die meine Theorie ein Stück weit in Gegensatz zu unserer alltagsmoralischen Einschätzung bringt. Diese Neubewertung findet jedoch in einer anderen Dimension des Handelns statt, da sie nicht interpersonale, sondern strukturelle Verantwortungsrelationen betrifft. Genau genommen verliert die Dichotomie von Tun und Unterlassen in der Anwendung auf strukturelle Verantwortungsrelationen sogar ihren klaren Sinn, denn Subjekte verhalten sich gewissermaßen *immer schon* zu sozialen Strukturen, ob sie dies wollen oder nicht. Die bewusste *Übernahme* von struktureller Verantwortung in Abhängigkeit von der konkreten sozialen Position des Subjekts stellt daher auch keinen Wechsel vom passiven Unterlassen zum aktiven Tun dar, sondern nur eine positive Akzentuierung des Einflusses der Subjekte auf soziale Strukturen. Darüber hinaus zeigt sich, dass die zu interpretierende moralische Relation zwischen Bessergestellten und Menschen in extremer Armut nicht nur in Begriffen allgemeinmenschlicher, sondern auch besonderer Verantwortung zu fassen ist, weil es um eine Relation zwischen Personen geht, die in globale soziale Strukturen verwoben sind und daher mehr gemeinsam haben als ihre Zugehörigkeit zur Menschengattung. Die alltagsmoralische Sicht auf die Weltarmut muss somit durch eine plausible Konzeption struktureller Weltarmutsverantwortung korrigiert werden, welche die moralische Bedeutung sozialer Strukturen und die Möglichkeiten kollektiven Handelns angemessen berücksichtigt, die für verschiedene grundsätzliche Perspektiven auf Moral und Gerechtigkeit offenbleibt und die zudem das Werkzeug an die Hand gibt, unseren konkreten Umgang mit dem Problem der Armut in der Welt ganz konkret zu kritisieren.

II.
Der Begriff der Verantwortung und sein Stellenwert für die normative Betrachtung der Weltarmut

Der Begriff der Verantwortung ist in aller Munde. Doch eignet er sich auch als ein Grundbegriff für die theoretische Beschäftigung mit normativen Fragen? Und welche Rolle spielt er speziell für die normative Betrachtung der Weltarmut? In diesem Kapitel werde ich den Stellenwert darlegen, den der Verantwortungsbegriff für die normative Theoriebildung und insbesondere für die Analyse von Ländergrenzen überschreitenden moralischen Beziehungen besitzt. Es enthält eine dem Anspruch nach umfassende Begriffsanalyse, die diese Studie eröffnet, weil sie in ihre grundlegenden Kategorien einführt und dadurch den nachfolgenden Argumentationsgang plausibilisiert. Darüber hinaus ist diese Begriffsanalyse aber auch für die allgemeine Beschäftigung mit dem Verantwortungsbegriff relevant und kann deshalb auch separat gelesen werden.

Dieses Kapitel umfasst zwei aufeinander aufbauende Argumentationsschritte. Zunächst werde ich zentrale Aspekte von »Verantwortung« als eines Grundbegriffs des normativen Vokabulars unserer Zeit analysieren (II.1). In einem zweiten Schritt soll dann der besondere Stellenwert dieses Begriffs für normative Urteile über die Weltarmut und besonders für die Bestimmung des moralischen Verhältnisses der Bürger wohlhabender Länder zu Menschen in extremer Armut deutlich gemacht werden (II.2). Im Zuge des ersten Schrittes werde ich zunächst eine zentrale These dieses Buches erläutern, nämlich dass Relationen der Verantwortung auf bis zu acht verschiedene *Dimensionen* hin analysierbar sind (II.1.1). Anschließend soll überblicksweise gezeigt werden, wie aufbauend auf diese Analyse ein breites Spektrum von *Verantwortungsarten* identifizierbar ist (II.1.2). Schließlich untersuche ich *Arten der Verantwortungszuschreibung*, wobei ich zeige, dass insbesondere deskriptive von präskriptiven Zuschreibungen der Verantwortung unterschieden werden müssen (II.1.3). Im Zuge des zweiten Beweisschrittes werde ich dann die gewonnene begriffliche Erkenntnis über Verantwortung für das Projekt der Entwicklung von systematisch begründeten normativen Urteilen über die Weltarmut nutzbar machen und darlegen, was deskriptive von präskriptiven Perspektiven auf die Weltarmut unterscheidet (II.2.1). Abschließend zeige ich, warum der Verantwortungsbegriff als Leitbegriff für die Beantwortung der Frage, was die Bürger wohlhabender Länder den Menschen in extremer Armut moralisch schulden, besonders gut geeignet und dem Begriff der Pflicht vorzuziehen ist (II.2.2).

II.1 Der Begriff der Verantwortung

Die Rede von Verantwortung erfreut sich heute in ganz unterschiedlichen Zusammenhängen großer Beliebtheit. Im privaten Umgang, aber auch in Politik, Rechtswesen, Wirtschaft und Zivilgesellschaft wird der Verantwortungsbegriff oft und gerne verwendet, wenn auch bisweilen mit einer Unbestimmtheit, die problematisch ist und deren begriffliche Quellen uns später noch genauer interessieren müssen (siehe II.2.2). Man betrachte jedoch zunächst einige typische und noch unsystematische Verwendungen: ein Autofahrer wird für einen von ihm verursachten Unfall verantwortlich gemacht; eine Nichtregierungsorganisation wirft einem Unternehmen vor, eine Mitverantwortung für menschenverachtende Produktionsbedingungen in der Zulieferkette zu tragen; ein Finanzpolitiker rechtfertigt Kürzungen im Sozialwesen damit, dass Arbeitssuchende mehr »Eigenverantwortung« übernehmen sollen; ein Rettungsschwimmer wird vorausblickend verantwortlich dafür gemacht, Menschen an einem Strandabschnitt vor dem Ertrinken zu retten. Diese Reihe von Beispielen ist keineswegs schon repräsentativ für all die verschiedenen Arten von Verantwortung, die bei genauer Betrachtung identifiziert werden können (siehe II.1.2). Doch sie veranschaulicht, dass wir es bei Verantwortung offenkundig mit einem vielbeschworenen Phänomen zu tun haben, das einer genauen Analyse bedarf. Auch liegt die Frage nahe, ob es überhaupt einen Zusammenhang zwischen unterschiedlichen Manifestationen von Verantwortung gibt. Besitzt dieser wohlklingende Begriff eine tiefere einheitliche Bedeutung? Oder werden mit ihm in Wahrheit ganz unterschiedliche Phänomene bezeichnet, zwischen denen keine systematische Verknüpfung besteht? Es stellt sich damit die Frage, ob es ein *Wesen* der

Verantwortung[1] im Sinne eines *gemeinsamen Charakterzugs* gibt, der all den verschiedenen Arten und lebensweltlichen Manifestationen von Verantwortung – also dem, was Menschen alles meinen können, wenn sie davon sprechen – zugrunde liegt. Ich werde hier eine affirmative Antwort auf diese Frage geben: Ja, diesen gemeinsamen Wesenszug gibt es. Ihn gilt es in diesem Kapitel herauszuarbeiten.

Menschen schreiben sich nicht nur gegenseitig, sondern auch sich selbst tagtäglich Verantwortung für ganz verschiedene Dinge zu, wobei sie sich auf Normen des sozialen Umgangs im weitesten Sinn beziehen. Die Etymologie legt nahe, Verantwortung mit dem Phänomen des Auf-etwas-Antwort-Gebens in Verbindung zu bringen. Demnach verweist das Faktum, dass Menschen sich selbst und anderen ständig für gewisse Dinge Verantwortung zuschreiben, zunächst einmal darauf, dass sie sich als Personen betrachten, die prinzipiell imstande sind, für ihre Handlungen »Antwort zu geben«,[2] und das heißt auch diese in Bezug auf bestimmte ausgesprochene oder unausgesprochene Erwartungen zu rechtfertigen. Für das eigene Tun und Unterlassen einzustehen und von anderen zu fordern, dass sie dies ebenfalls tun, schließt zudem ein, sich und anderen Personen bestimmte Handlungen und Handlungsfolgen *zuzurechnen.* Jede Verantwortung, die sich Menschen in binnen- und zwischenmenschlicher Kommunikation zuschreiben, ist, wie sich noch genauer zeigen wird, als eine *soziale Relation* aufzufassen, die einer im weiten Sinn normativen Zurechnung eines Objekts zu einem Subjekt entspricht. Das Phänomen der *Zurechnung* ist in

1 Ich spiele hier auf den Titel von Wilhelm Weischedels gleichnamiger Untersuchung an. Vgl. ders., *Das Wesen der Verantwortung. Ein Versuch,* Frankfurt/M. [2]1958 [1933]. Zu den Klassikern der philosophischen Literatur zum Verantwortungsbegriff gehören auch: Max Weber, *Politik als Beruf,* Stuttgart 1992 [1919]; H. L. A. Hart, *Punishment and Responsibility. Essays in the Philosophy of Law*, Oxford 1968, und Hans Jonas, *Das Prinzip Verantwortung*, Frankfurt/M. 1979. Obwohl ich diese Theorienentwürfe hier nicht umfassend diskutieren kann, wende ich mich ihnen und einer Reihe anderer Untersuchungen zum Verantwortungsbegriff punktuell zu, um meine Begriffsanalyse an ihnen zu schärfen.

2 Zur Rückführung der Bedeutung des Verantwortungsbegriffs auf die in ihm enthaltenen Wortsilben und insbesondere das Element des »Antwortens« vgl. Weischedel, *Das Wesen der Verantwortung*, S. 15. Siehe u. a. auch Micha H. Werner, »Verantwortung«, in: Marcus Düwell u. a. (Hg.), *Handbuch Ethik*. Stuttgart, Weimar [2]2006, S. 541-548, hier S. 541, und Eva Buddeberg, *Verantwortung im Diskurs*, Berlin, New York 2011, S. 3.

dieser Hinsicht das zentrale und mehrdimensionale Strukturmerkmal von Verantwortung.[3]

II.1.1 Dimensionen der Verantwortung

In der Fachliteratur zum Verantwortungsbegriff wird häufig auf sein Charakteristikum der Mehrstelligkeit hingewiesen. Allerdings gehen die Meinungen darüber auseinander, wie viele und welche »Stellen« der Verantwortung es über die beiden schon genannten Kategorien des Subjekts und des Objekts hinaus genau gibt. Von der Annahme der Zweistelligkeit bis zur These der Sechsstelligkeit von Verantwortung reicht das Spektrum der vertretenen Positionen. Darüber hinaus findet sich auch kein Konsens darüber, was diese Mehrstelligkeit des Verantwortungsbegriffs selbst eigentlich genauer bedeutet.[4] Für die Zwecke der vorliegenden Untersuchung ist es wichtig, dieser Frage gründlich nachzugehen.

Ein naheliegender Weg, um der Mehrstelligkeit des Verantwor-

3 Zur These, dass das Phänomen der Zurechnung den Kerngehalt des Verantwortungsbegriffs ausmacht, vgl. Kurt Bayertz, »Eine kurze Geschichte der Herkunft der Verantwortung«, in: ders. (Hg.), *Verantwortung. Prinzip oder Problem?*, Darmstadt 1995, S. 3-71, hier S. 4, und Stefan Gosepath, »Verantwortung für die Beseitigung von Übeln«, in: Ludger Heidbrink, Alfred Hirsch (Hg.), *Verantwortung in der Zivilgesellschaft*, Frankfurt/M. 2006, S. 387-408, hier S. 388.

4 Für untereinander divergierende Interpretationen der Mehrstelligkeit des Verantwortungsbegriffs vgl. u. a. (in chronologischer Ordnung): Joseph M. Bochenski, »Über einige strukturelle Probleme der Verantwortung«, in: ders., *Über den Sinn des Lebens und über die Philosophie*, Freiburg 1987, S. 142-144; Günter Ropohl, »Neue Wege, die Technik zu verantworten«, in: Hans Lenk, Günter Ropohl (Hg.), *Technik und Ethik*, Stuttgart 1987, S. 149-176, hier S. 154-158; Manfred Riedel, »Freiheit und Verantwortung. Zwei Grundbegriffe der kommunikativen Ethik«, in: ders., *Für eine zweite Philosophie*, Frankfurt/M. 1988, S. 152-170, hier S. 166; Hans Lenk, »Deskriptive und normative Zuschreibungen von Verantwortung«, in: ders., *Zwischen Wissenschaft und Ethik*, Frankfurt/M. 1992, S. 76-100, hier S. 81 f.; Hans Lenk, Matthias Maring, »Verantwortung – Normatives Interpretationskonstrukt und empirische Beschreibung«, in: Lutz H. Eckensberger, Ulrich Gähde (Hg.), *Ethische Norm und empirische Hypothese*, Frankfurt/M. 1993, S. 222-243, hier S. 229; Bayertz, »Eine kurze Geschichte der Herkunft der Verantwortung«, S. 15 und S. 19; Hans Lenk, *Konkrete Humanität*, Frankfurt/M. 1998, S. 273; Bernd Ladwig, *Gerechtigkeit und Verantwortung*, Berlin 2000, S. 41; Gosepath, »Verantwortung für die Beseitigung von Übeln«, S. 389; Rainer Forst, »Verantwortung und (Un-)Gerechtigkeit: Kommentar zu Stefan Gosepath, ›Verantwortung für die Beseitigung von Übeln‹«, in: Ludger Heidbrink, Alfred Hirsch

tungsbegriffs auf den Grund zu gehen, besteht in der prädikatenlogischen Analyse von für Verantwortungszuschreibungen typischer Terme wie »ist verantwortlich für« oder »trägt Verantwortung für«, die bestimmten Personen und Gegenständen zugeordnet werden. Die Rede von Relationen der Verantwortung entspricht insofern ganz der prädikatenlogischen Terminologie, als in dieser der Begriff der Relation synonym für *Beziehungen* verwendet wird, die im Unterschied zu den von einstelligen Prädikaten bezeichneten »Eigenschaften« (oder auch »Klassen«) durch *mehrstellige Prädikate* ausgedrückt werden.[5] Es ist eine wichtige und weiterführende Einsicht, dass die für Verantwortungszuschreibungen verwendbaren Prädikate tatsächlich analog zu anderen mehrstelligen Prädikaten analysiert werden können, zum Beispiel zu zweistelligen Prädikaten wie »ist größer als«, »ist gleichaltrig wie« und »ist Vater von« oder zu dreistelligen Prädikaten wie »ist eifersüchtig auf … wegen …« und so fort.[6] Lässt sich also die Frage nach der Anzahl und Art der Stellen des Verantwortungsbegriffs unter Bezugnahme darauf beantworten, wie viele und welche Stellen solche Prädikate wie »verantwortlich sein«, »Verantwortung tragen« und »Verantwortung haben« in sinnvollen Verwendungen dieser Ausdrücke in der Alltagssprache haben? Ganz so einfach ist es nicht! Denn bei näherer Betrachtung zeigt sich, dass die Alltagssprache keine klaren Vorgaben für die Verwendung von Prädikaten wie »verantwortlich sein« oder »Verantwortung tragen« macht. Diese und ähnliche Ausdrücke werden im Sprachgebrauch auch als einstellige Prädikate korrekt verwendet (zum Beispiel in den Sätzen »Peter ist verantwortlich« und »Peter trägt Verantwortung«), auch wenn sie häufig in Form mehrstelliger Prädikate gebraucht werden, wie zum Beispiel in Gestalt des zweistelligen Prädikats »trägt Verantwortung für« (wie in »Peter trägt Verantwortung für seine Tat«) oder des fünfstelligen Prädikats »wird verantwortlich gemacht vor … in Be-

(Hg.), *Verantwortung in der Zivilgesellschaft*, Frankfurt/M. 2006, S. 409-415, hier S. 409; Julian Nida-Rümelin, *Verantwortung*, Stuttgart 2011, S. 23, und Buddeberg, *Verantwortung im Diskurs*, S. 12 ff.

5 Zum Begriff der Relation in der Prädikatenlogik vgl. Rudolf Carnap, *Einführung in die symbolische Logik*, Wien, New York ^{3}1968 [1954], S. 5; Paul Lorenzen, *Formale Logik*, Berlin ^{4}1970 [1958], S. 13 f.; Franz von Kutschera, Alfred Breitkopf, *Einführung in die moderne Logik*, Freiburg, München ^{7}2000 [1971], S. 86.

6 Vgl. für diese Beispiele Carnap, *Einführung in die symbolische Logik*, S. 5.

zug auf ... für ... gegenüber ...« (wie in »Peter wird vor dem Gericht in Bezug auf die Gesetze für sein Verhalten gegenüber Andrea verantwortlich gemacht«).

Obwohl es eine wichtige Beobachtung darstellt, dass unter Verwendung mehrstelliger Prädikate über Verantwortung gesprochen werden kann, gibt die logische Analyse dieser Prädikatskonstruktionen allein somit noch keinen endgültigen Aufschluss darüber, wie die Mehrstelligkeit des Verantwortungsbegriffs nun genau zu verstehen ist. Ein Grund hierfür ist, dass Zuschreibungen von Verantwortung als kommunikative Akte zumeist unterbestimmt sind. Denn auch wenn sprachliche Zuschreibungen von Verantwortung häufig unter Benutzung von ein- sowie mehrstelligen Prädikatstermen vonstattengehen, wäre es vorschnell, allein von der logischen Form der jeweiligen sprachlichen Äußerung darauf zu schließen, wie viele »Stellen« die zugeschriebene Verantwortungsrelation jeweils hat oder gar um welche Art von Verantwortung es sich jeweils handelt. Zumeist wird ein Verständnis des Kontextes der Äußerung und notfalls sogar eine Nachfrage an die Verantwortung zuschreibende Person vonnöten sein, um bestimmen zu können, was für eine Art von Relation jeweils genau bezeichnet wird.

Zusätzlich erschwert wird die Analyse der Verantwortungsrelation unter Bezugnahme auf den alltäglichen Sprachgebrauch dadurch, dass der Verantwortungsbegriff in den jeweiligen Zuschreibungen keineswegs immer explizit verwendet werden muss. Denn der Sprachgebrauch ist auch dahingehend unterbestimmt, dass es eine Reihe von synonymen Ausdrücken und Wendungen gibt, mit denen Verantwortung zugeschrieben werden kann. Eine Äußerung wie »Das ist deine Schuld!« beispielsweise ist prinzipiell durchaus als Ausdruck einer Zuschreibung von Verantwortung zu werten, die ohne weitere Spezifizierung jedoch sowohl rein kausaler als auch rechtlicher als auch moralischer Art sein kann.[7] Sogar eine auf sprachliche Ausdrücke gänzlich verzichtende Zuschreibung von Verantwortung ist denkbar und sicher auch empirisch beobachtbar in Form eines kommunikativen Akts, der nur aus Gesten und Mimik besteht: Man denke etwa an die kommunikative Äußerung eines erhobenen Zeigefingers begleitet von einem grimmigen Ge-

7 Nicht nur das: Sie kann zudem entweder Ausdruck einer Verantwortungszuschreibung präskriptiver oder aber deskriptiver Art sein. Siehe unten, II.1.3, zu dieser Unterscheidung.

sichtsausdruck, die in Abhängigkeit vom Kontext der Äußerung beispielsweise eine Zuschreibung von retrospektiver moralischer Verantwortung für ein kausal verschuldetes Ereignis (als Kommentar zu einer bestimmten Handlung) oder aber auch eine Zuschreibung von prospektiver moralischer Verantwortung in Form der Warnung vor einer bestimmten Handlung (etwa als Kommentar zu einer entsprechenden Absichtserklärung) sein kann.[8] Obwohl kommunikative Bezugnahmen auf Verantwortung also erstaunlich vielfältig und zudem häufig sprachlich unterbestimmt sind, ist es eine weiterführende Beobachtung, dass Verantwortung mit mehrstelligen Prädikaten zugeschrieben werden kann. Denn trotz der variablen und zumeist unterbestimmten alltagssprachlichen Begriffsverwendung trifft es zu, dass verschiedene zentrale Gesichtspunkte von Verantwortung durch die Verwendung mehrstelliger Prädikate explizit gemacht werden können. Unzutreffend ist also nur die Vorstellung, dass der faktische Sprachgebrauch allein schon genauen Aufschluss über die jeweils implizierte Verantwortungsrelation gibt.

Ich habe schon festgestellt, dass Verantwortung eine mehrdimensionale soziale Relation ist, die jeweils die Zurechnung eines Objekts zu einem Subjekt involviert. Dieses Wesensmerkmal von Verantwortung begreife ich im Folgenden als *Mehrdimensionalität*, die durch die Verwendung von mehrstelligen Prädikationen sprachlich artikulierbar und beschreibbar ist. Genau genommen lautet meine These, dass jede konkrete lebensweltliche Verantwortungsrelation und jede der zahlreichen allgemeinen Arten, unter die sie sich subsumieren lassen, hinsichtlich von mindestens fünf und

8 Verantwortung, so viel ist sicher, ist ein sehr altes soziales Phänomen, das schon in der klassischen griechischen Philosophie Thema war. Vgl. u. a. Christoph Rapp, »Freiwilligkeit, Entscheidung und Verantwortlichkeit (III 1-7)«, in: Otfried Höffe (Hg.), *Aristoteles: Nikomachische Ethik*, Berlin ^{2}2006 [1994], S. 109-133. Der Begriff selbst ist hingegen deutlich jünger. Eine umfassende begriffshistorische Studie steht noch aus (für einen fundierten Überblick vgl. jedoch Bayertz, »Eine kurze Geschichte der Herkunft der Verantwortung«). Eine solche Untersuchung sollte genau dies zeigen können: eine thematische Kontinuität (das heißt ein alter, wenn auch sich über die Zeit verändernder thematischer Zusammenhang) bei begrifflicher Diskontinuität (das heißt relativ später Herausbildung des Verantwortungsbegriffs selbst). Ich gehe in diesem Sinn daher davon aus, dass es schon Zuschreibungen von Verantwortung an Subjekte gab, bevor sich der Verantwortungsbegriff selbst herausgebildet hatte.

je nach Verantwortungsart sogar bis zu acht solcher Dimensionen analysierbar ist. Diese Verantwortungsdimensionen sollen nicht ontologisch überhöht werden. Vielmehr sind sie schlicht als grundlegende Betrachtungskategorien zu verstehen, die als Werkzeuge für die genaue Analyse sowohl von konkreten lebensweltlichen Verantwortungsrelationen als auch von verschiedenen allgemeinen Arten der Verantwortung von Nutzen und vonnöten sind. Diese Dimensionen der Verantwortung stehen in einem unverbrüchlichen und sich gegenseitig bedingenden Verhältnis zueinander: Sie bleiben in jeder Verantwortungsart und jeder lebensweltlichen Manifestation von Verantwortung so aufeinander bezogen, dass eine substantielle Belegung (das heißt inhaltliche Füllung) einer Dimension auch Einfluss auf die Belegung der anderen Dimensionen hat. Verantwortungsrelationen verschiedener Art sind über ihr Subjekt und ihr Objekt hinaus auf bis zu sechs weitere Dimensionen hin analysierbar, was sich durch das folgende Schema ausdrücken lässt, das alle acht möglichen Betrachtungsgesichtspunkte enthält und in dem der Prädikatsterm »ist verantwortlich« entsprechend in Gestalt eines achtstelligen Prädikats verwendet wird:

i. *Jemand* – das Subjekt

ist verantwortlich

ii. *für etwas* – das Objekt
iii. *in Bezug auf* normative Standards
iv. *vor* einer Rechtfertigungsinstanz
v. *rückblickend* und/oder *vorausschauend* (Zeitrichtung)
vi. *gegenüber jemandem* – dem Adressaten
vii. mit einer bestimmten Ausrichtung
viii. *in* einem sozialen Kontext.[9]

9 Vergleicht man die in der Literatur vorgeschlagenen Schemen für die Mehrstelligkeit von Verantwortung, so ist das hier zugrunde gelegte Schema dem sechsstelligen Schema von Hans Lenk und Matthias Maring am nächsten. Vgl. Lenk, »Deskriptive und normative Zuschreibungen von Verantwortung«, S. 81 f., und Lenk/Maring, »Verantwortung – Normatives Interpretationskonstrukt und empirische Beschreibung«, S. 229. Die Kategorien i-iv sowie vi und viii im hier zugrunde gelegten Modell sind weitgehend identisch mit den von Lenk und Maring angeführten Elementen, wobei die vorliegende Analyse der Mehrstellig-

Es sollte betont werden, dass eine Verwendung insbesondere der Ausdrücke »für«, »in Bezug auf«, »vor«, »gegenüber«, »in Form von« und »in« innerhalb von Verantwortungszuschreibungen der Alltags- oder Wissenschaftssprache keineswegs immer auch schon auf die Denotation der diesen Ausdrücken im oben stehenden Schema jeweils zugeordneten Dimensionen hindeutet. Beispielsweise wird die Präposition »vor« im allgemeinen Sprachgebrauch wie in Fachpublikationen manchmal auch so verwendet, dass sie auf den Adressaten verweist. Statt zu sagen, dass jemand (das Subjekt) gegenüber jemandem (dem Adressaten) für sein Verhalten (das Objekt) verantwortlich sei, wird dann gesagt, dass jemand (das Subjekt) vor jemandem (dem Adressaten) für sein Verhalten verantwortlich sei.[10] Eine ähnlich variable Verwendbarkeit kann auch mit Blick auf die Präpositionen »für«, »gegenüber«, »in Bezug auf«, »in« und »in Form von« festgestellt werden. So deutet etwa in der Äußerung »Eltern sind für ihre Kinder verantwortlich« die Präposition »für« auch auf den Adressaten und nicht nur auf das Objekt der Verantwortung hin. Dennoch ist die im obigen Schema erfolgte Zuordnung von Präpositionen und Verantwortungsdimensionen sinnvoll in dem Sinn, dass sie zur einheitlichen und dadurch technischen Benennung der jeweiligen Verantwortungsdimensionen geeignet ist und dabei den dominanten Tendenzen im Sprachgebrauch nicht zuwiderläuft. Damit soll aber natürlich nicht bestritten oder unter den Tisch gekehrt werden, dass diese Präpositionen in alltagsprachlichen Verantwortungszuschreibungen innerhalb bestimmter Grenzen variabel einsetzbar sind.

Ich möchte nun die genannten acht Dimensionen der Verantwortung (i-viii) der Reihe nach kurz erläutern und dadurch in einem ersten Anlauf die elementare Struktur von Verantwortung als einer *mehrdimensionalen Zurechnungsrelation* erschließen. Für jede Verantwortungsrelation gilt zunächst, dass in ihr *jemand* – ein *Sub-*

keit von Verantwortung und die zur Beschreibung dieses Sachverhalts gewählte Terminologie im Einzelnen doch erheblich von diesen Autoren abweicht. Ein weiterer Unterschied ergibt sich durch die Hinzufügung der Verantwortungsdimensionen v und vii. Es sollte schließlich nicht unerwähnt bleiben, dass auch der Pflichtbegriff auf dieselben acht Betrachtungskategorien hin analysierbar ist. Siehe unten, II.2.2, zu einer Diskussion der Parallelen, aber auch der Unterschiede zwischen dem Pflicht- und dem Verantwortungsbegriff.

10 Vgl. u. a. Weischedel, *Das Wesen der Verantwortung*, S. 26.

jekt (i) – für etwas verantwortlich ist. Das Subjekt ist typischerweise eine natürliche Person (ein Individuum), kann aber auch eine organisierte Gruppe und damit ein Kollektiv sein. Manche Kollektivsubjekte werden zudem als rechtliche Personen anerkannt, darunter Unternehmen, Vereine und andere organisierte Gruppen.[11] Wird davon gesprochen, dass ein Subjekt (ein Individuum oder Kollektiv) zusammen mit anderen Subjekten (Individuen oder Kollektiven) für etwas verantwortlich ist, so bietet sich dafür auch die Rede von einer geteilten Verantwortung oder auch Mitverantwortung dieses Subjekts an. Jedes Subjekt wird dem Schema zufolge *für* etwas – das *Objekt* (ii) – verantwortlich gemacht. Das Objekt der Verantwortung besteht immer aus einer einzelnen oder aus mehreren Handlungen (wie einer Handlungskette oder aus einer sich über einen längeren Zeitraum äußernden Verhaltensdisposition), wobei die in diesen Handlungen beziehungsweise Handlungskomplexen zum Tragen kommenden Momente (neben den physischen Aktivitäten und ihren Folgen besonders auch die Intentionen oder Vorsätze) je nach zugrunde gelegtem normativem Standard unterschiedlich gewichtet werden können. Selbst Weltzustände können als Verantwortungsobjekte fungieren, wenn sie sich plausibel als Folgen bestimmter Handlungen auffassen lassen.[12]

Die Verantwortung von Subjekten hängt auch von den zugrun-

11 Hiermit ist noch nichts über die Art der Verantwortung ausgesagt, die juristischen Personen wie Unternehmen zufallen kann. Eine kontrovers diskutierte Frage ist, ob Unternehmensverantwortung über die im positiven Recht faktisch geltend gemachte rechtliche Verantwortung hinaus auch von genuin moralischer Art sein kann. Eine affirmative Antwort gibt u. a. Christian Neuhäuser, *Unternehmen als moralische Akteure*, Berlin 2011. Siehe unten, Kap. VIII für die Bedeutung von Kollektivakteuren für die Zuschreibung von Weltarmutsverantwortung.

12 Julian Nida-Rümelin geht davon aus, dass neben Handlungen auch Überzeugungen und Einstellungen allgemein als Verantwortungsobjekte fungieren können. Vgl. Nida-Rümelin, *Verantwortung*, Kap. II und III. Dies scheint mir richtig zu sein, solange nur von rein kausaler Verantwortung die Rede ist, da Überzeugungen und Einstellungen die Folge von Überlegungs- und Entscheidungsprozessen sind, die Subjekte mehr oder weniger aktiv gedanklich mitgestalten. Im Fall von *moralischer* Verantwortung müssen sich Überzeugungen jedoch auch in für andere Interaktionspartner physisch beobachtbaren Handlungen niederschlagen (dies können auch nur Sprechhandlungen wie Beleidigungen und dergleichen sein), um zusammen mit diesen Handlungen als Objekt von moralischer Verantwortung in Frage zu kommen.

de gelegten *normativen Zurechnungsstandards* (iii) ab. Dies kann entweder ein für Urteile über rein kausale Verantwortung nötiger deskriptiver, aber deshalb nicht weniger normengeleiteter Standard sein, in welchem die kausale Zurechnung einer Handlungsfolge zu einem Handlungssubjekt fußt. Oder es handelt sich um einen für Urteile über moralische, rechtliche und ethische Verantwortung nötigen präskriptiven Standard moralischer, rechtlicher oder ethischer Art. Rein kausale Verantwortung unterscheidet sich dadurch von moralischer (und auch rechtlicher) Verantwortung, dass Subjekte für bestimmte Ereignisse in dem Sinn kausal (mit)verantwortlich sind, dass sie diese durch ihre Handlungen (mit)verursacht haben, es aber prinzipiell eine offene Frage bleibt, ob die betreffenden Subjekte zusätzlich auch moralisch (oder rechtlich) verantwortlich sind.[13] Kausalität ist nur eine notwendige, aber keine hinreichende Bedingung für moralische Verantwortung. Zur Veranschaulichung des Unterschiedes zwischen den beiden Verantwortungsarten ist an Fälle zu denken, in denen eine Person eine problematische Handlungsfolge aufgrund von entschuldbarem Nichtwissen unwillentlich verursacht, also etwa an einen Arzt, der einer Patientin, von deren Schwangerschaft er nichts weiß, zur Einnahme eines schmerzlindernden Medikaments rät, das für das ungeborene Kind schädlich ist. Es ist plausibel anzunehmen, dass der Arzt zwar kausal, aber nicht moralisch für die durch die Medikamenteneinnahme verursachten Schäden mitverantwortlich ist, wenn er nicht nur in Unkenntnis der Schwangerschaft war, sondern die Patientin auch dazu befragt und von ihr womöglich eine falsche, weil ihrerseits auf Unkenntnis zurückgehende Antwort erhalten hatte. Dieses und viele andere Beispiele zeigen, dass für moralische Verantwortung spezifischere Standards als für kausale maßgeblich sind.

Man kann sich gleichwohl fragen, warum selbst Standards für die Zuschreibung von rein kausaler Verantwortung in einem gewissen Sinn normengeleitet sind, wie ich das hier behauptet habe. Immerhin sind sie ja deskriptiv in dem Sinn, dass sie ausschließlich zur Beschreibung von personalen Relationen kausaler Verursachung in der Welt herangezogen werden. Und doch handelt es sich um im weiteren Sinn normative Standards, da die Identifizierung von Relationen personaler Verursachung trotz der deskriptiven Pas-

13 Vgl. zu diesem Unterschied auch Hart, *Punishment and Responsibility*, S. 214 f.

sensrichtung der entsprechenden Urteile auf einer Begrifflichkeit basiert, die nicht ganz wertfrei ist, da sie bestimmte wertbehaftete Einsichten darüber voraussetzt, was es heißt, eine Person zu sein, die durch ihre Handlungen in der Welt kausal wirksam ist.

Jede Verantwortungsrelation ist zudem auf ihre spezifische *Rechtfertigungsinstanz* (iv) hin untersuchbar, die in Abhängigkeit vom jeweiligen normativen Standard ein deskriptives Begriffsschema (bei kausaler Verantwortung), ein Gericht beziehungsweise das Gesetz (bei rechtlicher Verantwortung), das Gewissen (bei moralischer und ethischer Verantwortung) oder gar eine metaphysische Letztbegründungsinstanz wie »Gott« sein kann. Darüber hinaus hat jede Verantwortungsrelation eine *Zeitrichtung* (v), insofern Subjekte zurückblickend (retrospektiv) in Bezug auf eine erfolgte Handlung oder vorausschauend (prospektiv) in Bezug auf eine noch zu erfolgende Handlung verantwortlich sein können. Die Dimensionen i-v können insofern als basale Betrachtungskategorien der Verantwortung gelten, als jede Art und lebensweltliche Relation der Verantwortung auf sie hin analysierbar ist.

Anders als Relationen rein kausaler Verantwortung, deren substantielle Belegung nur auf diese fünf Dimensionen hin untersuchbar ist, lassen sich Verantwortungsrelationen, die auf präskriptiven normativen Standards aufbauen, noch im Hinblick auf drei weitere Dimensionen betrachten. Denn Subjekte sind auf der Grundlage präskriptiver Standards immer gegenüber jemandem – dem *Adressaten* (vi) – verantwortlich. Dieser kann zum Beispiel durch eine oder mehrere natürliche oder rechtliche Personen konstituiert sein und je nach zugrunde gelegtem Standard auch durch andere fühlende Wesen, die keine Personen sind. Weil auch der Dimension des Adressaten ein zentraler Stellenwert zukommt, ist es wichtig, hier einer Verwechslungsgefahr vorzubeugen: Insbesondere in der philosophischen Literatur wird häufig vom Adressaten von moralischen Ansprüchen, Forderungen oder Rechten gesprochen.[14] Es spricht generell nichts gegen einen solchen begrifflichen Bezug auf Personen, die moralisch begründeten Ansprüchen unterliegen und die im obigen Schema mit dem Begriff des Subjekts wiedergegeben sind. Es ist nur wichtig, *diese* »Adressaten« moralischer Ansprüche strikt vom Adressaten im Sinne des hier skizzierten achtstelligen

14 Vgl. z. B. Rainer Forst, *Das Recht auf Rechtfertigung. Elemente einer konstruktivistischen Theorie der Gerechtigkeit*, Frankfurt/M. 2007, S. 306.

Schemas zu unterscheiden. Denn Letzterer ist durch diejenigen Personen (und gegebenenfalls auch andere fühlende Wesen) konstituiert, *denen gegenüber* Subjekte bestimmten normativen Ansprüchen unterliegen und eine dementsprechende Verantwortung tragen und die selbst natürlich wiederum Subjekte in anderen Verantwortungsrelationen sein können.[15] Die Verwechslung von Subjekt und Adressat der Verantwortung lässt sich jedoch durch eine einheitliche Begriffsverwendung leicht vermeiden. In diesem Sinn werde ich mich in dieser Untersuchung auf Akteure, an die normative Ansprüche gestellt werden, konsequent mit dem Subjektbegriff beziehen, während ich den Begriff des Adressaten ausschließlich zur Denotation derjenigen Wesen verwende, denen gegenüber diese Subjekte verantwortlich sind.

Es ist eine wichtige und vielbeachtete Einsicht, dass sich moralische Verantwortung von kausaler Verantwortung dadurch unterscheidet, dass für Erstere bestimmte zusätzliche Bedingungen der moralischen Verantwortungsfähigkeit seitens des Subjekts erfüllt sein müssen, wobei freilich Uneinigkeit darüber herrscht, worin diese Bedingungen genau bestehen. Neben Kausalität werden Rationalität, Intentionalität, die Verfügbarkeit von relevantem Wissen über vorhersehbare Handlungsfolgen, Handlungskontrolle sowie häufig, aber nicht immer, Willensfreiheit oder zumindest Handlungsfreiheit als Kriterien diskutiert.[16] Ob beispielsweise ein Bankier nicht nur kausal, sondern auch moralisch dafür verantwortlich gemacht werden kann, dass er den Tresorinhalt an die

15 Ob auch Tiere *Subjekte* im Sinne des hier skizzierten Verantwortungsschemas sein können, ist eine interessante Frage, die vermutlich eher zu verneinen ist. Das spricht aber natürlich nicht dagegen, Tieren den Status von *Adressaten* von moralischer und rechtlicher Rücksicht im hier skizzierten Sinn zuzusprechen. Siehe dazu auch unten, Kap. III.1.

16 Besonders umstritten ist die Willensfreiheitsbedingung, die bisweilen fallengelassen oder auf eine Weise neu interpretiert wird, so dass sie mit dem kausalen Determinismus vereinbar ist. Für unterschiedliche kompatibilistische Theorien der moralischen Verantwortung vgl. Harry Frankfurt, »Alternate Possibilities and Moral Responsibility«, in: *The Journal of Philosophy* 66 (1969), S. 829-839; R. Jay Wallace, *Responsibility and the Moral Sentiments*, Cambridge/MA 1994, und John Martin Fischer, Mark Ravizza, *Responsibility and Control. A Theory of Moral Responsibility*, Cambridge 1998. Auch die Relevanz der klassischen Wissensbedingung wird mittlerweile kritisch diskutiert. Vgl. George Sher, *Who Knew? Responsibility without Awareness*, Oxford 2009.

Bankräuber herausgibt, würden viele auch davon abhängig machen, ob er aus freien Stücken gehandelt hat, zum Beispiel als Kollaborateur, der den Dieben einen geheimen Weg zum Tresorraum wies. Wurde er dagegen zur Herausgabe unter Gewaltandrohung gezwungen, so ist die Freiwilligkeitsbedingung nicht erfüllt.

Ein zusätzlicher kaum beachteter, aber nicht minder bedeutsamer Unterschied zwischen kausaler und moralischer Verantwortung besteht darin, dass Erstere weder einen Adressaten noch eine Ausrichtung (vii, siehe unten) oder einen sozialen Kontext (viii, siehe unten) hat. Der Adressat kommt bei Verantwortung erst dann ins Spiel, wenn erörtert wird, *wem gegenüber* das Subjekt für eine ausgeführte Handlung, das heißt für eine auf bestimmten Intentionen oder Vorsätzen beruhende physische Aktivität und mit dieser kausal verbundenen Handlungsfolge moralisch, und/oder rechtlich verantwortlich ist.[17] Diese Erörterung setzt jedoch schon eine moralische Bewertung der Kausalhandlung, die auch für die Ausformulierung rechtlicher Zurechnungsnormen insgesamt maßgeblich ist, voraus, wodurch die Ebene der Zuschreibung von reiner Kausalverantwortung an Personen zugunsten der Zuschreibung von moralischer Verantwortung verlassen wird. In einem sehr weiten Sinn wird der Verantwortungsbegriff manchmal auch auf *unpersönliche Kausalbeziehungen* bezogen, wie beispielsweise in dem Urteil »Der Einschlag des Blitzes ist für den Schaden verantwortlich«. Diese Art der Kausalbeziehung passt wohlgemerkt gar nicht mehr zu der hier dargestellten Struktur des Verantwortungsbegriffs, da in ihr das Kernphänomen des Sich-Verantwortens eines Subjektes für ein Objekt in Bezug auf bestimmte Zurechnungsstandards nicht enthalten ist. Hier gibt es schlicht keine Person, die in Bezug auf eine deskriptive Feststellung einer Kausalrelation, in die sie involviert ist, oder in Bezug auf einen an sie herangetragenen präskriptiven Anspruch antworten könnte. Obwohl auch die unpersönliche Verwendung des Verantwortungsbegriffs nicht selten vorkommt, handelt es sich bei ihr tatsächlich nur noch in einem übertragenen Sinn um »Verantwortung«.

Eine weitere grundlegende Einsicht ist, dass Subjekte auf zwei Arten moralisch verantwortlich sein können, in denen das Objekt

17 Meines Erachtens ist die Dimension des Adressaten in all jenen Arten von Verantwortung gegeben, deren Zuschreibung auf präskriptiven (im Unterschied zu deskriptiven) Standards basiert.

ihrer Verantwortung jeweils eine unterschiedliche *Ausrichtung* (vii) auf den Adressaten aufweist. Subjekte moralischer Verantwortung können gegenüber Adressaten erstens in der *interpersonalen Dimension* für ihre Handlungen verantwortlich sein. Möchte man von einem klassischen Paradigma der Zuschreibung von moralischer Verantwortung sprechen, so fiele diese Art der Verantwortungsrelation darunter. In diesem Fall werden Subjekte gegenüber Adressaten für ihr interpersonales Verhalten verantwortlich gemacht. Zweitens können Subjekte auch in der *strukturellen Dimension* eine moralische Verantwortung gegenüber den Adressaten tragen, nämlich dann, wenn sie soziale Strukturen beeinflussen können, die auf die Adressaten einwirken. In diesem Fall hat die Verantwortung eine grundsätzlich andere Ausrichtung, deren genaue Analyse und Einordnung auch für den Fall der Weltarmut von besonderer Bedeutung sein wird (siehe dazu besonders Kapitel IV). Zu guter Letzt ist jede Verantwortungsrelation, die mit Bezug auf präskriptive Standards geltend gemacht wird, auf den sozialen *Kontext der Verantwortung* (viii) hin analysierbar. Dieser Bereich kann auf einen bestimmten sozialen Adressatenkreis begrenzt sein, etwa den Kontext der Familie oder eines Staates, er kann aber auch tendenziell unbegrenzt sein, wie im Fall der Zuschreibung von universalmoralischer Verantwortung, die Menschen als Menschen allen Menschen (und gegebenenfalls sogar anderen Tieren) gegenüber tragen.

Die Exposition des achtgliedrigen allgemeinen Schemas zu Verantwortung veranlasst zu drei grundsätzlichen Klärungen. Erstens ist hinsichtlich der schon bemerkten alltagssprachlichen Unterbestimmtheit festzuhalten, dass sich die meisten Verantwortungszuschreibungen nicht auf alle für die jeweilige Art der Verantwortung in Frage kommenden Betrachtungskategorien beziehen, jedenfalls nicht explizit. Zweitens sind die acht Verantwortungsdimensionen insofern relativ unspektakulär und, wie bereits erwähnt, ontologisch harmlos, als sie nicht mehr, aber auch nicht weniger sind als fundamentale Betrachtungskategorien für die Untersuchung von verschiedenen allgemeinen Arten und unter sie subsumierbaren konkreten Relationen der Verantwortung. Drittens sollte das achtdimensionale Modell verdeutlichen, dass der Verantwortungsbegriff nicht selbst normative Werte konstituiert, sondern diese nur transportiert:[18]

18 Vgl. dazu auch Hans Lenk, »›Verantwortung‹ als Beziehungs- und Zuschreibungsbegriff«, in: ders., *Von Deutungen zu Wertungen*, Frankfurt/M. 1994, S. 239-

Die Sprache der Verantwortung stellt, mit anderen Worten, ein durch das skizzierte Schema vorstrukturiertes Medium für normative Urteile zur Verfügung, ohne dabei selbst auch schon die normative Substanz dieser Urteile bereitzustellen oder zu rechtfertigen. Am offenkundigsten wird diese *normative Neutralität* des Verantwortungsbegriffs mit Blick auf die iii. Kategorie. Je nach Art des zugrunde gelegten normengeleiteten Standards kann eine Zuschreibung von Verantwortung an ein Subjekt kausale, legale, funktionale, moralische und/oder ethische Verantwortung denotieren. Zudem kann die einem Subjekt zugeschriebene moralische Verantwortung wiederum und erneut je nach Standard beispielsweise konsequenzialistisch, deontologisch, tugendethisch oder prinzipienpluralistisch begründet sein. Die Wahl eines bestimmten moralischen Standards ist nicht nur entscheidend im Hinblick darauf, wer als Adressat von moralischer Verantwortung überhaupt erst in Frage kommt, sondern auch mit Blick darauf, welche Gesichtspunkte für die Beurteilung von Handlungen relevant sind und welches Gewicht diesen jeweils beigemessen werden soll.[19] Auch wenn es in manchen sozialen Kontexten sinnvoll sein mag, den Folgen individuellen oder auch kollektiven Handelns ein relativ großes Gewicht bei der Zuschreibung von moralischer Verantwortung beizumessen, bedeutet das nicht, dass individuelle und kollektive Akteure nicht auch für die Art und Weise, *wie* sie ihre Handlungen vollziehen, und für die dahinterstehenden Absichten und Vorsätze moralisch und eventuell auch rechtlich zur Verantwortung gezogen werden können.[20]

273, hier S. 241, und Bayertz, »Eine kurze Geschichte der Herkunft der Verantwortung«, S. 65.

19 In Anbetracht der normativen Neutralität des Verantwortungsbegriffs ist Max Webers viel beachtete Unterscheidung von Gesinnungsethik und Verantwortungsethik in terminologischer Hinsicht etwas irreführend. Denn die Gegenüberstellung könnte so verstanden werden, dass Zuschreibungen von Verantwortung stets nur auf die Folgen des Handelns und niemals auf die Gesinnung von Subjekten sehen sollten. Dies ist natürlich nicht die Pointe von Webers Unterscheidung, auch wenn sein für die politische Sphäre vorgeschlagenes Verantwortungsmodell klar erkennbar konsequenzialistische Züge aufweist. Vgl. Weber, *Politik als Beruf*, S. 70 ff.

20 Einer Person beispielsweise, die sich betrunken hinters Steuer setzt, wird in der Regel auch dann moralisch unverantwortliches Verhalten vorgeworfen, wenn sie keine Schäden verursacht hat. In angelsächsischen Ländern anzutreffende Warnschilder mit Slogans wie »drunk-driving is a crime« legen diese Ansicht nahe.

II.1.2 Arten der Verantwortung

Ich erörtere nun in aller Kürze, inwiefern das oben skizzierte achtgliedrige Schema als Leitfaden für die Analyse des gesamten Spektrums verschiedener Arten und darunter subsumierbarer lebensweltlicher Manifestationen von Verantwortung dienlich ist. In der Tat lässt sich eine Vielzahl von allgemeinen und speziellen Verantwortungsarten mit diesem Schema erfassen und näher erläutern. Denn es ist auf theoretischer Ebene möglich, durch die Belegung der acht Dimensionen der Verantwortung mit spezifischeren, aber noch abstrakten – das heißt zum Beispiel nicht durch konkrete Subjekte und Adressaten (und so fort) bestimmten – *Unterkategorien* eine große Bandbreite verschiedener Verantwortungsarten zu differenzieren.[21] Darüber hinaus können auf praktischer Ebene lebensweltliche Zuschreibungen von Verantwortung an konkrete Personen stets daraufhin untersucht werden, wie sie die verschiedenen Dimensionen des Verantwortungsbegriffs spezifizieren, zum Beispiel welche konkrete Person sie als Subjekt (i) bestimmen, welche konkrete Handlung (deren Beschreibung die physische Aktivität, die Intentionen und die Handlungsfolge beinhalten kann) sie als Objekt (ii) definieren, welchen konkreten normativen Standard (iii) sie zugrunde legen, und so weiter.

Beispiele für verschiedene Arten der Verantwortung, die sich durch die Belegung der acht Dimensionen mit einigen abstrakten Unterkategorien generieren und analysieren lassen, sind: *kausale Verantwortung*, die auf der Grundlage deskriptiver Standards kausaler Verursachung zugeschrieben wird; *Rollenverantwortung*, die Subjekten auf der Grundlage einer bestimmten Rollenerwartung und entsprechend darauf zugeschnittener funktionaler Standards zugeschrieben wird; *rechtliche Verantwortung* als gesetzlich vorgeschriebene Verantwortung von Individuen oder auch Kollektiven für die Ausführung oder Unterlassung bestimmter Handlungen; *Haftungsverantwortung* als rechtliche Verantwortung für ein Ereignis, die auch unabhängig von kausaler Verursachung bestehen kann;[22] die *moralische Verantwortung* von Subjekten, auf der Grund-

21 Vgl. für eine ähnliche Einsicht auch Lenk, »Deskriptive und normative Zuschreibungen von Verantwortung«, S. 82.

22 Feinberg definiert strikte Haftung als diejenige Haftung, in der keine oder nur eine schwache Beitragshandlung des haftenden Subjekts vorliegt. Vgl. hierzu

lage eines moralischen Standards verschiedene Handlungen gegenüber den Adressaten auszuführen oder zu unterlassen; die *ethische Verantwortung* von Subjekten, auf der Grundlage eines ethischen Standards des guten Lebens verschiedene Handlungen auszuführen oder zu unterlassen;[23] *Eigenverantwortung* oder *Selbstverantwortung*, die Subjekten für die Ausführung bestimmter Handlungen zugeschrieben wird, die ihnen nicht von anderer Seite abgenommen werden sollen (wofür beispielsweise funktionale, moralische oder ethische Standards geltend gemacht werden können); *individuelle Verantwortung*, deren Subjekt ein Individuum ist, im Unterschied zu *kollektiver Verantwortung*, deren Subjekt ein Kollektiv ist; *individuelle Mitverantwortung*, deren Subjekt ein Individuum ist, das für eine oder mehrere Handlung(en) gemeinsam mit anderen Subjekten verantwortlich ist; *Unternehmensverantwortung*, deren Subjekt ein Unternehmen ist; *prospektive* und *retrospektive Verantwortung* von Subjekten für zukünftige beziehungsweise vergangene Handlungen; *interpersonale* oder *strukturelle Verantwortung*, die über interpersonales Verhalten oder aber über die Veränderung von Strukturen wahrgenommen wird; *besondere rechtliche* oder *besondere moralische Verantwortung*, die auf einen kleineren sozialen Kontext und Adressatenkreis beschränkt ist (zum Beispiel die Verantwortung von Eltern gegenüber ihren Kindern), im Gegensatz zu *universalmoralischer Verantwortung*, die Menschen gegenüber allen anderen Menschen (und gegebenenfalls sogar Tieren) haben; *historische Verantwortung*, die Subjekten für weit zurückliegende eigene Taten oder Taten ihrer Vorfahren zugeschrieben wird.

Das gesamte Spektrum von Verantwortungsarten ist inhaltlich und systematisch durch die gerade gegebenen Beispiele keineswegs schon vollständig dargelegt. Auch lässt es sich durch die Betrachtung möglicher Kombinationen zwischen den genannten Verantwortungsarten und die Identifikation spezifischer Unterformen

Joel Feinberg, »Collective Responsibility«, in: *The Journal of Philosophy* 65 (1968) S. 674-688, hier S. 674.

23 Für eine diskursethisch motivierte Verhältnisbestimmung von ethischen und moralischen Handlungsgründen vgl. Jürgen Habermas, »Eine genealogische Betrachtung zum kognitiven Gehalt der Moral«, in: ders., *Die Einbeziehung des Anderen*, Frankfurt/M. 1996, S. 11-64, und Rainer Forst, »Ethik und Moral«, in: Lutz Wingert u. a. (Hg.), *Die Öffentlichkeit der Vernunft und die Vernunft der Öffentlichkeit*, Frankfurt/M. ²2006 [2001], S. 344-371.

weiter auffächern. Zum Beispiel lässt sich unterscheiden zwischen: individueller und kollektiver Kausalverantwortung; retrospektiver und prospektiver Rollenverantwortung; individueller und kollektiver Rollenverantwortung; rechtlicher und moralischer Unternehmensverantwortung; moralischer und rechtlicher interpersonaler Verantwortung; moralischer und rechtlicher[24] struktureller Verantwortung; und so fort. Auch diese Liste von beispielhaft angeführten Verantwortungsunterformen ließe sich noch beträchtlich erweitern sowie in noch spezifischere Subformen auffächern. Es geht in diesem Buch jedoch nicht darum, eine vollständige Typologie aller verschiedenen möglichen Verantwortungsarten sowie eine umfassende Topographie ihres genauen Zusammenhangs anzugeben. Dies wäre die Aufgabe umfassender Studien über Verantwortung im Allgemeinen. Deutlich werden sollte jedoch, warum mit Blick auf das hier zugrunde gelegte achtgliedrige Schema von einer Vielzahl von Verantwortungsarten ausgegangen werden muss, und nicht nur von einer geringen Anzahl von »Grundarten« der Verantwortung, wie dies beispielsweise von Weischedel mit seiner Unterscheidung von sozialer Verantwortung, religiöser Verantwortung und Selbstverantwortung oder von Hart durch seine Typologie von Rollenverantwortung, kausaler Verantwortung, Haftungsverantwortung und Fähigkeitenverantwortung suggeriert wird.[25] Mein vorrangiges Ziel ist es ja, das achtgliedrige Schema systematisch für die Analyse der moralischen Relation zwischen Bessergestellten und Menschen in extremer Armut nutzbar zu machen. Bevor ich dies tue, möchte ich jedoch noch in der gebotenen Kürze erörtern, warum es wichtig ist, nicht nur verschiedene Verantwortungsarten, sondern auch verschiedene *Formen der Verantwortungszuschreibung* zu unterscheiden. Diese Erörterung ist sowohl für die richtige Interpretation des achtstelligen Schemas als auch für die Einordnung des Stellenwerts von normativen Betrachtungen der Weltarmut von Belang.

24 Eine gesetzlich vorgeschriebene Wahlpflicht, wie sie in einigen Ländern (darunter Australien) existiert, kann als ein Beispiel für rechtliche strukturelle Verantwortung gelten.

25 Vgl. dazu Weischedel, *Das Wesen der Verantwortung*, S. 25 ff., und Hart, *Punishment and Responsibility*, S. 211 ff.

II.1.3 Formen der Verantwortungszuschreibung

Ich habe schon mehrfach darauf hingewiesen, dass sprachliche Artikulationen von Verantwortung zumeist hinsichtlich der Art der zugeschriebenen Verantwortungsrelation unterbestimmt sind. Noch komplexer wird das Bild, wenn bedacht wird, inwiefern nicht nur die zugeschriebene Verantwortung selbst, sondern schon der Akt der Zuschreibung von Verantwortung verschiedene Formen annehmen kann, und inwiefern die alltagssprachliche Unterbestimmtheit auch in Bezug auf diese Formen der Zuschreibung vorliegt. Eine sprachliche Äußerung wie »Für diesen Schaden musst du aufkommen« kann je nach Kontext nicht nur Ausdruck einer Verantwortung sein, die rechtlicher, moralischer oder funktionaler Art ist. Sie kann zudem entweder Ausdruck einer präskriptiven oder aber einer deskriptiven Zuschreibung sein. Beide Ebenen der Unterbestimmtheit können erst durch die richtige Interpretation des Kontextes der Äußerung und gegebenenfalls durch Nachfragen an die zuschreibende Person geklärt werden. Unabhängig davon, ob es sich um zwischen- oder binnenmenschliche Verantwortungszuschreibungen handelt, können diese also entweder deskriptiv oder präskriptiv sein. Eine notwendige, aber noch nicht hinreichende Bedingung dafür, dass es sich um eine präskriptive Zuschreibung handelt, besteht darin, dass der normative Standard, welcher ihr zugrunde liegt, selbst präskriptiver Art ist. Alternativ ließe sich sagen, dass dieser Standard »normativ« sein muss, um von einer »normativen Verantwortungszuschreibung« sprechen zu können. Hier ist allerdings der Ausdruck »normativ« noch etwas zu unklar, weil etwa Zuschreibungen von kausaler Verantwortung, wie bereits ausgeführt, zwar durchaus normengeleitet und in diesem Sinn »normativ«, aber gleichwohl deskriptiv verfasst sind, insofern sie keine Handlungen *vorschreiben*, sondern diese nur unter impliziter oder expliziter Berücksichtigung von Normen kausaler Verursachung *beschreiben*.[26] Um Missverständnisse dahingehend zu vermeiden,

26 Dass selbst Zuschreibungen von kausaler Verantwortung an Subjekte in einem weiteren Sinn normengeleitet sind, ist eine tendenziell vernachlässigte Einsicht, während die Normativität von retrospektiver moralischer Verantwortung häufiger betont wird. Zu Letzterer vgl. z. B. David Miller, *National Responsibility and Global Justice*, Oxford 2007, S. 87, und Norbert Anwander, Barbara Bleisch, »Beitragen und Profitieren. Ungerechte Weltordnung und individuelle Verstri-

ob es sich nun um einen im weiteren oder im engeren Sinn normativen Standard handelt, empfiehlt es sich daher, im zweiten Fall von *präskriptiven* Standards zu sprechen. Die der Zuschreibung von kausaler Verantwortung implizit oder explizit zugrunde liegenden Standards sind deskriptiv und nicht präskriptiv, weil das in der Zuschreibung zum Ausdruck kommende deskriptive Urteil nicht dieselbe *Passensrichtung* wie präskriptive Urteile besitzt. Deskriptive Urteile orientieren sich daran, wie die Welt beschaffen ist, während sich präskriptive Urteile daran orientieren, wie die Welt beschaffen sein sollte. Im Fall präskriptiver Urteile muss also nicht wie bei deskriptiven Urteilen das Urteil zur Welt passen, sondern die Welt zum Urteil.[27]

Zuschreibungen von moralischer, ethischer, rechtlicher und funktionaler Verantwortung können eine solche präskriptive Passensrichtung aufweisen und sich daran orientieren, wie die Welt beschaffen sein sollte. Ich schreibe »können«, weil die Präskriptivität der Standards allein noch nicht hinreichend dafür ist, dass es sich auch um eine präskriptive Zuschreibung handelt. Denn selbst moralische, rechtliche, ethische oder funktionale Verantwortung kann unter gewissen Umständen nur deskriptiv zugeschrieben werden. Ich kann beispielsweise einer anderen Person (einem Subjekt S) deskriptiv eine moralische Verantwortung (für ein Objekt O) zuschreiben, indem ich mich bloß *beschreibend* auf eine von ande-

ckung«, in: dies., Peter Schaber (Hg.), *Weltarmut und Ethik*, Paderborn 2007, S. 171-194, hier S. 180. Hiervon zu unterscheiden ist die ebenfalls wichtige Einsicht, dass retrospektive und prospektive Verantwortung in einem unverbrüchlichen Zusammenhang stehen. Denn bei genauer Betrachtung muss die Zuschreibung von *retrospektiver* Verantwortung immer, wenn auch nur implizit, eine vorgängige *prospektive* Verantwortung auf Seiten des Subjekts voraussetzen. Vgl. ebd. sowie Gosepath, »Verantwortung für die Beseitigung von Übeln«, S. 389 f.

27 Der Terminus der Passensrichtung (*direction of fit*) von Urteilen und diese ausdrückenden Sprechakten ist von Searle eingeführt worden. Vgl. John Searle, »A Classification of Illocutionary Acts«, in: *Language in Society* 5 (1976), S. 1-23, hier S. 4. Er bezieht sich dabei auf Anscombe und Austin, die das Phänomen unterschiedlicher Ausrichtungen von Sprechakten schon früher beleuchtet haben, ohne diesen Terminus jedoch explizit zu verwenden. Vgl. G. E. M. Anscombe, *Intention*, Oxford ²1963 [1957], S. 56, und John L. Austin, *How To Do Things With Words*, Cambridge/MA ²1975 [1962], S. 98. Vgl. auch Searles im hiesigen Kontext relevante Terminologie einer »Geist-auf-Welt-Ausrichtung« beziehungsweise einer »Welt-auf-Wort-Ausrichtung« verschiedener Sprechakte, z. B. in: ders., *Intentionalität. Eine Abhandlung zur Philosophie des Geistes*, Frankfurt/M. 1991, S. 221 f.

rer Seite geltend gemachte moralische Forderung beziehe. Gleiches gilt für deskriptive Zuschreibungen von rechtlicher, ethischer und funktionaler Verantwortung. Beispiele für solche deskriptiven Zuschreibungen können Äußerungen wie »Für diesen Schaden musst du aufkommen« (um das weiter oben gegebene Beispiel wieder aufzugreifen), »Die meisten würden dich für moralisch verantwortlich für diese Tat halten« oder »Es ist qua Gesetz verboten, hier zu rauchen« sein, wobei die mit diesen Äußerungen korrelierenden Sprechakte jeweils als Beschreibungen von Forderungen Dritter und nicht als eigene Forderungen oder Bekräftigungen von Forderungen anderer Personen zu verstehen sind. Auch kann sich ein Subjekt innerlich in Form eines Gedankens selbst deskriptiv die Verantwortung dafür zuschreiben, ein Versprechen zu halten, indem es sich auf eine entsprechende moralische oder rechtliche Forderung von anderer Seite bezieht, die ihm auf einer ersten Stufe präskriptiv zugeschrieben wird (wie zum Beispiel in der Aussage »Peter fordert von mir, dass ich mein Versprechen ihm gegenüber halte«). Es ist aber gewiss ebenso möglich, sich selbst in Gedanken präskriptiv die Verantwortung zuzuschreiben, das Versprechen zu halten, beispielsweise wenn und weil ich selbst an die moralische Kraft und Geltung des Gebotes, Versprechen zu halten, glaube (etwa indem ich mir innerlich sage: »Versprechen musst du halten. Also solltest du auch dein gegenüber Peter gegebenes Versprechen halten«). Zusammenfassend liegen hinreichende Bedingungen für präskriptive Verantwortungszuschreibung somit erst dann vor, wenn die ihr zugrunde liegenden normativen Standards präskriptiv sind und wenn darüber hinaus auch die Passensrichtung des in der Zuschreibung artikulierten Urteils ihrerseits präskriptiv ist.

Dass Verantwortungszuschreibungen selbst deskriptiver oder präskriptiver Art sein können, darf nicht mit dem Umstand verwechselt werden, dass die zugeschriebene Verantwortung immer entweder retrospektiver oder prospektiver Art ist (siehe Dimension v im unter II.1.1 skizzierten Schema). Zum einen bezieht sich letzteres Unterscheidungskriterium auf die Art der zugeschriebenen Verantwortung, während sich ersteres auf die Art der Zuschreibung bezieht. Und zum anderen gibt es, legt man das soeben skizzierte Unterscheidungsmerkmal für deskriptive und präskriptive Verantwortungszuschreibungen zugrunde, nicht nur deskriptive Zuschreibungen von retrospektiver Verantwortung und präskriptive

Zuschreibungen von prospektiver Verantwortung, sondern auch präskriptive Zuschreibungen von retrospektiver Verantwortung und deskriptive Zuschreibungen von prospektiver Verantwortung. Ein Beispiel für eine präskriptive Zuschreibung von retrospektiver moralischer Verantwortung wäre ein Sprechakt verbunden mit einer Äußerung der Form »S hätte O nicht tun sollen. Das ist moralisch verwerflich!«. Obwohl sich das in dieser Zuschreibung zum Ausdruck kommende Urteil auf einen vergangenen Tatbestand bezieht, handelt es sich nicht um eine bloße Beschreibung einer Handlung oder eine Beschreibung einer Verantwortungszuschreibung durch Dritte. Vielmehr findet eine Bewertung durch die Verantwortung zuschreibende Person statt, die einen vergangenen Weltausschnitt, so wie er war, damit vergleicht, wie er hätte sein *sollen*. Ein Beispiel für eine deskriptive Zuschreibung von prospektiver moralischer Verantwortung wäre dagegen eine durch einen Sprechakt ausgedrückte Äußerung der Form »X und Z meinen, dass S unbedingt O tun sollte, weil es moralisch geboten sei«.[28] Im Unterschied zum ersten Beispiel ist die Passensrichtung des hier zum Ausdruck kommenden Urteils offensichtlich nicht daran orientiert, wie etwas in der Welt sein sollte, sondern wie etwas (in diesem Fall das moralische Urteil von X und Z über S) ist.

Diese Überlegungen zum Unterschied von deskriptiven und präskriptiven Zuschreibungen machen insgesamt deutlich, dass Verantwortungszuschreibungen auf unterschiedlichen Stufen angesiedelt sein können. Auf einer ersten Stufe stehen solche Zuschreibungen, die sich nicht wiederum auf Zuschreibungen von anderer Seite beziehen, sondern selbst Verantwortung auf der Grundlage bestimmter normengeleiteter Standards zuschreiben, seien diese präskriptiv, wie im Fall moralischer Verantwortung, oder deskriptiv, wie im Fall rein kausaler Verantwortung. Zuschreibungen zweiter Stufe sind dagegen grundsätzlich auf Zuschreibungen durch Dritte bezogen. Eine Zuschreibung kausaler Verantwortung beispielsweise ist auf der ersten Stufe angesiedelt, wenn die zuschreibende Person ein Subjekt für eine Handlungsfolge kausal verant-

28 Natürlich gibt es auch solche deskriptiven oder präskriptiven Zuschreibungen, die sich kombiniert sowohl auf retrospektive als auch prospektive Verantwortung beziehen. Ein Beispiel wäre ein Sprechakt, der die Forderung nach Wiedergutmachung mit Verweis auf ein geschehenes Unrecht ausdrückt: »S hätte nicht O tun dürfen, das ist moralisch verwerflich. Deshalb sollte S nun Y tun.«

wortlich hält (was dem Standardfall der Zuschreibung von kausaler Verantwortung entspricht und zum Beispiel in einer Äußerung der Form »S hat O (mit)verursacht« zur Geltung kommt). Sie ist dagegen höherstufig, wenn sie eine durch Dritte erfolgte Zuschreibung von kausaler Verantwortung an ein Subjekt nur wiedergibt (wie in Äußerungen der Form »X sagt, dass S O (mit)verursacht hat«). Während präskriptive Zuschreibungen immer auf der ersten Stufe angesiedelt sind, weil die zuschreibende Person in diesem Fall die normativen Standards, auf denen die Zuschreibung basiert, selbst für gültig hält und anwendet, sind deskriptive Zuschreibungen von Verantwortung meist höherstufig. Die einzige Ausnahme bilden Zuschreibungen kausaler Verantwortung erster Stufe. Während Zuschreibungen erster Stufe, wie gezeigt, deskriptiv oder präskriptiv sein können, sind höherstufige Verantwortungszuschreibungen immer deskriptiv, da die Passensrichtung der ihnen zugrunde liegenden Urteile nicht präskriptiv, sondern deskriptiv ist.

Was das Spektrum verschiedener Formen der Verantwortungszuschreibung anbelangt, so sind für meine Zwecke in diesem Buch die Unterscheidungen zwischen deskriptiven und präskriptiven Zuschreibungen sowie zwischen Zuschreibungen erster und zweiter Stufe am wichtigsten. Weitere Formen der Verantwortungszuschreibung lassen sich dahingehend unterscheiden, in welcher Beziehung die Verantwortung zuschreibende Person zur jeweils denotierten Verantwortungsrelation genau steht. Ich habe weiter oben schon ein Beispiel für eine *binnenmenschliche Verantwortungszuschreibung* diskutiert, die genauer als eine Zuschreibungsform klassifizierbar ist, in der die zuschreibende Person mit dem Subjekt der denotierten Verantwortungsrelation identisch ist. Binnenmenschliche Zuschreibungen äußern sich typischerweise als unausgesprochene Gedanken mit normativem Außenweltbezug (»Ich sollte O tun«, »Ich hätte nicht O tun sollen. Das wird mir sicher Vorwürfe einbringen« und so fort). Doch solche Zuschreibungen werden natürlich auch vielfach kommunikativ nach außen getragen. Das Phänomen der *Übernahme von Verantwortung* lässt sich präziser als eine binnenmenschliche Zuschreibung von Verantwortung für eine oder mehrere Handlungen kategorisieren, die unter Beisein anderer Kommunikationsteilnehmer oder auch im Stillen artikuliert wird. Die Verantwortungsübernahme als ein Bekenntnis zu bestimmten in der Vergangenheit oder Zukunft liegenden Handlungen steht typischerweise am Anfang einer sich daran anschließenden Handlungskette.[29] Im Gegensatz zu binnenmenschlichen Zuschreibungen sind in *zwischenmenschlichen Verantwortungszuschreibungen* die zuschreibende Person und das Verantwortungssubjekt nicht identisch (zum Beispiel in einer Äußerung der Form »Du hättest O tun sollen«). Weitere an dieser Stelle weniger zentrale Formen der Verantwortungszuschreibung ergeben sich, wenn die Person, die Verantwortung zuschreibt, mit dem Adressaten der Verantwortungsrelation identisch ist (etwa in einem sich im Satz »Das bist du mir schuldig!« ausdrückenden Schuldvorwurf) oder aber mit ihrer Rechtfertigungsinstanz (beispielsweise in der Schuldigsprechung eines Angeklagten durch einen Richter) oder wenn schließlich die Verantwortung zuschreibende Person in einer bestimmten Beziehung zum Objekt der Verantwortung steht (wie in dem Satz »S ist gegenüber A verantwortlich, auf mich aufzupassen«).

II.2 Der Stellenwert des Verantwortungsbegriffs für präskriptive Urteile über die Weltarmut

In diesem Abschnitt gehe ich nun der Frage nach, welchen Stellenwert der Verantwortungsbegriff für präskriptive Urteile über die Weltarmut besitzt. Dazu ist zuerst allgemein zu untersuchen, inwiefern Weltarmut zum Gegenstand deskriptiver und präskriptiver Betrachtungen werden kann. Die Erörterung dieser Betrachtungsmodi ist für die vorliegende Untersuchung insofern relevant, als deren methodologisches Kernziel darin besteht, eine theoretische Grundlage für präskriptive Zuschreibungen von Verantwortung in Bezug auf die Weltarmut zu erarbeiten (II.2.1). Danach soll vertiefend analysiert werden, warum der Begriff der Verantwortung, und nicht der in der zeitgenössischen Philosophie der Tendenz nach bevorzugte Begriff der Pflicht, der geeignete Grundbegriff für die

29 Bei Roman Ingarden (vgl. ders., *Über die Verantwortung*, Stuttgart 1970, S. 5 ff.) findet sich eine erhellende Analyse von vier verschiedenen *Verantwortungssituationen* in Gestalt des Tragens von Verantwortung, des Übernehmens von Verantwortung, des Zur-Verantwortung-Ziehens und des verantwortlichen Handelns, die mit der hier vorgestellten Analyse verschiedener Arten der Verantwortungszuschreibung prinzipiell vereinbar ist, jedoch quer zu dieser liegt und sich nur ansatzweise überschneidet.

Diskussion der Frage danach ist, was wir Menschen in extremer Armut schulden (II.2.2).

II.2.1 Deskriptive und präskriptive Betrachtungen der Weltarmut

Es ist in methodologischer Hinsicht sinnvoll, zwischen deskriptiven und präskriptiven Modi der Betrachtung der Weltarmut zu unterscheiden. Während deskriptive Betrachtungen von der Frage danach bestimmt sind, *was der Fall ist*, sind präskriptive Betrachtungen von der Frage geleitet, *was der Fall sein sollte*. Die für deskriptive und präskriptive Betrachtungen der Weltarmut jeweils charakteristischen Urteile weisen somit unterschiedliche Passensrichtungen auf. Die deskriptive Betrachtungsebene ist insofern wichtig, als für eine wirksame Bekämpfung von Armut empirisches Wissen über deren Entstehungsursachen und über Möglichkeiten ihrer Eindämmung von fundamentaler Bedeutung ist. Extreme Armut ist ein facettenreiches Phänomen, dessen Erforschung mit Blick auf seine ökonomischen, politischen, sozialen und medizinischen Ursachen in der Tat einen sehr hohen Stellenwert besitzen sollte. Während repressive politische Strukturen, Kriege und Naturkatastrophen (manchmal auch alles zugleich) zu den primären Ursachen von Armut und Hunger gehören, handelt es sich in anderen Fällen um strukturell bedingte Entbehrungen in schwachen, aber nicht notwendig undemokratischen Staaten, denen mit durchdachten sozioökonomischen Strategien entgegengewirkt werden muss. Armutsbekämpfung scheint also ebenso viele Gesichter zu haben wie die Armut selbst und kann gewiss nicht auf die Frage der Größe von Entwicklungshilfetöpfen, aber sicher auch nicht, wie manchmal bequemerweise angenommen wird, auf eine Strategie genereller Enthaltung des »Westens« reduziert werden.[30] Da

30 Jeffrey Sachs (*The End of Poverty. How We Can Make It Happen in Our Lifetime*, London 2005) vertritt die Ansicht, dass primär eine bestimmte Schwelle finanzieller Aufwendungen erreicht werden muss, um Menschen in extremer Armut erfolgreich aus der »Armutsfalle« herauszulösen und für diese Menschen die Bedingungen für ein selbstbestimmtes Leben zu schaffen. William Easterly (*The White Man's Burden*, Oxford 2006) formuliert dagegen eine beißende Kritik an den »Entwicklungsplanern« und sieht eine generelle Enthaltung geboten. Abhijit Banerjee und Esther Duflo (*Poor Economics. A Radical Rethinking of the Way to Fight Global Poverty*, New York 2011) sind der Ansicht, dass beide Perspektiven

empirische Betrachtungen mehr oder weniger realitätsgetreu sein können und da auch präskriptive Betrachtungen der Weltarmut immer empirisch verifizierbare oder falsifizierbare Anteile haben, müssen diese selbstverständlich stets kritisch mitbedacht werden.

Es ist erhellend, einen etwas genaueren Blick darauf zu werfen, welche Arten von Verantwortungszuschreibungen typischerweise in deskriptiven und präskriptiven Betrachtungen der Weltarmut enthalten sind und an welchen Stellen normative Gesichtspunkte im weiteren oder engeren Sinn ins Spiel kommen. Deskriptive Betrachtungen der Weltarmut können deskriptive Verantwortungszuschreibungen im zuvor erläuterten Sinn enthalten, und zwar insbesondere Zuschreibungen erster Stufe in Form von Zuschreibungen personaler kausaler Verantwortung; darüber hinaus können sie auch Zuschreibungen zweiter Stufe, also etwa Feststellungen darüber beinhalten, wer von wem in Bezug auf Armut kausal, rechtlich, funktional und moralisch verantwortlich gemacht wird. Festzuhalten ist nun, dass selbst rein deskriptive Betrachtungselemente nicht nur empirische, sondern auch normative Setzungen enthalten (siehe dazu schon II.1.1 und II.1.3). Schon deskriptive Zuschreibungen von Verantwortung können daher hinsichtlich beider dieser Arten von Setzungen mehr oder weniger angemessen sein. Volkswirtschaftliche Studien über die Entstehung von Armut können sich beispielsweise durch eine *erklärungsnationalistische Herangehensweise* auszeichnen, insofern sie die Ursachen für Armut ausschließlich in den jeweiligen Ländern suchen – in den dortigen politischen und ökonomischen Institutionen und/oder den klimatischen und kulturellen Gegebenheiten – wohingegen sie grenzüberschreitende Einflüsse sowie globale institutionelle Hintergrundbedingungen weitgehend ausblenden.[31] Zu diesen globalen Hintergrundbedin-

fehlgehen, da sie sich primär um die zu allgemeine und zu abstrakte Frage drehen, ob Entwicklungshilfe den Menschen in extremer Armut helfen könne (oder nicht). Nur die intensive wissenschaftliche Beschäftigung mit den partikularen Lebensbedingungen von Menschen in extremer Armut und der Test von spezifischen Lösungsansätzen insbesondere im Bildungs- und Gesundheitssektor armer Länder können demnach den Weg zu erfolgreicher Armutsbekämpfung anleiten. Vgl. auch Esther Duflo, *Kampf gegen Armut*, Berlin 2013.

31 Thomas Pogge hat den Terminus des Erklärungsnationalismus (*explanatory nationalism*) eingeführt, um dieses Defizit vieler empirischer Perspektiven auf die Weltarmut auf einen Begriff zu bringen. Vgl. dazu Thomas Pogge, *Weltarmut und Menschenrechte*, Berlin, New York 2011 [Orig. 2002, [2]2008], S. 67, S. 143 und

gungen ist zum Beispiel das »Privileg« von tyrannischen Machthabern zu zählen, im Namen ihrer Länder Kredite aufzunehmen und Rohstoffe zu veräußern, ohne den erzielten Gewinn an die armen Bevölkerungsteile weiterzugeben.[32] Aber auch zahlreiche andere Beispiele verdeutlichen, welche beträchtliche Rolle externe Faktoren bei der Entstehung und Perpetuierung von extremer Armut spielen. Man denke etwa an die destruktive Kraft eines weitgehend unregulierten internationalen Waffenhandels oder an die von Konzernen vorangetriebene Überfischung der Weltmeere, die viele von der Fischerei lebende Menschen ihrer Lebensgrundlage beraubt.[33] Damit sind nur zwei weitere von einer Vielzahl von externen Ursachen von Armut genannt, auf deren theoretische Bedeutung im Verlauf dieser Studie noch häufiger zurückzukommen sein wird (siehe besonders die Kapitel IV, V und VII). Erklärungsnationalistischen Perspektiven auf die Weltarmut kann also eine unplausible Setzung attestiert werden, jedoch bedeutet die Forderung, dass der Blick vermehrt auch auf grenzüberschreitende und globale Ursachen zu richten sei, natürlich nicht, dass man gleich ins andere Extrem fallen und den Stellenwert verschiedener interner Entstehungsursachen gänzlich nivellieren sollte, was einer ebenfalls kritikwürdigen *erklärungsglobalistischen* Perspektive gleichkäme.[34] Es geht vielmehr darum, den Blick so zu erweitern, dass interne und externe Einflüsse (einschließlich der globalen institutionellen Hintergrundbedingungen) in ein adäquates Verhältnis zueinander gebracht werden. Obwohl es hierbei hauptsächlich auf empirische Angemessenheit ankommt, ist schon die bloße Beschreibung der Entstehungsursachen von Armut zumindest in einem schwachen

S. 177-179. Pogge kreidet auch John Rawls ein implizites erklärungsnationalistisches Denkmuster an. Vgl. ebd., S. 334, Fn. 187, und S. 344, Fn. 258.

32 Für Pogges genaue Interpretation dieser beiden »Privilegien« vgl. ebd., S. 143-147, S. 194-196 und S. 205-210. Zum mit diesen Bedingungen zusammenhängenden »Ressourcenfluch« vgl. Leif Wenar, »Property Rights and the Resource Curse«, in: *Philosophy & Public Affairs* 36 (2008), S. 2-32.

33 Für eine umfangreiche Darstellung von Praktiken und Auswirkungen des internationalen Waffenhandels vgl. Andrew Feinstein, *Waffenhandel: Das globale Geschäft mit dem Tod*, Hamburg 2012 [Orig. 2011].

34 Einen solchen Erklärungsglobalismus weist auch Pogge ausdrücklich, wenn auch meines Erachtens etwas zu halbherzig, zurück. Vgl. Thomas Pogge, »Severe Poverty as a Human Rights Violation. Reply to the Critics«, in: *Ethics & International Affairs* 19 (2005), S. 55-83, hier S. 76.

Sinn normativ, da auch sie auf wertbehafteten Annahmen darüber basiert, was es heißt, dass individuelle oder kollektive Akteure für etwas ursächlich verantwortlich sind.

Präskriptive Betrachtungen der Weltarmut sind dagegen in einem starken Sinn normativ, insofern sie von der Frage geleitet sind, wer mit Blick auf die Weltarmut was genau tun *sollte*. Sie haben in ihrer Gesamtorientierung eine grundsätzlich andere Passensrichtung als deskriptive Betrachtungen der Weltarmut, obwohl sie immer auch Elemente empirischer Beschreibung aufweisen und dahingehend bestmöglich informiert sein sollten. Nicht nur die Frage, wer vorausblickend für die Bekämpfung der Weltarmut moralisch verantwortlich gemacht werden kann, sondern schon die Frage, wer für die Entstehung von Armut zurückblickend moralisch verantwortlich gemacht werden kann, weist eine solche präskriptive Passensrichtung auf.[35] Allgemeiner lässt sich sagen, dass präskriptive Betrachtungen der Weltarmut Verantwortungszuschreibungen erster Stufe enthalten, die präskriptiver Art sind, insofern sie bestimmte Erwartungen dahingehend artikulieren, wer hinsichtlich extremer Armut aus moralischen Gründen wofür verantwortlich ist und was zu tun hat. Obwohl es ein wesentliches Merkmal aller präskriptiven Betrachtungen von Armut ist, dass sie präskriptive Verantwortungszuschreibungen enthalten, können sie sich selbstverständlich hinsichtlich der Transparenz und Begründetheit dieser Zuschreibungen unterscheiden.

Es ist besonders diese Ebene der Herausbildung und Begründung präskriptiver Urteile über extreme Armut, auf der viele strittige Fragen verborgen liegen, deren Beantwortung auch für den politischen Umgang mit der Weltarmut von größter Wichtigkeit ist. Ich werde die Weltarmut nachfolgend einer präskriptiven Betrachtung unterziehen, indem ich eine *Konzeption moralischer Verantwortung* herausarbeite, die nicht bei der Deskription von Kausalbeziehungen stehenbleibt, sondern es ermöglichen wird, individuellen und kollektiven Akteuren Verantwortung in Bezug auf Armut, Hunger und materielle Ungleichheit in der Welt präskriptiv zuzuschreiben. Die gesuchte Verantwortungskonzeption muss in empirischer und normativer Hinsicht auf plausiblen Annahmen beruhen. Da normative Annahmen anders als empirische Daten nicht allein durch

35 Vgl. hierzu Miller, *National Responsibility and Global Justice*, S. 87.

einen Blick auf die Welt bestätigt werden können und da viele normative Annahmen, darunter solche über die Geltungsgründe und das Wesen sozialer Gerechtigkeit, notorisch umstritten sind, werde ich mich bei der Reflexion gültiger normativer Standards auf eine pluralistische Begründungskonzeption stützen, die nur Minimalstandards rechtfertigt und damit eine möglichst breite normative Basis für präskriptive Verantwortungszuschreibungen mit Bezug auf die Weltarmut bereitstellt (siehe dazu im Einzelnen besonders die Kapitel V und VI).

Die gesuchte Verantwortungskonzeption muss jedoch auch begrifflich differenziert genug sein, und in Gestalt des achtstelligen Strukturschemas ist diesbezüglich der Grundstein gelegt. Sie muss auf sinnvolle Weise auf die acht Verantwortungsdimensionen, auf die für den Fall der Weltarmut relevanten Verantwortungsarten sowie auf verschiedene relevante Formen der Verantwortungszuschreibung reflexiv Bezug nehmen. In der Forschungsliteratur und in der weiteren Öffentlichkeit lokalisierbare Zuschreibungen von Weltarmutsverantwortung müssen daher über die in ihnen enthaltenen substantiell-normativen Annahmen hinaus auch stets daraufhin analysiert werden, ob sie, wenn nicht explizit, so doch zumindest der Sache nach die verschiedenen Verantwortungsdimensionen, Verantwortungsarten und Formen der Verantwortungszuschreibung berücksichtigen. Der Bezug auf Gesolltes im Umkreis der Weltarmut findet in Fachdiskursen jedoch häufig gar nicht primär unter Verwendung des Verantwortungsbegriffs, sondern des Pflichtbegriffs statt. Als Nächstes werde ich daher untersuchen, wie die bisher vorgenommenen begrifflichen Differenzierungen mit Blick auf den Pflichtbegriff zu beurteilen sind und welche Rolle Letzterer innerhalb von normativen Betrachtungen der Weltarmut spielt, auch im Vergleich zum Verantwortungsbegriff.

II.2.2 Verantwortung als Grundbegriff für präskriptive Urteile über die Weltarmut

Im Mittelpunkt dieses Buches steht ja die Frage, welche moralische Verantwortung wir gegenüber extrem armen Menschen tragen. Man kann auf diese Frage allerdings auch Bezug nehmen, ohne explizit auf den Verantwortungsbegriff zurückzugreifen. Beispielsweise kann man, so wie ich es hier auch schon getan habe, alternativ von unserer moralischen Relation zu Menschen in extremer Armut sprechen oder davon, was wir Menschen in extremer Armut moralisch schulden. Oder man kann sich des Begriffs der Pflicht bedienen, was in der Forschungsliteratur nicht selten geschieht. Es wird dann beispielsweise überlegt, ob und welche Art von Pflichten wir Menschen in extremer Armut gegenüber haben.[36] Daraus ergibt sich wiederum die grundsätzliche Frage, ob der Begriff der Verantwortung überhaupt der zentrale Terminus sein und dem der Pflicht vorgezogen werden sollte, wenn es darum geht zu untersuchen, was wir Menschen in extremer Armut in moralischer Hinsicht schulden.

Es wird nicht überraschen, dass ich diese Frage hier affirmativ beantworte, nachdem ich den Verantwortungsbegriff zuvor schon einer derart aufwendigen Analyse unterzogen habe. Doch ich möchte diese Antwort etwas eingehender begründen, zumal durchaus Gesichtspunkte angeführt werden könnten, die auf den ersten Blick eher gegen den von mir behaupteten Vorzug des Begriffs der Verantwortung vor dem der Pflicht sprechen. Erstens kann daran gezweifelt werden, dass der Verantwortungsbegriff eine singuläre Stellung innerhalb des Vokabulars zur Erörterung der Frage nach unserer moralischen Relation zu Menschen in extremer Armut besitzt. Zweitens ist der Einwand denkbar, dass der Verantwortungsbegriff generell nicht besonders gut dazu geeignet ist, um zwischenmenschliche moralische Relationen präzise zu artikulieren. Während der erste Einwand lediglich die Ersetzbarkeit des Verantwortungsbegriffs suggeriert, ist der zweite Einwand stärker, da er impliziert, dass die Klärung unserer spezifischen moralischen Relation zu Menschen in extremer Armut eher erschwert

36 Der Rekurs auf den Begriff der Pflicht (*duty*) ist in dem von englischsprachigen Publikationen geprägten Diskurs über globale Gerechtigkeit die Regel. Dort, wo (meist sporadisch) neben dem Pflichtbegriff zusätzlich auf den Verantwortungsbegriff Bezug genommen wird, wird entweder eine generelle Austauschbarkeit der beiden Begriffe suggeriert, oder es wird ihm eine engere Bedeutung als dem Pflichtbegriff verliehen. Beispielsweise wird dort der Verantwortungsbegriff manchmal zur Diskussion von retrospektiver Verantwortung explizit verwendet, während prospektive moralische Relationen mit dem Pflichtbegriff artikuliert werden. Eine deutschsprachige Veröffentlichung, für die dies zu gelten scheint, ist: Barbara Bleisch, *Pflichten auf Distanz*, Berlin, New York 2010. Für zwei Ausnahmen von der Regel vgl. Miller, *National Responsibility and Global Justice*, und Iris Marion Young, *Responsibility for Justice*, Oxford 2011.

als erleichtert wird, wenn man sich auf den Verantwortungsbegriff stützt. Ich werde in diesem Abschnitt beide Einwände nacheinander entkräften.

Betrachtet man »Pflicht« als naheliegenden Alternativbegriff, der in präskriptiven Urteilen über die Weltarmut eine breite Verwendung findet, so muss zunächst festgehalten werden, dass dieser in begriffslogischer Hinsicht zahlreiche zum Verantwortungsbegriff analoge Eigenschaften aufweist. Am offenkundigsten wird dies bei einem Blick auf das oben skizzierte achtgliedrige Schema, das sich in der Tat weitgehend auf den Pflichtbegriff übertragen lässt.[37] Dass eine Person eine Pflicht hat, bedeutet allgemein, dass sie als Pflichtsubjekt einem normativ bindenden Anspruch unterliegt.[38] Neben dem Subjekt ist – wie im Fall von Verantwortung – auch ein Objekt der Pflicht allgemein ausweisbar: Jedes Pflichtsubjekt muss eine oder mehrere Handlungen, verstanden als Pflichtobjekt(e), entsprechend der Pflicht ausführen. Darüber hinaus kann der jeweilige die Pflicht bestimmende normative Anspruch sowohl moralischer als auch juridischer oder selbst funktionaler Art sein, das heißt, Pflichten können – wieder analog zum Fall der Verantwortung – prinzipiell durch verschiedene, wenn auch nicht beliebige normative Standards konstituiert sein. Darüber hinaus ist es ebenso möglich und sinnvoll, von einem Adressaten, einer Zeitrichtung, einer Ausrichtung[39] sowie der spezifischen Rechtfertigungsinstanz einer Pflicht zu sprechen und schließlich die Geltung einer Pflicht auf einen bestimmten sozialen Kontext zu beziehen oder einzugrenzen.

Der Pflichtbegriff, so wie ich ihn hier in Abgrenzung beispielsweise zu einem spezifischeren kantischen Verständnis verwenden möchte,[40] ist ebenso wie der Verantwortungsbegriff in substantiel-

37 Dies sollte auch für Untersuchungen, die den Pflichtbegriff zugrunde legen, eine heuristisch wertvolle Einsicht darstellen. Die Mehrstelligkeit des Pflichtbegriffs wird in der Literatur offenbar kaum ausdrücklich thematisiert.

38 Für diese Definition vgl. Robert L. Frazier, »Duty«, in: *Routledge Encyclopedia of Philosophy*, Bd. 3, New York 1998, S. 178-183, hier S. 178.

39 Die Rede vom Adressaten sowie von der Ausrichtung einer Pflicht hat sich meines Wissens noch nicht im philosophischen Diskurs etabliert, ist aber in systematischer Hinsicht angebracht.

40 Immanuel Kant definiert »Pflicht« so, dass Kernelemente seiner deontologischen Moralkonzeption zur Geltung kommen: »*Pflicht ist die Notwendigkeit einer Handlung aus Achtung fürs Gesetz.*« (Ders., *Grundlegung zur Metaphysik der Sitten* [1785], Akademieausgabe, Berlin 1900 ff., Bd. 4, S. 400, kursiv im Orig.)

ler Hinsicht neutral, insofern er ein Spektrum verschiedener normativer Forderungen transportieren kann, diese aber selbst nicht begründet. Wird der Begriff der Pflicht auf diese Weise (wie zuvor schon der der Verantwortung) so verstanden, dass er moralischen Urteilen eine Form gibt, ohne ihre Substanz vorzuschreiben, dann können einige Arten moralischer Forderungen offenbar wahlweise mit ihm oder eben dem Begriff der Verantwortung ausgedrückt werden. Für beide Begriffe gilt, dass die postulierten Pflicht- beziehungsweise Verantwortungsrelationen allgemeiner Natur sein können, aber auch ganz spezifisch mit Blick auf die jeweils gebotenen Handlungen. Es ist ebenso möglich, von einer allgemeinen moralischen Pflicht zur Hilfe in Not zu sprechen, wie es möglich ist, von einer allgemeinen moralischen Verantwortung zur Hilfe in Not zu sprechen. Darüber hinaus kann man auch von einer spezifischen und situativ einlösbaren Pflicht sprechen, ein ertrinkendes Kind aus dem Teich zu ziehen, wie man von einer situativen prospektiven moralischen Verantwortung sprechen kann, das Kind aus dem Teich zu ziehen (oder einer retrospektiven Verantwortung dafür, das Kind nicht aus dem Teich gezogen zu haben).[41] Des Weiteren können analog zur Unterscheidung verschiedener Arten von Verantwortung (siehe II.1.2) verschiedene *Arten von Pflichten* unterschieden werden. Schließlich ist es möglich und sinnvoll, analog zu den oben skizzierten verschiedenen Formen von Verantwortungszuschreibungen (siehe II.1.3) zwischen verschiedenen *Formen der Zuschreibung von Pflichten* zu unterscheiden.[42] Auch im Fall des Pflichtbegriffs kann man von deskriptiven und präskriptiven Zuschreibungen sprechen, wobei deskriptive Pflichtzuschreibungen einfach durch Dritte erfolgte präskriptive Pflichtzuweisungen denotieren, wie zum Beispiel in einer Feststellung der Form »Z hält S für moralisch verpflichtet, O zu tun«.

41 Ich beziehe mich hier natürlich auf die berühmte Teichanalogie, mit der Peter Singer seine Perspektive auf Weltarmutsverantwortung untermauert. Vgl. ders., »Famine, Affluence, and Morality«, in: *Philosophy & Public Affairs* 1 (1972), S. 229-243. Im als Exkurs konzipierten Kap. IX setze ich mich kritisch mit Singers Position auseinander.

42 Die Rede von »Dimensionen« oder »Relata« in Bezug auf den Pflichtbegriff hat sich bisher offenbar genauso wenig etabliert wie diejenige von »Pflichtrelationen«. Dennoch sollten diese Überlegungen zu den Parallelen des Pflichtbegriffs und des Verantwortungsbegriffs auch zeigen, dass sich eine solche Terminologie der Sache nach durchaus anbietet.

Angesichts dieser beachtlichen begrifflichen Parallelen darf jedoch nicht übersehen werden, dass die Begriffe der Pflicht und der Verantwortung keineswegs vollständig deckungsgleich sind. Sie sind zwar in dem ganz spezifischen Sinn (und nur in diesem) äquivalent, dass sie jeweils gleichermaßen zur Artikulation eines *begrenzten* Spektrums von normativen Forderungen herangezogen werden können. Trotzdem sind sie nicht in allen möglichen ihrer Verwendungen austauschbar. Dies liegt daran, dass der Verantwortungsbegriff in mindestens dreierlei Hinsicht *weiter* und dadurch auch *vielseitiger* als der Pflichtbegriff ist. Erstens ist Letzterer im Gegensatz zu Ersterem in der Dimension der Zeitrichtung nicht variabel. Die Zeitrichtung von Pflichten kann nicht entweder retrospektiv oder prospektiv sein, da Pflichten immer vorausschauend sind. Es gibt keine retrospektiven Pflichten, obgleich es möglich ist, auf einen Weltausschnitt zurückzublicken, diesen auf eine relevante Pflichterfüllung hin zu befragen und entsprechende Schlussfolgerungen hinsichtlich von bestehenden Anschluss- oder Ersatzpflichten zu ziehen, die sich aus einer diagnostizierten Pflichtverletzung ableiten lassen. Grammatikalisch und inhaltlich hat es natürlich Sinn, auf ihrem Wesen nach prospektive Pflichten zurückzuschauen, zum Beispiel mit einer Aussage der Form »S hat die Pflicht, O zu tun, nicht erfüllt«. Dies ändert jedoch nichts daran, dass Pflichten immer prospektiv sind, während Verantwortungsrelationen entweder eine prospektive oder eine retrospektive Zeitrichtung aufweisen können.

Zweitens ist auch das Spektrum der auf den Pflichtbegriff beziehbaren präskriptiven Standards enger. Beispielsweise sind ethische (in Abgrenzung zu moralischen) Standards nicht auf ihn anwendbar. Die Rede von einer ethischen Pflicht im Sinne einer Pflicht zum guten Leben hat zumindest dann einen merkwürdigen Klang, wenn es für das glückbringende Handeln keine ähnlich objektivierbaren Standards wie für moralisches Handeln gibt, wie dies Moraltheoretiker mit Kant häufig annehmen.[43] Dagegen kann die individuelle Verantwortung, ein gutes Leben zu führen, durchaus sinnvoll als ethische Verantwortung oder auch, wenn Subjekt und Adressat in eins fallen, als ethische Selbstverantwortung bezeichnet werden; und sie kann von moralischer Verantwortung als auf den

43 Vgl. etwa Kant, *Grundlegung zur Metaphysik der Sitten*, S. 418.

Umgang mit anderen Menschen (und gegebenenfalls auch Tieren) beschränkte und zumindest aus moderner Sicht strengeren Beurteilungsstandards unterstellte Verantwortung unterschieden werden.[44] Darüber hinaus zeigte sich schon, dass Verantwortung auch auf der Basis deskriptiver Standards kausaler Verursachung zugeschrieben wird. Wir sprechen dann etwa von »rein kausaler Verantwortung« im Unterschied zu moralischer Verantwortung. Der Pflichtbegriff ist demgegenüber ausschließlich für präskriptive Standards empfänglich. Auch Zusammenhänge personaler Verursachung lassen sich also allein mit ihm nicht angemessen ausdrücken.

Drittens ist der Pflichtbegriff auch dann weniger vielseitig als der Verantwortungsbegriff, wenn es um die Bestimmung des Subjekts moralischer Forderungen geht. Zwar werden moralische (und auch rechtliche) Forderungen an Kollektivsubjekte in der Alltags- und Fachsprache gelegentlich mit dem Pflichtbegriff ausgedrückt. Doch die Rede von »gemeinsamen« oder »geteilten Pflichten« von Individuen ist zumindest in der Alltagssprache unüblich, auch wenn solche Termini in philosophischen Abhandlungen bisweilen Verwendung finden, um darauf hinzudeuten, dass mehrere Subjekte jeweils eine individuelle Pflicht haben, etwas gemeinsam zu tun. Im Gegensatz dazu ist es in der Alltags- und Fachsprache gleichermaßen gängig, einer Mehrzahl von Individuen (und bisweilen auch einer Mehrzahl von Kollektiven) zurückblickend oder vorausschauend eine »gemeinsame« oder auch »geteilte Verantwortung« für bestimmte Handlungen zuzuweisen. An späterer Stelle werde ich genauer zeigen, welche Rolle eine solche gemeinsame, aber individuierbare Verantwortung im Verhältnis zur Kollektivverantwortung von Staaten, Unternehmen und anderen organisierten Gruppen spielt, wenn es um die Ermittlung von Weltarmutsverantwortung geht (siehe Kapitel VIII).

Der Verantwortungsbegriff ist aber nicht nur weiter und viel-

44 Vgl. zu dieser Unterscheidung auch oben, II.1.2, Fn. 23. Diese Begriffsbestimmung ist unabhängig davon, wie das Verhältnis von ethischer und moralischer Verantwortung genau konzipiert wird. Man kann, muss aber beispielsweise nicht der Meinung sein, dass moralische Verantwortung in letzter Instanz auf ethische Verantwortung zurückführbar sei, insofern das gute und Glück bringende Leben nicht als amoralisches Leben denkbar sei. Die ethische Frage nach dem guten Leben fundiere in diesem Sinn der Sache nach die Frage nach dem moralisch Richtigen. Vgl. dazu Ernst Tugendhat, »Antike und moderne Ethik«, in: ders., *Probleme der Ethik*, Stuttgart 1984, S. 33-56, hier S. 44.

seitiger als der Pflichtbegriff, und das allein wäre ohnehin noch kein hinreichend guter Grund dafür, Ersteren gegenüber Letzterem als Grundbegriff für die vorliegende Untersuchung vorzuziehen. Entscheidend ist, dass die Analyse unserer moralischen Relation zu Menschen in extremer Armut strukturell in klarere Bahnen gelenkt wird, wenn sie mit Blick auf alle acht Dimensionen des Verantwortungsbegriffs und die dort jeweils relevanten Belegungen erfolgt. In diesem Sinn ist die Frage nach unserer Verantwortung gegenüber Menschen in extremer Armut grundlegender als die Frage nach unseren Pflichten ihnen gegenüber. Sie schließt begrifflich schon den Bezug auf die Ebene der Verursachung von Armut mit ein, so dass die zu analysierende moralische Relation als eine betrachtet werden kann, die nicht nur das betrifft, was wir prospektiv aus moralischen Gründen Menschen in extremer Armut gegenüber tun müssen, sondern auch dasjenige, wofür wir ihnen gegenüber retrospektive kausale und moralische Verantwortung tragen. Dass und wie genau diese Fragen verkoppelt sind, muss eigens zum Gegenstand der Untersuchung gemacht werden. Darüber hinaus ist der Verantwortungsbegriff aber auch geeigneter, um die in Frage stehende Subjektstelle in der moralischen Relation zu Menschen in extremer Armut genauer zu bestimmen. Dies schließt die Ermittlung der Verantwortung von Kollektivsubjekten wie Staaten und Unternehmen sowie der gemeinsamen Verantwortung von Individuen ein, die diesen Kollektiven angehören oder zu ihnen in einem relevanten externen Verhältnis stehen (siehe dazu besonders Kapitel VIII.2).

Bis zu diesem Punkt habe ich den ersten der beiden oben genannten Einwände, den der prinzipiellen Austauschbarkeit der Begriffe der Verantwortung und der Pflicht, diskutiert und entkräftet. Ich komme nun zum zweiten Einwand, der sich an der gewachsenen Popularität des Verantwortungsbegriffs in der Alltagssprache und an der mit seiner Verwendung bisweilen einhergehenden Vagheit stört. »Verantwortung« stößt außerhalb philosophischer und politiktheoretischer Fachdiskurse heutzutage tatsächlich auf größere Resonanz als »Pflicht« und scheint letzteren Begriff dort zunehmend abzulösen – mit der Kehrseite, dass der alltagssprachliche Bezug auf »Verantwortung« nicht nur im schon beschriebenen Sinn unterbestimmt, sondern auch schwammig, sinnkaschierend oder gar sinnverkehrend sein kann. Daran stört sich, wie gesagt, der zweite Einwand, und schließt daraus, dass Fragen wie diejenige nach unserer moralischen Relation zu Menschen in extremer Armut besser in einer anderen Begrifflichkeit verhandelt werden sollten. Um diesem Einwand entgegenzutreten, möchte ich im Folgenden zwei miteinander verwandte und tatsächlich missbräuchliche Modi der Verwendung des Verantwortungsbegriffs diskutieren, die ich Indeterminismus und Amoralismus im Sittlichen nenne. Es wird sich dabei jedoch auch zeigen, dass keiner dieser Missbrauchsmodi per se an den Gebrauch des Verantwortungsbegriffs gekoppelt ist.

Eines *Indeterminismus im Sittlichen* sind zunächst einmal all jene Verantwortungszuschreibungen zu bezichtigen, welche eine oder mehrere der involvierten Variablen in den acht Verantwortungsdimensionen absichtlich verschleiern, anstatt diese so weit wie möglich transparent zu machen. Eine Äußerung wie »Dafür übernehme ich die Verantwortung« als Reaktion auf eine moralische Anklage wäre etwa indeterministisch, wenn zum Zweck der Täuschung des Gesprächspartners dieser absichtlich im Unklaren darüber gelassen wird, welche Art der Verantwortung sich das Subjekt hier selbst zuschreibt – zum Beispiel ob es sich bloß um eine Anerkennung von kausaler, rechtlicher oder funktionaler Verantwortung oder tatsächlich auch um ein moralisches Schuldeingeständnis handelt, aus dem womöglich andere Konsequenzen zu ziehen wären. Von einem *Amoralismus im Sittlichen* kann man hingegen sprechen, wenn sich ein Akteur durch die Selbstzuschreibung einer funktionalen oder rechtlichen Verantwortung unberechtigterweise von moralischer Verantwortung freispricht. Im Alltag kommt es sicher häufiger vor, dass moralische Verantwortung durch den Verweis auf berufliche Aufgaben oder positivrechtliche Bestimmungen abgestritten wird. Dabei handelt es sich genau dann um eine amoralistische Begriffsverwendung, wenn die bestrittene moralische Verantwortung trotzdem gegeben ist.

Doch obwohl die Verwendung des Verantwortungsbegriffs mit einem illegitimen Indeterminismus oder Amoralismus im Sittlichen einhergehen kann, sollte daraus kein Argument gegen seinen Gebrauch im Alltag oder in systematischen Abhandlungen konstruiert werden. Denn auch der Alternativbegriff der Pflicht ist nicht gegen unbestimmte Verwendungsweisen und den Vorwurf eines Indeterminismus oder gar Amoralismus im Sittlichen gefeit. Der Grund dafür ist, dass er eine ähnliche Struktur aufweist und –

wie gezeigt – ein Begriff ist, der ganz verschiedenartige normative Forderungen transportieren und ihnen eine Form verleihen kann, ohne ihnen jedoch ihre Substanz vorzuschreiben. Es lassen sich daher auch leicht Beispiele für eine problematische Verwendung des Pflichtbegriffs anführen. Adolf Eichmann etwa, der durch den Verweis auf seine Berufspflichten, Befehlsgehorsam und seine Rolle als »›winziges Rädchen‹ im Getriebe«[45] illegitimerweise versuchte seine Mitschuld an der Ermordung von Millionen europäischer Juden zu negieren, verkörpert einen solchen Amoralismus im Sittlichen, und zwar in extremis.[46] Weitere Beispiele des missbräuchlichen Gebrauchs des Pflichtbegriffs sind wie gesagt leicht zu finden; sie zeigen, dass es sich beim Indeterminismus und beim Amoralismus um allgemeine Strategien der rhetorischen Verschleierung handelt, die unabhängig vom gewählten Grundbegriff auftreten können. Die richtige Reaktion auf sie kann daher nur in ihrer generellen Zurückweisung sowie in der möglichst transparenten Verwendung der Grundbegriffe bestehen.

Um das hier zugrunde gelegte Verständnis der Begriffe der Pflicht und der Verantwortung so transparent wie möglich zu machen und die Wahl von Verantwortung als Grundbegriff für die vorliegende Untersuchung abschließend zu rechtfertigen, ist es hilfreich, sich mit einem von Robert Goodin unterbreiteten Alternativvorschlag zur Unterscheidung dieser beiden Begriffe auseinanderzusetzen.[47] Diesem Vorschlag zufolge schreiben Pflichten immer

45 Hannah Arendt, *Eichmann in Jerusalem*, München 1964, S. 17.

46 Vgl. ebd., bes. S. 173ff. Die Einordnung des Falls Eichmann ist unter Historikern durchaus umstritten. Besonders kontrovers ist, inwieweit das von Eichmann vor dem Jerusalemer Gericht erzeugte Bild des passiven Bürokraten, der nur Befehle ausführte und prinzipiell durch andere Personen ersetzbar gewesen sei, der Wahrheit entsprach. Eine späte historische Einordnung des Falls, die wohlgemerkt nicht Arendts grundsätzlichen und nur exemplarisch an Eichmann skizzierten Überlegungen zur Schreibtischtäter-Typologie widerspricht, aber ihre Anwendung auf Eichmann ein Stück weit in Frage stellt, findet sich bei: Bettina Stangneth, *Eichmann vor Jerusalem*, Zürich 2011.

47 Robert Goodin, »Responsibilities«, in: *The Philosophical Quarterly* 36 (1986), S. 50-56. Dieser bezieht sich in der von ihm skizzierten alternativen Art der Abgrenzung der beiden Begriffe auf eine entsprechende Beobachtung in einem frühen Aufsatz von Joel Feinberg (vgl. ders., »Duties, Rights, and Claims«, in: *American Philosophical Quarterly*, 3 [1966], S. 137-144, hier S. 141). Ein analoger Vorschlag zur Unterscheidung von Pflichten und Verantwortung findet sich bei Bayertz, »Eine kurze Geschichte der Herkunft der Verantwortung«, S. 33.

spezifische Handlungen vor, während Verantwortlichkeiten allgemeine Ziele und Zuständigkeiten formulieren, die auf verschiedenen Wegen und durch verschiedene Handlungen realisiert werden können. Darauf aufbauend weist Goodin dem Verantwortungsbegriff den Status eines Grundbegriffs konsequenzialistischer Ansätze und dem Pflichtbegriff den Status eines Grundbegriffs deontologischer Moralkonzeptionen zu, da deontologische im Unterschied zu konsequenzialistischen Ansätzen nicht nur auf die Handlungsfolgen blicken, sondern verstärkt die Intentionen und Motive der Handelnden und damit Handlungsvollzüge insgesamt berücksichtigen. Auf der Basis dieser Abgrenzung von Verantwortungs- und Pflichtrelationen lässt sich die Erfüllung von Pflichten nur mit binären Variablen beschreiben (erfüllt/nichterfüllt beziehungsweise respektiert/verletzt), während Verantwortlichkeiten aufgrund ihres Bezugs auf allgemeine Handlungsziele graduell erfüllt werden können. Ein konsequenzialistischer Ansatz, der auf grundlegender Ebene bestimmte allgemeine Handlungsziele formuliert und davon ausgehend Subjekten Verantwortung zuschreibt, kann demnach zusätzlich Pflichten zu spezifischen Handlungen postulieren, wenn diese Handlungen unstrittigerweise dazu führen, dass die jeweiligen allgemeinen Handlungsziele erreicht werden. Diesen Pflichten kommt dann jedoch – anders als Pflichten in deontologischen Ansätzen – keine grundlegende, sondern nur eine abgeleitete Bedeutung zu.

Eine solche Abgrenzung des Pflichtbegriffs vom Verantwortungsbegriff liegt in mindestens zwei Hinsichten quer zu dem von mir vorgeschlagenen Verständnis der beiden Begriffe. Erstens scheint mir das in diesem Vorschlag zum Tragen kommende Verständnis von Verantwortung nicht allgemein genug zu sein, da es nur eine prospektive Form der Verantwortung enthält, die an der Idee einer konsequenzialistisch begründeten Rollenverantwortung orientiert ist. Retrospektive moralische Verantwortung oder auch reine Kausalverantwortung für bestimmte Handlungen und Handlungsfolgen werden von dieser Definition dagegen nicht abgedeckt, da sich ihr zufolge Verantwortung nicht auf geschuldete Handlungen, sondern nur auf allgemeine Handlungsziele beziehen könne. Wichtiger noch ist zweitens, dass ich in diesem Kapitel ein durch und durch neutrales Verständnis des Verantwortungs- und des Pflichtbegriffs vorgeschlagen habe. Obgleich man beiden Begriffen im Rahmen einer grundsätzlichen Perspektive natürlich im von Goodin vorgeschlagenen Sinn eine deontologische beziehungsweise eine konsequenzialistische Bedeutung verleihen *kann*, besteht sowohl im allgemeinen Sprachgebrauch als auch in Fachdiskursen keinerlei Notwendigkeit, dies zu tun. Die alltags- wie fachsprachliche Verwendung dieser beiden Begriffe ist zweifellos uneinheitlich und deckt sich keineswegs mit Goodins Vorschlag, der allenfalls einige Gebrauchsweisen dieser Begriffe wiedergibt, zu denen sich jedoch zahlreiche und repräsentative Gegenbeispiele aufzeigen lassen.

Verstünde man den Verantwortungs- und den Pflichtbegriff tatsächlich im Einklang mit Goodins Vorschlag, dann könnte man daraus einen anderen gewichtigen Grund ableiten, auf Verantwortung und nicht auf Pflicht bei der Bestimmung unserer moralischen Relation zu Menschen in extremer Armut als Grundbegriff zu rekurrieren – insbesondere, wenn man die im Verlauf dieser Arbeit herauszustellende Bedeutung von struktureller Verantwortung und ihres Bezugs auf allgemeine Handlungsziele berücksichtigt. Doch aus meiner Sicht ist es wichtig zu betonen, dass – wie erörtert – beide Begriffe, Pflicht wie Verantwortung, verschiedenen normativen Forderungen jeweils eine Form geben und beide prinzipiell auf allgemeine Handlungsziele wie auf konkrete Handlungen bezogen sein können. Auf der Basis eines solchen Verständnisses ist es in begrifflicher Hinsicht also unproblematisch und zu Recht gängig, von der Pflicht zu sprechen, ein bestimmtes allgemeines Handlungsziel herbeizuführen, sowie davon, dass eine solche Pflicht graduell erfüllt oder nicht erfüllt sei. Es wird sich im weiteren Verlauf dieser Untersuchung zeigen, dass es für die Ausarbeitung einer begründungspluralistischen Konzeption der Weltarmutsverantwortung von entscheidender Bedeutung ist, dass dabei ein analoges neutrales Verständnis von Verantwortung zugrunde gelegt wird. Dementsprechend diskutiere ich die Frage nach unserer moralischen Relation zu Menschen in extremer Armut auch nicht deshalb primär in der Sprache der Verantwortung, weil nur mit dieser auf allgemeine Handlungsziele Bezug genommen werden könne (was nicht der Fall ist). Der entscheidende Grund ist vielmehr, dass sich der Begriff der Verantwortung, wie ich gezeigt habe, im Gegensatz zu dem der Pflicht auch auf eine Reihe von weiteren für diese Untersuchung relevanten thematischen Aspekten beziehen lässt.

Auch die gestiegene Popularität des Verantwortungsbegriffs und eine im alltagssprachlichen Rekurs auf Verantwortung zwangsläufig gegebene Vagheit sprechen also nicht gegen seine Verwendung als Grundbegriff, solange er transparent verwendet wird. Im Gegenteil: Die größere Resonanz, die der Verantwortungsbegriff im moralischen Alltagsdiskurs findet, kann durchaus als weiterer, wenn auch eher peripherer Pluspunkt gegenüber dem Pflichtbegriff gewertet werden. Die allgegenwärtige Rede von »Verantwortung« lässt sich in der Tat als Indiz dafür deuten, dass dieses Wort innerhalb des normativen Vokabulars zunehmend die Stellung eines »Grundwort[es einnimmt], in dem sich eine echte Welt- und Lebenserfahrung ausspricht«.[48] Die Gründe dafür mögen vielfältig sein, aber ich vermute, dass der Verantwortungsbegriff im allgemeinen Diskurs nicht nur deshalb häufig den Vorzug vor dem Pflichtbegriff erhält, weil er die gewachsene Komplexität von lebensweltlichen Rollen und Interdependenzen im globalen Zeitalter besser widerzuspiegeln scheint,[49] sondern auch, weil er im Gegensatz zu dem oftmals mit äußerer Fremdbestimmung oder zumindest innerem Zwang assoziierten Pflichtbegriff eher Assoziationen der Selbstwahl und Selbstbestimmung zu wecken vermag.[50]

An dieser Stelle lohnt eine kurze Reflexion darüber, inwieweit sich eine philosophische Untersuchung überhaupt an der Alltagssprache orientieren sollte. Der alltägliche Sprachgebrauch ist vage, und Vagheit muss aus philosophischer Perspektive so weit wie möglich vermieden werden. Dennoch stellt diese Untersuchung auch deshalb den Verantwortungsbegriff in ihr Zentrum, weil er eben besser mit den Alltagserfahrungen von Menschen in einer komplexer gewordenen Lebenswelt zu korrelieren scheint, was sich im Sprachgebrauch niederschlägt. Dass eine solche Nähe zu alltagssprachlich artikulierten Erfahrungen unter sonst gleichen Bedingungen positiv zu beurteilen ist, ergibt sich aus einem Verständnis von praktischer Philosophie als Disziplin, die auf möglichst allge-

48 Johannes Schwartländer, »Verantwortung«, in: Hermann Krings, Michael Baumgartner u. a. (Hg.), *Handbuch philosophischer Grundbegriffe*, Bd. 6, München 1974, S. 1577-1588, hier S. 1577.

49 Siehe dazu auch Bayertz, »Eine kurze Geschichte der Herkunft der Verantwortung«, S. 34 und S. 43 ff., sowie Ludger Heidbrink, *Kritik der Verantwortung*, Weilerswist 2003, S. 19.

50 Siehe dazu auch Schwartländer, »Verantwortung«, S. 1578.

meinverständliche, aber dennoch systematische Weise normative Orientierung geben möchte. »Verantwortung« soll entsprechend der aufgezeigten sprachlogischen Parallelen zu »Pflicht« durchaus als Begriff verstanden werden, der auf kategorisch geltende moralische Handlungsgebote und -verbote beziehbar ist. Prospektive Verantwortung kann demnach auf starken moralischen Forderungen beruhen, wie dies für Pflichten gilt, und dies nicht nur dann, wenn sie aus einem in der Vergangenheit liegendem Verschulden des Subjekts herrührt. In dieser Hinsicht scheint der Sprachgebrauch momentan zumindest eine gewisse Tendenz zur Vereinheitlichung eines vormals eher nur punktuellen Rekurses auf prospektive Verantwortung ohne Bezug zu retrospektivem Verschulden aufzuweisen.[51] Sich auf Verantwortung als Grundbegriff festzulegen, wie ich es hier tue, bedeutet jedoch nicht, auf die Verwendung des Pflichtbegriffs ganz verzichten zu müssen. Dieser kann ebenfalls punktuell herangezogen werden, nicht zuletzt natürlich dann, wenn es darum geht, den prinzipiell auch mit dem Verantwortungsbegriff artikulierbaren unbedingten Charakter moralisch gebotener Handlungen nochmals zu unterstreichen. Darüber hinaus gilt es, auf den Pflichtbegriff bezogene theoretische Unterscheidungen (wie diejenige zwischen positiven und negativen Pflichten[52]) aufzugreifen und deren Gehalt in die Sprache der Verantwortung zu übertragen. Auch deshalb besitzt die Einsicht in die strukturellen Ähnlichkeiten und Unterschiede der Bedeutungsräume der beiden Begriffe eine wichtige heuristische Funktion.

Bis zu diesem Punkt habe ich gezeigt, welchen generellen Stellenwert der Verantwortungsbegriff für die Ausarbeitung eines nor-

51 Ich bezweifle, dass es sich dabei wirklich um die Herausbildung eines »ganz andern Begriff[s]« von Verantwortung handelt, wie bekanntlich Hans Jonas meinte. Vgl. ders., *Das Prinzip Verantwortung*, Frankfurt/M. 1979, S. 174. Denn schon für retrospektive Verantwortung gilt, dass Menschen nur dann rückblickend für eine negative Handlungsfolge moralisch verantwortlich gemacht werden können, wenn ihnen zugleich implizit oder explizit eine auf den früheren Zeitpunkt bezogene prospektive Verantwortung zur Verhinderung oder Vermeidung der eingetretenen Handlungsfolge zugeschrieben wird (vgl. dazu schon oben, II.1.3, Fn. 26). Es erscheint daher angemessener, die tatsächlich stattfindende Veränderung im Gebrauch des Verantwortungsbegriffs als zunehmende Fokussierung auf seine immer schon vorhandene prospektive Dimension zu deuten.

52 Die Relevanz der Unterscheidung zwischen negativen und positiven Pflichten gegenüber Menschen in extremer Armut diskutiere ich in Kap. VIII.3.

mativen Ansatzes hat, auf dessen Basis begründete präskriptive Urteile über Weltarmut möglich werden sollen. In den nun folgenden Kapiteln werde ich eine inhaltlich gehaltvolle Konzeption von moralischer Weltarmutsverantwortung entwickeln, die es erlaubt, Gruppen und Individuen Verantwortung in Bezug auf Armut, Hunger und extreme materielle Ungleichheiten in der Welt präskriptiv zuzuschreiben. Die in Frage stehenden Verantwortungsbeziehungen werde ich dabei mit Blick auf jede einzelne der in diesem Kapitel herausgestellten acht allgemeinen Verantwortungsdimensionen analysieren.

III. Der globale Kontext der Verantwortung

Welcher Stellenwert kommt staatsbürgerlichen Zugehörigkeiten bei der Zuschreibung von Weltarmutsverantwortung zu? Diese Frage steht im Zentrum gleich mehrerer normativer Kontroversen, denen ich mich nach und nach widmen werde. In diesem Kapitel unternehme ich eine erste Annäherung, indem ich die allgemeine Bedeutung von *Verantwortungskontexten* analysiere. Infrage steht dabei unter anderem, ob wir sozialen Beziehungen in sozialen Kontexten wie der Familie oder dem Nationalstaat einen gewissen Vorrang gegenüber dem globalen Kontext einräumen dürfen, wie dies im gewöhnlichen Moraldenken, aber auch in einigen theoretischen Ansätzen angenommen wird. Die zugrunde liegende Annahme scheint zu sein, dass es in moralischer Hinsicht legitim sei, diejenigen Personen zu bevorzugen, zu denen man in einer besonderen Beziehung steht, während gegenüber Personen außerhalb solcher besonderen Beziehungen nur weniger dringliche allgemeinmenschliche moralische Forderungen zum Tragen kämen. Um diese Priorisierung genauer auf ihre Plausibilität beurteilen zu können, werde ich in einem ersten Schritt zunächst im Rahmen einer Begriffsanalyse klären, was überhaupt unter verschiedenen Verantwortungskontexten (einschließlich dem globalen Kontext) zu verstehen ist und in welchem begrifflichen Verhältnis dazu die Unterscheidung zwischen besonderer und allgemeinmenschlicher Verantwortung steht (III.1).

In einem zweiten Schritt geht es in einer ersten Annäherung auch schon um die *normative Gewichtung* von besonderer und allgemeinmenschlicher Verantwortung. Zwar muss ich die Gewichtungsfrage im weiteren Verlauf erneut thematisieren und kann sie in diesem Kapitel daher noch nicht abschließend beantworten. Doch zum Einstieg ist es hilfreich, sich zwei Kernannahmen des *gewöhnlichen Moraldenkens* zum Stellenwert besonderer Beziehungen sowie zur Gewichtung verschiedener allgemeinmenschlicher Gebote vor Augen zu führen. In Bezug auf besondere Beziehungen wird erstens häufig implizit oder explizit angenommen, dass sie prioritär im Vergleich zu allgemeinmenschlichen Verantwortungsbeziehungen sind. In Bezug auf allgemeinmenschliche Verantwortung ist es zweitens eine weitverbreitete Annahme, dass aktive Handlungen in der Regel moralisch bedeutsamer sind als passive Unterlassungen. Kombiniert man diese beiden Annahmen, so scheinen sie auf den ersten Blick die Folgerung nahezulegen, dass die Bürgerinnen und Bürger wohlhabender Länder,[1] in denen es keine extreme Armut gibt,[2] wenn überhaupt, nur eine schwache moralische Verantwortung gegenüber extrem Armen haben und dass Verantwortungsbeziehungen besonderer Art schwerer wiegen, darunter diejenigen zwischen Familienmitgliedern und unter Landsleuten. Doch es wird sich zeigen, dass eine solche Folgerung nicht nur auf die Plausibilität der genannten normativen Annahmen hin hinterfragt werden kann. Bei genauerem Hinsehen wird vielmehr deutlich, dass diese Einschätzung schon allein in empirischer und begrifflicher Hinsicht vorschnell ist, ungeachtet der komplexen Frage der normativen Gewichtung verschiedener besonderer und allgemeinmenschlicher Verantwortungsbeziehungen. Denn sie lässt außer Acht, dass die Verantwortungsbeziehungen zwischen Bessergestellten und Menschen in extremer Armut aufgrund eines Netzes von grenzüberschreitenden interpersonalen Interaktionen und sozialen Strukturen gar nicht nur als von allgemeinmenschlicher, sondern auch von besonderer Art zu begreifen sind (III.2).

1 Die Rede von »wohlhabenden« Ländern bezieht sich auf in den einzelnen Ländern jeweils akkumulierte private Besitztümer und Vermögen und steht daher nicht im Widerspruch zu einer parallelen Verschuldung öffentlicher Haushalte. Solange der private Reichtum eines Landes die Schulden seines öffentlichen Sektors in den Schatten stellt, ist es also ökonomisch gerechtfertigt, dieses Land als »wohlhabend« zu klassifizieren. Dies ist mit Blick auf alle Industrienationen der Fall. Vgl. dazu Thomas Piketty, *Das Kapital im 21. Jahrhundert*, München 2014 [Orig. 2013], Kap. 16.

2 Aus den in der Einleitung beschriebenen Charakteristika eines Lebens in extremer Armut (die ich in Kap. VI mit Hilfe normativer Kriterien noch etwas weiter spezifizieren werde) geht hervor, dass diese Form der Armut derzeit überwiegend außerhalb von wohlhabenden Ländern vorliegt. Dies könnte sich durch verschiedene sozioökonomische Entwicklungen ändern, wie z. B. durch anhaltende Wirtschaftskrisen oder aber durch große Migrationsbewegungen aus ärmeren in reichere Länder, vorausgesetzt diese führen zur Entstehung von extremer Armut in der Bevölkerung in diesen Ländern. Die in diesem Buch entwickelte Theorie globaler Verantwortung verlöre jedoch – wie sich übergreifend zeigen wird – auch unter solchen veränderten Umständen nicht ihren Anwendungsbezug.

III.1 Allgemeinmenschliche und besondere Verantwortung

Die Unterscheidung zwischen allgemeinmenschlicher und besonderer Verantwortung ist nicht nur für die philosophische Theoriebildung über Verantwortung in verschiedenen Bereichen relevant.[3] Sie besitzt auch in alltäglichen Überzeugungen über die Reichweite und Inhalte der Moral in unserer Zeit zumindest der Sache nach einen wichtigen Stellenwert, was sich weiter unten noch genauer zeigen wird. Zunächst werde ich hier jedoch die Bedeutung dieser Unterscheidung etwas eingehender beleuchten. Für allgemeinmenschliche Verantwortung ist charakteristisch, dass Menschen sie prinzipiell allen anderen Menschen gegenüber tragen, auch wenn sie vor dem Hintergrund von moralischen Forderungen ganz unterschiedlichen Inhalts und Anspruchs zugeschrieben werden kann. Dagegen zeichnet besondere moralische Verantwortung aus, dass sie Menschen nur bestimmten anderen Menschen gegenüber tragen, zu denen sie in einer besonderen Beziehung stehen. Mit Blick auf das im vorherigen Kapitel eingeführte achtgliedrige Schema lassen sich damit allgemeinmenschliche und besondere Verantwortung als zwei verschiedene Arten der Verantwortung voneinander abheben, die sich dahingehend unterscheiden, ob eine besondere Beziehung zwischen dem Subjekt und dem Adressaten der Verantwortung geltend gemacht werden kann. Das Subjekt und den Adressaten muss also mehr verbinden als das bloße Faktum, dass sie beide Menschen sind, damit zwischen ihnen eine moralische Relation besonderer und nicht nur allgemeinmenschlicher Art postuliert werden darf.[4]

3 Zur Unterscheidung zwischen allgemeinmenschlicher und besonderer Verantwortung (*general and special responsibility*) und zu ihrem Stellenwert im gewöhnlichen Moraldenken vgl. Robert Goodin, *Protecting the Vulnerable. A Reanalysis of Our Social Responsibilities*, Chicago 1985; ders., »What is So Special about Our Fellow Countrymen?«, in: *Ethics* 98 (1988), S. 663-686; Samuel Scheffler, »Families, Nations, and Strangers« [1995], in: ders., *Boundaries and Allegiances. Problems of Justice and Responsibility in Liberal Thought*, Oxford 2001, S. 48-65; ders., »Individual Responsibility in a Global Age« [1995], in: ebd., S. 32-47; ders., »Relationships and Responsibilities« [1997], in: ebd., S. 97-110, und Richard Miller, »Moral Closeness and World Community«, in: Deen K. Chatterjee (Hg.), *The Ethics of Assistance. Morality and the Distant Needy*, Cambridge 2004, S. 101-122.

4 Diese Art der Unterscheidung von allgemeinmenschlicher und besonderer Ver-

Besondere moralische Verantwortung kann durch bestimmte interpersonale Beziehungen, etwa durch Versprechen, Verträge, Abmachungen oder Schuldverhältnisse, generiert werden oder sie kann aufgrund von Gruppenzugehörigkeiten Bestand haben. Von einer Zugehörigkeit von Personen zu einer bestimmten Gruppe kann wiederum dann gesprochen werden, wenn sie gewisse gemeinsame Merkmale mit den anderen Gruppenmitgliedern teilen. Nicht alle Gruppenmitgliedschaften in diesem weiten Sinn sind auch moralisch relevant, da nicht jede gruppengenerierende Eigenschaft auch eine moralisch relevante Eigenschaft ist. Man denke etwa an die Gruppe der Menschen mit Sommersprossen oder an die Gruppe derjenigen, die in einer Zweiraumwohnung mit Balkon leben. Hingegen sind andere Gruppenzugehörigkeiten und die entsprechenden gruppenkonstituierenden Merkmale durchaus von moralischer Relevanz, wie etwa die Zugehörigkeit zu einer Familie, eine Staatsbürgerschaft oder die Zugehörigkeit zu einer Staatenkonföderation. Bei solchen moralisch relevanten Gruppenzugehörigkeiten können, wie im Fall von Familien, auch dichte interpersonale Beziehungen verschiedener Art zwischen den einzelnen Gruppenmitgliedern vorliegen, doch dies scheint keine notwendige Bedingung für das Vorliegen von besonderen Verantwortungsbeziehungen zwischen ihnen zu sein. Man denke etwa an die Bürger ein und desselben Staates mittlerer Größe oder gar ein und derselben Staatenkonföderation, die sich größtenteils weder persönlich kennen noch jemals begegnen werden. Dennoch wird

antwortung bleibt bewusst neutral gegenüber der umstrittenen moraltheoretischen Frage, ob die für besondere moralische Verantwortung relevanten Standards in letzter Instanz auf allgemeinmenschliche Normen zurückzuführen sind. Für eine affirmative Antwort auf diese Frage und die Verteidigung entsprechender reduktionistischer Positionen vgl. Goodin, *Protecting the Vulnerable*, und ders., »What is So Special about Our Fellow Countrymen?«, sowie Peter Singer, »Outsiders: Our Obligations to Those Beyond Our Borders«, in: Chatterjee (Hg.), *The Ethics of Assistance*, S. 11-32. Für einen kritischeren Blick auf solche Positionen vgl. Scheffler, »Families, Nations, and Strangers«, und ders., »Relationships and Responsibilities«. Entscheidend für die Frage, ob es sich um besondere oder allgemeinmenschliche Verantwortung handelt, ist nach meiner Definition also allein der für die betreffende Relation in Betracht gezogene Adressatenkreis, der prinzipiell alle Menschen – wie im Fall allgemeinmenschlicher Verantwortung – oder Untergruppen von Menschen – wie im Fall besonderer Verantwortung – umfassen kann.

der Mitgliedschaft in diesen Gruppen zumeist moralische Relevanz zugesprochen, auch wenn es umstritten ist, welches genaue moralische Gewicht den korrelierenden Beziehungen besonderer Verantwortung im Vergleich zu Beziehungen von allgemeinmenschlicher Verantwortung zukommt.

Der Unterschied zwischen allgemeinmenschlicher und besonderer Verantwortung lässt sich auch mit Hilfe eines Modells konzentrischer Kreise veranschaulichen (siehe Abbildung 1).[5] Analog zu kreisförmigen Wellen, die durch den Wurf eines Steines in einen See entstehen und trotz unterschiedlichen Umfangs ein und denselben Kreismittelpunkt haben, besitzen besondere und allgemeinmenschliche Verantwortung trotz verschiedener personeller und räumlicher Reichweite ein und denselben Mittelpunkt im jeweiligen Verantwortungssubjekt. Der letzte und allumfassende Kreis, in dem alle Mitmenschen des Subjekts versammelt sind, symbolisiert dann die Reichweite von allgemeinmenschlicher Verantwortung, die im Gegensatz zu besonderer Verantwortung nicht von der Zugehörigkeit von Adressaten zu einer moralisch relevanten Untergruppe von Menschen abhängig ist, sondern nur noch von ihrer Zugehörigkeit zur größten und allgemeinsten Personengruppe: der Gruppe aller Menschen. Im Rahmen einer universalistischen und anthropozentrischen Moralkonzeption beispielsweise sind alle Menschen als Adressaten von allgemeiner moralischer Verantwortung zu behandeln, während immer nur solche Menschen Adressaten von besonderer Verantwortung sein können, mit denen das Subjekt jeweils über bestimmte interpersonale Beziehungen oder moralisch relevante gruppengenerierende Eigenschaften verbunden ist.[6]

5 Martha Nussbaum weist darauf hin, dass schon die Stoiker das Verhältnis von allgemeinmenschlicher zu besonderer Verantwortung analog zu einem Modell konzentrischer Kreise interpretiert haben. Vgl. Martha Nussbaum, »Patriotism and Cosmopolitanism«, in: Joshua Cohen (Hg.), *For Love of Country. Debating the Limits of Patriotism*, Boston 1996, S. 2-17, hier S. 9.

6 Die gemeinsame Gruppenzugehörigkeit scheint die fundamentalere der beiden Bedingungen für besondere moralische Verantwortung zu sein, denn auch besondere interpersonale Beziehungen können immer als spezifische Gruppenzugehörigkeiten reformuliert werden. Beispielsweise kann eine durch ein Versprechen oder einen Vertrag entstandene moralisch relevante Beziehung auch als die durch zwei oder mehrere Mitglieder konstituierte Gruppe derjenigen aufgefasst werden, die neben dem Verantwortungssubjekt all diejenigen enthält, mit denen dieses durch das Versprechen oder den Vertrag in moralischer Hinsicht verbunden ist.

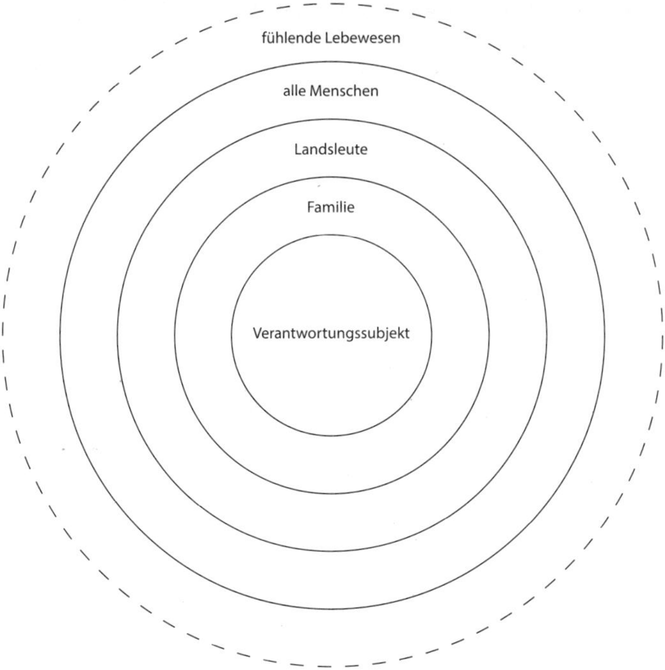

Abbildung 1: Die Reichweite von Verantwortung

Die Identifikation von Verantwortungskontexten ist eng verwoben mit der Identifikation von Gruppenzugehörigkeiten von Subjekten und Adressaten der Verantwortung. Wie die *Reichweite* von besonderer und allgemeinmenschlicher Verantwortung lässt sich auch der *Umfang* von Verantwortungskontexten mit konzentrischen Kreisen veranschaulichen. Zwischen den skizzierten Dimensionen des Kontextes und des Adressaten besteht insofern ein Zusammenhang, als die personale Zusammensetzung eines bestimmten Verantwortungskontextes von der personalen Zusammensetzung des für diesen Kontext maßgeblichen Adressatenkreises abhängt. Der familiäre Kontext beispielsweise setzt sich aus den Familienmitgliedern der jeweiligen Subjekte zusammen, während sich nationalstaatliche Kontexte aus deren Landsleuten zusammensetzen.

Der *globale Kontext* ist der weitestmögliche Verantwortungskontext und enthält alle Wesen, die prinzipiell als Verantwortungsadressaten in Frage kommen, unabhängig davon, ob das Subjekt zu den Adressaten in einer besonderen oder nur in einer allgemeinmenschlichen moralischen Beziehung steht. Gemäß anthropozentrischer Moralkonzeptionen enthält der globale Kontext alle Menschen (siehe den äußersten durchgezogenen Kreis in Abbildung 1). Demgegenüber gehen beispielsweise pathozentrische Moralkonzeptionen von einem noch weiteren globalen Kontext aus, der im obigen Modell dem weitesten und nur angedeuteten Kreis entspricht und alle fühlenden Lebewesen und damit neben Menschen auch andere Tiere als Adressaten enthält.[7] Der globale Kontext enthält also mindestens alle Menschen als Adressaten – nicht nur alle Menschen als Mitglieder der Menschengemeinschaft, sondern auch all diejenigen Personen, zu denen das Subjekt zusätzlich zur allgemeinmenschlichen auch in einer besonderen moralischen Beziehung steht, wie zum Beispiel Familienangehörige oder Landsleute. Die Darstellung der verschiedenen Verantwortungskontexte als konzentrische Kreise wird dieser Charakterisierung des globalen Kontextes auch gerecht, indem der diesen Kontext versinnbildlichende letzte Kreis die kleineren Kreise, die den durch geringere personelle und räumliche Reichweite charakterisierten Kontexten entsprechen, umfasst.[8]

7 In der zeitgenössischen Tierethik werden verschiedene Kriterien für eine entsprechende Ausweitung des globalen Kontextes von moralischer Verantwortung diskutiert. Vgl. Friederike Schmitz (Hg.), *Tierethik. Grundlagentexte*, Berlin 2014. Im Rahmen der für meine Studie maßgeblichen begründungspluralistischen Vermessung von Weltarmutsverantwortung rekurriere ich weiter unten auf *Menschen*rechtsstandards als substantielle Standards, die als solche keine derart umfassende Ausdehnung des globalen Kontextes moralischer Verantwortung nahelegen (vgl. dazu bes. Kap. VI). Aufgrund der begründungspluralistischen Argumentation impliziert dies jedoch kein abschließendes Urteil darüber, ob und inwieweit grundsätzlich auch andere fühlende Wesen als Adressaten von moralischer Verantwortung zu behandeln sind.

8 Analoges gilt selbstverständlich nicht kategorisch für das Verhältnis von staatsbürgerlichem und familiärem Kontext, da familiäre Beziehungen staatsbürgerliche Kontexte transzendieren können (wie im Fall einer binationalen Lebenspartnerschaft oder Ehe).

III.2 Zum geringen Stellenwert von Weltarmutsverantwortung in der Alltagsmoral

Als Nächstes möchte ich nun der Frage nach dem Gewicht von Weltarmutsverantwortung in einer ersten Annäherung nachgehen, indem ich ihren Stellenwert auf der Grundlage des gewöhnlichen Moraldenkens untersuche. Um diese Frage umfassend zu beantworten, bedarf es allerdings eines längeren Atems. Denn für die Vermessung der Verantwortung der Bürger wohlhabender Länder gegenüber Menschen in extremer Armut muss nicht zuletzt umfassend erörtert werden, welches Gewicht bestimmten Beziehungen besonderer Verantwortung verglichen mit allgemeinmenschlichen Verantwortungsrelationen zwischen Menschen als Menschen zukommt. Das Verhältnis solcher verschiedenen Verantwortungsrelationen kann in dieser Untersuchung nicht *ad hoc* bestimmt werden, sondern muss übergreifend unter Berücksichtigung der Frage nach der Ausrichtung, der Reichweite, den normativen Standards, den Objekten sowie den Subjekten von Weltarmutsverantwortung in den Blick genommen werden. Doch um sich hinsichtlich der Frage nach dem relativen Gewicht von Weltarmutsverantwortung im Vergleich zu anderen Verantwortungsbeziehungen eine erste Orientierung zu verschaffen, ist es hilfreich zu fragen, welche Antworten das *gewöhnliche Moraldenken* in unserer Gesellschaft darauf bereithält.

Der Bezug auf das gewöhnliche Moraldenken hat eine lange Tradition in der Ideengeschichte, wobei insbesondere Henry Sidgwicks utilitaristische Fundierung eines Sets von moralischen Überzeugungen hervorsticht, über die ein breiter Konsens möglich sein soll und die er *common sense morality* nennt.[9] Wie Sidgwick, jedoch ohne utilitaristischen Fundierungsversuch, werde ich unter dem *gewöhnlichen Moraldenken* hier ein Set von abstrakten moralischen Regeln verstehen, auf die viele konkrete moralische Ur-

9 Vgl. zur Beschreibung seiner eigenen Methodologie: Henry Sidgwick, *The Methods of Ethics*, Indianapolis, Cambridge 1981 [1874, ^{7}1907], S. 215. Zeitlich reicht der Bezug auf gewöhnliche Moralvorstellungen aber natürlich noch viel weiter zurück. Immanuel Kant spricht z. B. von der »gemeinen sittlichen Vernunfterkenntnis« (ders., *Grundlegung zur Metaphysik der Sitten* [1785], Akademieausgabe, Berlin 1900 ff., Bd. 4, S. 392 ff.), die ihm zufolge den kategorischen Imperativ schon enthalte, wenn auch in noch nicht systematisierter Form.

teile über menschliches Handeln im Alltag zurückgeführt werden können. Das gewöhnliche Moraldenken als System moralischer Regeln ist in sich durchaus konsistent. Alltagsmoralische *Urteile* als Anwendung des gewöhnlichen Moraldenkens sind hingegen in empirischer und konzeptueller Hinsicht fallibel und können zu unbegründeten Empfehlungen führen, wenn sie auf falschen empirischen Informationen beruhen oder wenn diese Informationen auf unangemessene Weise mit den abstrakten Regeln verbunden werden.

Die abstrakten Regeln, die das gewöhnliche Moraldenken enthält, betreffen sowohl den Bereich besonderer als auch denjenigen allgemeinmenschlicher Verantwortung. Beispielsweise kann es sich um die auf besondere Verantwortungsrelationen beziehbare Regel handeln, sich um seine pflegebedürftigen Eltern zu kümmern, oder um eine auf allgemeinmenschliche Relationen beziehbare Regel, niemandem Gewalt zuzufügen. Anders als manche Theoretiker glaube ich jedoch nicht, dass das gewöhnliche Moraldenken alle oder die meisten wichtigen Gesichtspunkte für die Entwicklung einer überzeugenden Antwort auf die moralischen Herausforderungen unserer Zeit bereitstellt und insofern als letzter Bezugspunkt betrachtet werden sollte, auch wenn es eine Reihe von weitgehend anerkannten abstrakten moralischen Regeln enthält.[10] Ich bin sogar davon überzeugt, dass meine Ausführungen über globale Verantwortung in diesem Buch besonders gut und beispielhaft veranschaulichen können, warum nicht nur die weitverbreitete alltagsmoralische Bewertung der moralischen Relation von Bessergestellten zu Menschen in extremer Armut, sondern auch das dahinterstehende System abstrakter Regeln zumindest einer Ergänzung, wenn nicht gar einer Korrektur bedarf. Das gewöhnliche Moraldenken sollte also nicht das letzte Wort haben, kann aber dennoch als ein Reservoir von im Alltag vielfach bewährten moralischen Regeln angesehen werden, deren Reflexion sinnvollerweise am Anfang einer Ausarbeitung einer systematischen normativen Konzeption stehen kann.

Richtet man den Blick zunächst auf weitverbreitete Urteile über

10 Bernard Gert (vgl. ders., *Common Morality. Deciding What to Do*, Oxford 2004) vertritt z. B. die These, dass die Aufgabe der Moralphilosophie nur in der vollständigen Deskription und Begründung, nicht aber in der Revision der Alltagsmoral liege.

die Relation von Bessergestellten zu Menschen in extremer Armut (im Gegensatz zu den abstrakten Regeln, die diesen Urteilen zugrunde liegen könnten), so ist festzustellen, dass dieser Relation im Allgemeinen kein sehr großes moralisches Gewicht beigemessen wird. Zwar wird die Not von Menschen in extremer Armut vielfach medial beleuchtet und als ein Übel verdammt. Auch der persönliche Einsatz für extrem arme Menschen (zum Beispiel in Form von Spenden an Hilfsorganisationen) wird in der Regel als ehrbar und großzügig betrachtet, und dies selbst dann, wenn »die Entwicklungshilfe« wieder einmal zum Gegenstand eines allgemeinen Zynismus hinsichtlich ihrer vorgeblichen Ineffektivität wird.[11] Der entscheidende Punkt ist jedoch, dass ein Engagement für Arme in fernen Ländern zumeist nicht als moralisch geschuldet, sondern als übergebührlich gilt.[12] Diejenigen, die nicht geben beziehungsweise nicht aktiv werden, werden in der Regel nicht getadelt, obgleich diejenigen, die sich engagieren, durchaus mit Lob bedacht werden.[13] Diese Haltung spiegelt sich auch darin wider, dass die in der Entwicklungszusammenarbeit engagierten Nichtregierungsorganisationen standardmäßig als »Wohltätigkeitsorganisationen« (*charity organisations*) bezeichnet werden, die wiederum diese Rollenbezeichnung immer dann zu bestätigen scheinen, wenn sie sich ausführlich bei Spendern für deren Großzügigkeit bedanken.[14]

11 Vgl. Esther Duflo, *Kampf gegen Armut*, Berlin 2013, für eine Kritik an diesem zu generell gehaltenen Standpunkt und für das Plädoyer, Methoden im Gesundheits- und Bildungsbereich wissenschaftlich auf ihre Effektivität hin zu testen.

12 Für eine umfassende Darstellung dessen, was es bedeutet, dass eine Handlung übergebührlich (bzw. supererogatorisch) ist, vgl. Ulla Wessels, *Die gute Samariterin. Zur Struktur der Supererogation*, Berlin, New York 2002.

13 Schon Peter Singer hat in einem frühen Pionieraufsatz diese Beobachtung zum Gegenstand seiner Betrachtung gemacht (vgl. ders., »Famine, Affluence, and Morality«, in: *Philosophy & Public Affairs* 1 (1972), S. 229-243, hier S. 235), und sie scheint auch heute noch zuzutreffen. An anderer Stelle beschreibt und kritisiert Singer verschiedene Rationalisierungsstrategien für diese Haltung. Vgl. ders., *The Life You Can Save. Acting Now to End World Poverty*, New York 2009, S. 24 ff.

14 Vgl. wieder Singer, »Famine, Affluence, and Morality«, S. 235. Was das Selbstverständnis von Nichtregierungsorganisationen in der Entwicklungszusammenarbeit anbelangt, scheint momentan jedoch ein Umdenken in Gestalt einer Abkehr vom Wohltätigkeitsparadigma und Hinwendung zum Gerechtigkeitsparadigma stattzufinden. Beispielsweise wird der Slogan »Justice, not Charity« von Organisationen wie Oxfam im Zusammenhang mit Armutsbekämpfung mittlerweile mit Nachdruck verwendet. Ideengeschichtlich reicht dieser Gedan-

Auch das überschaubare Spendenaufkommen bei Organisationen, die im weitesten Sinn mit Armutsbekämpfung befasst sind, und das noch immer viel zu geringe Ausmaß an entsprechender politischer Betätigung sind Indizien dafür, dass die Mehrheit der Bessergestellten dem eigenen Verhältnis zu diesen Menschen kein sehr großes moralisches Gewicht beimisst.[15]

Natürlich ist damit nur eine grobe Tendenz in einem vielstimmigen Chor von alltäglichen normativen Urteilen über extreme Armut beschrieben. Sucht man nach einer Erklärung für diese Tendenz, so sollte man sich mit den abstrakten Regeln auseinandersetzen, auf denen die entsprechenden alltäglichen Urteile ruhen. Dabei geraten zwei abstrakte und für das gewöhnliche Moraldenken prägende Annahmen in den Blick, die ich im Folgenden etwas genauer untersuchen möchte. Die erste Annahme lautet, dass besondere moralische Verantwortung tendenziell dringlicher als allgemeinmenschliche Verantwortung ist und im Konfliktfall Priorität hat.[16] Diese Bevorzugung besonderer Beziehungen ist in verschiedenen gesellschaftlichen Sphären beobachtbar und spiegelt sich etwa auch in politischen Entscheidungen nationalstaatlicher Regierungen, verstanden als eine Praxis der Wahrnehmung von besonderer Verantwortung, wider.[17]

ke mindestens bis zu Mary Wollstonecraft zurück, die schreibt: »It is justice, not charity, that is wanting in the world!« (Mary Wollstonecraft, *A Vindication of the Rights of Woman* [1792], hg. von Deidre Shauna Lynch, New York 2009, S. 77.)

15 Eine Ausnahme stellt das Spendenaufkommen als direkte Reaktion auf Naturkatastrophen dar (wie zum Beispiel nach der asienweiten Tsunami-Katastrophe im Dezember 2004). Dieses ist offenbar jedoch kein Engagement gegen chronische Armut, sondern nur eines für diejenigen, die von »unbeherrschbaren« Naturgewalten betroffen sind. Singer zeigt, dass selbst in den für ihr großes Aufkommen privater Spenden bekannten USA nur ein winziger Anteil davon der humanitären Hilfe zugutekommt. Vgl. ders., *The Life You Can Save*, S. 24.

16 Vgl. Sidgwick, *The Methods of Ethics*, S. 246, zu einer damit korrelierenden Abstufung der Stärke verschiedener moralischer Forderungen in der im viktorianischen England geltenden Common-Sense-Moral. Vgl. Scheffler, »Families, Nations, and Strangers«, »Individual Responsibility in a Global Age« und »Relationships and Responsibilities« zur Bevorzugung besonderer Beziehungen in der Common-Sense-Moral der heutigen Zeit.

17 Ob und bis zu welchem Grad sich die politische Bevorzugung von Landsleuten moralisch unparteilich begründen lässt, ist eine kontrovers diskutierte Frage. Siehe dazu David Miller, *On Nationality*, Oxford 1995, und ders., *National Responsibility and Global Justice*, Oxford 2007, der eine am Ideal der kollektiven Selbstbestimmung orientierte Antwort verteidigt.

Der paradigmatische Fall der höheren Gewichtung von besonderer Verantwortung ist aber wohl die kulturübergreifende Wertschätzung des familiären Verantwortungskontextes. Nicht nur in unserem Kulturkreis und nicht nur gegenwärtig wird moralischen Beziehungen zwischen Familienangehörigen ein vergleichsweise großes Gewicht beigemessen, was sich in gewissen Grenzen auch durchaus moralisch rechtfertigen lässt. Menschen sind bedürftige Lebewesen, die besonders in ihrer frühen und späten Lebensphase selbst für basale Tätigkeiten auf die Unterstützung ihrer Mitmenschen angewiesen sind. In dieser Hinsicht bestehen vermutlich seit jeher starke Reziprozitätsbeziehungen zwischen Familienmitgliedern, deren Gewicht analog zu ihrer sozialen Bedeutung gesehen werden kann. Deshalb muss es sich auch nicht per se um eine illegitime Parteilichkeit handeln, wenn Verantwortungssubjekte im Konfliktfall ihre Familienmitglieder gegenüber Fremden bevorzugen. Solange diese Bevorzugung auf einer aus einer kontinuierlichen zwischenmenschlichen Beziehung erwachsenden Verantwortung basiert, die in einem adäquaten Verhältnis zu allgemeinmenschlicher Verantwortung steht, lässt sie sich durchaus moralisch rechtfertigen.

Die Plausibilität der unterschiedlichen Bewertung von besonderen und allgemeinmenschlichen Beziehungen lässt sich an folgendem Beispiel verdeutlichen. Angenommen, ein Passagier auf einem sinkenden Schiff hat die Möglichkeit, entweder seine Mutter oder einen Fremden zu retten, nicht aber beide. Der Passagier ist zwar selbst ein passabler Schwimmer, aber nicht in der Lage, mehr als eine Person sicher an Land zu bringen. Viele würden hier sicherlich zu der Einschätzung gelangen, dass er sich für die Rettung seine Mutter entscheiden muss, und dies nicht etwa nur, weil er das ohnehin lieber tut, sondern auch aus moralischen Gründen, die ihren Ursprung in dem für die Eltern-Kind-Beziehung spezifischen Reziprozitätsverhältnis haben (angenommen wird dabei natürlich, dass die Mutter ihren späteren Retter versorgt und aufgezogen hat).[18] Selbst eine utilitaristische Begründung der Priorität bestimmter besonderer Beziehungen ist trotz gegenteiliger Darstellungen durchaus möglich. Man könnte etwa argumentieren, dass

18 Für ähnlich gelagerte Beispiele, von denen ausgehend für die relative Priorität bestimmter besonderer Beziehungen argumentiert werden kann, vgl. Singer, »Outsiders: Our Obligations to Those Beyond Our Borders«, S. 14, sowie Miller, »Moral Closeness and World Community«, S. 103.

es zur Steigerung des Gesamtnutzens oder Wohlergehens beiträgt, wenn Personen in Konfliktfällen, in denen es um Leben und Tod geht, im Einklang mit Regeln handeln, wonach sie ihre Nächsten bevorzugen dürfen.

Gewiss ist die Frage erlaubt, ob solche moralischen Rechtfertigungen in einer Situation wie der geschilderten nicht gänzlich fehl am Platz sind. Bernard Williams meinte bekanntlich, dass schon die Suche nach moralischen Gründen dafür, die eigene Mutter und nicht den Fremden zu retten, »den Handelnden [...] mit einem Gedanken zuviel« ausstatte.[19] Ich halte zwar den Verweis darauf, dass derartige abstrakte Überlegungen in Notsituationen unwahrscheinlich und in gewissem Sinn sogar unangemessen sind, für berechtigt. Doch ich glaube nicht, dass das Handeln aus moralischen Erwägungen heraus in solchen Ausnahmesituationen deshalb generell unangebracht ist und dieses dann ausschließlich von Gefühlen geleitet oder von Motiven bestimmt sein sollte, die mit dem Lebensglück des Akteurs zu tun haben. Diese Diagnose verkennt nämlich, wie moralische Überzeugungen zumeist das menschliche Handeln beeinflussen. Häufig tun sie das nicht in Form von expliziten Überlegungen, sondern in Gestalt eines kognitiven Hintergrundes von Regeln und Handlungsanweisungen, der auch dann wirksam sein kann, wenn es im Subjekt nicht zu sprachlich explizit artikulierten Gedankengängen kommt. Deshalb betrifft die systematische Erörterung der Rechtfertigung von Regeln des gewöhnlichen Moraldenkens letztendlich auch solche Situationen, in denen keine Zeit dafür bleibt, diese Rechtfertigungswege im Einzelnen nachzuvollziehen.[20]

Hinsichtlich des Beispiels ist jedenfalls klar, dass das gewöhnliche Moraldenken das konkrete Urteil bestätigen würde, dass der Passagier im Konfliktfall seine Mutter gegenüber dem Fremden bevorzugen darf und sogar muss, ganz gleich, wie die Priorisie-

19 Bernard Williams, »Personen, Charakter und Moralität« [1976], in: ders., *Moralischer Zufall. Philosophische Aufsätze 1973-1980*, Königstein/Ts. 1984, S. 11-29, hier S. 27.

20 Mit Hare lässt sich zwischen der intuitiven und der kritischen Ebene des moralischen Denkens unterscheiden und die moralische Rechtfertigung von situativer Parteilichkeit dementsprechend der kritischen zweiten Ebene zuordnen. Vgl. Richard M. Hare, *Moralisches Denken: seine Ebenen, seine Methode, sein Witz*, Frankfurt/M. 1992 [Orig. 1981].

rung besonderer Verantwortung genau begründet wird. Besteht hingegen zwischen der Wahrnehmung von besonderer und allgemeinmenschlicher Verantwortung im Einzelfall kein Konflikt, so können Verantwortungssubjekte selbstverständlich trotz einer Priorisierung besonderer Beziehungen zur Konformität mit bestimmten allgemeinmenschlichen Forderungen verpflichtet sein. Dass etwa das Gebot, das Leben eines Fremden zu retten, wenn dies ohne große Risiken oder Kosten für das Verantwortungssubjekt möglich ist, generell als schwächer als die besondere Verantwortung angesehen wird, die eigene Mutter vor vergleichbaren Gefahren zu schützen, bedeutet somit keineswegs, dass es sich hierbei nur um eine Empfehlung handelt, deren Befolgung freigestellt wäre. Auch allgemeinmenschliche Verantwortung kann ihre Subjekte moralisch bindenden Ansprüchen unterstellen, denen sie zu folgen haben, ob sie dies wollen oder nicht. Im diskutierten Beispiel könnte sich beispielsweise herausstellen, dass der Passagier nach der Rettung seiner Mutter doch noch die Kraft hat, zu dem noch nach Hilfe rufenden Fremden zurückzuschwimmen und ihn an Land zu ziehen. Stellt sich die Lage so dar, so kann das Subjekt seine besondere und allgemeinmenschliche Verantwortung auf komplementäre Weise wahrnehmen, selbst wenn Erstere größere Dringlichkeit hat und in diesem Sinn prioritär ist.

Neben der vergleichsweise großen Wertschätzung von besonderer Verantwortung ist jedoch noch ein zweiter wichtiger Pfeiler im gewöhnlichen Moraldenken identifizierbar. Dieser betrifft die interne Gewichtung von allgemeinmenschlichen moralischen Geboten und kann das relativ schwache Gewicht von Weltarmutsverantwortung in alltäglichen Moralurteilen weiter erhellen. Es handelt sich um die geläufige Annahme, dass aktive Handlungen moralisch schwerer wiegen als vergleichbare passive Unterlassungen und es insbesondere unter sonst gleichen Bedingungen moralisch gravierender ist, anderen Schaden zuzufügen, anstatt einen Schaden »nur« nicht zu verhindern oder abzumildern, der anderen von Dritten zugefügt wird oder durch Natureinflüsse außerhalb menschlicher Kontrolle entstanden ist.[21] Diese im gewöhnlichen Moraldenken verankerte Richtlinie muss so verstanden werden,

21 Vgl. hierfür Scheffler, »Individual Responsibility in a Global Age«, und Elizabeth Ashford, »Individual Responsibility and Global Consequences«, in: *Philosophical Books* 44 (2003), S. 100-110.

dass einige allgemeinmenschliche Unterlassungsgebote in bestimmen Situationen selbst verglichen mit Geboten, die auf besondere Beziehungen bezogen sind, prioritär sein können. Auch wenn, wie gezeigt, das allgemeinmenschliche Gebot, Fremden in Not so weit möglich zu helfen, in der Regel als weniger zwingend wahrgenommen wird als das Gebot, Nahestehenden in Not zu helfen, so dürfte beispielsweise das allgemeinmenschliche Gebot, Fremde nicht aktiv in Notlagen zu bringen, in der Regel als stärker als diese beiden Varianten von Hilfegeboten angesehen werden. Dass Nahestehenden durch die Schädigung von Fremden geholfen werde dürfe, ist sicher kein Prinzip, das allgemeine Zustimmung finden kann – ganz im Gegensatz zum Prinzip, dass Nahestehende gegenüber Fremden im Konfliktfall bevorzugt werden dürfen, wenn keine solche Schädigung involviert ist. Im Rahmen des hier diskutierten Beispiels würde es eine Mehrheit vermutlich als moralisch verwerflich betrachten, wenn der Passagier seine Mutter unter aktiver Schädigung des Fremden rettete, zum Beispiel indem er ihm den Rettungsring vom Leib risse und ihn seiner Mutter überstülpte, weil sich so das Schwimmen an Land einfacher gestaltete. Besonders deutlich wird die unterschiedliche Gewichtung von Tun und Unterlassen im gewöhnlichen Moraldenken im Hinblick auf das allgemeinmenschliche moralische Gebot, Fremden keine physische Gewalt zuzufügen. Dieses Gebot wird in der Regel als sehr stark wahrgenommen, und entsprechende Verstöße werden zumeist stärker sanktioniert als die Missachtung besonderer moralischer Verantwortung, familiäre Verantwortlichkeiten der Fürsorge für die Nächsten eingeschlossen. Das zeigt sich auch daran, dass familiäre moralische Verantwortung in liberalen Gesellschaften zwar teilweise, aber nicht umfassend verrechtlicht ist, anders etwa als das Gebot, anderen keine körperliche Gewalt zuzufügen.[22]

Die Dringlichkeit einzelner allgemeinmenschlicher Unterlassungsgebote scheint jedoch keine unmittelbare Bedeutung für die alltagsmoralische Beurteilung unseres Verhältnisses zu Menschen in extremer Armut zu haben. Denn zumindest in einem gewissen

22 Neben der moralischen Relevanz der jeweiligen Handlungsvorschriften gibt es natürlich auch andere Gesichtspunkte, die für oder gegen eine Verrechtlichung dieser Vorschriften sprechen können (wie zum Beispiel die relative Wahrscheinlichkeit der Verletzung von Normen ohne entsprechende Vorschriften im positiven Recht).

(aber noch zu problematisierenden) Sinn ist das Verhältnis von Bessergestellten gegenüber Menschen in extremer Armut ja als ein *Unterlassen* korrekt wiedergegeben. Zwar enthält auch das gewöhnliche Moraldenken Regeln allgemeinmenschlicher Verantwortung, die über leicht erfüllbare Unterlassungsgebote hinausgehen. Am deutlichsten wird dies mit Blick auf das auch gegenüber Fremden geltende universale Hilfegebot, dessen Akzeptanz sich in verschiedenen Kulturen über die Zeit hinweg erhalten hat.[23] Nicht nur christliche, sondern auch jüdische, muslimische und konfuzianistische Moralvorstellungen bekräftigen etwa das allgemeinmenschliche Gebot der Hilfe gegenüber Fremden in Not. Dieses ist auch im gewöhnlichen Moraldenken fest verankert, obwohl es dort als weniger dringlich als das allgemeinmenschliche Nichtschädigungsgebot angesehen wird. Zusammengenommen ergibt sich jedoch für das gewöhnliche Moraldenken ein Bild, dem zufolge in der Priorisierung der Sorge für die Nächsten gegenüber der für Menschen in extremer Armut nichts moralisch Verwerfliches steckt, obwohl sie ja theoretisch mit Blick auf die begrenzten personellen Kapazitäten von Verantwortungssubjekten immer auch als Unterlassen der Sorge für Fremde in Not begriffen werden könnte.

Im Rahmen des gewöhnlichen Moraldenkens halten sich also die Anforderungen allgemeinmenschlicher Verantwortung, die mit der Dringlichkeit besonderer moralischer Verantwortung konkurrieren, sie abschwächen oder in Einzelfällen gar prioritär zu ihr sein können, in überschaubaren Grenzen – trotz der großen Akzeptanz von moralischen Geboten, die Subjekte allen Menschen gegenüber zu befolgen haben, darunter Unterlassungsgebote wie das Gewaltanwendungs- und Schädigungsverbot, aber auch das Gebot zur Hilfe in Not. Die Bevorzugung Nahestehender gegenüber Fremden gehört gewissermaßen zur Grammatik alltäglicher Moralüberzeugungen. Das gewöhnliche Moraldenken begrenzt somit den Umfang der moralischen Verantwortung gegenüber Fremden, obgleich es diese nicht völlig negiert. Vor diesem Hintergrund erklärt sich auch, warum die Verantwortung Bessergestellter gegenüber Menschen in extremer Armut in der Regel als relativ schwach und weniger wichtig angesehen wird als Zielsetzungen, die innerhalb besonderer Beziehungen zum Tragen kommen (wie etwa die For-

23 Vgl. dazu Peter Singer, *The Life You Can Save*, S. 19 ff.

derung, für eine gute Schulbildung der eigenen Kinder zu sorgen). Wenn in alltäglichen moralischen Urteilen überhaupt zugestanden wird, dass es eine Weltarmutsverantwortung der Bessergestellten gibt, so scheint dieser Verantwortungsrelation in der Regel nicht einmal im Vergleich zu außermoralischen Zielsetzungen (wie sich ein neues Auto anzuschaffen) ein besonders starkes Gewicht beigemessen zu werden.

Ich möchte in diesem Buch zeigen, dass diese Vernachlässigung von Weltarmutsverantwortung in der Alltagsmoral kritikbedürftig ist. Dabei werde ich nicht nur erschließen, warum die alltagsmoralischen Bewertungen unbegründet sind, sondern auch darlegen, warum und inwiefern schon das solchen Bewertungen zugrunde liegende Regelsystem zwar nicht vollständig revidiert, aber doch in einigen entscheidenden Hinsichten korrigiert und erweitert werden muss. An diesem Punkt möchte ich zunächst aber einer anderen Beobachtung zum Stellenwert von Weltarmutsverantwortung in der Alltagsmoral nachgehen. Es handelt sich um die Einsicht, dass der geringe Stellenwert *selbst dann* korrekturbedürftig wäre, wenn man die beiden Grundpfeiler des gewöhnlichen Moraldenkens als allein gültigen normativen Maßstab für die Bewertung von sozialen Beziehungen betrachtete. Denn entgegen einer entsprechenden Tendenz in der Alltagsmoral kann die Beziehung der Bürgerinnen und Bürger reicher Länder zu Menschen in extremer Armut nicht allein als eine Relation allgemeinmenschlicher Art charakterisiert werden, unabhängig davon, welches Gewicht allgemeinmenschlicher Verantwortung dabei zukommt. Über die allgemeinmenschliche Beziehung eines jeden Menschen zu allen anderen Menschen hinaus gibt es im globalen Kontext nämlich bereits ein dichtes und interpretationsbedürftiges *Geflecht besonderer Beziehungen* zwischen Menschen, die in den verschiedenen Ländern dieser Erde leben.

Der Stellenwert und das normative Gewicht dieser besonderen Beziehungen können allerdings an diesem Punkt nicht ad hoc beurteilt, sondern müssen im Rahmen komplexerer Überlegungen umfassend ausgeleuchtet werden. Zwei Arten besonderer Beziehungen sind dabei genauer zu untersuchen. *Erstens* gibt es in unserer globalisierten Welt, die durch weitreichende ökonomische, ökologische und politische Interdependenzen charakterisiert ist, viele mittlerweile als alltäglich empfundene *transnationale Interaktionen* von Individual- und Kollektivsubjekten, die auch für die Zuschreibung von Weltarmutsverantwortung relevant werden können. Zu denken ist an die nationalstaatliche Grenzen überschreitende Produktion und Distribution ökonomischer Güter beziehungsweise damit zusammenhängend insbesondere an die Handlungen von transnationalen Unternehmen und die Kaufentscheidungen von Konsumenten. Schon individuelle Kaufentscheidungen lassen sich nicht unabhängig von Kausalzusammenhängen betrachten, welche nationalstaatliche Grenzen überschreiten und sich auch auf Menschen in extremer Armut erstrecken. Diese Kausalzusammenhänge betreffen einen Großteil unserer Konsumgüter, angefangen bei Nahrungsmitteln über Kleidung und Möbel bis hin zu Hi-Tech-Geräten. Man denke darüber hinaus an die ökologischen Auswirkungen wirtschaftlicher Interaktionen wie Umweltzerstörung und -verschmutzung, vermehrte CO_2-Emissionen, die zunehmende Häufigkeit extremer Wetterphänomene wie Dürreperioden und Stürme sowie ansteigende Meeresspiegel, die zum Verschwinden ganzer Inselstaaten führen werden. Nicht zu vergessen ist auch das gegenwärtige System internationaler Finanzmarkttransaktionen mit seinen massiven Auswirkungen auf nationale Finanzmärkte, die von verschiedenen Schwankungen und Krisen der Nachbarmärkte meist direkt mitbetroffen sind. Ebenfalls davon tangiert sind basale ökonomische Variablen für Agrarprodukte, die wiederum über Leben und Tod von Menschen in extremer Armut entscheiden können. Und nicht zuletzt sei auch an die Globalisierung militärischer Einsätze sowie die internationale Produktion und Distribution von Waffen erinnert, die viele Menschen in ärmeren und häufig von Gewalt und Bürgerkriegen geplagten Ländern auf existenzbedrohende Weise betrifft und millionenfach zur Flucht zwingt.

Zweitens leben wir unter einem globalen System *sozialer Institutionen* und von diesen festgelegten politischen und ökonomischen *Regeln*, welche die genannten Felder grenzüberschreitender Interaktionen auf vielfältige Weise *strukturieren*. Im globalen Kontext sind diesbezüglich beispielsweise internationale Organisationen, unter anderem die Vereinten Nationen (UNO), die Welthandelsorganisation (WTO), der Internationale Währungsfonds (IMF) und die Weltbank, zu nennen. Um diese beiden Arten besonderer Beziehungen im globalen Kontext – transnationale Interaktionen und die Verbundenheit durch ein globales System nationaler und internationaler Institutionen – in normativer Hinsicht angemessen interpretieren zu können, bedarf es weiterer Argumentationsschritte. So muss besondere Verantwortung im globalen Kontext unter anderem auf ihre inhaltlichen normativen Standards und auf die hierfür relevanten normativen Geltungsgründe hin untersucht werden. Notorisch umstritten in diesem Zusammenhang ist, ob die im globalen Kontext vorliegenden interpersonalen und institutionellen Beziehungen auch schon hinreichend dafür sind, um Gerechtigkeitsforderungen zwischen den Angehörigen dieses Kontextes zu begründen (siehe dazu besonders Kapitel V), wie die normativen Standards globaler Verantwortung inhaltlich genauer zu bestimmen sind (Kapitel VI) und welche Rolle Institutionen als Gegenstände von Verantwortung spielen (Kapitel VII).

Vorerst möchte ich lediglich unterstreichen, dass die Bewertung der moralischen Relation zwischen den Bürgern wohlhabender Länder und extrem armen Menschen offenkundig gar nicht allein von der endgültigen Bewertung des Verhältnisses zwischen allgemeinmenschlicher und besonderer Verantwortung abhängt. Wäre dies der Fall, so besäßen grenzüberschreitende Interaktionen sowie das globale System sozialer Institutionen schlicht keine Relevanz. Und selbst wenn man annimmt, was ich nicht tue, dass die beiden Grundpfeiler des gewöhnlichen Moraldenkens tatsächlich für alle Moralurteile maßgeblich sind, so handelte es sich bei der alltagsmoralischen Einstufung unserer Relation zu Menschen in extremer Armut gleichwohl um eine Art Anwendungsfehler, bei dem ein Metaprinzip – die Priorität besonderer gegenüber allgemeinmenschlichen Beziehungen – nicht angemessen auf die jeweils zu beurteilenden sozialen Beziehungen angewendet wird. Denn der Grund dafür, dass die Relation zu Menschen in extremer Armut in der Alltagsmoral zumeist als eine rein allgemeinmenschliche Beziehung aufgefasst wird, kann dann nur lauten, dass das Geflecht besonderer Beziehungen im globalen Kontext in dieser Beschreibung keine angemessene Berücksichtigung findet.

Im Ergebnis hat sich in diesem Kapitel gezeigt, dass der globale Verantwortungskontext in empirischer Hinsicht falsch dargestellt wird, wenn implizit angenommen wird, dass für ihn nur allgemeinmenschliche Verantwortungsbeziehungen kennzeichnend sind, die in ihrer Reichweite zwar unbeschränkt, aber insgesamt auch weniger dringlich als Beziehungen besonderer Verantwortung sind. Der Blick ist darüber hinaus auch auf Interaktionen grenzüberschreitender Natur sowie auf ein Netz von weltumspannenden sozialen Institutionen und die von diesen beeinflussten Hintergrundbedingungen sozialen Handelns zu richten, die potentiell als Quelle einer entgrenzten besonderen Verantwortung in Betracht kommen, über deren Gewicht und Eigenschaften jedoch erst in den folgenden Kapiteln Klarheit gewonnen werden kann. Thema wird dann auch sein, wie verschiedene besondere Relationen zwischen über den Globus verstreuten Subjekten und Adressaten der Verantwortung zu bestimmen sind. Im nächsten Kapitel geht es aber zunächst um eine diesem Anliegen übergeordnete Analyseebene: um die Ausdeutung der zentralen Einsicht, dass nicht nur *interpersonale*, sondern auch *strukturelle Beziehungen* zwischen den auf dieser Erde lebenden Menschen in moralischer Hinsicht eine angemessene Berücksichtigung erfahren müssen. Insbesondere ist zu fragen, welche Bedeutung diese Einsicht für die Zuschreibung von Verantwortung an gesellschaftliche Akteure besitzt. Um es vorweg zu sagen: Die moralische Reflexion von strukturellen Beziehungen kommt in alltäglichen Urteilen über die Weltarmut und im diesen vorgeschalteten gewöhnlichen Moraldenken generell zu kurz. Ich werde zeigen, dass alltägliche Moralurteile zumeist auf *interpersonale Beziehungen* und die Zuschreibung von *interpersonaler Verantwortung* fokussiert sind und dabei die Möglichkeit ausblenden, dass Subjekte auch in Bezug auf die Gestaltung struktureller Hintergrundbedingungen eine Verantwortung tragen. Dies zeigt sich besonders am zweiten, auf Prinzipien allgemeinmenschlicher Verantwortung bezogenen Grundpfeiler des gewöhnlichen Moraldenkens, der dem Tun ein größeres moralisches Gewicht als dem Unterlassen zuspricht. Ein solches Prioritätsprinzip ist überhaupt nur auf Beziehungen interpersonaler Verantwortung einigermaßen sinnvoll anwendbar, nicht aber auf strukturelle Verhältnisse, *in* denen Menschen interagieren und *in* denen sie immer schon bestimmte Dinge tun und unterlassen. Eine ähnliche Diagnose lässt sich auch für die Verantwortungszuschreibung innerhalb alltäglicher Moralurteile stellen, denn diese sind in der Regel auf interpersonale Verantwortungsbeziehungen fokussiert und ignorieren so die Bedeutung, die struktureller Verantwortung innerhalb einer zeitgemäßen Moralkonzeption zukommen müsste – auch mit Blick auf eine Theorie der globalen Verantwortung, die das Verhältnis von Bessergestellten zu Menschen in extremer Armut zum Gegenstand hat.

IV.
Interpersonale und strukturelle Verantwortung im globalen Kontext

Die Theorie globaler Verantwortung muss der Bedeutung des dichten Geflechts grenzüberschreitender Interaktionen sowie der komplexen sozialen Strukturen gerecht werden, die diese Interaktionen ermöglichen und zugleich beschränken. Im letzten Kapitel ging es um die Analyse verschiedener Verantwortungskontexte, wobei ich den globalen Kontext von in ihrer personalen Zusammensetzung und Reichweite beschränkteren Kontexten wie der Familie oder dem Nationalstaat abgehoben habe. Dabei zeigte sich, dass der globale Kontext nicht nur durch allgemeinmenschliche, sondern auch durch grenzüberschreitende besondere Beziehungen charakterisiert ist. Ich werde nun beginnen, die Rolle, die diese Beziehungen für eine Theorie globaler Verantwortung spielen, genauer zu analysieren. Grenzüberschreitende Beziehungen liegen heute, wie gesagt, in zwei Hinsichten vor: Zum einen gibt es ein dichtes Netz *grenzüberschreitender Interaktionen* von Kollektivakteuren wie Staaten, transnationalen Unternehmen und Nichtregierungsorganisationen, aber auch von Individualakteuren wie Konsumenten global produzierter Güter, Touristen, Flüchtlingen und Migranten. Zum zweiten sind die Bürger verschiedener Staaten durch die Existenz eines globalen Systems von *politischen und ökonomischen Institutionen* verbunden, das grenzüberschreitende Interaktionen sowie Institutionen und Interaktionen in begrenzteren Kontexten, etwa dem Nationalstaat, reglementiert.

In diesem Kapitel werde ich in einem ersten Schritt analysieren, wie soziale Institutionen überhaupt zu Gegenständen der normativen Beurteilung werden können und welche Bedeutung diese Beurteilung allgemein besitzt (IV.1). In einem zweiten Schritt werde ich in einer grundlegenden, das heißt ebenfalls noch nicht speziell auf den globalen Kontext zugeschnittenen Analyse aufzeigen, inwiefern die Reformierung und die Neubildung sozialer Institutionen zum Gegenstand von Verantwortung werden können. In diesem Zusammenhang werde ich systematisch zwischen struktureller und interpersonaler Verantwortung unterscheiden, die separat zu betrachten sind, auch wenn sie sich komplementär zueinander verhalten (IV.2). In einem dritten Schritt zeige ich, dass jede Verantwortungstheorie für den globalen Kontext die für ihn charakteristischen institutionellen Hintergrundbedingungen berücksichtigen muss. Dies geschieht in Form einer kritischen Auseinandersetzung mit John Rawls' Konzeption internationaler Gerechtigkeit, die diesbezüglich ein Negativbeispiel darstellt (IV.3).

IV.1 Soziale Institutionen als Iudicandum normativer Urteile

Der normativen Beurteilung gesellschaftlicher Institutionen wird nicht erst seit John Rawls' bahnbrechender Studie *Eine Theorie der Gerechtigkeit* ein großer Stellenwert beigemessen. Dennoch wird in Anbetracht der großen Resonanz, die Rawls' Werk insgesamt gefunden hat, zu Recht von einem durch ihn eingeleiteten Paradigmenwechsel und einer *institutionellen Wende* in der zeitgenössischen politischen Philosophie gesprochen.[1] Die Essenz dieser Perspektivenveränderung ist schon in folgender Bemerkung zu Beginn von Rawls' erster Monographie zu erkennen:

> Vieles nennt man gerecht oder ungerecht: nicht nur Gesetze, Institutionen und Gesellschaftssysteme, sondern auch die verschiedensten Handlungen, z. B. Entscheidungen, Urteile und moralische Bewertungen. Auch Einstellungen und Verhaltensweisen von Menschen, wie auch diese selbst, nennt man gerecht oder ungerecht. Wir haben es aber mit der sozialen Gerechtigkeit zu tun. Für uns ist der erste Gegenstand der Gerechtigkeit die Grundstruktur der Gesellschaft, genauer: die Art, wie die wichtigsten gesellschaftlichen Institutionen Grundrechte und -pflichten und die Früchte der gesellschaftlichen Zusammenarbeit verteilen.[2]

1 Vgl. bes.: John Rawls, *Eine Theorie der Gerechtigkeit*, Frankfurt/M. 1975 [Orig. 1971], ders., *Politischer Liberalismus*, Frankfurt/M. 1998 [Orig. 1993], und ders., *Gerechtigkeit als Fairneß. Ein Neuentwurf*, Frankfurt/M. 2003 [Orig. 2001]. Über die Etablierung eines Paradigmenwechsels hinaus wird Rawls bisweilen sogar das Verdienst der Rehabilitierung der politischen Philosophie insgesamt nach einer Phase der intellektuellen Stagnation zuerkannt. Vgl. Chandran Kukathas, Philip Pettit, *Rawls. A Theory of Justice and its Critics*, Stanford 1990, S. 1 ff., und Otfried Höffe (Hg.), *John Rawls. Eine Theorie der Gerechtigkeit*, Berlin ²2006 [1998], S. 3 ff.

2 Rawls, *Eine Theorie der Gerechtigkeit*, S. 23.

Ich werde mich in diesem Abschnitt mit den Gründen befassen, die für den von Rawls geforderten Fokus auf die Grundstruktur der Gesellschaft und für den großen Stellenwert der normativen Beurteilung sozialer Institutionen allgemein sprechen. Rawls hat in allen seinen Abhandlungen über Gerechtigkeit nicht nur der theoretischen Bewertung von gesellschaftlichen Institutionen einen Vorrang vor der Bewertung von zwischenmenschlichen Handlungen eingeräumt, sondern er hat darüber hinaus zugleich mit seinem Diktum, dass »Gerechtigkeit die erste Tugend sozialer Institutionen«[3] sei, die Gerechtigkeitstheorie zur Königsdisziplin der normativen Bewertung gesellschaftlicher Institutionen erkoren. Darin spiegelt sich die monistische Gerechtigkeitsauffassung wider, die Rawls und viele andere zeitgenössische Theoretiker vertreten (trotz der ansonsten zwischen ihnen bestehenden Unterschiede).[4] Ihr zufolge ist Gerechtigkeit der grundlegende Gesichtspunkt für die normative Beurteilung sozialer Institutionen. Das bedeutet allerdings weder, dass sich diese Beurteilung nicht auf andere Werte wie Freiheit, Solidarität und Anerkennung beziehen könnte, noch impliziert es, dass sie mit einem von den meisten modernen Gerechtigkeitskonzeptionen postulierten Pluralismus von Auffassungen des guten Lebens unvereinbar wäre. Es bedeutet nur, dass Gerechtigkeit dem Anspruch nach der grundlegende Maßstab ist, der auf Werte wie Freiheit, Solidarität und Anerkennung bezogene Forderungen innerhalb eines institutionellen Kontextes auf angemessene Weise zueinander in Beziehung zu setzen und zu ge-

3 Ebd., S. 19.

4 Vgl. Stefan Gosepath, *Gleiche Gerechtigkeit. Grundlagen eines liberalen Egalitarismus*, Frankfurt/M. 2004, S. 9. Auch Rainer Forst spricht davon, dass Gerechtigkeit eine »›monistische‹ Natur« habe: »[F]estzuhalten [ist], dass die Gerechtigkeit nicht ein ›Wert‹ neben anderen – etwa der Freiheit, Gleichheit etc. – ist, sondern das Prinzip, dem gemäß gerechtfertigt werden muss, welche Freiheiten und welche Formen der Gleichheit legitim sind« (Rainer Forst, *Das Recht auf Rechtfertigung. Elemente einer konstruktivistischen Theorie der Gerechtigkeit*, Frankfurt/M. 2007, S. 17). Eine fundamentale Rolle der Gerechtigkeit sehen auch an Fragen der Anerkennung orientierte normative Theoretiker wie Axel Honneth und Nancy Fraser, trotz ihrer Differenzen darüber, welchen Stellenwert Anerkennungsforderungen in der Gerechtigkeitstheorie genau haben und ob es sich bei Anerkennungs- und Umverteilungsforderungen um gleichursprüngliche Gerechtigkeitsforderungen handelt. Vgl. Nancy Fraser, Axel Honneth, *Umverteilung oder Anerkennung? Eine politisch-philosophische Kontroverse*, Frankfurt/M. 2003.

wichten vermag. In methodologischer Hinsicht ist jedoch die Einsicht weiterführend, dass die von Rawls artikulierte und mit der institutionellen Wende verbundene Kernidee neutraler formuliert werden kann, so dass sie unabhängig von der Frage des Gerechtigkeitsmonismus diskutierbar ist. Letzteren halte ich zwar selbst für gerechtfertigt, werde ihn aber im Rahmen der hier zu entwickelnden begründungspluralistischen Konzeption der Weltarmutsverantwortung nicht voraussetzen. Man kann diese Kernidee in den primär die *Iudicanda*, das heißt die *Gegenstände* normativer Urteile (und nicht deren inhaltliche *Standards*) betreffenden Gedanken sehen, dass die Evaluation gesellschaftlicher Institutionen für die normative Urteilsbildung einen *fundamentalen* Stellenwert besitzen muss.[5] So formuliert, ist diese Idee prinzipiell unabhängig von der Frage nach der *Art* und dem *Gehalt* der substantiellen normativen Standards, die bei der Bewertung sozialer Institutionen zur Anwendung kommen sollen.

Im weiteren Verlauf dieses Buches wird sich zeigen, dass insbesondere diese neutralere Idee des fundamentalen Stellenwerts gesellschaftlicher Institutionen als Gegenstand normativer Urteile maßgeblich ist, während die wesentlich umstrittenere Frage nach dem Primat der Gerechtigkeit gegenüber anderen Normen davon unabhängig ist. Weil dies so ist, kann es an dieser Stelle noch offenbleiben, welche inhaltlichen Standards genau für die Zuschreibung von Weltarmutsverantwortung in Anschlag zu bringen sind (siehe dazu besonders die Kapitel V und VI). Vorerst gilt es zu überlegen, warum gesellschaftliche Institutionen als *Iudicandum* normativer Urteile eine im Vergleich zu anderen Iudicanda wie zwischenmenschlichen Handlungen fundierende Rolle spielen.

5 Thomas Pogge unterscheidet vier verschiedene Iudicanda der Gerechtigkeit: Subjekte, das Verhalten von Subjekten, soziale Regeln und Zustände. Vgl. ders., »Was ist Gerechtigkeit?«, in: Susanne Kaul, Rüdiger Bittner (Hg.), *Fiktionen der Gerechtigkeit*, Baden-Baden 2004, S. 13-30, hier S. 15 f. Diese Unterscheidung kann sogar nochmals aufgefächert werden, insofern beispielsweise auch menschliche Charakterzüge, Absichten oder gar Emotionen und verschiedene prozedurale Aspekte wie Verfahren, Vorgänge, Entscheidungsregeln u. a. als untergeordnete Beurteilungsgegenstände fungieren können. Vgl. dazu auch Thomas Pogge, »Relational Conceptions of Justice: Responsibilities for Health Outcomes«, in: Sudhir Anand u. a. (Hg.), *Public Health, Ethics, and Equity*, Oxford 2004, S. 135-161, hier S. 141, und Gosepath, *Gleiche Gerechtigkeit*, S. 49, der zwischen neun verschiedenen »Bereichen« von »Objekten der Gerechtigkeit« unterscheidet.

Mindestens *drei allgemeine Gesichtspunkte* sprechen dafür. *Erstens* haben soziale Institutionen als Hintergrundbedingungen des Handelns eine große, aber im gewöhnlichen Moraldenken häufig vernachlässigte Wirkung sowohl auf die Herausbildung der Identitäten und Selbstverständnisse von Gesellschaftsmitgliedern als auch auf deren individuelle Wohlfahrtschancen. Was zunächst den Einfluss von Institutionen auf die Formung sozialer Identitäten betrifft, so ist festzuhalten, dass sie nicht nur die Vorstellungen des Guten der Gesellschaftsmitglieder prägen, indem sie ihre Lebensziele und Selbstverständnisse mitbeeinflussen, sondern auch auf einer noch grundlegenderen Ebene bestimmen, was einzelne Handlungen von Gesellschaftsmitgliedern mit bestimmten Rollen und Zielsetzungen *bedeuten*. Mütter und Väter, Ehefrauen und Ehemänner, Anwältinnen und Richter, Politikerinnen und Aktivisten, Entwicklungshelfer und Philanthropen – diese und viele andere gesellschaftliche Rollen werden ganz wesentlich vom System sozialer Institutionen, in dem Menschen mit solchen Rollenzuschreibungen leben, mitbestimmt und geprägt.[6] Auch die akkumulierten Auswirkungen sozialer Institutionen auf individuelle Wohlfahrts- und Karrierechancen sind sehr weitreichend. Das System gesellschaftlicher Institutionen, in das die einzelnen Gesellschaftsmitglieder hineingeboren werden, hat also einen großen Einfluss auf deren Lebensweg – neben ihren persönlichen Entscheidungen, Anstrengungen und Talenten.[7]

Der große Einfluss sozialer Institutionen betrifft bereits die sozialen Ausgangspositionen, in denen sich Individuen bei ihrer Geburt befinden, aber auch den Spielraum dafür, etwas aus dieser Ausgangslage machen zu können. Empirische Untersuchungen belegen immer wieder aufs Neue den immensen Anteil, den verschiedene soziale Faktoren, zum Beispiel das Bildungsniveau oder das Einkommen der Eltern, an den Wohlfahrtschancen von Gesellschaftsmitgliedern haben. Diese überwiegend noch auf innerstaatliche gesellschaftliche Institutionen fokussierten Studien zeigen, dass die Hintergrundbedingungen selbst innerhalb der

6 Vgl. dazu Rawls, *Eine Theorie der Gerechtigkeit*, S. 292, ders., *Politischer Liberalismus*, S. 380 ff., und ders., *Gerechtigkeit als Fairneß*, S. 32.

7 Vgl. Rawls, *Eine Theorie der Gerechtigkeit*, S. 23, und ders., *Gerechtigkeit als Fairneß*, S. 32; vgl. auch Samuel Scheffler, »Is the Basic Structure Basic?«, in: ders., *Equality and Tradition*, Oxford 2010, S. 129-159, hier S. 132.

meisten am Modell der sozialen Marktwirtschaft orientierten Länder so beschaffen sind, dass manche Individuen nur aufgrund ihrer sozialen Position und trotz vergleichbarer Talente und Anstrengungen ungleich größere Chancen als andere haben.[8] Noch offensichtlicher ist der Einfluss von mittelfristig konstanten sozialen Hintergrundbedingungen im internationalen Vergleich, denn es zeigt sich, dass die durch die jeweiligen gesellschaftlichen Institutionen festgelegten sozialen Regeln einen überragenden Einfluss auf die individuelle Wohlfahrt haben. Relevante statistische Parameter wie die durchschnittliche Lebenserwartung, die Einkommensverteilung oder der Zugang der Gesellschaftsmitglieder zu Gesundheitsfürsorge und Bildung variieren enorm zwischen reichen und armen Ländern. Die jeweiligen Wohlfahrtschancen von Individuen hängen in entscheidendem Ausmaß von ihrer Staatsangehörigkeit – die meistens nicht frei gewählt ist – und damit von einem nationalstaatlichen Kontext gesellschaftlicher Institutionen ab, ganz gleich, über welche Begabungen sie verfügen und welche Anstrengungen sie unternehmen. Die Wohlfahrtsaussichten von Menschen, die in Entwicklungsländern geboren werden, welche häufig weder über eine intakte ökonomische Infrastruktur noch über ausreichende Ausbildungsmöglichkeiten und Gesundheitseinrichtungen verfügen, sind ganz erheblich in einem negativen Sinn vorbestimmt. Selbst das größte individuelle Talent gepaart mit der Bereitschaft zu harter Arbeit führt unter manchen sozialen Bedingungen auf keinen grünen Zweig.[9]

Ein *zweiter Grund* dafür, dass gesellschaftliche Institutionen ein wichtiger Gegenstand der normativen Beurteilung sind, ist *methodologischer Art*: Weil sie, wie eben gezeigt, einen so großen Einfluss auf die Herausbildung sozialer Identitäten und auf die Wohlfahrtschancen von Gesellschaftsmitgliedern haben, ist ihre normative Beurteilung auch für die Beurteilung anderer Iudicanda, insbesondere zwischenmenschlicher Handlungen, von Belang. Zum einen

8 Für eine umfassende Studie zu den Strukturen innerstaatlicher sozialer Ungleichheit vgl. Stefan Hradil, *Soziale Ungleichheit in Deutschland*, Wiesbaden [8]2001.

9 Der Milliardär Warren Buffett hat dazu Folgendes gesagt: »Wenn Sie mich nach Peru oder Bangladesch verpflanzt hätten, würden Sie schon sehen, wie viel mein Talent noch bringt, wenn es im falschen Boden wurzelt«; zitiert nach Peter Singer, *Leben retten. Wie sich die Armut abschaffen lässt – und warum wir es nicht tun,* Zürich, Hamburg 2010 [Orig. 2009], S. 44.

ist eine moralische *Interdependenz* zwischen der Zuschreibung von personaler beziehungsweise interpersonaler Verantwortung und der normativen Beurteilung der Hintergrundbedingungen des Handelns festzustellen. Zum anderen lässt sich aber auch eine *Irreduzibilität* der auf verschiedene Iudicanda bezogenen normativen Urteile diagnostizieren. Bevor ich auf die Irreduzibilitätsthese zu sprechen komme, möchte ich zunächst die Interdependenzthese erläutern. Ihr zufolge sind Urteile über personale und interpersonale Verantwortung in methodologischer Hinsicht nicht unabhängig von normativen Urteilen über diejenigen gesellschaftlichen Institutionen, welche die Wahrnehmung von personaler und interpersonaler Verantwortung beeinflussen und reglementieren. Dies impliziert nicht, dass die Zuschreibung von Eigenverantwortung und von zwischenmenschlicher Verantwortung an Gesellschaftsmitglieder unmöglich ist. Auch muss und sollte nicht bestritten werden, dass es einen individuellen Anteil daran gibt, welches Wohlergehen verschiedene Gesellschaftsmitglieder erreichen und wofür sie sich selbst und anderen gegenüber verantwortlich sind. Vielmehr sind offenkundig beide Perspektiven – der Blick auf den Einfluss der sozialen Institutionen sowie die Berücksichtigung des persönlichen Anteils – wichtig und ohne weiteres miteinander kompatibel.[10] Die Interdependenzthese impliziert allerdings nicht nur, dass beide Perspektiven wichtig und kompatibel sind, sondern überdies, dass bei der Bewertung von Handlungen deren durch Institutionen geprägte Hintergrundbedingungen stets mit berücksichtigt werden müssen.[11]

Hinsichtlich der Zuschreibung von Eigenverantwortung an Subjekte ist diese Interdependenzthese mehr oder weniger offenkundig. Denn dass in die Bewertung von individuellen Entscheidungen und Anstrengungen auch die Beschaffenheit sozialer Hintergrundstrukturen einfließen muss, sollte mit Blick auf die herausgestellte Bedeutung dieser Strukturen für die Wohlfahrtschancen von Gesellschaftsmitgliedern auf der Hand liegen, gleichwohl

10 Vgl. dazu auch Iris Marion Young, *Responsibility for Justice*, Oxford 2011, S. 26.

11 Vgl. Rawls, *Politischer Liberalismus*, S. 380: »Wir haben gesehen, daß gewisse Hintergrundbedingungen erfüllt sein müssen, wenn Transaktionen zwischen Individuen fair sein sollen.« Vgl. dazu auch Gerald A. Cohen, »Where the Action Is: On the Site of Distributive Justice«, in: *Philosophy & Public Affairs* 26 (1997), S. 3-30, hier S. 26.

eine derartige Einsicht bedauerlicherweise nicht zum Kernbestand alltäglicher Moralurteile gehört.[12] Doch die Bewertung sozialer Strukturen ist auch für die Evaluation zwischenmenschlicher Handlungen von Gesellschaftsmitgliedern sowie die Zuschreibung von interpersonaler moralischer Verantwortung relevant: Auch zwischenmenschliche Beziehungen können prinzipiell nicht unabhängig von ihren sozialen Hintergrundbedingungen moralisch beurteilt werden. Und auch wenn zwischenmenschliche Handlungen von ihren Hintergrundbedingungen als je verschiedene Iudicanda der normativen Beurteilung unterschieden werden müssen, besteht zwischen ihnen doch ein unverbrüchlicher Zusammenhang. Denn ein Blick auf den gesellschaftlichen Kontext liefert häufig wichtige normative Gesichtspunkte, die in die moralische Beurteilung interpersonaler Beziehungen einfließen müssen. Handlungen von Personen unter normativ einwandfreien Hintergrundbedingungen müssen anders moralisch beurteilt werden als ansonsten analoge Handlungen unter nichtidealen oder sogar sehr ungerechten Hintergrundbedingungen. Um ein Beispiel zu nennen: Das Mitgehenlassen von Lebensmitteln in einem Supermarkt, der zu einem finanzkräftigen Einzelhandelskonzern gehört, scheint im Fall von gesellschaftlichen Bedingungen, unter denen niemand hungern muss, in moralischer Hinsicht ein anderes Gewicht zu haben als dann, wenn der Zugang zu Nahrungsmitteln eingeschränkt ist und der Diebstahl im Grunde dem Überleben des »Diebes« dient. Einen Diebstahl unter allen Umständen pauschal zu verurteilen, würde auf einem verengten Moralverständnis beruhen.[13]

Auch die *Irreduzibilität* sowohl von Urteilen über soziale Ins-

12 Auch von Gesellschaftstheoretikern wird die Interdependenzthese nicht standardmäßig berücksichtigt. Bei Young findet sich eine Darstellung der in den USA auch unter Sozialtheoretikern beliebten »Theorie personaler Verantwortung«, die genau dieses Defizit aufweist. Vgl. Young, *Responsibility for Justice*, Kap. 1.

13 Der seltene Rekurs auf strukturelle Bedingungen in alltäglichen moralischen Urteilen mag auch kognitive Gründe haben, die uns an späterer Stelle noch beschäftigen werden. Es ist generell – selbst für Sozialwissenschaftler – leichter, die kausale Wirkung individueller Handlungen wahrzunehmen als den Einfluss eines konstant bleibenden gesellschaftlichen Hintergrundes. Für die Frage, welchen Einfluss dieser Hintergrund hat, bedarf es des Entwurfs großflächiger hypothetischer Alternativszenarien, während der Einfluss einzelner Akteure auf einzelne Handlungsfolgen durch hypothetische Vergleiche oft relativ sicher beurteilt werden kann (siehe dazu auch unten, Kap. VII.2).

titutionen als auch von solchen über Interaktionen unterstreicht nochmals den Stellenwert von Institutionen als Urteilsgegenständen. Wohlgemerkt: Es handelt sich bei diesen beiden Arten von Urteilen jeweils um irreduzible Arten moralischer Urteilsbildung, obwohl sie sich aus den soeben beschriebenen Gründen wechselseitig informieren sollten. Genauso wenig, wie die Berücksichtigung von Hintergrundbedingungen die Zuschreibung von Eigenverantwortung verunmöglicht, sind auch zwischenmenschliche Interaktionen nicht vollständig durch die Hintergrundbedingungen des gesellschaftlichen Kontextes, in dem sie stattfinden, determiniert. In vielen Fällen kann der erklärende Rekurs auf Hintergrundstrukturen moralisch kritikwürdiges Verhalten nicht entschuldigen; und manchmal hat er nicht einmal einen analytischen Mehrwert. Andererseits – und das ist sogar noch wichtiger – können sich zwischenmenschliche Interaktionen und durch gesellschaftliche Institutionen strukturierte Hintergrundbedingungen sogar so zueinander verhalten, dass Erstere in moralischer Hinsicht tadellos sind, während das für die Hintergrundbedingungen nicht gilt. Unter solchen Bedingungen können selbst moralisch einwandfreie soziale Interaktionen zu ungerechten Ergebnissen führen. Die Plausibilität solcher Szenarien spricht Rawls zufolge für den hervorgehobenen Stellenwert der institutionellen Perspektive auf Gerechtigkeit und gegen etwa eine libertäre, rein interaktionistische Sicht auf Gerechtigkeit, wonach die Folgen von Handlungen, die auf moralisch einwandfreie Interaktionen zurückführbar sind, immer auch selbst moralisch einwandfrei wären. Die Einsicht, dass moralisch tadellose Interaktionen zu moralisch inakzeptablen Ergebnissen führen können und dabei auch die Hintergrundgerechtigkeit auf lange Sicht unterminieren können, zeigt abermals, wie ernst soziale Institutionen als Iudicanda moralischer Beurteilung und als Garanten für die Aufrechterhaltung von Hintergrundgerechtigkeit zu nehmen sind.[14]

14 Vgl. Rawls, *Politischer Liberalismus*, S. 376-380. Diese These der Irreduzibilität impliziert noch kein Urteil darüber, ob im Hinblick auf die normativen Standards, die jeweils bei der Bewertung verschiedener Iudicanda zur Anwendung kommen, eine *monistische* oder (in Liam Murphys Begriffen) *dualistische* Position angemessen ist. Vgl. zu dieser Debatte Cohen, »Where the Action Is: On the Site of Distributive Justice«, Liam Murphy, »Institutions and the Demands of Justice«, in: *Philosophy & Public Affairs* 27 (1999), S. 251-291, hier S. 254, und

Ein *dritter* allgemeiner Grund für den hohen Stellenwert der normativen Beurteilung sozialer Institutionen ist, dass sie eine wichtige Rolle dabei spielen können, eine faire (oder zumindest fairere) Arbeitsteilung hinsichtlich der Realisierung verschiedener gesellschaftlicher Zielsetzungen zu ermöglichen. Gerade in hochkomplexen und sozial ausdifferenzierten Gesellschaften sollte die Gestaltung von Institutionen idealerweise auch zur Entlastung von individuellen Verantwortungssubjekten beitragen.[15] Zusammenschlüsse großer Menschengruppen zur sozialen Kooperation sind idealerweise nicht nur in funktionaler Hinsicht so organisiert, dass alle Gesellschaftsmitglieder von der durch Institutionen strukturierten Arbeitsteilung profitieren (zum Beispiel durch eine funktionierende öffentliche Infrastruktur mit Einrichtungen wie Feuerwehr, Polizei, Straßenreinigung und öffentlichen Verkehrsmitteln). Auch hinsichtlich der Umsetzung anspruchsvollerer normativer Ziele trägt es zur Entlastung der Gesellschaftsmitglieder bei, wenn die allgemeine Normenkonformität durch eine entsprechende Gestaltung von Institutionen und eine korrelierende Rollenverteilung abgesichert wird. Wenn man es etwa für wünschenswert hält, in einer Gesellschaft zu leben, in der die Menschen ungeachtet ihrer je individuellen Lebensumstände einen garantierten Zugang zu Nahrung, angemessenen Unterkünften und medizinischer Versorgung haben, dann wird man es auch als Entlastung ansehen, wenn dieser Norm durch die Bereitstellung und Gestaltung von sozialen Sicherungssystemen mit einer damit einhergehenden möglichst fairen Rollenverteilung entsprochen wird, anstatt dass die Gesellschaftsmitglieder in jeder einzelnen Handlungssituation selbst denjenigen beizuspringen haben, die in Not sind. Normative Urteile über soziale Institutionen sollten also auch im Blick haben, wie gut die jeweils betrachteten institutionellen Kontexte

Thomas Pogge, »On the Site of Distributive Justice. Reflections on Cohen and Murphy«, in: *Philosophy & Public Affairs* 29 (2000), S. 137-169. Dass der in dieser Untersuchung vertretene begründungspluralistische Ansatz jedoch die Zurückweisung des Monismus bzw. zumindest einen methodologischen Prinzipienpluralismus für die Beurteilung verschiedener Iudicanda mit sich bringt, zeige ich unten in den Kap. VI.2 und VII.2.

15 Dieser Punkt scheint in Rawls' Idee einer »fairen Arbeitsteilung« (*fair division of labor*) zwischen zwei Arten von sozialen Regeln (Regeln für die Grundstruktur einerseits und Regeln für Interaktionen und einzelne Organisationen andererseits) angedeutet zu sein. Vgl. Rawls, *Politischer Liberalismus*, S. 379.

ihrer instrumentellen Funktion der Realisierung und Absicherung von Normenkonformität durch eine (möglichst faire) Arbeitsteilung nachkommen.[16]

IV.2 Soziale Strukturen als Gegenstand von Verantwortung

Wenn es richtig ist, dass die normative Beurteilung von sozialen Institutionen aus den genannten drei Gründen wichtig ist, so hat das nicht nur die Konsequenz, dass soziale Institutionen und Hintergrundstrukturen bei der Zuschreibung von personaler und interpersonaler Verantwortung berücksichtigt werden müssen und dabei allgemein Gegenstand der normativen Beurteilung werden können. Es bedeutet auch, dass *Institutionen und Strukturen* selbst zum *Gegenstand von Verantwortung* gemacht werden sollten. Dies ist insbesondere dann der Fall, wenn Institutionen ein gravierendes und zugleich behebbares normatives Defizit aufweisen. Denn wenn gesellschaftliche Institutionen und durch sie geformte soziale Strukturen nicht bestimmten für gültig befundenen normativen Standards entsprechen, so drängt sich sofort die Frage auf, wem für die Reform dieser Institutionen eine prospektive Verantwortung zugeschrieben werden kann. In dem Maße hingegen, in dem soziale Institutionen den Standards entsprechen – sie also »gerecht« oder »weitgehend gerecht«, »freiheitsverbürgend« oder »legitim« sind –, verlieren sie natürlich auch als Gegenstand der Verantwortungszuschreibung an Bedeutung. Im Fall von Hintergrundbedingungen, die durch normativ gerechtfertigte soziale Institutionen geprägt

16 Ein weiterer Grund für den großen Stellenwert von sozialen Institutionen als Iudicandum normativer Urteile hat mit dem die praktische Philosophie durchdringenden Problem der Normbegründung zu tun. Rawls' Verteidigung einer *politischen* Gerechtigkeitskonzeption (vgl. zu diesem Aspekt bes. Rawls, *Politischer Liberalismus*) bleibt hinsichtlich der Frage nach den moralischen Standards für interpersonale Beziehungen sowie hinsichtlich der ethischen Frage nach dem guten Leben ganz bewusst weitgehend agnostisch; und selbst die Prinzipien der Gerechtigkeit, die zur Beurteilung und Gestaltung gesellschaftlicher Institutionen dienen sollen, werden vor dem Hintergrund eines tiefgreifenden Wertepluralismus konzipiert und gerechtfertigt. Der Fokus auf soziale Institutionen ist bei einer Sensibilität für diese Begründungsproblematik mit weniger Schwierigkeiten behaftet als beispielsweise die Begründung von »dicken« Konzeptionen des Guten.

sind, scheint sich die Zuschreibung von Verantwortung, die auf die Beschaffenheit dieser Institutionen bezogen ist, auf den kontinuierlichen Erhalt dieser Bedingungen konzentrieren zu können. Unter nichtidealen Bedingungen hingegen ist die Zuschreibung von *struktureller Verantwortung*, die Institutionen und soziale Strukturen zum Gegenstand hat, besonders wichtig.

Der theoretische Schritt von der normativen Beurteilung von gesellschaftlichen Institutionen zur Zuschreibung von struktureller Verantwortung ist jedoch ein großer. Denn die Zuweisung von struktureller Verantwortung muss, wie sich noch im Einzelnen zeigen wird, ebenso wie schon die normative Beurteilung von Institutionen auf einer weiteren Reflexionsebene gerechtfertigt werden. Aus der Diagnose, dass soziale Institutionen und Strukturen in normativer Hinsicht kritikwürdig sind, ergibt sich nicht unmittelbar die Einsicht, dass verschiedene Akteure eine Verantwortung zur Gestaltung dieser Institutionen und Strukturen tragen, denn es sind ganz unterschiedliche Kombinationen von normativen Urteilen über gesellschaftliche Institutionen mit normativen Urteilen über die Verantwortung von Subjekten zur Aufrechterhaltung, Reform oder Neugestaltung gesellschaftlicher Institutionen denkbar. Zu zeigen, wie diese beiden für die Zuschreibung von struktureller Verantwortung konstitutiven Ebenen auf sinnvolle Weise verknüpft werden können, und zwar speziell mit Blick auf die Weltarmut, ist daher ein zentrales, den Gang dieser Untersuchung prägendes Ziel. Um es zu erreichen, ist es nützlich, sich ein wenig mit den *allgemeinen Merkmalen von struktureller Verantwortung* zu beschäftigen und sie von *interpersonaler Verantwortung* zu unterscheiden.[17] Ich

17 Der hier und im Folgenden verwendete Begriff von struktureller Verantwortung ist aus dem weiter oben beschriebenen achtstelligen Begriffsschema ableitbar (siehe Kap. II.1). Trotz wesentlicher Unterschiede, die noch thematisiert werden (siehe bes. Kap. VIII), kommt er der von Iris Marion Young in ihrem Spätwerk herausgearbeiteten Idee struktureller Verantwortung (*structural responsibility*) relativ nahe. Vgl. Iris Marion Young, »Verantwortung und globale Gerechtigkeit. Ein Modell sozialer Verbundenheit« [2006], in: Christoph Broszies, Henning Hahn (Hg.), *Globale Gerechtigkeit. Schlüsseltexte zur Debatte zwischen Partikularismus und Kosmopolitismus*, Berlin 2010, S. 329-369, und bes. Young, *Responsibility for Justice*. Ein begrifflich anders gelagerter Vorläufer der Idee von globaler struktureller Verantwortung ist Pogges Unterscheidung zwischen interaktionalen und institutionellen Verständnissen von Menschenrechten und den von diesen jeweils implizierten Verpflichtungen. Er spricht von »interaktionale[n]

möchte diese Unterscheidung zuerst mittels eines Beispiels beleuchten.

In vielen Industrieländern – darunter Deutschland, USA, Russland, Großbritannien und Frankreich – sind Firmen ansässig, die an der Produktion von Waffen beteiligt sind, welche in bewaffneten Konflikten in verschiedenen Teilen der Welt zum Einsatz kommen. Viele dieser Konflikte verursachen Leid in einem für Unbeteiligte wohl unvorstellbaren Ausmaß. Sie terrorisieren nicht nur zivile Bevölkerungen und insbesondere deren ärmste Mitglieder, die am wenigsten in der Lage sind, sich vor Gewalt und Unterdrückung zu schützen, sondern hemmen auch die längerfristige wirtschaftliche Entwicklung in diesen Regionen. Es liegt auf der Hand, dass es eine kausale Verbindung zwischen der Produktion von Waffen in gewissen Ländern und ihrer Verwendung in anderen Teilen der Welt gibt. Weniger klar dagegen ist, *wer genau* für die Terrorisierung und Tötung von Unschuldigen zur Verantwortung gezogen werden kann. Es ist, mit anderen Worten, nicht unmittelbar einsichtig, wie genau die moralische Verantwortung für diese eindeutig unmoralischen Handlungsfolgen an verschiedene Akteure verteilt werden soll. Natürlich kommen einem als Erstes diejenigen in den Sinn, die die Tötungen und Schreckensakte durchführen, und als zweites diejenigen, die den Tätern tödliche Waffen liefern. So weit, so unstrittig. Aber wie sieht es mit denjenigen aus, die in der Waffenindustrie arbeiten? Oder die Anteile an Firmen besitzen, die mit der Waffenindustrie in Verbindung stehen? Ist beispielsweise die kausale Verbindung zwischen den Aktionären einer Waffen produzierenden Firma und den durch diese Waffen zu Schaden kommenden Unschuldigen stark genug, um den Aktionären eine moralische Mitverantwortung für diese Schreckenstaten zuweisen zu können? Haben sie eine Teilschuld? Zu ihrer Verteidigung könnten die Anteilseigner anführen, dass andere ihre Aktien erwerben würden oder erworben hätten, wenn sie ihre Firmenanteile abstießen oder sich gar nicht erst zugelegt hätten. Analog dazu könnte sich der Vorstandsvorsitzende der Waffenschmiede mit dem Verweis da-

Verpflichtungen« (Thomas Pogge, *Weltarmut und Menschenrechte,* Berlin, New York 2011 [Orig. 2002, ²2008], S. 87) im Gegensatz zur »Pflicht, sich nicht daran zu beteiligen, [anderen] eine ungerechte institutionelle Ordnung aufzuzwingen« (ebd., S. 215). Zur Auseinandersetzung mit Pogges Schädigungsthese siehe unten, Kapitel VIII.3.

rauf verteidigen wollen, dass eine andere Firma die Waffenproduktion übernommen hätte, wenn sich sein Unternehmen aus dieser zurückgezogen hätte. In gleicher Weise könnte eine einfache Arbeiterin anführen, dass sie jemand anderes ersetzt hätte, wenn sie ihren Job nicht angetreten hätte und nicht die Handlungen vollzogen hätte, die zur Herstellung von Waffen beigetragen haben, welche in Konfliktzonen verwendet werden. Verschiedene Gruppen von Akteuren, deren Handlungen kausal zumindest lose mit den unmoralischen Handlungsfolgen verbunden sind, könnten also geneigt sein, sich mit dem Hinweis darauf zu verteidigen, dass diese oder zumindest ähnlich problematische Folgen auch ohne ihr Handeln aufgetreten wären. Sie könnten anführen wollen, dass selbst wenn Unschuldige nicht mit *von ihnen* beziehungsweise *von ihrer Firma* produzierten oder gehandelten Waffen zu Schaden gekommen wären, sie doch mit *von anderen* produzierten beziehungsweise gehandelten Waffen malträtiert worden wären.

Es ist nicht nötig, hier abschließend zu beurteilen, inwieweit solche Entschuldigungen tatsächlich Gültigkeit beanspruchen können, obwohl ich zu der Annahme neige, dass sie in den meisten Fällen nicht genug Kraft besitzen, um die Beteiligten von Schuld freizusprechen. Worauf es mir vor allem ankommt, ist, dass soziale Phänomene nicht nur innerhalb einer Perspektive moralisch kritikwürdig erscheinen können, aus der Akteuren Verantwortung für bestimmte mehr oder weniger direkte Folgen ihrer Handlungen zugeschrieben wird. Diese Perspektive nenne ich die *interpersonale Perspektive*, und sie ist in der bisherigen moralischen Betrachtung des Waffenbeispiels zum Tragen gekommen. Zugleich können dieselben sozialen Phänomene auch aus einer *strukturellen Perspektive* betrachtet werden. Während aus der ersten Perspektive auf die direkte kausale Relation zwischen dem Handeln verschiedener Akteure und bestimmten moralisch kritikwürdigen Handlungsfolgen geblickt wird und entsprechend *interpersonale Verantwortung* zugeschrieben wird (die retrospektiv und/oder prospektiv sein kann), schaut man aus der strukturellen Perspektive auf die Hintergrundbedingungen, die bestimmte Interaktionen zwischen verschiedenen sozialen Akteuren ermöglichen, anreizen oder begrenzen können und von denen ebenfalls gesagt werden kann, dass sie zu den moralisch kritikwürdigen Handlungsfolgen beitragen, wenn auch nur auf eine indirekte Art und Weise. Anders gesagt: Aus der strukturellen Perspektive blickt man auf bestimmte soziale Strukturen in verschiedenen Kontexten und fragt danach, wie Akteure dafür verantwortlich gehalten werden können, diese Strukturen im Einklang mit bestimmten für gültig gehaltenen normativen Standards zu verändern. In Bezug auf das Beispiel des internationalen Waffenhandels heißt das, dass einem breiteren Spektrum von Akteuren eine gemeinsame strukturelle Verantwortung zuzuschreiben ist, die zugrunde liegenden Regeln auf nationaler und internationaler Ebene so zu verändern, dass die Produktion und internationale Verbreitung von Waffen in einem sehr viel stärkeren Maße, als es derzeit geschieht, begrenzt und reguliert wird, anstatt die Lebensgrundlage von Menschen in extremer Armut zu gefährden.[18] Es handelt sich also um eine Verantwortung, durch deren Übernahme Akteure dem *strukturellen Defizit* der gegenwärtigen Situation entgegenwirken, die bestimmten Akteursgruppen ja strukturelle Anreize bietet, sich am System der Produktion und Verbreitung von Waffen zu beteiligen. Verändert man die Hintergrundbedingungen dieser Situation auf eine Weise, die solche Profitmöglichkeiten unterminiert, so sollte das auch die Beteiligung an diesen Praktiken verringern und die Frage nach der interpersonalen Schuld verlöre entsprechend an Bedeutung.

Die strukturelle und die interpersonale Perspektive auf soziale Phänomene verhalten sich, obwohl sie ganz unterschiedlich gelagert sind, komplementär zueinander, so wie auch die norma-

18 Als ich diese Zeilen schrieb, keimte die Hoffnung auf die Implementierung des ersten bindenden internationalen Waffenhandelsabkommens (*Arms Trade Treaty* [ATT]) durch die Vereinten Nationen (UNO) auf. Nach langwierigen Verhandlungen wurde dieses Abkommen im April 2013 von 123 UNO-Mitgliedsstaaten verabschiedet und im September 2014 von 50 Unterzeichnerstaaten ratifiziert. Damit war der notwendige Schritt für das Inkrafttreten des Abkommens getan. Vgl. United Nations, »Arms Trade Treaty Reaches 50 Ratifications during 2014 Treaty Event, Triggering Entry into Force«, *United Nations Press Release*, ⟨http://www.un.org/press/en/2014/dc3522.doc.htm⟩, letzter Zugriff 19.09.2015. Derzeit (2015) ist jedoch noch ungewiss, ob der ATT wirklich zu einer effektiveren Regulierung des internationalen Waffenhandels führen wird und dadurch als ein Beispiel für ein erfolgreiches, dem Menschenrechtsschutz dienendes Reformvorhaben gelten kann. Strukturreformen sind allerdings auch auf einer tieferen politischen Ebene möglich und dringend nötig, weshalb die Übernahme von struktureller Verantwortung in Bezug auf den internationalen Waffenhandel nicht allein vom Erfolg oder Misserfolg multilateraler Abkommen abhängig gemacht werden sollte.

tive Beurteilung von sozialen Institutionen und die Beurteilung von Handlungen, deren Hintergrund diese Institutionen bilden, schon als komplementär zueinander bezeichnet werden konnten. Die beiden Perspektiven sind zudem auch nicht völlig unabhängig voneinander, da vergleichbare Interaktionen zwischen sozialen Akteuren dann unterschiedlich zu bewerten sind, wenn sich ihre Hintergrundbedingungen in moralisch relevanter Weise unterscheiden. Ist die Verbreitung von Handwaffen beispielsweise illegal in einem sozialen Kontext, dann erscheint sie im Vergleich zu einer Situation, in der ihr keine rechtlichen Schranken gesetzt sind, in einem noch stärkeren Ausmaß als moralisch tadelnswert. Trotz dieses Zusammenhangs differieren die interpersonale und die strukturelle Perspektive radikal darin, *wie* jeweils verschiedenen Akteuren moralische Verantwortung zugeschrieben wird. Aus der ersten Perspektive wird Verantwortung bestimmten Subjekten mit Blick auf die *direkten Folgen ihrer Handlungen* gegenüber bestimmten Verantwortungsadressaten zugeschrieben. Aus der zweiten Perspektive ist die Zuschreibung der Verantwortung von anderer Art. Wenn die relevanten Hintergrundstrukturen des Handelns aus normativer Perspektive kritikwürdig erscheinen, dann ist es nur konsequent, zu fragen, wem die Verantwortung dafür zugeschrieben werden kann, diese Strukturen zum Besseren zu verändern. Eine solche strukturelle Verantwortung unterscheidet sich von interpersonaler Verantwortung darin, dass das *Objekt* – die durch das Subjekt auszuführende Handlung – eine andere *Ausrichtung* aufweist.[19] Im Fall von struktureller Verantwortung ist die Handlung nicht direkt auf den Adressaten ausgerichtet. Sie hat stattdessen die Veränderung und, so nötig, auch die Neubildung sozialer Institutionen zum Gegenstand, wodurch auch die Hintergrundstrukturen und Ermöglichungsbedingungen von Handlungen in der interpersonalen Dimension verändert werden. In der strukturellen Dimension sind die Adressaten also nur indirekt von den jeweiligen Handlungen eines Subjekts betroffen, im Fall von interpersonaler Verantwortung hingegen direkt.

Der Adressat der Verantwortung – im obigen Beispiel sind das diejenigen, die ohne eigenes Verschulden durch in Industrienationen hergestellte Waffen gefährdet, terrorisiert, geschädigt und im

19 Siehe die Kategorie vii des in Kap. II.1 dieser Untersuchung dargelegten achtstelligen Schemas zum Verantwortungsbegriff.

Extremfall getötet werden – kann aus interpersonaler wie struktureller Perspektive identisch sein. Auch das Verantwortungssubjekt – etwa ein Aktionär eines Rüstungsunternehmens – kann aus beiden Perspektiven ein und dieselbe Person sein. Aus interpersonaler Perspektive muss die Zuschreibung von Verantwortung an den Aktionär berücksichtigen, ob und in gegebenenfalls welchem Maße er moralisch für die Schädigung von Unschuldigen verantwortlich gemacht werden kann. Ist die kausale Verbindung zwischen Handlungen des Kaufs, Besitzes und Profitierens von Aktien eines Unternehmens und der Schädigung von Unschuldigen mit von diesem produzierten Waffen eindeutig genug und liegen andere für die Zuschreibung moralischer Verantwortung notwendige Bedingungen vor (wie zum Beispiel Freiwilligkeit und verfügbares Wissen über die Konsequenzen seiner Handlungen), so ist die Zuschreibung von interpersonaler moralischer Verantwortung an den Aktionär gerechtfertigt. Aus der strukturellen Perspektive dagegen kann dem Aktionär (zusammen mit anderen Akteuren) Verantwortung dafür zugeschrieben werden, soziale Strukturen so zu verändern, dass die Terrorisierung von Zivilisten in bewaffneten Konflikten vermieden oder zumindest beträchtlich reduziert wird, zum Beispiel indem er (zusammen mit anderen) auf die Verabschiedung von Gesetzen hinwirkt, welche die Lieferung von Waffen an Unterdrücker effektiv reduzieren.

Neben der unterschiedlichen Ausrichtung hat strukturelle Verantwortung noch mindestens vier weitere Merkmale, die aber, wie sich zeigt, im Unterschied zu dieser keine Alleinstellungsmerkmale sind. *Erstens* ist strukturelle Verantwortung zumeist als geteilte Verantwortung zu verstehen und zu begründen, wie einige Theoretikerinnen richtig festgestellt haben.[20] In den meisten Fällen können individuelle Subjekte struktureller Verantwortung ihre Verantwortung nur gemeinsam mit anderen Subjekten struktureller Verantwortung effektiv wahrnehmen.[21] So wichtig der Hinweis darauf ist, dass strukturelle Verantwortung in diesem Sinn wesentlich geteilte Verantwortung ist, er erfasst noch nicht das allgemeine Merkmal, das interpersonale und strukturelle Verantwortung voneinander trennt. Denn auch interpersonale Verantwortung tritt

20 Insbesondere Iris Marion Young betont dies (vgl. dies., »Verantwortung und globale Gerechtigkeit«, S. 358, und *Responsibility for Justice*, S. 109).

21 Siehe dazu unten, Kap. VIII.2.

häufig als geteilte Verantwortung auf. Man denke etwa an die Verantwortung, die eine Gruppe von Spaziergängern am Ufer eines Sees hat, gemeinsam sicherzustellen, dass eine vor ihren Augen zu ertrinken drohende Person gerettet wird. Selbst wenn es letztlich nur ein Gruppenmitglied ist, das die Person aus dem Wasser zieht, so kann dennoch zuvor sinnvollerweise der Gruppe eine Verantwortung zugeschrieben werden, darüber zu entscheiden, wer zur Hilfe kommen sollte und ob dies eine Person allein übernehmen kann. Oder man stelle sich ein Paar vor, das die Ferien mit seinen jungen Kindern in einem Haus am See verbringt. Natürlich sind beide gemeinsam dafür verantwortlich, die Kinder davor zu bewahren, beim Spielen in den See zu fallen. Es ist also kein Alleinstellungsmerkmal von struktureller Verantwortung, dass sie zumeist als geteilte Verantwortung zu konzipieren ist. Dazu kommt: In außergewöhnlichen Fällen kann strukturelle Verantwortung sogar vergleichsweise individualistisch konzipiert werden – man denke etwa an die Handlungsspielräume eines mächtigen Regierungschefs eines nichtdemokratischen Landes, zum Beispiel an den König an der Spitze einer Monarchie, dessen politische Entscheidungen vergleichsweise große strukturelle Auswirkungen haben und dem als mehr oder weniger solitärem Subjekt eine strukturelle Verantwortung für die Auswirkungen seiner Entscheidungen zugeschrieben werden kann (was nicht heißen soll, dass neben ihm niemand sonst eine strukturelle Verantwortung tragen könnte).

Zweitens ist es zwar richtig, dass der Fokus innerhalb der strukturellen Perspektive auf prospektiver Verantwortung liegen sollte, doch unter bestimmten Umständen ist es durchaus sinnvoll, retrospektive strukturelle Verantwortung zuzuschreiben.[22] Es ist tatsäch-

22 Selbst Young stellt fest, dass strukturelle Verantwortung nicht nur vorausschauende, sondern auch zurückblickende Aspekte besitze. Vgl. u. a. Young, »Verantwortung und globale Gerechtigkeit«, S. 356. Dennoch unterscheidet sie strukturelle Verantwortung im Rahmen ihres »Modells sozialer Verbundenheit« von Verantwortung, die auf der Grundlage des »Haftbarkeitsmodells« zugeschrieben werde. Der Unterschied bestehe darin, dass bei ersterer Verantwortung der »Akzent auf Zukunftsfragen« (ebd., S. 357) liege, während letztere Verantwortung meistens »zurückblickend« sei. Auf die genauere Auseinandersetzung mit den beiden von Young unterschiedenen Verantwortungsmodellen muss hier aus Platzgründen verzichtet werden. Sie würde jedoch zu dem Schluss führen, dass die Rede von miteinander konkurrierenden Verantwortungs*modellen* in diesem thematischen Kontext im Grunde genommen irreführend und zugunsten der

lich notwendig, das vergangene Verhalten von Akteuren rückblickend im Lichte von Beziehungen struktureller Verantwortung zu bewerten, die zum fraglichen Zeitpunkt bestanden. Täte man dies nicht, so eröffnete man dadurch illegitimen Entschuldigungen und daraus resultierenden Verantwortungslücken Tür und Tor. Verantwortungssubjekte könnten sonst ihre Untätigkeit hinsichtlich der nötigen Veränderung von Strukturen stets von Neuem damit zu rechtfertigen versuchen, dass morgen schließlich auch noch ein Tag sei, an dem die notwendigen gemeinsamen Anstrengungen begonnen werden könnten. Prinzipiell ist es daher möglich, anzunehmen, dass Subjekte von struktureller Verantwortung anders hätten handeln sollen, als sie es getan haben, und ihnen auf diese Weise eine retrospektive strukturelle Verantwortung zuzuschreiben, indem ihre jeweiligen Handlungsspielräume in Bezug auf die Veränderung von sozialen Strukturen gegenüber bestimmten Adressaten zu einem vergangenen Zeitpunkt berücksichtigt werden. Hier zeigt sich erneut, dass die Zuschreibung von retrospektiver Verantwortung generell – also unabhängig davon, ob sie strukturell oder interpersonal ist – der Zuschreibung von prospektiver Verantwortung gleich welchen Typs nachgeordnet ist, das heißt implizit oder explizit auf einer vorhergehenden Zuschreibung von prospektiver Verantwortung basieren muss.[23]

Drittens kann einem Subjekt unabhängig davon, ob es selbst und der Adressat in dieselben sozialen Strukturen eingebettet sind, strukturelle Verantwortung – so wie ich sie hier definiert habe – zugeschrieben werden.[24] Der Einbettungsaspekt ist zwar bedeutsam,

Annahme von unterschiedlichen *Arten* der Verantwortung aufzugeben ist. Trotz dieser Unklarheiten bleiben viele Aspekte von Youngs Charakterisierung von struktureller Verantwortung relevant.

23 Siehe dazu schon die noch nicht auf die Unterscheidung zwischen struktureller und interpersonaler Verantwortung bezogenen Bemerkungen weiter oben in Kap. II.1.3, Fn. 26, und Kap. II.2.2, Fn. 51.

24 Auch in diesem Punkt unterscheidet sich der hier entwickelte Begriff von struktureller Verantwortung von demjenigen Youngs. Für Young sind geteilte Strukturen ein Geltungsgrund von struktureller Verantwortung. Vgl. dies., »Verantwortung und globale Gerechtigkeit« und *Responsibility for Justice*. Im Rahmen von grundsätzlichen Überlegungen ist dies nicht unplausibel. Aus begründungspluralistischer Perspektive können jedoch auch davon abweichende Positionen zu den Geltungsgründen von struktureller Verantwortung zugelassen werden. Siehe dazu unten, Kap. V.

wenn es darum geht, im Rahmen von grundsätzlichen Überlegungen das Gewicht einer strukturellen Verantwortungsrelation zu bemessen, weil das Ausmaß der moralischen Schuld eines Subjektes, das seiner strukturellen Verantwortung nicht nachgekommen ist, letztlich auch davon abhängig ist, in welcher Beziehung dieses genau zum Adressaten steht.[25] Gleichwohl gilt prinzipiell, dass ein Subjekt selbst in solchen Fällen eine strukturelle Verantwortung gegenüber dem Adressaten tragen kann, in denen die normativ fragwürdigen Strukturen gänzlich innerhalb eines sozialen Kontextes lokalisiert sind, dem nur der Adressat, nicht aber das Subjekt der Verantwortung angehört. Für die Zuschreibung von struktureller Verantwortung lassen sich auch andere Kriterien als nur dasjenige der gemeinsamen Einbettung in verbindende Strukturen heranziehen, zum Beispiel dasjenige der effektiven Veränderbarkeit von Strukturen durch Verantwortungssubjekte, das prinzipiell auch auf Strukturen anwendbar ist, in die zwar der Adressat, aber nicht das Subjekt der Verantwortung eingebettet ist.

Ein *viertes* und damit verwandtes weiteres Merkmal von struktureller Verantwortung besteht darin, dass sich ihre Subjekte und Adressaten jeweils in großer räumlicher Entfernung voneinander befinden können. Auch dies ist kein Alleinstellungsmerkmal von Relationen struktureller gegenüber interpersonaler Verantwortung. Denn Überlegungen wie diejenige zur interpersonalen Verantwortung von Waffenhändlern oder gar Anteilseignern für räumlich weit entfernte Handlungsfolgen zeigen, dass sich auch die Subjekte und Adressaten von interpersonaler moralischer Verantwortung zumindest in manchen Fällen in großer räumlicher Distanz zueinander befinden können. Umgekehrt ist auch die Zuschreibung von struktureller Verantwortung an ein Subjekt möglich, deren Adressaten in dessen näheren räumlichen Umgebung verortet werden (zum Beispiel die strukturelle Verantwortung, die Hintergrundstrukturen der eigenen lokalen Gemeinschaft auf eine bestimmte Weise zu gestalten). Gleichwohl ist es richtig, dass interpersonale

25 Young wäre mit dieser Begriffsverwendung wohl nicht einverstanden, da sie Zuschreibungen von struktureller Verantwortung dem »Modell sozialer Verbundenheit« und Schuldzuweisungen dem »Haftbarkeitsmodell« zuordnet. Vgl. Young, »Verantwortung und globale Gerechtigkeit«, S. 348 ff. Zur Problematik dieser Unterscheidung siehe jedoch Fn. 22 weiter oben. Für die Diskussion weiterer Aspekte von Youngs Theorie siehe auch unten, Kap. VIII.2.

Verantwortung im Alltag zumeist mit Blick auf die im Nahbereich liegenden und durch das Subjekt persönlich beobachtbaren Handlungsfolgen zugeschrieben wird, während der Blick auf veränderbare soziale Strukturen und korrelierende Verantwortung fast zwangsläufig zu einer Erweiterung der Perspektive und einer Berücksichtigung auch räumlich weiter entfernter Adressaten führen muss. Unabhängig davon, welche normative Interpretation sie genau zu erfahren hat, erscheint heute eine solche Ausweitung des räumlichen Fokus bei der Zuschreibung von struktureller Verantwortung der Sache nach erforderlich. Denn es geht um die Hintergrundbedingungen des Handelns von Akteuren, die in unserem globalen Zeitalter keinesfalls nur jeweils entsprechend der Grenzen von politischen Einheiten verortet werden können, sondern diese ihrerseits ja schon sehr ausgedehnten Kontexte auf verschiedene Weise nochmals transzendieren.[26]

Die vier gerade genannten Merkmale von struktureller Verantwortung kommen ihr, wie gesagt, nicht exklusiv zu, spielen aber jeweils eine gewisse Rolle, wenn es darum geht, das Gewicht verschiedener moralischer Relationen zwischen Subjekten und Adressaten einzuschätzen. Das *Alleinstellungsmerkmal* von struktureller Verantwortung besteht hingegen, wie beschrieben, in der für sie spezifischen *Ausrichtung* der Handlungen, für die das Subjekt verantwortlich ist: Strukturelle Verantwortung ist immer auf die Veränderung sozialer Strukturen ausgerichtet, welche als vergleichsweise beständige Hintergrundbedingungen sozialer Interaktionen begriffen werden können. Sind die Handlungen eines verantwortlichen Subjekts nicht direkt auf die Adressaten ausgerichtet, sondern auf soziale Strukturen, die sie betreffen, dann handelt es sich um strukturelle Verantwortung. Nicht nur interpersonales Verhalten, sondern auch der Einfluss von Verantwortungssubjekten auf die Herausbildung beziehungsweise Veränderung sozialer Strukturen haben mittel- und langfristig beträchtliche Auswirkungen auf die Adressaten. Entscheidend ist, dass Zuschreibungen von struktureller Verantwortung einen Perspektivwechsel in den zugehörigen normativen Urteilen mit sich bringen. Zuschreibungen von interpersonaler und struktureller Verantwortung müssen sich, wie gezeigt, nicht mit Bezug auf ihr generelles Anwendungsgebiet un-

26 Siehe unten, IV.3 sowie bes. Kap. VII für eine genauere Betrachtung dieses Gesichtspunktes.

terscheiden (bestimmte soziale Phänomene und korrespondierende moralische Probleme). Aber sie unterscheiden sich durch die Art und Weise, wie Akteure mit diesen Phänomenen und moralischen Problemen genau in Verbindung gebracht werden.

Der Unterschied zwischen interpersonaler und struktureller Verantwortung könnte anhand unzähliger weiterer Beispiele verdeutlicht werden, von denen ich hier nur zwei selektiv nennen möchte. Das Phänomen der »Korruption«, das häufig auf reichlich unbestimmte Weise als Hauptursache von Armut angeführt wird, kann sowohl aus interpersonaler als auch aus struktureller Perspektive beleuchtet werden. Die Bestechung von Politikern durch Unternehmensvertreter, die der Vergabe von Aufträgen in ärmeren Ländern nicht selten vorausgeht, kann in der interpersonalen Dimension Gegenstand von moralischer Kritik werden; aber auch die existierende Gesetzeslage sowie strukturelle Bedingungen anderer Art, die solche Bestechungspraktiken begünstigen oder zumindest nicht verhindern, lassen sich kritisieren und müssen ebenfalls zum Gegenstand von Verantwortung – diesmal struktureller Art – gemacht werden. Ein weiteres Feld, auf dem Zuschreibungen von interpersonaler und struktureller Verantwortung nötig sind und auch in einem ähnlichen Verweisungszusammenhang stehen, ist das Handeln von transnationalen Unternehmen unter Bedingungen der fehlenden Verrechtlichung von angemessenen Sozialstandards, die unter anderem die Arbeitsbedingungen und die Löhne betreffen. Auch hier steht die interpersonale Verantwortung von Marktteilnehmen (wie Unternehmen und ihren Mitarbeitern) in einem durch prinzipielle Kompatibilität charakterisierten Verhältnis zu struktureller Verantwortung, welche die Hintergrundbedingungen von Marktinteraktionen zum Gegenstand hat.[27]

Ein solches komplementäres Verhältnis von interpersonaler und struktureller Verantwortung zu behaupten, basiert auf der Annahme, dass soziale Strukturen menschliches Handeln reglementieren,

27 In der Auseinandersetzung mit dem Zertifizierungssystem *Fairtrade* habe ich mich eingehender mit dem Verweisungszusammenhang der interpersonalen und strukturellen Verantwortung von Marktakteuren befasst. Vgl. Valentin Beck, »Interaktionale und institutionelle Relationen der Verantwortung. Überlegungen zu *Fairtrade* aus gerechtigkeitstheoretischer Perspektive«, in: *InIIS-Working Paper* 36, Bremen 2009, und ders., »Theorizing Fairtrade From a Justice-Related Standpoint«, in: *Global Justice: Theory, Practice, Rhetoric* 3 (2010), S. 1-21.

ohne es vollständig zu determinieren. Der Rekurs auf Strukturen als Hintergrundbedingungen des Handelns soll also keiner Perspektive das Wort reden, wonach Individuen gar keine Eigenverantwortung für ihre Entscheidungen und Handlungen mehr zugeschrieben werden könne. Er dient vielmehr in *erkenntnistheoretischer Hinsicht* dem besseren Verständnis sozialer Phänomene, die nicht nur als interpersonal, sondern zugleich auch als strukturell zu beleuchtende Phänomene zu beschreiben sind. Und er dient in *moralischer Hinsicht* dem richtigen Umgang mit komplexen gesellschaftlichen Phänomenen, die nach einer differenzierten Verantwortungszuschreibung verlangen. Auch wenn sich alltägliche Moralurteile zumeist im Rahmen von Zuschreibungen interpersonaler Verantwortung bewegen, sind diese allein nicht ausreichend, um moralische Probleme in den Griff zu bekommen. Dies gilt besonders für die Bewältigung moralischer Probleme in hochkomplexen und arbeitsteilig ausdifferenzierten Gesellschaften wie den unsrigen. Es ist daher eine wichtige Einsicht, dass sowohl interpersonale Praktiken als auch strukturelle Bedingungen Gegenstand einer umfassenden und diese beiden Perspektiven integrierenden Gesellschaftskritik sowie entsprechend umfassender Verantwortungszuschreibungen werden müssen. Dagegen ist es nicht zufriedenstellend, wenn Kritik nur an bestimmten interpersonalen Praktiken geübt wird, nicht aber an den sie mitverursachenden und begünstigenden strukturellen Bedingungen – und vice versa.[28]

Das bis zu diesem Punkt herausgearbeitete Verständnis von struktureller Verantwortung macht jedoch eine begriffliche Klarstellung nötig, die im weiteren Verlauf des Buches noch von Bedeutung sein wird: Strukturelle Verantwortung, so wie sie hier verstanden wird, ist von solcher Verantwortung abzugrenzen, die

28 Thomas Pogge konnte in seinen früheren Schriften als normativer Theoretiker gelesen werden, für den die Zuschreibung von (in seiner Begrifflichkeit) institutionellen Pflichten die Zuschreibung von interaktionalen Pflichten gegenüber Menschen in extremer Armut ausschließt; siehe *World Poverty and Human Rights*, Cambridge 2002, S. 65. Später hat Pogge diese nicht plausible Inkompatibilitätsthese jedoch korrigiert. Vgl. die zweite Auflage von *World Poverty and Human Rights* (Cambridge [2]2008) und dort S. 71 für die entsprechend modifizierte Stelle, sowie ders., »Responses to Critics«, in: Alison Jaggar (Hg.), *Thomas Pogge and His Critics*, Cambridge 2010, S. 175-250, hier S. 198 ff., wo er auf die Kompatibilität von (nun in meinen Worten) interpersonaler und struktureller Menschenrechtsverantwortung nochmals ausführlicher hinweist.

mit Hilfe existierender (staatlicher oder nichtstaatlicher) sozialer Institutionen wahrgenommen wird, wobei soziale Institutionen als bloße *Instrumente* in der Verantwortungsübernahme dienen. Bei struktureller Verantwortung im hier definierten Sinn geht es um etwas anderes – nämlich um die *Veränderung* von sozialen Institutionen. Dementsprechend ist beispielsweise eine Geldspende an eine international tätige Nothilfeorganisation – je nach Art der Nothilfeorganisation – in manchen Fällen nicht als strukturelle, sondern adäquater als *interpersonale Verantwortungsübernahme* zu verstehen, nämlich dann, wenn diese Organisation nicht auch politisch auf die Veränderung sozialer Strukturen abzielt. *Strukturelle Verantwortungsübernahme* ist nur dann gegeben, wenn die Organisation nicht nur Teil dieser Strukturen ist, sondern diese auch zum Besseren verändert. Dies kann unter anderem dadurch geschehen, dass sie parallel auch politische Arbeit leistet oder zumindest einen in seiner Strukturwirkung positiven und effektiven Kontakt mit politischen Akteuren pflegt. Die Übernahme von struktureller Verantwortung in ihrer Reinform richtet sich immer auf den Charakter von sozialen Institutionen und den von ihnen strukturierten Hintergrundbedingungen selbst. Natürlich gibt es viele Handlungen, die nicht klar in eine der beiden Kategorien fallen, sondern sowohl als Übernahme von interpersonaler als auch von struktureller Verantwortung gelten können – Geldspenden an NGOs eingeschlossen, die sich sowohl um den Gütertransfer kümmern als auch politisch auf soziale Strukturen einwirken. Handlungen, die als Übernahme von interpersonaler Verantwortung gewertet werden müssen, sind jedoch nicht per se weniger wertvoll als Handlungen, die klar als Objekte von struktureller Verantwortung identifiziert werden können. An späterer Stelle werde ich mich noch ausführlicher mit der genaueren Bewertung des Verhältnisses von interpersonaler und struktureller Weltarmutsverantwortung sowie mit den angedeuteten Mischformen der Verantwortungsübernahme beschäftigen (siehe insbesondere Kapitel VIII.2).

IV.3 Über den Stellenwert der normativen Beurteilung von Hintergrundstrukturen im globalen Kontext

Nachdem ich in den beiden vorangegangenen Abschnitten die allgemeine Bedeutung der normativen Beurteilung sozialer Institutionen sowie der Zuschreibung von struktureller Verantwortung erörtert habe, soll es nun in einem dritten Schritt darum gehen, die Relevanz der Zuschreibung von interpersonaler und struktureller Verantwortung im globalen Kontext in einer ersten Annäherung zu reflektieren. Gezeigt werden soll, dass die Beurteilung von Hintergrundstrukturen des Handelns nicht nur in beschränkteren sozialen Kontexten wie Kommunen, Nationalstaaten und regionalen Staatenbünden, sondern zugleich auch im globalen Kontext von Bedeutung ist. Es gibt heute eine Reihe bedeutender und jenseits des Nationalstaats angesiedelter Institutionen, etwa die UNO und die zu ihr gehörenden Unterorganisationen, die WTO, den IMF und die Weltbank, um nur einige prominente Beispiele zu nennen. Diese und andere Institutionen haben einen entscheidenden Anteil an der Strukturierung der grenzüberschreitenden Beziehungen zwischen verschiedenen Akteursgruppen. Gleichwohl ist dieses Institutionengefüge dadurch charakterisiert, dass im globalen Kontext einige wichtige Elemente (beziehungsweise Analoga zu diesen) fehlen, die auf nationalstaatlicher Ebene bedeutsam sind. Wir leben nicht in einem demokratischen Weltstaat, der zum Beispiel eine entsprechend zur nationalstaatlichen Ebene gedachte Sanktionsgewalt und ein föderales Weltparlament enthielte, sondern in Nationalstaaten, deren Institutionen jedoch im Zuge der immer stärker werdenden ökonomischen und politischen Vernetzung von einer dichter werdenden Ansammlung von über- und zwischenstaatlichen Institutionen flankiert werden. Letztere koordinieren in zunehmendem Maße insbesondere die wirtschafts-, handels-, finanz- und umweltpolitischen Entscheidungen von Nationalstaaten und schränken infolgedessen auch deren politische und ökonomische Souveränität ein.

In diesem Abschnitt werde ich in Form eines kritischen Dialogs mit John Rawls' Konzeption internationaler Gerechtigkeit dafür argumentieren, dass der Fokus auf die Hintergrundstrukturen des Handelns im globalen Kontext unverzichtbar ist. Dabei wird deutlich werden, dass Rawls' Theorie internationaler Gerechtigkeit

– ganz im Gegensatz zu seiner Theorie für den nationalstaatlichen Kontext – alles andere als wegweisend ist. Sie dient mir daher nur als negative Kontrastfolie für die hier zu entwickelnde Theorie der globalen Verantwortung, und dies vor allem deshalb, weil bei Rawls weitgehend unberücksichtigt bleibt, dass auch der globale Kontext *Hintergrundbedingungen* enthält, die ebenso einer normativen Beurteilung unterzogen werden müssen wie die Hintergrundbedingungen im von ihm sogenannten »heimischen Fall«.[29] Schon aus diesem Grund lässt seine Theorie die Möglichkeit außen vor, dass Subjekten eine Verantwortung zur Gestaltung eben dieser entgrenzten Hintergrundstrukturen zukommen kann.

In werkgeschichtlicher Hinsicht kann Rawls' Vernachlässigung der Rolle von Institutionen und Hintergrundstrukturen im globalen Kontext auf seine berühmt-berüchtigte Annahme der weitgehenden »Selbstgenügsamkeit« von »wohlgeordneten« Gesellschaften zurückgeführt werden.[30] Bis zum Erscheinen von Rawls' späten Schriften zum Thema internationaler Gerechtigkeit war es noch je nach interpretativer Absicht möglich, die Beschränkung der Reichweite seiner Gerechtigkeitsprinzipien auf »wohlgeordnete« Gesellschaften primär als methodologisch motivierte Abstraktion zu verstehen, die mit der Erörterung von über den nationalstaatlichen Kontext hinausgehenden Gerechtigkeitsansprüchen und mit der normativen Beurteilung globaler Hintergrundbedingungen prinzipiell vereinbar ist.[31] Eine solche Auslegung hat sich jedoch spätestens mit dem Erscheinen von *Das Recht der Völker* erübrigt.[32] Die

29 John Rawls, *Das Recht der Völker*, Berlin, New York 2002 [Orig. 1999], S. 1.

30 Zu dieser methodologischen Annahme vgl. u. a. Rawls, *Eine Theorie der Gerechtigkeit*, S. 20, und ders., »Kantischer Konstruktivismus in der Moraltheorie« [1980], in: ders., *Die Idee des politischen Liberalismus. Aufsätze 1978-1989*, hg. von Wilfried Hinsch, Frankfurt/M. 1992, S. 80-158, hier S. 108.

31 Vgl. für Ansätze mit einer derart expansiven interpretativen Absicht u. a. Brian Barry, *The Liberal Theory of Justice. A Critical Examination of the Principal Doctrines in* A Theory of Justice *by John Rawls*, Oxford 1972, S. 128-133, Charles Beitz, *Political Theory and International Relations*, Princeton 1979, Teil III, und Thomas Pogge, *Realizing Rawls*, Ithaca 1989, Teil III.

32 Vgl. Rawls, *Das Recht der Völker*. Zuvor hatte sich Rawls schon im folgenden Aufsatz eingehender mit der Frage internationaler Gerechtigkeit befasst: »Das Völkerrecht« [1993], in: Steven Shute, Susan Hurley (Hg.), *Die Idee der Menschenrechte*, Frankfurt/M. 1996, S. 53-103. Für eine kritische Diskussion dieser beiden Abhandlungen vgl. die Beiträge in: David A. Reidy, Rex Martin (Hg.), *Rawls's Law of Peoples. A Realistic Utopia?*, Oxford 2006.

dort entwickelte normative Theorie internationaler Beziehungen verdeutlicht, dass Rawls' Einschränkung der Reichweite von Gerechtigkeitsprinzipien auf den nationalstaatlichen Kontext tatsächlich nicht methodologisch, sondern normativ motiviert ist. Denn die für Rawls' Werk charakteristische Fokussierung auf die Frage der Gerechtigkeit innerhalb von als selbstgenügsam gedachten, »wohlgeordneten« Gesellschaften erhält mit seiner Theorie internationaler Gerechtigkeit eine späte grundsätzliche Rechtfertigung. In *Das Recht der Völker* behandelt Rawls die normativen Ansprüche, die sich im globalen Kontext stellen, weitestgehend in Begriffen einer normativen Theorie *interpersonaler Beziehungen* zwischen Völkern als Kollektivsubjekten, welche bestimmte Verhaltensregeln zu beachten haben, die weitgehend am klassischen Völkerrecht orientiert und ziemlich minimal gehalten sind.[33] Rawls' Bemerkungen, dass es ihm primär um die Bestimmung von normativen Prinzipien für die Außenpolitik liberaler Demokratien gehe,[34] sind keineswegs als Understatement zu werten, sondern betreffen den Kern seiner Konzeption.[35] Im globalen Kontext sind nach Rawls *Völker* – im Sinne von Staaten, die bestimmten normativen Anforderungen genügen – die relevanten Subjekte »vernünftiger« normativer Forderungen, die er in Gestalt von acht Grundsätzen der internationalen Gerechtigkeit auflistet.[36] Diese Grundsätze besagen, dass »Völker« als »freie« und »unabhängige« Kollektivsubjekte zu betrachten seien, die eingegangene Verträge erfüllen sowie ein allgemeines Nichteinmischungsgebot und bestimmte Einschränkungen in der Kriegsführung zu beachten haben. Darüber hinaus haben Völker

33 Besonders deutlich wird der in substantieller Hinsicht minimale Charakter seines Ansatzes an seiner äußerst spärlichen Menschenrechtskonzeption, die weit hinter den zumeist diskutierten Standards zurückbleibt.

34 Vgl. u. a. Rawls, *Das Recht der Völker*, S. 8 f., S. 62, S. 65, S. 71, S. 77, S. 101, S. 104, S. 117 und S. 163.

35 Obwohl Rawls bisweilen von »Fragen der globalen Gerechtigkeit« spricht (vgl. ders., *Gerechtigkeit als Fairneß*, S. 33), bedeutet dies bei ihm wesentlich »Gerechtigkeit zwischen Gesellschaften« oder auch »Gerechtigkeit zwischen den Völkern« (vgl. ebd., S. 37). Streng genommen wird Rawls aber nicht einmal diesem Alternativkonzept gerecht. Denn auch für die Erörterung von zwischenstaatlicher Gerechtigkeit dürfte er nicht nur nach der Gerechtigkeit des *Umgangs* von Völkern bzw. Staaten fragen, sondern müsste auch die *strukturellen Bedingungen* des wechselseitigen Verhaltens dieser Kollektivsubjekte analysieren.

36 Vgl. Rawls, *Das Recht der Völker*, S. 41.

auch eine allgemeine Hilfspflicht, solchen Nationen beizuspringen, die unter ungünstigen Bedingungen leben und nicht aus eigener Kraft dazu imstande sind, minimal konzipierte Menschenrechte zu erfüllen.[37]

An dieser Stelle kann es wohlgemerkt noch nicht primär um eine Diskussion substantieller normativer Standards für den globalen Kontext gehen, und somit ist hier auch noch nicht entscheidend, ob und gegebenenfalls welche der von Rawls vorgeschlagenen Völkerrechtsgrundsätze für den internationalen Raum, zu denen er sowohl Standards für die interpersonale Behandlung anderer Völker als auch normative Gebote für die interne Verfasstheit von Völkern zählt (der 6. Grundsatz im *Recht der Völker* lautet: »Völker müssen die Menschenrechte achten«[38]), in substantieller Hinsicht überzeugend sind.[39] Es geht zunächst nur um die richtige Konzeptionalisierung der Iudicanda normativer Beurteilung im globalen Kontext. Und ich behaupte, dass Rawls' Theorie internationaler Gerechtigkeit diesbezüglich, das heißt in Bezug auf die Gegenstände von normativen Urteilen – seien dies Gerechtigkeitsurteile oder andere normative Urteile – zu limitiert ist, und zwar in zwei Hinsichten. Erstens scheint Rawls in seiner Beschränkung auf normative Standards für die Interaktionen von Völkern andere wichtige Interaktionen im globalen Kontext außer Acht zu lassen – darunter grenzüberschreitende Interaktionen von nichtstaatlichen Kollektivsubjekten wie NGOs und transnationalen Unternehmen, aber auch Interaktionen von Individualsubjekten wie Touristen, Flüchtlingen und Migranten oder von Konsumenten und Herstellern von global produzierten Gütern. Dieses Manko ist noch verzeihlich, da Rawls' Theorie durch die Formulierung von normativen Standards für solche Interaktionen prinzipiell komplettierbar wäre. Folgenreicher ist jedoch eine zweite Limitation, denn wie bereits angedeutet bleibt bei ihm ein offenkundig zentrales Iudicandum der normativen Beurteilung außen vor: die *globalen Hintergrundbedingungen* der interpersonalen Interaktionen von Kollektiv- und Individualsubjekten. Anders gesagt: Es fehlt die zu seiner Gerechtigkeitstheorie für den nationalstaatlichen Kontext

37 Vgl. ebd.

38 Ebd.

39 Eine ausführliche Diskussion von normativen Standards zur Bewertung sozialer Institutionen im globalen Kontext findet sich unten in Kap. VI.

analoge und weiter oben als absolut maßgeblich ausgewiesene Beurteilung der Hintergrundbedingungen personalen und interpersonalen Handelns.

Dieses Manko muss schon vor einer substantiellen Auseinandersetzung mit den von Rawls konkret vorgeschlagenen normativen Standards zu einer Kritik an seiner Konzeption internationaler Gerechtigkeit führen, eine Kritik zumal, die auch mehr oder weniger unabhängig von der Frage gültig zu sein scheint, ob Rawls' Konzeption in empirischer Hinsicht hinreichend adäquat ist – ob sie zum Beispiel relevante Fakten und Praktiken angemessen berücksichtigt, darunter die Auswirkungen des internationalen Rohstoffhandels, die immer dichter werdende ökonomische Verflechtung durch grenzüberschreitende Aktivitäten von wirtschaftlichen Unternehmen[40] oder die Auswirkungen bestimmter inter- und supranationaler Institutionen. Tatsächlich mangelt es Rawls' Theorie internationaler Gerechtigkeit auch an empirischer Beschreibungsadäquatheit hinsichtlich solcher grenzüberschreitenden Beziehungen und der sie bedingenden Strukturen.[41] Doch seine Theorie wäre hinsichtlich der impliziten Beschränkung auf die Beurteilung von Interaktionen im globalen Kontext selbst in einer kontrafaktischen Welt unvollständig, die durch sehr viel geringere ökonomische und politische Vernetzung ausgezeichnet ist. Denn auch in einem hypothetischen Szenario weitgehend selbstgenügsamer Nationalstaaten mit einer vergleichsweise geringen Zahl grenz-

40 Vgl. dazu u. a. Regina Kreide, »Weltarmut und die Verpflichtungen kollektiver Akteure«, in: Barbara Bleisch, Peter Schaber (Hg.), *Weltarmut und Ethik*, Paderborn 2007, S. 267-295, hier S. 268.

41 Auch Rawls' Erklärungsnationalismus ist ein Beispiel für mangelhafte Kausalerklärungen in seiner Völkerrechtskonzeption. Dieser kommt z. B. im folgenden Zitat zum Ausdruck: »Ich glaube, dass die Ursachen des Wohlstandes eines Volkes und der verschiedenen Formen dieses Wohlstandes sowohl in seiner politischen Kultur liegen und in den religiösen, philosophischen und moralischen Traditionen, welche die Grundstruktur seiner politischen und sozialen Institutionen stützen, als auch im Fleiß und der Kooperationsfähigkeit seiner Mitglieder, all dies getragen von seinen politischen Tugenden« (Rawls, *Das Recht der Völker*, S. 134). Zur Kritik an zu einseitigen, da ausschließlich auf nationalstaatliche Faktoren rekurrierenden Erklärungen von Armut siehe Thomas Pogge »Anerkannt und doch verletzt durch internationales Recht: Die Menschenrechte der Armen«, in: Bleisch/Schaber (Hg.), *Weltarmut und Ethik*, S. 95-138, hier S. 102 ff., sowie in diesem Buch Kap. II.2.1, Fn. 31 und Kap. VII.

überschreitender Interaktionen gäbe es Hintergrundbedingungen des Handelns, die zum Gegenstand der Theoriebildung werden müssten; und dies selbst dann, wenn ihre kausale Rolle weniger bedeutsam wäre als in unserer hochgradig vernetzten Welt. Während Rawls moralische Prinzipien für den Umgang von Nationen untereinander begründet, vernachlässigt er die Frage, ob und, wenn ja, welchen normativen Ansprüchen die Hintergrundbedingungen dieser Interaktionen zu genügen haben.[42] Es zeigt sich somit, dass Rawls die Implikationen seiner eigenen Theorie der Gerechtigkeit für den nationalstaatlichen Rahmen mit Blick auf das Iudicandum der normativen Beurteilung im globalen Kontext nicht konsequent genug durchdacht hat.[43]

Weiter oben habe ich dargelegt, warum sozialen Institutionen und den von diesen strukturierten Hintergrundbedingungen ein großer Stellenwert als Iudicandum der normativen Beurteilung beigemessen werden sollte (siehe IV.1). In diesem Zusammenhang sind es insbesondere die Gesichtspunkte der Irreduzibilität und moralischen Interdependenz verschiedenartiger Iudicanda sowie der durchdringenden Wirkung und Koordinationsfähigkeit von sozialen Institutionen, die auch auf den globalen Kontext übertragen werden müssen. Die Irreduzibilitätsthese gibt die im Kern

42 Für eine allgemeinere Einschätzung der Bedeutung von globaler Hintergrundgerechtigkeit vgl. Miriam Ronzoni, »The Global Order: A Case of Background Injustice? A Practice-Dependent Account«, in: *Philosophy & Public Affairs* 37 (2009), S. 229-256.

43 Diese Kritik ist prinzipiell unabhängig von der Diagnose der fehlenden Übereinstimmung der in Rawls' Gerechtigkeitstheorien für den nationalstaatlichen und internationalen Rahmen jeweils zur Geltung kommenden kontraktualistischen Modelle. Vgl. Thomas Pogge, »An Egalitarian Law of Peoples«, in: *Philosophy & Public Affairs* 23 (1994), S. 195-224, und ders., »The Incoherence Between Rawls's Theories of Justice«, in: *Fordham Law Review* 72 (2004), S. 1739-1759. Zwar ist es richtig, dass im ersten Fall Individuen die Subjekte der Rechtfertigung sind, während es im letzten Fall Völker und damit spezielle Kollektive sind. Doch mir geht es hier noch nicht darum, ob verschiedene normative Standards für verschiedene gesellschaftliche Kontexte durch verschiedene Rechtfertigungskonzeptionen zu begründen sind, sondern um die dem vorgeordnete Frage nach dem Iudicandum von normativen Standards. Selbst wenn es richtig wäre, dass im globalen Kontext nur Kollektivsubjekte Gerechtigkeitsansprüchen unterliegen könnten (was ich in normativer Hinsicht für falsch halte), wäre Rawls' Völkerrechtskonzeption ungenügend, da sie die Hintergrundbedingungen der Interaktionen von Kollektivsubjekten außer Acht lässt.

durchaus rawlsianische Einsicht wieder, dass Gerechtigkeit nicht allein durch die Befolgung moralischer Interaktionsregeln seitens diverser Individual- und Kollektivsubjekte aufrechterhalten werden kann. Soziale Gerechtigkeit im nationalstaatlichen Rahmen erfordert vielmehr immer auch die Aufrechterhaltung gerechter Hintergrundstrukturen für verschiedenartige Interaktionen. Dies ist, wie erörtert, notwendig, da es Szenarien geben kann, in denen die akkumulierten Ergebnisse von moralisch einwandfreien Interaktionen über die Zeit hinweg zur Unterminierung fairer Hintergrundbedingungen führen können.[44] Deshalb ist es dieser Perspektive zufolge unverzichtbar, die gesellschaftliche Grundstruktur kontinuierlich zu beurteilen und, wenn nötig, im Sinne der (Wieder-) Herstellung von Hintergrundgerechtigkeit zu reformieren. Diese Gefahr der Unterhöhlung von Hintergrundgerechtigkeit besteht aber nicht nur in Nationalstaaten, sondern *mutatis mutandis* auch im globalen Kontext, was Rawls, wie ich nun schon mehrfach verdeutlicht habe, in seinem Theorierahmen nicht berücksichtigt.

Dass auch der globale Kontext nicht vor der Unterhöhlung von Hintergrundgerechtigkeit gefeit ist, bestätigt der Blick auf die gegenwärtige Verfasstheit grenzüberschreitender Beziehungen. Diese spiegeln überwiegend die realen Mächteverhältnisse zwischen den fraglichen Akteuren wider – trotz der zumindest rhetorischen Anerkennung von moralischen Leitideen, etwa der Idee universaler Menschenrechte. Es mangelt offenkundig an institutionellen Mechanismen, die für die Fairness der Hintergrundbedingungen von Interaktionen jenseits des Nationalstaats bürgen können. Diese Diagnose dürfte richtig sein, schon bevor ein Konsens darüber erzielt ist, welche normativen Standards hierfür genau heranzuziehen sind. Wenn es um das Desiderat der Beurteilung der globalen Hintergrundbedingungen geht, muss daher auch und vor allem mit Blick auf die Weltarmutsverantwortung *mit Rawls gegen Rawls gedacht werden*.

Das Ziel dieses Kapitels war es, die überragende Bedeutung globaler Hintergrundbedingungen als solche und deren Rolle für die Verantwortungszuschreibung herauszuarbeiten. Weitgehend ausgeklammert habe ich dabei die Frage nach den inhaltlichen

44 Vgl. Rawls, *Politischer Liberalismus*, S. 376-380, sowie weiter oben, IV.1 und Fn. 14.

normativen Standards, die dieser Beurteilung zugrunde liegen sollten. Sie gilt es im weiteren Verlauf der Untersuchung schrittweise zu erörtern. Im nächsten Kapitel geht es in diesem Sinn zunächst um die *Art* und die *Geltungsgründe* der normativen Standards von Weltarmutsverantwortung.

V.
Die globale Reichweite von struktureller Verantwortung

Welche Reichweite hat strukturelle Verantwortung? Innerhalb welcher Kontexte kann von Subjekten erwartet werden, dass sie sich aktiv darum bemühen, die sozialen und politischen Hintergrundbedingungen gerechter oder zumindest akzeptabler zu gestalten? Und an welchen normativen Standards sollen sie sich dabei orientieren? Diese Fragen sind für die Vermessung von Weltarmutsverantwortung von zentraler Bedeutung. Ich möchte zeigen, dass es einen normativen Standard für die Beurteilung globaler Hintergrundstrukturen gibt, der einerseits minimal genug ist, um für ein breites Spektrum von grundsätzlichen Perspektiven konsensfähig zu sein, andererseits aber auch konkret genug, um eine solide Grundlage für die Zuschreibung von globaler Verantwortung zu schaffen. Eine entscheidende Rolle wird dabei die Beobachtung spielen, dass verschiedene grundsätzliche Perspektiven einen impliziten Konsens dahingehend aufweisen, was die Bessergestellten den Menschen in extremer Armut mindestens schulden, ohne sich zugleich auch über die normativen Gründe für dieses Urteil sowie über das diesen Menschen alles in allem Geschuldete einig zu sein.

Ich werde zunächst etwas näher auf die hinter diesem Vorgehen stehende methodologische Leitidee einer *begründungspluralistischen Perspektive* auf Weltarmutsverantwortung eingehen (V.1), um dann im Einzelnen zu zeigen, dass zumindest ein vergleichsweise minimal gehaltener Schwellenstandard zur Bewertung globaler Hintergrundstrukturen und zur korrelativen Zuschreibung von struktureller Verantwortung eine *globale Reichweite* besitzt – und zwar in dem Sinn, dass die Orientierung an einem solchen Standard innerhalb einer ganzen Bandbreite grundsätzlicher Perspektiven gerechtfertigt ist (V.2). Zwischen diesen Perspektiven lässt sich also ein begründungspluralistischer Konsens dahingehend feststellen, dass die Bessergestellten gegenüber den Menschen in extremer Armut eine strukturelle Verantwortung tragen, Institutionen im globalen Kontext im Einklang mit gewissen Schwellenstandards zu gestalten (siehe dazu V.3).

V.1 Zur Idee einer begründungspluralistischen Perspektive auf Weltarmutsverantwortung

Gleich zu Beginn will ich betonen, dass es mir bei der Ausarbeitung einer begründungspluralistischen Perspektive auf die Frage nach der Weltarmutsverantwortung nicht darum geht, die *hinreichenden Bedingungen* für die Gerechtigkeit beziehungsweise normative Angemessenheit von globalen Hintergrundstrukturen zusammenzutragen. Welche das sind, kann nur durch *grundsätzliche* normative Überlegungen ermittelt werden, was zwar keineswegs ein nebensächliches Unterfangen ist, aber ein notorisch umstrittenes. Statt einen weiteren grundsätzlichen Beitrag zu dieser vielstimmigen Diskussion zu liefern, geht es mir im Folgenden vielmehr darum, die *notwendigen Bedingungen* für die Gerechtigkeit beziehungsweise normative Angemessenheit von globalen institutionellen Arrangements herauszuarbeiten. Dabei werde ich normative Standards in Anschlag bringen, die von einem relativ breiten Theorienspektrum explizit oder implizit anerkannt werden. Dementsprechend werde ich auch nur eine *Minimalkonzeption* von struktureller Weltarmutsverantwortung verteidigen, die als solche mit Blick auf die Frage, was wir Menschen in extremer Armut in moralischer Hinsicht schulden, zwar nicht das letzte, aber durchaus das erste Wort darstellt.

Es sollte ebenfalls betont werden, dass weder die begründungspluralistische Perspektive noch der hier mit ihr verbundene normative Minimalismus ohne theoretische Vorläufer sind. Die begründungspluralistische Methodologie ist von der für die Tradition des politischen Liberalismus prägenden Einsicht inspiriert, dass es einen vernünftigen Pluralismus von Vorstellungen des guten Lebens gibt, zwischen denen sich eine Einigkeit über politische Normen herstellen lässt, obwohl diese Vorstellungen hinsichtlich vieler anderer ethischer und weltanschaulicher Fragen differieren.[1] Wie viele dem politischen Liberalismus und insbesondere seiner konstruktivistischen Spielart zugehörige Positionen gehe auch ich davon aus, dass es möglich ist, trotz einer Diversität von ethischen, religiösen und weltanschaulichen Überzeugungen eine vernünftige Einigung über einige grundlegende Normen des Zusammen-

1 Vgl. dazu exemplarisch John Rawls, *Politischer Liberalismus*, Frankfurt/M. 1998 [Orig. 1993].

lebens zu erzielen. Und dennoch hat die hier von mir in Anschlag gebrachte begründungspluralistische Methode eine etwas andere Ausrichtung, denn sie legt den Schwerpunkt auf den gemeinsamen Nenner unterschiedlicher nicht weltanschaulicher, sondern *theoretischer Perspektiven*. Auch diese Idee eines substantiellen Konsenses zwischen wechselseitig unvereinbaren grundsätzlichen Theorien ist natürlich nicht neu, sondern in ihrer allgemeinsten Fassung vermutlich so alt wie das systematische Nachdenken über die Moral selbst. Zudem sind in der normativen Theorie der Gegenwart häufiger Argumentationsmuster anzutreffen, die implizit von einem begründungspluralistischen Geist getragen sind, insofern sie zeigen, wie ein und dieselbe praktische Schlussfolgerung auf verschiedenen Wegen und unter Zugrundelegung unterschiedlicher normativer Prämissen erreicht werden kann.[2]

Eine begründungspluralistische Denkart liegt etwa der ökumenischen Bewegung zugrunde, insofern es ihr um die Formulierung gemeinsamer Handlungsziele trotz bleibender grundsätzlicher Differenzen geht. Obwohl die christliche Ökumene in diesem Sinn nur eines von vielen Beispielen für die Einnahme einer begründungspluralistischen Perspektive ist, wird gelegentlich auch außerhalb des kirchlichen Kontextes davon gesprochen, dass eine Argumentation oder eine These von einem »ökumenischen Geist« getragen sei.[3] Zuletzt möchte ich noch unterstreichen, dass die begründungspluralistische Methode in diesem Buch einen recht

2 Joseph Carens hat z. B. mit einer der Sache nach begründungspluralistischen Argumentation dafür plädiert, dass nationalstaatliche Grenzen für Immigration zu öffnen seien. Vgl. Joseph Carens, »Fremde und Bürger. Weshalb Grenzen offen sein sollten« [1987], in: Andreas Cassee, Anna Goppel (Hg.), *Migration und Ethik*, Münster 2012, S. 23-46. Die begründungspluralistische Methode sollte jedoch nicht mit der von Mathias Risse vertretenen Position verwechselt werden, wonach es eine Pluralität von teils praxisabhängigen und teils praxisunabhängigen Geltungsgründen der Gerechtigkeit gebe. Vgl. dazu Mathias Risse, *On Global Justice*, Princeton 2012.

3 Z. B. hat Pogge seine These, dass die Bürger wohlhabender Länder gegenüber Menschen in extremer Armut negative Pflichten verletzen, mit einer Minimalkonzeption der Gerechtigkeit begründet und sie als eine »ökumenische« These in dem Sinn verstanden, dass sie mit der Zuweisung von darüber hinausgehenden positiven Pflichten kompatibel sei. Vgl. Thomas Pogge, »Severe Poverty as a Human Rights Violation. Reply to the Critics«, in: *Ethics & International Affairs* 19 (2005), S. 55-83, hier S. 65 f.; siehe auch unten, Kap. VIII.3, zur Diskussion dieser These.

spezifischen Gegenstandsbereich hat, obwohl sie selbstverständlich auch auf die Beschäftigung mit anderen Fragen der praktischen Philosophie übertragbar ist und auch dort zu interessanten Ergebnissen führt.[4] Ich werde mich hier aber auf die pluralistische Rechtfertigung von Normen konzentrieren, die den Umgang mit der Weltarmut betreffen.

Die begründungspluralistische Perspektive auf Weltarmutsverantwortung hat aber nicht nur Vorzüge, sondern auch Grenzen. So vermag sie nichts – jedenfalls nichts Abschließendes – darüber auszusagen, *aus welchen moralischen Gründen* genau Subjekte für die Gestaltung sozialer Hintergrundstrukturen prospektiv verantwortlich sind. Diese Unbestimmtheit gegenüber den verschiedenen Arten von moralischen Gründen könnte als nicht ganz unproblematisch vermerkt werden. Brian Barry hat zum Beispiel darauf hingewiesen, dass es keinen Sinn habe, davon zu sprechen, dass eine Person einer zweiten aus Gründen der Humanität etwas schulde, wenn zuvor nicht geklärt worden sei, was der ersten Person gerechterweise zustehe.[5] In der Tat ist es richtig, dass Zuschreibungen von Humanitätsverantwortung und Gerechtigkeitsverantwortung begrifflich implizit aufeinander verweisen. Dennoch sollte man aus dieser Beobachtung nicht den Schluss ziehen, dass moralische Verantwortung erst dann zugeschrieben werden kann, wenn der Umfang von Gerechtigkeitsansprüchen im Verhältnis zu Humanitätsansprüchen klar bestimmt ist. Eine begründungspluralistische Position kann vielmehr zeigen, dass sich im Gegenteil klar umrissene Ergebnisse dahingehend formulieren lassen, wer wem aus moralischen Gründen was mindestens schuldet, ohne dabei ein abschließendes Urteil darüber zu fällen, wer wem aus welchen Gründen was insgesamt schuldet. Eine zweite Limitation der begründungspluralistischen Perspektive wird somit durch das Faktum markiert, dass sie auch auf die Frage, was Bessergestell-

4 Beauchamp und Childress z. B. verteidigen für die Medizinethik eine Reihe von Prima-facie-Prinzipien von mittlerer Reichweite, die interkulturell gültig und mit sehr unterschiedlichen Moralsystemen und Moraltheorien vereinbar seien. Vgl. Tom L. Beauchamp, James F. Childress, *Principles of Biomedical Ethics*, Oxford [7]2013 [1977], bes. Teil III.

5 Vgl. Brian Barry, »Humanity and Justice in Global Perspective« [1982], in: Thomas Pogge, Darrel Moellendorf (Hg.), *Global Justice. Seminal Essays*, St. Paul 2008, S. 179-209, hier S. 206.

te den Menschen in extremer Armut *in welchem Umfang* genau schulden, nur eine erste und keine abschließende Antwort zu geben vermag. Auch wenn ich in diesem Buch nicht nur analysiere, welche normativen Minimalstandards für die Gestaltung sozialer Institutionen und Hintergrundstrukturen in Frage kommen (Kapitel VI), sondern auch, wofür Akteure im Lichte dieser Normen moralisch verantwortlich sind (Kapitel VII und VIII), sind die mit dem begründungspluralistischen Ansatz herleitbaren Standards für die Bewertung sozialer Strukturen dem Anspruch nach eben nur *Minimalstandards*. Dadurch ist die korrelierende strukturelle Verantwortung kollektiver und individueller Akteure auch nur eine Minimalverantwortung.

Das zuletzt genannte Defizit ist allerdings nicht so gravierend, wie es zunächst den Anschein haben könnte. Insbesondere bei der Auseinandersetzung mit der Weltarmutsverantwortung überwiegen die Vorzüge des begründungspluralistischen Ansatzes klarerweise seine Nachteile. Dass er in Bezug darauf, was Subjekte allen möglichen Adressaten aus Gerechtigkeitsgründen *insgesamt* schulden, nicht zu endgültigen Ergebnissen kommt, sondern nur in Bezug darauf, was sie Menschen in extremer Armut unter Berücksichtigung verschiedener normativer Perspektiven *mindestens* schulden, unterstreicht aus meiner Sicht die Wichtigkeit des auf dem Spiel stehenden Zugangs aller Menschen zu Grundgütern. Der Fokus darauf, wie unsere Welt gerechter oder auch nur normativ akzeptabler gemacht werden kann, ohne sie zugleich schon gerecht beziehungsweise akzeptabel in einem umfassenden Sinn zu machen, ist wichtig, weil Grundsatzkonflikte bei der Konzipierung idealer Zustände leicht den Blick darauf verstellen können, dass und wie moralischer Fortschritt unter ungerechten beziehungsweise normativ nicht akzeptablen Hintergrundbedingungen möglich ist. Es ist allerdings nicht so, dass die Theoretisierung dessen, was vollkommene Gerechtigkeit in verschiedenen gesellschaftlichen Kontexten bedeuten kann, per se nutzlos wäre für die Frage, welche Maßnahmen unsere Welt gerechter machen. Denn gäbe es eine überzeugende Theorie, die sich zudem der Zustimmung aller gewiss sein könnte, so wäre sie nicht nur die beste theoretische Grundlage, um zu bestimmen, was Bessergestellte in moralischer Hinsicht den Menschen in extremer Armut schulden, sondern sie böte auch die bestmögliche Orientierung für daran anschließende politische

Schritte.[6] Doch nicht nur ist eine solche Theorie momentan nicht in Sicht, sondern wir dürfen auch vermuten, dass dies auch in Zukunft so bleiben wird. Denn die Uneinigkeit darüber, unter welchen faktischen Bedingungen welche Gerechtigkeitsansprüche zwischen welchen Akteuren Geltung besitzen, scheint eine Konstante in der Geschichte des politischen Denkens zu sein, die sich auch von der Etablierung neuer Paradigmen nicht erschüttern lässt, wie die Vergangenheit gezeigt hat. Auch diese lange Tradition der Uneinigkeit in Bezug auf Gerechtigkeitsfragen spricht dafür, eine begründungspluralistische Perspektive auf die Frage einzunehmen, was Bessergestellte den Menschen in extremer Armut schulden. Denn ich denke, dass es höchste Zeit ist, auf diesem Gebiet zu konkreten und auch praktisch wirksamen Ergebnissen zu kommen.

An dieser Stelle ist der Hinweis angebracht, dass es mir in diesem Buch darum geht, einen *normativ-theoretischen Konsens* über Weltarmutsverantwortung aufzuweisen, der nicht mit einem entsprechenden *politischen Konsens* verwechselt werden darf. Dennoch besteht zwischen diesen beiden natürlich ein Zusammenhang, denn ich hege durchaus die Hoffnung, dass die hier ausgearbeitete Perspektive auf Weltarmutsverantwortung einen Beitrag dazu leisten kann, politische Prozesse in Gang zu setzen, die Menschen in extremer Armut zugutekommen. Der Verweis auf das gemeinsame Terrain einer Bandbreite von grundsätzlichen Perspektiven kann zu einer Konzentration auf politische Schritte führen, die aus allen diesen Perspektiven geboten sind. Aus diesem Grund ist die Verteidigung der begründungspluralistischen Position in einem sehr viel stärkeren Ausmaß ein *politisches Projekt* als die Verteidigung einer grundsätzlichen Position.

Die Übereinstimmungen zwischen verschiedenen insgesamt widerstreitenden Theorien aufzuweisen, läuft allerdings nicht zwangsläufig darauf hinaus, diese Theorien völlig kritiklos und mit einem gleichen Maß an Zustimmung darzustellen. Vielmehr werde ich zumindest punktuell durchaus anzeigen, welche der diskutier-

6 Aus diesem Grund trifft meines Erachtens auch Sens Einschätzung nicht zu, dass eine Idealtheorie nach dem Muster von Rawls mit Blick auf die Frage, wie unsere Welt gerechter gemacht werden kann, gar nicht weiterführend sei. Vgl. Amartya Sen, »What Do We Want from a Theory of Justice?«, in: *Journal of Philosophy* 103 (2006), S. 215-238, und ders., *Die Idee der Gerechtigkeit*, München 2010 [Orig. 2009].

ten Ansätze ich selbst an welchen Stellen für überzeugender halte, auch wenn das für die Plausibilität der begründungspluralistischen Position als solcher keine Rolle spielt. Wichtig ist allerdings zu begreifen, dass man dem kritischen Potential der begründungspluralistischen Perspektive nicht gerecht wird, wenn man meint, es gehe ihr nur um die *Abbildung* des gemeinsamen Terrains zwischen verschiedenen grundsätzlichen Positionen, wohingegen diese sozusagen die eigentliche theoretische Arbeit leisteten. Vielmehr wird es im methodischen Rahmen dieser Untersuchung mit den jeweils eigenen Mitteln durchaus möglich und nötig sein, neue theoretische Akzente zu setzen und Sachfragen zu erhellen, die auch für eine grundsätzliche Beschäftigung mit Weltarmutsverantwortung unmittelbar relevant sind.

Der begründungspluralistische Ansatz ist, wie weiter oben schon angesprochen, für den die Weltgesellschaft charakterisierenden Pluralismus von Vorstellungen des guten Lebens empfänglich, jedoch nicht in dem Sinn, dass er versuchen würde, *alle möglichen* normativen Urteile über soziale Institutionen und Hintergrundstrukturen unter seinen Hut zu bringen. Ein solcher Versuch wäre auch zum Scheitern verurteilt, da das gemeinsame Terrain in Relation zur Größe des zu berücksichtigenden Spektrums an grundsätzlichen Positionen schrumpft. Im Folgenden werde ich daher nur einen Konsens zwischen jenen theoretischen Ansätzen ermitteln, die nach meinem Verständnis *vernünftige* Ansätze sind, und zwar derart, dass sie die normative Grundannahme teilen, dass sich alle Menschen wechselseitig als Adressaten von universaler Achtung behandeln sollen.

V.2 Praxisunabhängige und praxisabhängige Konzeptionen der Reichweite von Gerechtigkeitsforderungen

Grundsätzliche Perspektiven auf das Problem der Weltarmut unterscheiden sich in der Regel hinsichtlich der Gründe, die sie dafür anführen, dass Bessergestellte gegenüber Menschen in extremer Armut in der Verantwortung stehen. Unter anderem steht zur Debatte, ob diese Gründe solche der Gerechtigkeit oder der Humanität sind oder ob es sich um eine bestimmte Kombination aus beiden handelt. *Praxisabhängige Konzeptionen* nehmen an, dass Akteure in bestimmte gemeinsame Praktiken involviert sein müssen, damit zwischen ihnen überhaupt Gerechtigkeitsansprüche greifen können. Demgegenüber gehen *praxisunabhängige Konzeptionen* davon aus, dass die Subjekte und Adressaten von legitimen Gerechtigkeitsansprüchen nicht zwangsläufig durch bestimmte Praktiken verbunden sein müssen.[7] Im Lager der praxisabhängigen Konzeptionen können wiederum zwei verschiedene Gruppen von Positionen unterschieden werden. *Nichtrestriktive praxisabhängige Ansätze* schließen von im globalen Kontext existierenden Praktiken auf die (mittlerweile) globale Reichweite von Gerechtigkeitsforderungen. *Restriktive praxisabhängige Ansätze* dagegen gehen davon aus, dass die derzeit im globalen Kontext vorfindlichen Praktiken (noch) keine Gerechtigkeitsforderungen zur Gestaltung sozialer Institutionen zwischen den Angehörigen dieses Kontextes generieren. Ihnen zufolge kann deshalb zumindest im Moment nur anderen normativen Forderungen zwischen Akteuren – insbesondere solchen der Humanität – eine globale Reichweite zugesprochen werden. Bevor ich mich der Diskussion dieses breiten Spektrums an grundsätzlichen Positionen zuwende, möchte ich die diesen Ansätzen gemeinsame Moral der universalen Achtung erörtern.

V.2.1 Die Moral der universalen Achtung als Grundannahme von vernünftigen Konzeptionen der Reichweite von Verantwortung

Obwohl die im Folgenden zu diskutierenden grundsätzlichen Positionen in Bezug auf die Geltungsgründe, die Reichweite und den Gehalt von Gerechtigkeitsnormen differieren, basieren sie alle auf einer *Moral der universalen Achtung*. Diese normative Grundannahme besagt, *dass jeder Mensch als Adressat von moralischer Achtung zu*

7 Für diese Terminologie und die Verteidigung einer praxisabhängigen Konzeption vgl. bes. Andrea Sangiovanni, »Global Justice, Reciprocity, and the State«, in: *Philosophy & Public Affairs* 35 (2007), S. 3-39. Für alternative Vorschläge der praxisabhängigen Rechtfertigung der Reichweite von Gerechtigkeitsansprüchen vgl. Miriam Ronzoni, »The Global Order: A Case of Background Injustice? A Practice-Dependent Account«, in: *Philosophy & Public Affairs* 37 (2009), S. 229-256, und Laura Valentini, *Justice in a Globalized World. A Normative Framework*, Oxford 2011. Manchmal wird der der Sache nach identische Unterschied auch mit der Dichotomie relational/nichtrelational markiert. Vgl. bes. Risse, *On Global Justice*.

behandeln ist (UA). Es sollte evident sein, dass es sich hier um ein sehr allgemein gehaltenes und universalistisches Moralprinzip handelt: Es ist universalistisch, weil es sich auf alle Menschen bezieht; und es ist ein Moralprinzip, da es postuliert, dass alle Menschen als Adressaten von moralischer Achtung behandelt werden *sollen*. Es bringt also kein deskriptives Urteil, sondern eine Verhaltensnorm zum Ausdruck. Die Allgemeinheit dieses Prinzips lässt sich auch daran erkennen, dass es eine abstrakte normative Grundlage formuliert, die zumindest in unserem Kulturkreis (und – so ist zu hoffen – auch interkulturell) für speziellere Moralauffassungen unterschiedlicher Couleur akzeptabel ist.

Die Moral der universalen Achtung kann auch durch diverse alternative Formulierungen zum Ausdruck gebracht werden. Anstatt zu sagen, dass jeder Mensch als ein Adressat von moralischer Achtung behandelt werden soll, kann beispielsweise auch postuliert werden, dass jeder Mensch zum Gegenstand von moralischer Rücksicht werden soll, dass jeder Mensch den gleichen moralischen Wert besitzt[8] oder dass alle Menschen ein Recht auf gleiche Achtung und Rücksicht haben.[9] Hält man auch die letzten beiden dieser alternativen Formulierungen für plausibel, so kann das zu der Frage führen, ob die Moral der *universalen* Achtung in Wahrheit eine Moral der *gleichen* Achtung und daher in einem fundamentalen Sinn egalitär ist.[10]

An dieser Stelle ist es hilfreich, zwischen zwei nicht deckungsgleichen Gleichheitsbegriffen zu unterscheiden. Die Moral der universalen Achtung könnte zum einen in die Nähe des die meisten modernen Moralkonzeptionen prägenden *Ideals der Statusgleichheit* gerückt werden, wonach sich Menschen »als Gleiche« zu behandeln haben; sie wäre dann in diesem abstrakten Sinn egalitär. Zum anderen gibt es substantiell angereicherte Konzeptionen der Verteilungsgerechtigkeit, die sich häufig auch unter Berufung auf Statusgleichheit für weiter gehende *Ideale der Gleichverteilung* von

8 Für die letzten beiden Formulierungen vgl. David Miller, »Cosmopolitanism: A Critique«, in: *Critical Review of International Social and Political Philosophy* 5 (2002), S. 80-85, hier S. 81.

9 Vgl. hierzu etwa Ronald Dworkin, *Bürgerrechte ernstgenommen*, Frankfurt/M. 1984 [Orig. 1977], S. 300-302.

10 Vgl. hierzu schon John Rawls, *Eine Theorie der Gerechtigkeit*, Frankfurt/M. 1975 [Orig. 1971], S. 555.

Gütern oder von Chancen zur Erlangung von Gütern, Wohlergehen oder Fähigkeiten aussprechen. Letztere in einem substantielleren Sinn egalitären Gerechtigkeitskonzeptionen folgen jedoch nicht automatisch aus der Annahme der Statusgleichheit.[11] Nicht zuletzt um der Vermeidung von Missverständnissen willen[12] halte ich es daher für sinnvoller, die Forderung der Statusgleichheit aller Menschen nicht mit der Moral der gleichen Achtung, sondern (weniger zweideutig) mit der Moral der universalen Achtung in Verbindung zu bringen. Darüber hinaus ist festzuhalten, dass das Ideal der Statusgleichheit im globalen Kontext nicht einmal de jure dieselbe Selbstverständlichkeit wie im Kontext liberaler Demokratien besitzt. Auch wenn die hier zugrunde gelegte Moral der universalen Achtung (UA) diesem Ideal sehr nahesteht, werde ich deshalb nur Erstere, nicht aber Letzteres als normatives Fundament aller im Folgenden zu berücksichtigenden grundsätzlichen Perspektiven betrachten. Entscheidend ist an dieser Stelle, dass UA mit einer großen Bandbreite unterschiedlicher Gerechtigkeitskonzeptionen vereinbar ist, darunter Schwellenkonzeptionen und komparative Gerechtigkeitsauffassungen.

Während die verschiedenen Formulierungen der Moral der universalen Achtung noch recht abstrakt sind, ist ihre genaue Ausdeutung und Einbettung in grundsätzliche Konzeptionen der Geltungsgründe und Reichweite von Normen zur Beurteilung von sozialen Institutionen notorisch umstritten. Besonders strittig ist, was dieses Prinzip für die Zuschreibung von moralischer Verantwortung an verschiedene Akteure bedeutet. Denn bei genauerem Hinsehen ist UA hinsichtlich der Frage, wie genau sich moralische Akteure von ihr angesprochen fühlen sollen, unterbestimmt. Denkt man

11 Harry Frankfurt kritisiert Gerechtigkeitskonzeptionen, die in diesem stärkeren Sinn egalitär sind, und die er zugunsten seiner auf dem Ideal der universalen Achtung basierenden Schwellenkonzeption der Gerechtigkeit verwirft. Insofern die stärkere Form der Gleichheit in der Tat nicht aus der ersten, abstrakten Gleichheit folgt, ist in Frankfurts Sichtweise kein Widerspruch angelegt (was natürlich nicht bedeutet, dass sich seine Position nicht mit ebenfalls substantiellen Argumenten kritisieren ließe). Vgl. ders., »Gleichheit und Achtung« [1997], in: Angelika Krebs (Hg.), *Gleichheit oder Gerechtigkeit. Texte der neuen Egalitarismuskritik*, Frankfurt/M. 2000, S. 38-49.

12 Vgl. hierzu David Miller, »Equality and Justice«, in: *Ratio* 10 (1997), S. 222-237, hier S. 224, und Thomas Schramme, »Verteilungsgerechtigkeit ohne Verteilungsgleichheit«, in: *Analyse & Kritik* 21 (1999), S. 171-191, hier S. 171.

zunächst nur an Interaktionen, so können gewiss schon auf dieser allgemeinen Moralgrundlage einige besonders gravierende Handlungen als inakzeptabel gelten – beispielsweise Akte der physischen Gewalt, die zur körperlichen Verletzung von Individuen führen. Solche Gewalthandlungen werden in der Literatur auch als Verletzung von Geboten *negativer Verpflichtung* bezeichnet, weil ihre Unterlassung moralisch erforderlich ist. Doch selbst im begrenzten Bereich der moralischen Beurteilung von Interaktionen bleibt UA vage: Lassen sich aus ihr auch Handlungsmaximen ableiten, die in der Moraltheorie als Maximen *positiver Verpflichtung* diskutiert werden, also nicht nur solche Gebote, die eine Unterlassung, sondern auch solche, die (auch) ein Tun erforderlich machen?[13] Lässt sich aus UA etwa auch ein universal gültiges Gebot zur Hilfe in Not ableiten, das allen Menschen gegenüber Geltung besitzt, unabhängig zum Beispiel von ihrem Geschlecht, ihrer Nationalität oder ethnischen Zugehörigkeit? Und falls ja: Wie stark ist ein solches zum Tun aufforderndes Gebot zur Hilfe in Not – einerseits im Vergleich zu allgemeinmenschlichen Unterlassungsgeboten wie dem Gebot, anderen keine Gewalt anzutun, und andererseits verglichen mit Forderungen im Rahmen von Beziehungen besonderer moralischer Verantwortung, die durch kleinere Adressatenkreise charakterisiert sind? Welches relative moralische Gewicht haben etwa Beziehungen im Kontext der Familie oder des Nationalstaats? Welche Bedeutung haben grenzüberschreitende Beziehungen? Und wie ist UA im Bereich des Politischen genau zu interpretieren und anzuwenden, das heißt, welche Ansprüche stellt diese Moral der universalen Achtung an die Gestaltung sozialer Institutionen generell und insbesondere im globalen Maßstab?

All diese und andere verwandte Fragen sind umstritten und können nur in der Auseinandersetzung mit weiteren normativen Annahmen über das durch UA ausgedrückte moralische Minimum hinaus entschieden werden. Im Folgenden wird es mir insbesondere darum gehen, die Differenzen verschiedener vernünftiger (weil auf UA basierender) Positionen in Bezug auf die Geltungsgründe und die Reichweite von struktureller Verantwortung herauszuarbeiten, um davon ausgehend einen begründungspluralistischen

13 Hierbei kommt ein spezifisches Verständnis der Unterscheidung von negativen und positiven Pflichten zur Geltung, das nicht ohne Alternative ist. Vgl. dazu im Einzelnen unten, Kap. VIII.3.

Konsens über Weltarmutsverantwortung zu ermitteln. Hierfür ist die skizzierte Unterscheidung zwischen praxisabhängigen und praxisunabhängigen Konzeptionen zentral.

V.2.2 Praxisunabhängige Begründungen

Praxisunabhängige Konzeptionen der globalen Reichweite von Gerechtigkeitsforderungen zeichnen sich generell dadurch aus, dass sie die Moral der universalen Achtung (UA) in einem relativ starken Sinn interpretieren und durch weitere normative Annahmen ergänzen, die als plausible Ausdeutungen und Konkretisierungen von ihr angesehen werden. Ein zentraler Aspekt dieser Gerechtigkeitsauffassungen ist zudem, dass sie eine die Gestaltung sozialer Institutionen betreffende Gerechtigkeitsverantwortung von globaler Reichweite postulieren. Dadurch wird *Gerechtigkeitsverantwortung* als eine *allgemeinmenschliche* und nicht als eine besondere *Verantwortung* konzipiert.[14] Darüber hinaus schreiben praxisunabhängige Ansätze sozialen Institutionen primär eine instrumentelle und keine normenkonstitutive Rolle zu. Da alle praxisunabhängigen Konzeptionen diese Merkmale gemeinsam haben, können sie jeweils auf die folgende *Argumentstruktur U* rekurrieren:

(1) UA: Jeder Mensch soll als Adressat moralischer Achtung behandelt werden.
(2) Zur Durchsetzung von UA bedarf es der entsprechenden Gestaltung globaler Institutionen.
(3) Globale Institutionen setzen UA auf bestmögliche Weise durch, wenn sie mit der Gerechtigkeitsnorm N* konform gehen.
(4) Zwischenkonklusion (aus 1, 2 und 3): Globale Institutionen sollen so gestaltet werden, dass sie mit der Gerechtigkeitsnorm N* konform gehen.
(5) Wenn globale Institutionen so gestaltet werden sollen, dass sie mit der Gerechtigkeitsnorm N* konform gehen, dann haben prinzipiell alle Menschen gegenüber allen anderen eine gemeinsame Gerechtigkeitsverantwortung, bestehende globa-

14 Vgl. dazu schon die Unterscheidung von besonderer und allgemeinmenschlicher moralischer Verantwortung weiter oben in Kap. III.

le Institutionen zu reformieren und/oder neue Institutionen zu gründen, so dass sie insgesamt mit der Gerechtigkeitsnorm N* konform gehen.
Konklusion K_U (aus 1, 2, 3, 4 und 5): Prinzipiell alle Menschen haben gegenüber allen anderen eine gemeinsame Gerechtigkeitsverantwortung, bestehende globale Institutionen zu reformieren und/oder neue Institutionen zu gründen, so dass sie insgesamt mit der Gerechtigkeitsnorm N* konform gehen.

Obwohl die Argumentstruktur U paradigmatisch für alle praxisunabhängigen Begründungen der globalen Reichweite von Gerechtigkeitsansprüchen ist, stellt sie offenkundig noch kein vollständiges Argument zur Verteidigung einer spezifischen praxisunabhängigen Konzeption dar. U ist vielmehr ein argumentatives Gerüst, auf das sich eine Reihe von Ansätzen beziehen kann, die hinsichtlich des Gehalts von Gerechtigkeitsnormen differieren.[15] Dies zeigt sich besonders an der Formulierung von Prämisse (3). Diese enthält noch eine Leerstelle in Bezug darauf, welche Gerechtigkeitsstandards für die Gestaltung globaler Institutionen tatsächlich auf bestmögliche Weise dem Desiderat entsprechen, dass jeder Mensch als Adressat von universaler Achtung zu behandeln ist. Für die Formulierung einer spezifischeren praxisunabhängigen Konzeption muss die dritte Prämisse also so modifiziert werden, dass sie konkrete Angaben hinsichtlich der zur Anwendung kommenden inhaltlichen Gerechtigkeitsstandards enthält. Beispiele für solche Modifikationen sind:

(3′) Globale Institutionen setzen UA auf bestmögliche Weise durch, wenn sie mit der Gerechtigkeitsnorm konform gehen, dass basale Menschenrechte zu gewährleisten sind.

15 Zur Verteidigung verschiedener Positionen, die mit U vereinbar sind, vgl. u. a. Henry Shue, *Basic Rights. Subsistence, Affluence, and U.S. Foreign Policy*, Princeton ²1996 [1980]; Allen Buchanan, *Justice, Legitimacy, and Self-Determination. Moral Foundations for International Law*, Oxford 2004; Stefan Gosepath, »The Global Scope of Justice«, in: *Metaphilosophy* 32 (2001), S. 135-159; Martha Nussbaum, *Die Grenzen der Gerechtigkeit. Behinderung, Nationalität und Spezieszugehörigkeit*, Berlin 2010, S. 384-386; Simon Caney, »Global Poverty and Human Rights: The Case for Positive Duties«, in: Thomas Pogge (Hg.), *Freedom from Poverty as a Human Right. Who Owes What to the Very Poor?*, Oxford 2007, S. 275-302.

Oder:

(3″) Globale Institutionen setzen UA auf bestmögliche Weise durch, wenn sie mit der Gerechtigkeitsnorm konform gehen, dass die basalen Fähigkeiten aller Menschen zu realisieren sind.

Oder:

(3‴) Globale Institutionen setzen UA auf bestmögliche Weise durch, wenn sie mit der Gerechtigkeitsnorm konform gehen, dass größtmögliche Freiheiten für alle sowie Chancengleichheit und das Differenzprinzip zu realisieren sind.[16]

Je nachdem, wie Prämisse (3) innerhalb einer praxisunabhängigen Konzeption präzisiert wird, ändert sich dementsprechend auch die aus den Prämissen (1)-(5) gewonnene Konklusion:

(K_U') Prinzipiell alle Menschen haben gegenüber allen anderen eine gemeinsame Gerechtigkeitsverantwortung, bestehende globale Institutionen zu reformieren und/oder neue Institutionen zu gründen, so dass sie insgesamt mit der Gerechtigkeitsnorm konform gehen, dass basale Menschenrechte zu gewährleisten sind.

Oder:

(K_U'') Prinzipiell alle Menschen haben gegenüber allen anderen eine gemeinsame Gerechtigkeitsverantwortung, bestehende globale Institutionen zu reformieren und/oder neue Institutionen zu gründen, so dass sie insgesamt mit der Gerechtigkeitsnorm konform gehen, dass die basalen Fähigkeiten aller Menschen zu realisieren sind.

Oder:

16 Diese Prämisse ist offensichtlich vage an John Rawls' Gerechtigkeitskonzeption für den heimischen Kontext angelehnt. Vgl. u.a. Rawls, *Eine Theorie der Gerechtigkeit.*

(K_U''') Prinzipiell alle Menschen haben gegenüber allen anderen eine gemeinsame Gerechtigkeitsverantwortung, bestehende globale Institutionen zu reformieren und/oder neue Institutionen zu gründen, so dass sie insgesamt mit der Gerechtigkeitsnorm konform gehen, dass größtmögliche Freiheiten für alle sowie Chancengleichheit und das Differenzprinzip zu realisieren sind.

Natürlich kann selbst eine auf diese Weise durch (3')-(3''') und (K_U')-(K_U''') konkretisierte Argumentstruktur U noch nicht die volle Begründungslast für die betreffende praxisunabhängige Position tragen. Sowohl die einzelnen Prämissen als auch das Arrangement der Prämissen innerhalb solcher Modifizierungen von U bedürfen zusätzlicher Detailargumentationen, welche die jeweils verteidigte Position samt der These plausibilisieren können, dass Subjekte eine gemeinsame Gerechtigkeitsverantwortung haben, zur Gestaltung globaler Institutionen entsprechend der jeweils verteidigten inhaltlichen Standards beizutragen. Beispielsweise ist mit Blick auf die Subjektstelle zu klären, was es genauer heißen kann, dass »prinzipiell alle Menschen« eine »gemeinsame« strukturelle Verantwortung tragen. Hier könnte etwa spezifiziert werden, dass bestimmte Akteure, wie Kinder oder Menschen, die an fortgeschrittener Demenz leiden, aus dem Kreis der Verantwortungssubjekte ausgeschlossen werden können, ohne dass dies etwas am allgemeinmenschlichen Charakter der angenommenen Gerechtigkeitsverantwortung ändert. Diese und andere die Subjektstelle von Verantwortung betreffende Fragen können jedoch schon allein deshalb auf später vertagt werden, weil sie sowohl für praxisunabhängige als auch für andere grundsätzliche Theorien von globaler Verantwortung relevant sind. Zudem geht es mir hier erklärtermaßen nicht darum, eine einzelne grundsätzliche Gerechtigkeitskonzeption zu entwickeln, sondern darum, ein Spektrum von stark differierenden Positionen hinsichtlich der Frage zu vergleichen, wer gegenüber Menschen in extremer Armut welche Verantwortung trägt, um zu prüfen, ob sich zwischen diesen Positionen ein begründungspluralistischer Konsens herstellen lässt.

Dennoch möchte ich an dieser Stelle zumindest kurz skizzieren, wie sich praxisunabhängige Begründungen der globalen Reichweite von Gerechtigkeitsforderungen allgemein plausibilisieren lassen, bevor ich anschließend einige gegenläufige Überlegungen anstellen werde. Neben der Zugrundelegung eines spezifischen Gerechtigkeitsstandards sind vor allem die Prämissen (3) und (5) begründungsbedürftig. Insbesondere die in diesen Annahmen zum Ausdruck kommende These, dass es sich bei der auf der Moral der universalen Achtung fußenden allgemeinmenschlichen Verantwortung tatsächlich um eine *Gerechtigkeitsverantwortung* und nicht etwa nur um eine *Humanitätsverantwortung* handelt, bedarf einer eingehenderen Begründung. Das heißt, es stellt sich die Frage, ob grenzüberschreitende Gerechtigkeitsforderungen ihre Wurzel tatsächlich in einer allgemeinmenschlichen moralischen Relation zwischen den Subjekten und Adressaten haben, und nicht etwa in Assoziationen und Praktiken besonderer Art (vorausgesetzt, grenzüberschreitende Gerechtigkeitsforderungen haben überhaupt Bestand).

Ein Versuch der Plausibilisierung einer solchen allgemeinmenschlichen Rahmung und Begründung von struktureller Gerechtigkeitsverantwortung besteht darin, diese aus interpersonalen moralischen Verantwortungsbeziehungen abzuleiten, welche somit als fundamentaler angesehen werden. Es könnte beispielsweise angeführt werden, dass die moralische Forderung, alle Menschen als Adressaten von moralischer Achtung zu behandeln, auf der interpersonalen Ebene nicht nur im Sinne eines universalen Gebotes der Unterlassung von schädigenden Handlungen gelesen werden muss, sondern auch im Sinne eines universalen, wenn auch im Umfang limitierten Hilfegebotes.[17] Wird das Prinzip der universalen Achtung beispielsweise durch die Anwendung eines Menschenrechtsstandards für die Beurteilung interpersonaler Beziehungen konkretisiert, so wäre dieser Überlegung zufolge nicht nur die Unterlassung der Verletzung basaler Menschenrechte anderer, sondern zumindest in Grenzen auch die aktive Hilfe gegenüber denen gefordert, deren Zugang zu menschenrechtlich relevanten Gütern gefährdet ist. Von

17 Buchanan beispielsweise ist der Meinung, eine Konzeption, die behauptet, zur universalen Achtung von Personen sei nichts weiter als die Unterlassung der Verletzung der Rechte anderer notwendig, sei »lächerlich blutleer« (Buchanan, *Justice, Legitimacy, and Self-Determination*, S. 89, Übers. V. B.). Jede sinnvolle Deutung dessen, was es heißt, die gleiche moralische Wichtigkeit von Personen zu achten, müsse zu dem Schluss gelangen, dass diese Achtung auch allgemeinmenschliche Gebote positiver und nicht nur negativer Verpflichtung nach sich ziehe (vgl. ebd.).

der Annahme eines solchen limitierten Hilfegebotes auf interpersonaler Ebene ist es nun aber tatsächlich nicht mehr sehr weit zur Annahme eines explizit auf die Gestaltung von sozialen Institutionen bezogenen moralischen Gebotes, dem zufolge dazu beizutragen sei, dass soziale Strukturen dem Schutz der basalen Menschenrechte aller förderlich sind.[18] Mit anderen Worten: Es lässt sich dafür argumentieren, dass es nicht überzeugend wäre, einerseits die Einhaltung eines auf der Moral der universalen Achtung fußenden interpersonalen Hilfegebotes zu fordern, aber andererseits eine strukturelle Verantwortung zur institutionellen Gewährleistung der Hilfe abzulehnen. Demzufolge ist es eine bestimmte Perspektive auf die moralische Natur interpersonaler Beziehungen, durch die auch die skizzierte Perspektive auf strukturelle Verantwortung nahegelegt wird.[19]

Dieses Plädoyer für eine auf allgemeinmenschlichen Normen fußende strukturelle Gerechtigkeitsverantwortung von globaler Reichweite ist jedoch vor allem in begrifflicher Hinsicht anfechtbar. Denn es ist dem Einwand ausgesetzt, dass ein Schluss von der moralischen Qualität bestimmter interpersonaler Beziehungen auf die normative Qualität von institutionellen Arrangements nicht angemessen begründen kann, warum die normativen Standards, die für die Evaluation von sozialen Institutionen maßgeblich sind, solche der *Gerechtigkeit* und nicht etwa nur der *Humanität* sind. Dieser Einwand ist per se weder auf die *Stärke* der resultierenden Forderungen an Akteure noch auf die der Zuschreibung von struktureller Verantwortung jeweils zugrunde gelegten *inhaltlichen Standards* bezogen. Er richtet sich aber gegen das allgemeinmenschliche Fundament von praxisunabhängigen Konzeptionen der Reichweite von Gerechtigkeitsforderungen.

Um zu beurteilen, wie stichhaltig diese Kritik an der praxisunabhängigen Perspektive ist, kann die Artenvielfalt der moralischen Gebote, mit denen sich Akteure innerhalb von zwischenmenschlichen Beziehungen konfrontiert sehen können, etwas genauer

18 Für Positionen, die diesen Schritt explizit enthalten, vgl.: Shue, *Basic Rights*; Buchanan, *Justice, Legitimacy, and Self-Determination*, S. 89 ff., und Caney, »Global Poverty and Human Rights: The Case for Positive Duties«.

19 Dieses Argument ließe sich noch erweitern durch einen zusätzlichen Verweis auf die Erleichterung von Arbeitsteilung durch soziale Institutionen. Siehe hierzu schon weiter oben, Kap. IV.1.

betrachtet werden. Es fällt auf, dass Gerechtigkeitsforderungen auf der Ebene des interpersonalen Umgangs nur eine Teilmenge der verschiedenen moralischen Forderungen darstellen und häufig nicht einmal zu den gewichtigsten unter ihnen gehören. Um sich eine gewichtige moralische Forderung vor Augen zu führen, die zugleich nicht als eine Gerechtigkeitsforderung begriffen werden muss, eignet sich das von Peter Singer zur Verteidigung seiner eigenen utilitaristischen Position angeführte Teichszenario.[20] In Singers berühmten Beispiel erblickt ein Spaziergänger zufällig ein ertrinkendes Kind in einem Teich, das er unter Verursachung geringer Kosten – er müsste seine Kleidung schmutzig machen und käme zu spät zur Arbeit – retten könnte. Singer führt zu Recht an, dass alles andere als eine Rettung des Kindes moralisch gesehen ein schweres Vergehen wäre. Dies ist eine Einschätzung, die sich zweifellos einer sehr großen Zustimmung sicher sein kann. Auch wenn dieses Beispiel meiner Meinung nach entgegen Singers strategischer Absicht zwar nicht seine eigene Sicht auf Weltarmutsverantwortung stützen kann,[21] so veranschaulicht es doch, dass das Gebot der Hilfe in Not in manchen Handlungskontexten ein sehr großes moralisches Gewicht haben und das Gewicht von manch anderen Gerechtigkeitsgeboten deutlich übertreffen kann. Dazu betrachte man das folgende alternative Beispiel: Der Vater zweier Kinder schneidet einen Kuchen an und gibt dem jüngeren Kind aus purer Sympathie ein deutlich größeres Stück als dem älteren, während der Rest des Kuchens reihum zu gleich großen Stücken an die eingeladene Verwandtschaft verteilt wird. Dieses Verhalten ist nicht nur eine Verletzung eines prima facie geltenden Gebotes der Gleichbehandlung, sondern darüber hinaus auch eine *interpersonale Ungerechtigkeit*. Es handelt sich aus *Gründen der Gerechtigkeit* um ein unmoralisches interpersonales Verhalten, da angenommen wird, dass es sich erstens um eine Situation der relativen Güterknappheit und konkurrierender Interessen handelt und zweitens die rein sympathiebedingte Zuweisung eines größeren Stückes an das jüngere Kind nicht durch allgemein akzeptierbare Gründe gerechtfertigt werden kann.[22] Obwohl es also eine Ungerechtigkeit darstellt,

20 Vgl. Singer, »Famine, Affluence, and Morality«, in: *Philosophy & Public Affairs* 1 (1972), S. 229-243, hier S. 231.

21 Siehe dazu bes. meine Ausführungen in Kap. IX.

22 Vgl. Stefan Gosepath, *Gleiche Gerechtigkeit. Grundlagen eines liberalen Egalitaris-*

verblasst das Verhalten des Vaters im Vergleich zum kaltherzigen und grausamen Verschulden des Passanten, der ein Kind wissentlich ertrinken lässt. Und obwohl die unterlassene Hilfeleistung des Passanten plausiblerweise keine Ungerechtigkeit darstellt, obwohl es also keine Gerechtigkeitsgründe waren, die ihn zum Handeln aufforderten, ist sie doch *moralisch gravierender* als das ungleiche Verteilen von Tortenstücken. Zumindest auf interpersonaler Ebene betrifft die Unterscheidung zwischen Gerechtigkeit und Humanität folglich gar nicht allein und nicht einmal primär das moralische Gewicht von Handlungen. Beispiele wie das von Singer zeigen darüber hinaus, dass es Akteuren in manchen Situationen auch in Bezug auf moralische Forderungen der Humanität nicht freigestellt ist, diese zu erfüllen, und dass der Bereich der Humanität folglich nicht mit demjenigen der Supererogation verwechselt werden darf. Der kategorische Unterschied besteht zunächst einmal nur darin, dass moralische Gebote der Gerechtigkeit *aus anderen normativen Gründen* gelten als Gebote der Humanität und dass sich aus Gerechtigkeitsgründen gebotene Handlungen von solchen, die aus Gründen der Humanität geboten sind, der Art nach unterscheiden können.

Diese für die interpersonale Moral wichtigen begrifflichen Unterschiede geraten offenbar aus dem Blick, wenn strukturelle Verantwortung im Rahmen praxisunabhängiger Ansätze per se als Gerechtigkeitsverantwortung konzipiert wird. Wenn es die Moral der universalen Achtung auf interpersonaler Ebene gebietet, Menschen in akuter Not zu helfen, dieses allgemeinmenschliche Gebot aber zugleich nicht als solches als eines der *Gerechtigkeit* klassifiziert werden kann, so ist nicht einsichtig, warum die auf dieses interpersonale Gebot zurückgeführte strukturelle Verantwortung ihrerseits eine *Gerechtigkeitsverantwortung* darstellt. Es wird, mit anderen Worten, nicht verständlich, warum das Gebot, dass alle Menschen weltweit auf die Gestaltung sozialer Institutionen hinwirken, die Nothilfe koordinieren und darüber hinaus langfristig Verhältnis-

mus, Frankfurt/M. 2004, S. 67, zu einer Verteidigung der an Hume und Rawls orientierten These, dass Güterknappheit und aus ihr resultierende konfligierende Ansprüche zu den allgemeinen Umständen von Gerechtigkeit gehören. Vgl. ebd., S. 200, und Wilfried Hinsch, *Gerechtfertigte Ungleichheiten. Grundsätze sozialer Gerechtigkeit*, Berlin, New York 2002, S. 170 ff., zu der These, dass nur gerechtfertigte Ungleichverteilungen mit Gerechtigkeit verträglich sind.

se sicherstellen sollen, in denen möglichst wenige Menschen auf Nothilfe angewiesen sind, seine normative Kraft aus *Gerechtigkeitsgründen* bezieht, wenn es auf interpersonale Gebote zurückgeführt wird, die selbst nicht ohne weiteres als Gerechtigkeitsgebote klassifizierbar sind.

Derartige begriffliche Überlegungen bringen die praxisunabhängige Perspektive auf die Reichweite von Gerechtigkeitsnormen zumindest in Misskredit, weil aus ihr jedenfalls nicht klar wird, warum sich das, was sich Menschen aus Gründen der Gerechtigkeit schulden, unabhängig von der Art der Beziehungen begründen lassen soll, in denen sie zueinander stehen. Praxisunabhängige Begründungen nehmen an, dass die Existenz solcher Praktiken letztendlich unerheblich dafür ist, ob sich Menschen etwas aus Gerechtigkeitsgründen schulden. Existierende soziale Praktiken müssten demnach erst auf der Ebene der Konkretisierung von abstrakten Gerechtigkeitsgeboten in der Anwendung auf die soziale Welt Berücksichtigung finden. Ist das plausibel? Nun, dass Institutionen eine wichtige Rolle bei der Koordination von Akteuren und bei der Herstellung einer fairen Arbeitsteilung spielen, hatte ich bereits als einen von drei Hauptgesichtspunkten dafür ausgezeichnet, dass sie ein zentrales Iudicandum der normativen Beurteilung darstellen (siehe Kapitel IV.1). Doch damit ist noch nicht erwiesen, dass die Forderungen zur Gestaltung globaler Institutionen auch stets solche der Gerechtigkeit sind, unabhängig davon, ob und in welchen Beziehungen die Erdbewohner zueinander stehen. *Praxisabhängige* Begründungsansätze betonen deshalb, dass die Art der sozialen Praktiken, durch die Subjekte und Adressaten verbunden sein können, den Ausschlag bei der Klassifikation von moralischen Forderungen zwischen ihnen gibt. Auch wenn es beispielsweise ein Gebot der Gerechtigkeit darstellt, gemeinsam mit anderen die Gerechtigkeit der eigenen innerstaatlichen politischen Institutionen sicherzustellen, bedeutet das aus der Sicht praxisabhängiger Auffassungen der Reichweite von Gerechtigkeitsforderungen noch nicht, dass prinzipiell auch alle Menschen (und nicht nur die Mitglieder der fraglichen »lokalen« institutionellen Kontexte) von diesem Gerechtigkeitsgebot als einem solchem *angesprochen* sind. Es sei hier um des Arguments willen angenommen, dass die Gewährleistung basaler Menschenrechte durch soziale Institutionen ein universal geltendes und minimales Erfordernis der Gerechtigkeit ist. Wird dies zugestanden, so ist dennoch die Tatsache, dass Verantwortungssubjekte auf die Gestaltung sozialer Institutionen hinwirken können, so dass diese basale Menschenrechte gewährleisten, für sich allein offenbar noch kein hinreichender Geltungsgrund dafür, dass sie dies auch aus Gerechtigkeitsgründen tun müssen. Dies ist zumindest aus praxisabhängiger Perspektive erst dann der Fall, wenn die Subjekte und die Adressaten der auf die Durchsetzung der Menschenrechte bezogenen Verantwortung durch bestimmte gerechtigkeitsgenerierende Praktiken verbunden sind. Mit anderen Worten, es müssen aus dieser Perspektive bestimmte besondere – und nicht nur allgemeinmenschliche – Beziehungen vorliegen, welche Gerechtigkeitsforderungen generieren.

Eine wichtige aus diesen Gedanken gewonnene Einsicht ist, dass Gerechtigkeitsforderungen nicht die einzige Art normativer Forderungen sind, die an Verantwortungssubjekte in Bezug auf die Gestaltung sozialer Institutionen gestellt werden können. Dies widerspricht nicht der oben diskutierten Annahme, dass die Gerechtigkeit von Institutionen ein besonders wichtiger normativer Gesichtspunkt ist, für Rawls sogar ihre »erste Tugend«.[23] Denn aus dem besonderen Stellenwert der Gerechtigkeit folgt schließlich nicht, dass es prinzipiell keine andersartigen normativen Gesichtspunkte für die Beurteilung von Institutionen und die Zuschreibung von struktureller Verantwortung geben kann. Angenommen, die Reformierung sozialer Institutionen im globalen Kontext könnte aus *praxisabhängigen* Gründen tatsächlich nicht mit Verweis auf Gerechtigkeitsgründe eingefordert werden. Es wäre dann jedoch immer noch möglich, Subjekten auf der Grundlage andersartiger normativer Forderungen (etwa solchen, die auf das Gebot der Hilfe in Not rekurrieren) eine strukturelle Verantwortung zur Gestaltung von globalen Institutionen zuzuschreiben. Am Beispiel der Naturkatastrophen wird dies besonders deutlich, denn es wird nicht selten angenommen, dass die aus diesen Katastrophen resultierende menschliche Bedürftigkeit moralische Forderungen an zur Hilfe fähige Menschen generiert, die keine Forderungen der Gerechtigkeit sind.[24] Zugegeben: Dies stellt aus zwei Grün-

23 Rawls, *Eine Theorie der Gerechtigkeit*, S. 19. Siehe auch oben, Kap. IV.1.

24 Vgl. z. B. Rainer Forst, »Die Frage der Verteilungsgerechtigkeit«, in: Regina Kreide, Claudia Landwehr (Hg.), *Demokratie und Gerechtigkeit in Verteilungskonflikten*, Baden-Baden 2012, S. 21-34, hier S. 23.

den eine Vereinfachung dar. Denn erstens können solche sozialen Ungleichheiten, die vor dem Eintreten der betreffenden Naturereignisse bestanden und von Institutionen prinzipiell beeinflussbar sind (wie etwa materielle Ungleichverteilungen), durchaus eine Rolle dafür spielen, wer von den Naturereignissen am stärksten betroffen ist und überhaupt erst dadurch in eine Notlage gebracht wird. Wenn es also *sozial Benachteiligte* sind, die aufgrund dieser Benachteiligung betroffen sind, so scheint es nicht allein eine Frage der Humanität, sondern auch eine der Gerechtigkeit zu sein, wer eine moralische Verantwortung hat, zur Hilfe zu eilen. Zweitens leben wir in einer Zeit, in der selbst manche Naturkatastrophen kausal von menschlichem Handeln beeinflusst sind, Stichwort »Klimawandel«. Hier kann also eine Relation der kausalen Verursachung vorliegen, die Gerechtigkeitsforderungen generiert. Doch wird der Verweis auf Naturkatastrophen mit Rücksicht auf diese beiden Einschränkungen modifiziert, so hat er tatsächlich eine wichtige heuristische Funktion. Naturkatastrophen, die nicht von menschlichem Handeln verursacht sind (wie zum Beispiel Vulkanausbrüche und Tsunamis) und deren Folgen nicht auf ungerechte Ausgangssituationen oder institutionelle Defizite verweisen, führen aus praxisabhängiger Perspektive in der Tat zu andersartigen moralischen Forderungen an potentielle Helfer als aus praxisunabhängiger Perspektive. Sie konstituieren aus dieser Sicht eine moralische Relation, die keine Relation der Gerechtigkeit ist, die aber dennoch ein relativ großes Gewicht besitzen kann.

Weil eine institutionell koordinierte Reaktion auf Naturkatastrophen am effektivsten ist und zugleich dem Erfordernis der Arbeitsteilung entspricht, können normative Forderungen auf die Gestaltung sozialer Institutionen bezogen sein, ohne dass sie einzelne Akteure auch als Gerechtigkeitsforderungen ansprechen. Zu denken ist dabei nicht nur an Hilfe als Reaktion auf von niemandem verschuldete Notlagen. Auch solche Notlagen, die von anderen Personen als den potentiellen Helfern verschuldet wurden, fallen in diese Kategorie. Ein Subjekt wird auch dann in moralischer Hinsicht aufgefordert sein, das Kind aus dem Teich zu fischen, wenn dieses nicht selbst in den Teich gelaufen ist, sondern von einem Dritten hineingestoßen wurde. Aus praxisabhängiger Sicht können Subjekte prinzipiell eine moralische Verantwortung gegenüber Menschen tragen, die beispielsweise durch böswillige

Handlungen anderer oder durch ungerechte lokale Institutionen geschädigt wurden, ohne dass die Subjekte selbst aus Gerechtigkeitsgründen gegenüber diesen Menschen in der Verantwortung stehen. Aus diesem Grund ist es wichtig, die Rolle sozialer Institutionen als *Instrument* der Einlösung gemeinsamer Verantwortung von ihrer Rolle als *Generatoren von Gerechtigkeitsverantwortung* zu unterscheiden. Obwohl, wie ich bereits mehrfach betont habe, strukturelle Verantwortung immer auf die Gestaltung von Institutionen ausgerichtet ist, müssen die moralischen Forderungen, auf denen sie basiert, keine Gerechtigkeitsforderungen sein. Das Gewicht und die Verbindlichkeit von struktureller Verantwortung kann sich auch aus anderen moralischen Quellen speisen.

Weiter oben wurde strukturelle Verantwortung durch ihre von interpersonaler Verantwortung unterschiedene *Ausrichtung* charakterisiert (siehe Kapitel IV.2). Nun ist deutlicher geworden, inwiefern Subjekte struktureller Verantwortung trotz der besonderen Gerichtetheit ihrer Verantwortung durch verschiedene moralische Gründe motiviert werden können. Darunter befinden sich moralische Gründe, Institutionen im Einklang mit bestimmten normativen Standards zu gestalten, die zumindest aus der Perspektive praxisabhängiger Ansätze jedoch nur dann Gerechtigkeitsgründe sind, wenn die Verantwortungssubjekte und -adressaten durch bestimmte gemeinsame Praktiken miteinander verbunden sind. Daher muss das Begründungsmodell praxisunabhängiger Ansätze in normativer Hinsicht auch nicht gänzlich zurückgewiesen werden, selbst wenn es in begrifflicher Hinsicht kritisiert wird. Beispielsweise kann angenommen werden, dass es eine strukturelle Verantwortung gibt, auf soziale Institutionen im Sinne eines verbesserten Menschenrechtsschutzes hinzuwirken, ohne mit praxisunabhängigen Theorien darin übereinzustimmen, dass die moralische Relation, in der die Subjekte und Adressaten zueinander stehen, prinzipiell eine Relation der Gerechtigkeit ist. Die Essenz der praxisabhängigen Kritik an praxisunabhängigen Begründungsansätzen ist demnach auch nicht, dass es keine moralischen Gründe für die Zuschreibung von Verantwortung mit globaler Reichweite gibt, sondern nur, dass diese Ansätze nicht plausibel machen können, dass es sich hierbei um eine Gerechtigkeitsverantwortung handele.

Wird die praxisunabhängige Perspektive auf die globale Reichweite von Gerechtigkeitsforderungen aufgrund von einer solchen primär begrifflich motivierten Kritik zurückgewiesen, so kann daraus jedoch noch nicht geschlossen werden, dass es keine Gerechtigkeitsansprüche von globaler Reichweite gibt. Ein solcher Schluss wäre voreilig, denn es bedeutet zunächst nur, dass die *praxisunabhängige* Begründung von Gerechtigkeitsansprüchen zwischen Subjekten und Adressaten von struktureller Verantwortung durch die Argumentstruktur U nicht plausibel geworden ist. Wie gezeigt, erstrecken sich *Gerechtigkeitsforderungen* im Rahmen praxisunabhängiger Ansätze prinzipiell auf alle diejenigen, die die Möglichkeit haben, auf soziale Institutionen im Einklang mit bestimmten Gerechtigkeitsstandards einzuwirken – ganz gleich, wohlgemerkt, ob Verantwortungssubjekte und -adressaten durch bestehende soziale Praktiken miteinander verbunden sind oder nicht. Im Gegensatz dazu erstrecken sich Gerechtigkeitsforderungen im Rahmen von *praxisabhängigen* Ansätzen nur auf alle diejenigen, die tatsächlich auch in einer gerechtigkeitsrelevanten Beziehung zueinander stehen. Da es heutzutage ein Geflecht sozialer Praktiken gibt, das die auf diesem Planeten lebenden Menschen miteinander verbindet, stellt sich die Frage, welche Ausdeutung diese globalen Praktiken innerhalb von praxisabhängigen Begründungen der Reichweite von Gerechtigkeitsnormen erfahren können.

V.2.3 Praxisabhängige Begründungen

Weil praxisabhängige Begründungen davon ausgehen, dass erst soziale Praktiken mit bestimmten Eigenschaften auch Gerechtigkeitsforderungen zwischen den in diese Praktiken involvierten Akteuren generieren, ist diesen Ansätzen zufolge *Gerechtigkeitsverantwortung* immer schon eine *besondere Verantwortung* – wohingegen praxisunabhängige Begründungsansätze, die mit der Argumentstruktur U kompatibel sind, Gerechtigkeitsverantwortung als eine von Grund auf allgemeinmenschliche Verantwortung verstehen. Das Feld der praxisabhängigen Theorien lässt sich nun wiederum – wie bereits erwähnt – in zwei Lager aufteilen: in *restriktive praxisabhängige Ansätze*, welche die Reichweite von Gerechtigkeitsansprüchen auf definierte soziale Kontexte – typischerweise auf den Nationalstaat – beschränken und die deshalb je nach der spezifischen Art dieser Beschränkung mit Attributen wie »etatistisch« oder »partikularistisch« bedacht werden; und in *nichtrestriktive praxisabhängige An-*

sätze, denen zufolge die Reichweite von Gerechtigkeitsansprüchen aufgrund der derzeit existierenden Praktiken prinzipiell global ist, so dass von allen in diese Praktiken involvierten Personen tatsächlich gesagt werden kann, dass sie aus Gründen der Gerechtigkeit in einer moralischen Relation zueinander stehen.

Diese Unterscheidung praxisabhängiger Konzeptionen der Reichweite von Gerechtigkeitsforderungen erlaubt es, einzelne solcher Ansätze auch als »kosmopolitische« oder »globalistische« Gerechtigkeitsauffassungen zu kategorisieren. Denn wenn, wie das manchmal der Fall ist, diese beiden Ausdrücke einfach generell auf Ansätze bezogen werden, die eine globale Reichweite von Gerechtigkeitsforderungen postulieren, dann können nicht nur praxisunabhängige, sondern auch nichtrestriktive praxisabhängige Konzeptionen der Reichweite von Gerechtigkeitsforderungen »kosmopolitisch« beziehungsweise »globalistisch« genannt werden.[25] Bei genauerer Betrachtung zeigt sich jedoch, dass Begriffe wie »Partikularismus«, »Kosmopolitismus«, »Globalismus«, »Transnationalismus« oder »Internationalismus« nur in sehr begrenztem Ausmaß Gehalt aus ihren jeweils eher vagen begrifflichen Konturen schöpfen können. Vielmehr kann und muss ihnen für eine sinnvolle affirmative Verwendung immer erst eine konkrete Bedeutung im Rahmen einer grundsätzlichen Perspektive *verliehen* werden. Aus diesem Grund sowie aufgrund der Unschärfe, die der Verwendung solcher Termini in der zeitgenössischen Diskussion über Theorien globaler Gerechtigkeit manchmal zu eigen ist, werde ich

25 Tatsächlich werden die Ausdrücke »kosmopolitisch« bzw. »globalistisch« häufig in diesem weiten Sinn verwendet, so dass sie wahlweise sowohl auf praxisunabhängig argumentierende Positionen (wie u. a. diejenige von Nussbaum) als auch auf praxisabhängige Ansätze (wie u. a. diejenigen von Beitz und Pogge) bezogen werden. Für einen entsprechend weiten Anwendungsbereich des Begriffs »kosmopolitisch« vgl. u. a. Henning Hahn, *Globale Gerechtigkeit. Eine philosophische Einführung*, Frankfurt/M. 2009, S. 95 ff., und Christoph Broszies, Henning Hahn, »Die Kosmopolitismus-Partikularismus-Debatte im Kontext«, in: dies. (Hg.), *Globale Gerechtigkeit. Schlüsseltexte zur Debatte zwischen Partikularismus und Kosmopolitismus*, Berlin 2010, S. 9-52, hier S. 45 ff. Für einen entsprechend weiten Anwendungsbereich des Begriffs »globalistisch« vgl. u. a. Rainer Forst, *Das Recht auf Rechtfertigung. Elemente einer konstruktivistischen Theorie der Gerechtigkeit*, Frankfurt/M. 2007, S. 360 ff. Zur aktuellen englischsprachigen Debatte über verschiedene konkurrierende Verständnisse von Kosmopolitismus und Antikosmopolitismus vgl. Gillian Brock (Hg.), *Cosmopolitanism versus Non-Cosmopolitanism. Critiques, Defenses, Reconceptualizations*, Oxford 2013.

auf ihre affirmative Verwendung verzichten. Eine Ausnahme stellt der Rekurs auf den Etatismus dar, der in der Literatur weitgehend einheitlich verstanden wird und den ich weiter unten als eine Variante restriktiver praxisabhängiger Konzeptionen diskutiere (siehe V.2.3.2). Weil meines Erachtens die entscheidenden Charakteristika verschiedener möglicher grundsätzlicher Positionen zur Reichweite von Gerechtigkeitsforderungen mit der Unterscheidung von praxisunabhängigen und praxisabhängigen Konzeptionen präzise wiedergegeben werden können, geht dieser Untersuchung durch einen solchen Verzicht inhaltlich nichts verloren. Restriktive und nichtrestriktive praxisabhängige Begründungsansätze der Reichweite von Gerechtigkeitsnormen haben die folgende *Argumentstruktur A* gemeinsam:

(1) Wenn innerhalb eines gesellschaftlichen Kontextes gerechtigkeitssensitive Praktiken vorliegen, ist es geboten, die für diesen Kontext maßgeblichen Institutionen so zu gestalten, dass sie der Gerechtigkeitsnorm N* entsprechen.
(2) Wenn es geboten ist, dass die für einen gesellschaftlichen Kontext maßgeblichen Institutionen der Gerechtigkeitsnorm N* entsprechen, dann haben alle diesem Kontext zugehörigen Personen (und nur sie) eine gemeinsame Gerechtigkeitsverantwortung gegenüber allen anderen Zugehörigen dieses Kontextes, die für diesen Kontext maßgeblichen Institutionen so zu gestalten, dass sie der Gerechtigkeitsnorm N* entsprechen.
(3a) Praktiken mit der Eigenschaft E* sind gerechtigkeitssensitive Praktiken,
beziehungsweise:
(3b) In einem gesellschaftlichen Kontext liegen gerechtigkeitssensitive Praktiken genau dann (und nur dann) vor, wenn in diesem Kontext Praktiken mit der Eigenschaft E* vorliegen.
(4) Im gesellschaftlichen Kontext G* liegen Praktiken mit der Eigenschaft E* vor.
(5) Konklusion K_A (aus 1, 2, 3a beziehungsweise 3b und 4): Also haben alle dem Kontext G* zugehörigen Personen (und nur sie) eine gemeinsame Gerechtigkeitsverantwortung gegenüber allen anderen Zugehörigen des Kontextes G*, die

für G* maßgeblichen Institutionen so zu gestalten, dass sie der Gerechtigkeitsnorm N* entsprechen.

Trotz beachtlicher Unterschiede weist die für praxisabhängige Ansätze charakteristische Argumentstruktur A auch einige Ähnlichkeiten zu U auf. Erstens ist sie, obwohl sie durch die Konkretisierung anhand spezifischerer normativer und empirischer Annahmen zu einer Beschränkung der Reichweite von Gerechtigkeitsnormen führen kann, prinzipiell kompatibel mit der Annahme der globalen Reichweite von Humanitätsforderungen, wie sie typischerweise mit Rekurs auf die Moral der universalen Achtung begründet wird. Ich werde noch zeigen, wie diese Kompatibilität im Rahmen einer Ergänzung von A auf einfache Weise formal darstellbar ist. Praxisabhängig sind damit nach A weder die Geltung noch die Reichweite von moralischen Forderungen generell. Praxisabhängig ist allein, ob Verantwortungssubjekte von *Gerechtigkeitsforderungen* gegenüber verschiedenen Adressaten *angesprochen* sind. Bestritten wird mit A also nicht, dass die Reichweite von auf bestimmten elementaren Moralforderungen basierenden Verantwortungsrelationen global ist, sondern nur, dass die Reichweite von Gerechtigkeitsforderungen und den mit ihnen korrelierenden Verantwortungsbeziehungen ohne Rücksicht auf bestimmte Praktiken, auf die sie Anwendung finden, prinzipiell derart unbeschränkt ist. Eine zweite offensichtliche Ähnlichkeit zu U ist, dass A ähnlich offen und formal wie U hinsichtlich der Konkretisierung durch verschiedene normative Standards als Gerechtigkeitsstandards zur Beurteilung sozialer Institutionen ist. Während es bei U Prämisse (3) ist, die durch konkretere Prämissen ersetzt werden kann, enthalten in A die Prämissen (1) und (2) (sowie die durch alle Prämissen erreichte Konklusion K_A) in Gestalt von N* noch eine entsprechende Variable. Das bedeutet, dass N* für die Formulierung einer vollständigen praxisabhängigen Position noch durch konkretere Angaben bezüglich der jeweils heranzuziehenden Gerechtigkeitsnorm(en) ersetzt werden muss. N* könnte, analog zu (3′)-(3‴) in U, beispielsweise durch N′, N″ oder N‴ ersetzt werden:

N′: Institutionen müssen sicherstellen, dass basale Menschenrechte geschützt sind.

Oder:

N'': Institutionen müssen sicherstellen, dass alle Menschen ihre basalen Fähigkeiten entwickeln können.

Oder:

N''': Institutionen müssen größtmögliche gleiche Freiheiten, Chancengleichheit und das Differenzprinzip realisieren.

Trotz dieser beiden Ähnlichkeiten verhält sich A in anderen Hinsichten konträr zu U. Ein erster starker Kontrast ist hinsichtlich Prämisse (2) zu erkennen, die hier anders als in U postuliert, dass *nur* denjenigen, die einem durch spezifische Praktiken charakterisierten sozialen Kontext angehören, eine Gerechtigkeitsverantwortung zugeschrieben werden kann. Dies bedeutet im Umkehrschluss, dass die diesem Kontext nicht angehörenden Personen schon in begrifflicher Hinsicht keine Gerechtigkeitsverantwortung zur Gestaltung der diesen Kontext prägenden sozialen Institutionen tragen. Der zweite Kontrast zu U liegt im Stellenwert nicht nur der *normativen Annahmen* darüber, welche sozialen Praktiken mit welchen Eigenschaften genau die geforderte gerechtigkeitssensitive Rolle spielen – in Gestalt von Prämisse (3a) beziehungsweise (3b) –, sondern auch im Stellenwert der von Prämisse (4) repräsentierten *faktischen Annahmen* darüber, in welchen gesellschaftlichen Kontexten genau solche Praktiken vorliegen. Im Rahmen von A lässt sich nun ein Spektrum verschiedener praxisabhängiger Positionen genauer analysieren, die entweder den restriktiven oder den nichtrestriktiven praxisabhängigen Ansätzen zugeordnet werden können. Während *nichtrestriktive praxisabhängige* Begründungen von Gerechtigkeitsverantwortung annehmen, dass der globale Kontext ein relevanter Gerechtigkeitskontext ist, weil sie bestimmte Praktiken in normativer Hinsicht als gerechtigkeitssensitiv auszeichnen, die sie faktisch in diesem Kontext vorfinden, nehmen zum Beispiel etatistische Ansätze als eine Spielart *restriktiver praxisabhängiger Ansätze* an, dass dies nur im Kontext des Nationalstaats der Fall sei.

Es ist wichtig darauf hinzuweisen, dass auf der Ebene der normativen Prämisse (3) in Gestalt von (3a) beziehungsweise (3b) jeweils eine von zwei unterschiedlich starken und sich logisch ausschließenden Prämissen zugrunde gelegt werden kann. (3a) und (3b) sind unterschiedlich stark, obwohl sie in Form von E* noch eine Variable enthalten. Ihre unterschiedliche Stärke ist also unabhängig davon, welche sozialen Praktiken genau für gerechtigkeitssensitiv gehalten werden. Denn eine praxisabhängige Begründung der Reichweite von Gerechtigkeitsforderungen kann entweder nur postulieren, dass bestimmte Praktiken E* gerechtigkeitssensitiv sind, ohne dabei auszuschließen, dass dies gegebenenfalls auch für andersartige Praktiken gilt. In diesem Fall müsste es dann nur um eine Konkretisierung von Prämisse (3a) gehen, die mit einer Pluralität von unterschiedlichen praxisabhängigen Geltungsgründen der Gerechtigkeit kompatibel ist. Eine praxisabhängige Theorie kann aber auch die stärkere Annahme zugrunde legen, dass *ausschließlich* die Praktiken E* gerechtigkeitssensitive Praktiken darstellen, muss dann aber die Prämisse (3b) konkretisieren und angeben, welchen Praktiken dieses Privileg zukommt. Ich werde zeigen, dass der Etatismus tatsächlich als eine Konkretisierung von A unter Bezugnahme auf die stärkere Prämisse (3b) rekonstruiert werden muss, während sich nichtrestriktive praxisabhängige Ansätze meist unproblematisch als Konkretisierungen der Prämisse (3a) rekonstruieren lassen. Es ist prinzipiell allerdings durchaus möglich, auch eine nichtrestriktive praxisabhängige Position unter Bezugnahme auf Prämisse (3b) zu konstruieren.

V.2.3.1 Nichtrestriktive praxisabhängige Perspektiven

Alle nichtrestriktiven praxisabhängigen Konzeptionen kommen zu dem Schluss, dass der globale Kontext ein Gerechtigkeitskontext ist, in dem Menschen über nationalstaatliche Grenzen hinweg in einer moralischen Relation der Gerechtigkeit zueinander stehen. Diese Schlussfolgerung kann jedoch auf verschiedenen Argumentationswegen erreicht werden. Ich werde hier eine Variante der nichtrestriktiven praxisabhängigen Perspektive auf die globale Reichweite von Gerechtigkeitsforderungen skizzieren, die in gewissem Sinn eng an den Gründen orientiert ist, die John Rawls für den hohen Stellenwert sozialer Institutionen als Iudicandum der Gerechtigkeit innerhalb seiner Theorie für den heimischen Kontext anführt. Dabei ist allerdings zu bedenken, dass es sich nur um *eine* Variante (unter mehreren möglichen) der nichtrestriktiven praxisabhängigen Perspektive handelt und dass diese Perspektive noch vergleichsweise allgemein gehalten ist. Insbesondere könnte sie noch durch Zusatzannahmen hinsichtlich des Gehalts von im globalen Kontext geltenden Gerechtigkeitsforderungen konkretisiert werden, was jedoch im Rahmen der begründungspluralistischen Perspektive auf globale Verantwortung vernachlässigt werden kann.

Diese rawlsianische Variante geht davon aus, dass das Vorliegen *kooperationsfähiger Praktiken* ein Geltungsgrund für Gerechtigkeitsforderungen ist, die diesen Praktiken zugesprochen werden. Das Vorliegen von sozialen Interaktionen in einem gesellschaftlichen Kontext allein kann dabei, so sollte hinzugefügt werden, noch nicht gerechtigkeitskonstitutiv sein, da nicht jede Art sozialer Interaktion auch schon gerechtigkeitsfähig ist. Das weiter oben diskutierte Szenario der Rettung des Kindes aus dem Teich etwa ist meinem Verständnis nach ein Beispiel für eine Interaktion, die nicht gerechtigkeits-, wohl aber moralfähig ist.[26] Ein weiteres Beispiel wäre etwa die vorsätzliche Beleidigung einer Person durch eine andere. Dagegen kann das Vorliegen *kooperationsfähiger Praktiken* durchaus als gerechtigkeitskonstitutiv in dem Sinn angesehen werden, dass diese Praktiken einen hinreichenden Grund dafür darstellen, dass es überhaupt zu Gerechtigkeitsforderungen zwischen den an ihnen beteiligten Akteuren kommen kann. Soll nun aus nichtrestriktiver praxisabhängiger Perspektive geprüft werden, ob ein Kontext, in dem kooperationsfähige Praktiken vorliegen, gerecht ist, so ist nicht nur zu analysieren, ob die jeweiligen Interaktionen selbst gerecht sind, sondern auch, ob die Hintergrundbedingungen dieser Interaktionen mit bestimmten Gerechtigkeitsnormen konform gehen. Da sozialen Institutionen ein hervorgehobener Stellenwert für die Herstellung gerechter Hintergrundbedingungen zukommt, generieren kooperationsfähige Interaktionen dieser Perspektive zufolge auch eine strukturelle Gerechtigkeitsverantwortung zur Aufrechterhaltung, Reform oder Neugestaltung sozialer Institutionen im Sinne der Hintergrundgerechtigkeit.

Diese nichtrestriktive praxisabhängige Begründung der globalen

26 Es erscheint zumindest dann nicht treffend, eine Hilfeleistung als kooperative Tätigkeit zu bezeichnen, wenn es sich dabei um eine singuläre Situation handelt, in der Hilfe zwingend erforderlich ist, ohne dass der Helfer diese von späteren Kompensationsleistungen abhängig machen darf.

Reichweite von Gerechtigkeitsnormen kombiniert die allgemeine normative Annahme darüber, dass die Existenz kooperationsfähiger Praktiken einen Geltungsgrund für die Anwendbarkeit von Gerechtigkeitsforderungen darstellt, mit der faktischen Beobachtung, dass im globalen Kontext derartige kooperationsfähige Praktiken vorliegen.[27] Letzteres ist wahrlich schwer zu bestreiten. Dass es im globalen Kontext ein dichtes Netz von ökonomischen, ökologischen und politischen Praktiken gibt, die kooperationsfähig sind, wenn auch meistens (noch) nicht kooperativ in einem anspruchsvollen normativen Sinn, ist kaum von der Hand zu weisen. In *ökonomischer Hinsicht* ist vor allen Dingen der Abbau von und der Handel mit Rohstoffen sowie der weltumspannende Handel mit aus solchen Rohstoffen produzierten Waren und Gütern zu nennen, die Tag für Tag und weltweit konsumiert werden. Eine eigene Erwähnung verdienen auch die grenzüberschreitenden Finanztransaktionen (darunter Vermögensanlagen, Kreditvergabe und Investitionen in Wertpapiere) mit beträchtlichen Auswirkungen auf die wirtschaftliche Entwicklung in einzelnen Ländern, was man gegenwärtig ja auch in Europa sehen kann. Sowohl der Handel mit Gütern als auch internationale Finanztransaktionen entsprechen jeweils der Kategorie kooperationsfähiger Praktiken, die aus nichtrestriktiver praxisabhängiger Perspektive gerechtigkeitssensitiv sind. In *ökologischer Hinsicht* ist etwa an die Verschmutzung der Weltmeere, den »Export« von gesundheitsgefährdendem Müll und an die Ausbeutung natürlicher Ressourcen durch global agierende Konzerne zu denken, aber natürlich auch und vor allem an die extremen Gefahren infolge der globalen Erderwärmung aufgrund der Emission von Treibhausgasen.[28] In *politischer Hinsicht* sind es ei-

27 Es gibt eine Reihe von Ansätzen, deren Argumentation sich der Sache nach und ungeachtet vieler Unterschiede im Detail durch eine derartige Kombination normativer und empirischer Annahmen auszeichnet. Vgl. u. a. Charles Beitz, *Political Theory and International Relations*, Princeton 1979; Thomas Pogge, *Realizing Rawls*, Ithaca 1989; Arash Abizadeh, »Cooperation, Pervasive Impact, and Coercion: On the Scope (not Site) of Distributive Justice«, in: *Philosophy & Public Affairs* 35 (2007), S. 318-358; Miriam Ronzoni, »The Global Order: A Case of Background Injustice? A Practice-Dependent Account«, in: *Philosophy & Public Affairs* 37 (2009), S. 229-256.

28 Angesichts der mit dem Klimawandel verbundenen Gefahren verwundert es nicht, dass es mittlerweile auch in der politischen Philosophie eine rege Debatte über Klimaethik und Klimagerechtigkeit gibt. Für einen Überblick vgl. Stephen

nerseits die transnationalen Beziehungen von politischen Akteuren wie insbesondere Staaten, die Verträge machen, Kriege gegeneinander führen und Frieden schließen können, die als kooperationsfähige und damit aus praxisabhängiger Perspektive als gerechtigkeitssensitive Praktiken im globalen Kontext gelten können. Das Kriterium der Kooperationsfähigkeit ist schließlich auch auf die Aktivitäten von nichtstaatlichen Akteuren wie Unternehmen und Nichtregierungsorganisationen anwendbar. Auch die durch diese Akteure konstituierten Praktiken können jeweils auf die Generierung von Gerechtigkeitsforderungen hin untersucht werden.

Obwohl der bis zu diesem Punkt skizzierten nichtrestriktiven praxisabhängigen Perspektive zufolge das Vorliegen von kooperationsfähigen Praktiken von ökonomischer, ökologischer und politischer Bedeutung eine hinreichende Bedingung für die Geltung von Gerechtigkeitsnormen im globalen Kontext ist, setzt diese Perspektive nicht voraus, dass solche Praktiken auch schon kooperativ in einem anspruchsvollen Sinn sein müssen. Die globale Reichweite von Gerechtigkeitsforderungen davon abhängig zu machen, ob derzeit Kooperation im globalen Kontext in jenem anspruchsvollen Sinn vorliegt, dass die vorzufindenden Interaktionen und Austauschbedingungen auch schon bestimmten normativen Anforderungen genügen, würde vielmehr ins Lager der restriktiven praxisabhängigen Begründungsansätze führen. Zudem ist diese Annahme in einem sehr viel stärkeren Sinn begründungsbedürftig und prima facie auch kontraintuitiv. Bindet man die Reichweite von Gerechtigkeitsnormen an die *Existenz* (statt an die *Möglichkeit*) von Praktiken, die einem bestimmten normativen Ideal genügen, so scheint eine kategoriale Verwechslung der Existenzbedingungen mit den Realisierungsbedingungen von Gerechtigkeit vorzuliegen.[29] Nichtrestriktive praxisabhängige Ansätze gehen deshalb davon aus, dass auch solche prinzipiell kooperationsfähigen

M. Gardiner u. a. (Hg.), *Climate Ethics. Essential Readings*, Oxford 2010, und Angela Kallhoff (Hg.), *Klimagerechtigkeit und Klimaethik*, Berlin, Boston 2015.

29 Der Begriff der Existenzbedingung (*existence condition*) wurde in diesem thematischen Kontext zuerst von Charles Beitz verwendet (ders., »Cosmopolitan Ideals and National Sentiment«, in: *The Journal of Philosophy* 80 [1983], S. 591-600, hier S. 595) und von Abizadeh aufgegriffen (ders., »Cooperation, Pervasive Impact, and Coercion«, S. 331), der vor einer Verwechslung der Existenzbedingungen mit den Realisierungsbedingungen (*instrumental conditions*) der Gerechtigkeit warnt.

Praktiken, die in der Realität auch das Gegenteil von »kooperativ« sein können, nämlich ausbeuterisch, diskriminierend oder beherrschend, als gerechtigkeitssensitive Praktiken zu gelten haben. Die Kooperations*fähigkeit* von Praktiken im globalen Kontext ist demnach eine hinreichende Bedingung dafür, dass diese Praktiken gerecht oder ungerecht genannt werden können, also ein legitimer Geltungsgrund für die Forderung nach einer Realisierung von wirklicher Kooperation – im normativ anspruchsvollen Sinne – in diesem Bereich.[30] Diese nichtrestriktive praxisabhängige Position lässt sich im Rahmen einer modifizierten *Argumentstruktur A′* darstellen, indem die Prämissen (3a) und (4) aus A entsprechend zu (3a′) und (4′) modifiziert werden, was zur Konklusion K_A' führt:

> (1) Wenn innerhalb eines gesellschaftlichen Kontextes gerechtigkeitssensitive Praktiken vorliegen, ist es geboten, die für diesen Kontext maßgeblichen Institutionen so zu gestalten, dass sie der Gerechtigkeitsnorm N* entsprechen.
> (2) Wenn es geboten ist, dass die für einen gesellschaftlichen Kontext maßgeblichen Institutionen der Gerechtigkeitsnorm N* entsprechen, dann haben alle diesem Kontext zugehörigen Personen (und nur sie) eine gemeinsame Gerechtigkeitsverantwortung, die für diesen Kontext maßgeblichen Institutionen so zu gestalten, dass sie der Gerechtigkeitsnorm N* entsprechen.
> (3a′) Kooperationsfähige Praktiken sind gerechtigkeitssensitiv.
> (4′) Im globalen Kontext gibt es zahlreiche kooperationsfähige Praktiken.
> (5′) Konklusion K_A' (aus 1, 2, 3a′ und 4′): Also haben alle dem globalen Kontext zugehörigen Personen eine gemeinsame Gerechtigkeitsverantwortung, die für diesen Kontext maßgeblichen sozialen Institutionen so zu gestalten, dass sie der Gerechtigkeitsnorm N* entsprechen.

Auch mit den modifizierten Prämissen (3a′) und (4′) und der modifizierten Konklusion K_A' bleibt A′ eher eine argumentative Basis denn ein vollständiges Argument. Das zeigt sich einerseits daran,

30 Vgl. dazu auch Buchanan, *Justice, Legitimacy, and Self-Determination*, S. 96.

dass K_A' (wie zuvor schon K_A innerhalb von A) hinsichtlich der im globalen Kontext konkret geltenden Gerechtigkeitsnorm noch eine Variable, nämlich N*, enthält. Darüber hinaus sind die Prämissen (3a') und (4') in Bezug darauf, was es genau heißt, dass kooperationsfähige Praktiken gerechtigkeitssensitive Praktiken darstellen, noch relativ vage. Dementsprechend unbestimmt bleibt, was die Gestaltung von gerechten Hintergrundbedingungen kooperationsfähiger Interaktionen im globalen Kontext genauer bedeutet. Diese Aspekte müssten innerhalb der Ausarbeitung einer grundsätzlichen praxisabhängigen Perspektive auf die globale Reichweite von Gerechtigkeitsverantwortung von daher noch konkretisiert werden. Denn »Kooperationsfähigkeit« verweist letzten Endes auf ein positives Kriterium von sozialer Kooperation, das für die Begründung einer im jeweiligen Kontext geltenden Gerechtigkeitsnorm umfassender interpretiert und ausbuchstabiert werden muss.

Alternativ zu einem positiven Kriterium sozialer Kooperation könnte eine nichtrestriktive praxisabhängige Position auf andere normative Leitideen Bezug nehmen, die dann den Ausschlag dafür geben, welche sozialen Praktiken genau zu gerechtigkeitssensitiven Praktiken erklärt werden und welche Normen demnach für die Gestaltung sozialer Institutionen und Strukturen im globalen Kontext in Anschlag zu bringen sind. In der Debatte über globale Gerechtigkeitsnormen geschieht dies unter anderem mit Bezug auf ebenfalls normativ aufgeladene und erläuterungsbedürftige Begriffe wie das Ideal der Nichtbeherrschung beziehungsweise Herrschaftsfreiheit sozialer Praktiken oder mit Bezug auf die Existenz von Strukturen im globalen Kontext, die »systemischen Zwang« ausüben.[31] Obwohl diese alternativen Ideale durchaus in die Nähe eines positiven Begriffs von sozialer Kooperation gerückt werden können, sind sie offensichtlich nicht deckungsgleich mit ihm, weshalb Varianten praxisabhängiger Positionen, die auf solche alternativen Ideale Bezug nehmen, eine andere normative Ausrichtung besitzen können. Solche alternativen Positionen könnten in einem entsprechend modifizierten praxisabhängigen Argument für die

31 Vgl. hierzu u.a. Forst, *Das Recht auf Rechtfertigung*, S. 365, für den der globale Kontext ein Gerechtigkeitskontext ist, weil er ein »*Kontext von Zwang und Beherrschung*« (kursiv im Orig.) ist. Vgl. auch Valentini, *Justice in a Globalized World*, S. 137 ff., zu einem praxisabhängigen Rekurs auf »systemischen Zwang« (»systemic coercion«) als normativen Geltungsgrund für Gerechtigkeitsforderungen.

globale Reichweite von Gerechtigkeitsforderungen im Rahmen einer Argumentstruktur A″ zum Ausdruck gebracht werden, die neben den unveränderten Prämissen (1) und (2) zum Beispiel die folgenden veränderten Prämissen (3a″) und (4″) enthält:

(3a″) Zwangsbehaftete Praktiken sind gerechtigkeitssensitiv.
(4″) Im globalen Kontext gibt es zahlreiche zwangsbehaftete Praktiken.

Darüber hinaus ist die allgemeine nichtrestriktive praxisabhängige Perspektive prinzipiell mit einem ganzen Spektrum von Positionen kombinierbar, die darin differieren, welche Rolle sie verschiedenen gesellschaftlichen Praktiken für die Geltung verschiedener Gerechtigkeitsstandards in verschiedenen sozialen Kontexten zuweisen. Beispielsweise ist A′ (beziehungsweise eine auf einen anderen normativen Geltungsgrund rekurrierende nichtrestriktive Position A″) mit einer Position vereinbar, der zufolge im nationalstaatlichen Kontext anspruchsvollere normative Standards an die Gestaltung sozialer Institutionen angelegt werden müssen als im globalen Kontext.[32] An dieser Stelle sei nur betont, dass A′ und A″ ohne weiteres mit Positionen vereinbar sind, die bestimmten komparativen Gerechtigkeitsforderungen innerhalb nationalstaatlicher Kontexte eine vergleichsweise große Bedeutung zuweisen. Darüber hinaus muss die Ausarbeitung von A′ oder A″ keineswegs zur Verteidigung einer Position führen, nach der die Konformität mit Gerechtigkeitsnormen in sozialen Kontexten, die kleiner als der globale Kontext sind, letztlich nachrangig sei oder diesen kleineren Kontexten gar nur noch eine rein *instrumentelle* Rolle bei der Herstellung von Gerechtigkeit im umfassenden Kontext zukomme.[33] Die Behand-

32 Z.B. vertritt Miller eine Position, die nur die Reichweite von komparativen, nicht aber von auf Schwellenwerte Bezug nehmenden Gerechtigkeitsnormen auf nationalstaatliche Kontexte beschränkt. Zusätzlich zu einem menschenrechtlichen Schwellenstandard für den globalen Kontext postuliert Miller auch, dass zwischen nationalstaatlichen Gesellschaften faire Kooperationsregeln zu gelten haben, die nur durch globale Institutionen mit entsprechender Regulierungsfunktion durchzusetzen seien. Vgl. dazu David Miller, *National Responsibility and Global Justice*, Oxford 2007, S. 267ff.

33 Eine solche Befürchtung sehe ich wiederum am klarsten in den Schriften von David Miller formuliert. Vgl. bes. »Against Global Egalitarianism«, in: *The Journal of Ethics* 9 (2005), S. 55-79, sowie *National Responsibility and Global Justice*.

lung dieser Fragen nach der relativen Gewichtung verschiedener institutioneller Kontexte kann an dieser Stelle aber zurückgestellt werden,[34] denn mein Beweisziel in diesem Kapitel ist bescheidener. Ich möchte zunächst nur demonstrieren, dass sich innerhalb eines Spektrums von Ansätzen, die mit Blick auf die Geltungsgründe und die Reichweite von Gerechtigkeitsnormen erheblich differieren, eine Einigkeit darüber herstellen lässt, dass die Reichweite von struktureller Verantwortung global ist. Ein diesbezüglich interessanter Testfall sind die restriktiven praxisabhängigen Ansätze, denen ich mich als Nächstes zuwende.

V.2.3.2 Restriktive praxisabhängige Perspektiven

Restriktive praxisabhängige Ansätze sind dadurch charakterisiert, dass sie die Reichweite von Gerechtigkeitsforderungen so weit einschränken, dass Akteuren aus normativen und empirischen Gründen keine *strukturelle Gerechtigkeitsverantwortung* mit globaler Reichweite zugeschrieben werden kann. Sie behaupten, dass Gerechtigkeitsforderungen nur innerhalb von kleineren sozialen Kontexten – insbesondere dem Nationalstaat – zum Tragen kommen können. Von einer vollständigen Begrenzung der Reichweite von Gerechtigkeitsforderungen durch restriktive praxisabhängige Ansätze kann zwar deshalb nicht gesprochen werden, weil es Varianten gibt, welche die Möglichkeit der an Gerechtigkeitsgeboten orientierten moralischen Beurteilung von grenzüberschreitenden *Interaktionen* zulassen, ohne zugleich die diesen Interaktionen zugrunde liegenden Strukturen mit Gerechtigkeitsnormen zu beurteilen. Dessen ungeachtet ist allen restriktiven praxisabhängigen Positionen gemeinsam, dass sie die Idee der Anwendung von Gerechtigkeitsstandards auf Institutionen jenseits des nationalstaatlichen Kontextes ablehnen. Welche Gründe führen sie dafür an?

Eine wichtige Quelle für restriktive praxisabhängige Ansätze

34 Das genaue Verhältnis von Gerechtigkeitsforderungen zu bestimmen, die verschiedenen Kontexten zugeordnet sind, stellt ein schwieriges theoretisches Unterfangen dar. Es ist anzunehmen, dass die Beurteilungen verschiedener institutioneller Kontexte wechselseitig informiert sein sollten, wobei weder eine Superiorität des globalen noch des nationalstaatlichen Kontextes anzunehmen ist. In den Kap. VII.2 und VIII.2 komme ich nochmals auf diese Thematik zu sprechen.

stellt John Rawls' Theorie internationaler Gerechtigkeit dar, deren Defizite – insbesondere die fehlende Berücksichtigung globaler Hintergrundstrukturen – ich bereits ausführlich erläutert habe (siehe Kapitel IV.3). An dieser Stelle geht es nun darum, welche Gründe mit Rawls dafür angeführt werden könnten, dass strukturelle Gerechtigkeitsverantwortung keine globale Reichweite besitze, wie es die restriktiven praxisabhängigen Positionen behaupten. Da Rawls' Ausführungen im *Recht der Völker* allerdings etwas kursorisch bleiben, sind Interpreten darauf angewiesen, impliziten Annahmen nachzuspüren, die seinen theoretischen Weichenstellungen zugrunde liegen könnten. In einem ersten Versuch ließe sich zum Beispiel die folgende Kombination einer empirischen und einer normativen Annahme, die für die Beschränkung der Reichweite von struktureller Gerechtigkeitsverantwortung vorgebracht werden könnten, mit den Grundzügen von Rawls' Theorie internationaler Gerechtigkeit in Verbindung bringen: Weil die gesellschaftliche Grundstruktur das Iudicandum von sozialer Gerechtigkeit darstellt (normative Prämisse) und weil es keine globale Grundstruktur gibt (empirische Prämisse), kann es keine auf globale Institutionen bezogenen Gerechtigkeitsforderungen geben.[35] Diese Argumentation wäre allerdings in mehrfacher Hinsicht angreifbar. Denn erstens ist schon die Wahrheit der empirischen Prämisse davon abhängig, wie der Begriff der Grundstruktur genau verstanden wird. Hier ließe sich einwenden, dass Rawls schon für die Konsistenz seiner Gerechtigkeitskonzeption für den heimischen Kontext ein holistisches Verständnis sozialer Strukturen als Iudicandum der Gerechtigkeit zugrunde legen muss. Demnach besteht die gesellschaftliche Grundstruktur nicht nur aus einzelnen besonders wichtigen sozialen Institutionen (wie etwa einem mit Sanktionen durchgesetzten System positiven Rechts), sondern mit diesem Begriff wäre vielmehr die Gesamtheit sozialer Institutionen bezeichnet, die Einfluss auf die Hintergrundbedingungen von sozialen Interaktionen in einem Kontext nehmen.[36] Auf der Grundlage eines solchen ho-

35 Es sollte jedoch betont werden, dass sich diese Argumentstruktur nicht explizit bei Rawls findet. Sie basiert vielmehr auf einer um Konsistenz bemühten Gesamtinterpretation von Rawls' Konzeption internationaler Gerechtigkeit, die als solche aufgrund deren skizzenhaften Charakters nicht unumstritten sein kann.

36 Das diesem Einwand zugrunde liegende holistische Verständnis sozialer Strukturen wird in Kap. VII.2 genauer thematisiert.

listischen Verständnisses sozialer Strukturen jedoch wird die empirische These falsch. Denn nicht nur gibt es sehr einflussreiche Institutionen jenseits des Nationalstaates, darunter supra- und internationale Organisationen wie die EU, die UNO oder die WTO sowie Nichtregierungsorganisationen wie Greenpeace oder Oxfam. Zudem ist schon das auf der Zuerkennung von weitgehender staatlicher Souveränität beruhende Staatensystem selbst ein fundamentaler Bestandteil des gegenwärtigen *globalen Systems von Institutionen* und kann damit als Ausdruck einer globalen Grundstruktur im holistischen Sinn des Begriffs angesehen werden.[37]

Zweitens folgt selbst unter der Annahme eines strittigen und schon im nationalstaatlichen Kontext zu Anwendungsproblemen führenden engen Begriffs der Grundstruktur nicht, dass es keine auf den globalen Kontext bezogenen Gerechtigkeitsforderungen geben kann. Das zeigt die Variante eines solchen engen Verständnisses der gesellschaftlichen Grundstruktur, der zufolge diese zumindest ein staatliches Gewaltmonopol beinhalten müsse, so dass die empirische Prämisse, dass es im globalen Kontext keine Grundstruktur gebe, aufgrund des Fehlens eines solchen Gewaltmonopols wahr wird. Wird jedoch die so veränderte empirische Prämisse mit der normativen Prämisse kombiniert, dass die Grundstruktur das Iudicandum von Gerechtigkeitsforderungen ist, so folgt daraus immer noch nicht, dass auf globale Strukturen bezogene Gerechtigkeitsforderungen fehl am Platz sind. Selbst im Rahmen des engen Verständnisses der Grundstruktur könnte schließlich im Gegenteil gefolgert werden, dass der diagnostizierte Mangel aus Gründen der Gerechtigkeit beseitigt werden muss, das heißt, dass die institutionellen Bedingungen für eine diesen Namen verdienende globale Grundstruktur eben erst geschaffen werden müssen, um Hintergrundgerechtigkeit zu realisieren und die den gegenwärtigen Praktiken im globalen Kontext anhaftenden Gerechtigkeitsdefizite zu beheben.[38]

37 Für eine jüngere Darstellung einer solchen Sichtweise vgl. u. a. Buchanan, *Justice, Legitimacy, and Self-Determination*, S. 83-85. Charles Beitz hat wohl als Erster eingehender für die These argumentiert, dass die internationalen Beziehungen eine Grundstruktur besitzen, die Gegenstand von Gerechtigkeitsforderungen sein müsse. Vgl. ders., *Political Theory and International Relations*, S. 125 ff.

38 Vgl. zu dieser Argumentationslinie Abizadeh, »Cooperation, Pervasive Impact, and Coercion«, und Ronzoni, »The Global Order: A Case of Background Injustice?«.

Daher ließe sich selbst mit einem engen Verständnis von »Grundstruktur« kein gültiges Argument dafür präsentieren, dass die Gestaltung globaler Strukturen kein Gegenstand von Gerechtigkeitsforderungen sein kann.

Ich werde noch zeigen, wie globale Sozialstrukturen auch ohne ein globales Gewaltmonopol als Iudicandum moralischer Beurteilung zu begreifen und dabei in ein angemessenes Verhältnis zu nationalstaatlichen Institutionen zu setzen sind (siehe besonders das Kapitel VII). An dieser Stelle möchte ich jedoch noch eine vollständigere Argumentation untersuchen, die zu dem Schluss kommt, dass es keine Gerechtigkeitsforderungen von globaler Reichweite gebe. Thomas Nagel hat das wohl bekannteste Argument für die These präsentiert, dass das gegenwärtige System globaler Institutionen und die von ihm strukturierten Hintergrundbedingungen bei der Bestimmung dessen, was Gerechtigkeit im globalen Maßstab bedeutet, außen vor bleiben können, ja, ihm zufolge sind Institutionen und Strukturen im globalen Kontext ausdrücklich kein Gegenstand der Gerechtigkeit.[39] Nagel beantwortet die Frage, »was, wenn überhaupt etwas, Gerechtigkeit im Weltmaßstab bedeuten soll«,[40] mit der Zurückweisung von auf den globalen Kontext als solchen bezogenen Forderungen nach struktureller Gerechtigkeit. Gerechtigkeit auf der globalen Ebene könne es zwar geben, aber nur in dem Sinn, dass die Summe der kleineren Teile, das heißt derjenigen sozialen Einheiten, die der Gerechtigkeit oder Ungerechtigkeit jeweils nur fähig seien, ein gerechtes Ganzes ergebe. Schon die Idee, dass dieses Ganze selbst genuin gerecht oder ungerecht sein kann, muss aus Nagels Perspektive jedenfalls in Anbetracht der gegenwärtigen politischen Lage als Chimäre betrachtet werden. Momentan gebe es daher streng genommen weder globale Gerechtigkeit noch globale Ungerechtigkeit.

Diese etatistische Sichtweise auf das »Problem globaler Gerechtigkeit« (in diesem besonderen theoretischen Sinn von Nagels Aufsatztitel) ist spätestens auf den zweiten Blick weder selbstevident noch in irgendeiner Form konsensual, wie Nagel anzunehmen scheint, wenn er davon ausgeht, dass sie »von den meisten Menschen in den privilegierten Ländern dieser Welt anerkannt

39 Vgl. Thomas Nagel, »Das Problem globaler Gerechtigkeit« [2005], in: Broszies/Hahn (Hg.), *Globale Gerechtigkeit*, S. 104-145.

40 Ebd., S. 104.

wird«.[41] Diese Position bedarf vielmehr der Begründung durch den Rekurs auf haltbare Annahmen, von denen Nagel zwei zu liefern glaubt: eine normative und eine empirische. Die normative Annahme besagt, dass Forderungen distributiver Gerechtigkeit zwischen verschiedenen Gesellschaftsmitgliedern nur dort greifen können, wo zwei notwendige und zusammengenommen hinreichende Bedingungen erfüllt sind. Erstens müssen die Mitglieder des betreffenden gesellschaftlichen Kontextes einer Zwangsgewalt unterworfen sein, die das positiv geltende Recht unter Androhung und Anwendung von Sanktionen durchsetzt (Zwangsbedingung). Zweitens muss diese Sanktionsgewalt im Namen der Gesellschaftsmitglieder ausgeübt werden (Autorschaftsbedingung). Zusammengenommen liegen demnach notwendige und hinreichende Bedingungen für die Anwendung von Gerechtigkeitsnormen auf die gesellschaftliche Grundstruktur vor, wenn die Mitglieder dieses gesellschaftlichen Kontextes einerseits Untertanen einer ausgeübten Zwangsgewalt sind, insofern sie bestimmten per Zwang durchgesetzten Gesetzen zu gehorchen haben, und diese Autorität andererseits in ihrem Namen ausgeübt wird. In anderen Worten: Damit innerhalb einer Gesellschaft Gerechtigkeitsforderungen greifen können, müssen sich deren Mitglieder zugleich als Untertanen und Urheber einer über sie ausgeübten Zwangsgewalt begreifen können.[42] Diese Kombination von Annahmen lässt sich auch im Rahmen der für alle praxisabhängigen Ansätze anwendbaren Argumentstruktur A durch die Modifikation der Prämissen (3b) und (4) zu (3b′) und (4‴) ausdrücken, woraus sich die restriktive praxisabhängige *Argumentstruktur A‴* ergibt:

(1) Wenn innerhalb eines gesellschaftlichen Kontextes gerechtigkeitssensitive Praktiken vorliegen, ist es geboten, die

41 Ebd., S. 120. Zumindest hinsichtlich dieser spezifischen begrifflichen Unterscheidungen handelt es sich meines Erachtens um eine dezidiert theoretische Perspektive, die sich keinesfalls in Tendenzen alltäglicher Moralurteile darüber widerspiegelt, was globale Gerechtigkeit in unserer Welt bedeuten kann. Anders stellt sich meines Erachtens die Lage dar, wenn man nur auf die Konsequenzen von Nagels etatistischer Sicht sieht, insbesondere auf ihre Negation von Gerechtigkeitspflichten gegenüber Menschen in extremer Armut, die (leider) auch auf der Ebene alltäglicher Moralurteile zu beobachten ist.

42 Vgl. ebd., S. 122.

für diesen Kontext maßgeblichen Institutionen so zu gestalten, dass sie der Gerechtigkeitsnorm N* entsprechen.

(2) Wenn es geboten ist, dass die für einen gesellschaftlichen Kontext maßgeblichen Institutionen der Gerechtigkeitsnorm N* entsprechen, dann haben alle diesem Kontext zugehörigen Personen (und nur sie) eine gemeinsame Gerechtigkeitsverantwortung, die für diesen Kontext maßgeblichen Institutionen so zu gestalten, dass sie der Gerechtigkeitsnorm N* entsprechen.

(3b′) Gerechtigkeitssensitive Praktiken zeichnen sich genau dadurch aus, dass die Mitglieder des betreffenden gesellschaftlichen Kontextes zugleich Untertanen und Urheber einer über sie ausgeübten Zwangsgewalt sind.

(4‴) Nur im Kontext einzelner nationalstaatlicher Gesellschaften mit bestimmten politischen Partizipationsmöglichkeiten sind die Gesellschaftsmitglieder zugleich Untertanen und Urheber einer über sie ausgeübten Zwangsgewalt.

(5‴) Konklusion K_A''' (aus 1, 2, 3b′ und 4‴): Also haben jeweils nur die Mitglieder einzelner nationaler Gesellschaften mit bestimmten politischen Partizipationsmöglichkeiten eine gemeinsame Gerechtigkeitsverantwortung, die für ihre Gesellschaft maßgeblichen sozialen Institutionen so zu reformieren, dass sie insgesamt der Gerechtigkeitsnorm N* entsprechen.

Beim Blick auf A‴ als weitere Variante einer praxisabhängigen Begründung der Reichweite von Gerechtigkeitsforderungen wird zunächst deutlich, dass die empirische Prämisse (4‴) vergleichsweise unstrittig ist. Während die Rawls zugeschriebene Annahme, dass es im globalen Kontext keine Grundstruktur gebe, hinsichtlich des genauen darin zum Tragen kommenden Verständnisses dessen, was die gesellschaftliche Grundstruktur ausmacht, unterbestimmt ist, und damit ohne weitere theoretische Annahmen weder ad hoc verifizierbar noch falsifizierbar ist, lässt sich Nagels empirische Prämisse relativ einfach verifizieren. Zwar lassen sich, obwohl es kein globales Gewaltmonopol gibt, auch im globalen Kontext diverse Zwangsmechanismen identifizieren – etwa die durch die WTO institutionalisierten Sanktionen von Verstößen gegen Regeln des Welthandelsregimes. Doch bei den diesen Zwangsmechanismen unterliegenden Akteuren handelt es sich nicht um Individuen, sondern um Kollektive, wodurch die Autorschaftsbedingung im strengen Sinn der gemeinsamen Autorschaft von individuellen Gesellschaftsmitgliedern nicht erfüllt ist.

Die Frage, ob die empirische Prämisse (4‴) mit Verweis auf zumindest entfernt analoge Strukturen im globalen Kontext nicht doch falsifizierbar ist, kann schon deshalb in den Hintergrund treten, weil die normative Prämisse (3b′) in jedem Fall problematisch ist. Sie erweist sich in der Tat als unplausible Formulierung sowohl hinreichender als auch notwendiger Bedingungen für die Geltung von Gerechtigkeitsnormen. Es ist eine höchst unorthodoxe, um nicht zu sagen kontraintuitive Annahme, dass gerechtigkeitssensitive Praktiken *nur* dort vorliegen, wo die Mitglieder des betreffenden gesellschaftlichen Kontextes zugleich Untertanen und Urheber einer über sie ausgeübten Zwangsgewalt sind. Wäre dem tatsächlich so, so müssten beispielsweise autoritäre Regime, deren Herrscher ihren Untertanen Zwang auferlegen, ohne dass die Gewaltherrschaft auch im Namen des Volkes ausgeübt wird, als Zonen begriffen werden, auf die sich weder Gerechtigkeits- noch Ungerechtigkeitsurteile anwenden ließen. Es darf so gesehen durchaus bezweifelt werden, dass Nagel gute Gründe für eine Beschränkung von Gerechtigkeitsforderungen auf den nationalstaatlichen Kontext liefert, die seine Sicht auf die Domäne der Gerechtigkeit rechtfertigt. Dabei sei durchaus zugestanden, dass in den Fällen, in denen Nagels normative Bedingungen erfüllt sind, Gerechtigkeitskontexte spezieller Art vorliegen, die sich hinsichtlich der jeweiligen Anforderungen für gerechte Hintergrundbedingungen von anderen Gerechtigkeitskontexten unterscheiden können. Doch das doppelte Kriterium der gemeinsamen Autorschaft über ein gemeinsames sanktionsbewährtes Regelsystem kann nicht plausibel machen, warum andere gesellschaftliche Kontexte, die dieses Kriterium nicht erfüllen, nicht ebenfalls durch gerechte oder ungerechte Hintergrundbedingungen ausgezeichnet sein können. Nagel scheitert also in seinem Vorhaben, notwendige und hinreichende Bedingungen für die Existenz von Gerechtigkeitsforderungen in sozialen Kontexten auszuweisen.

Wohlgemerkt: Obwohl die von Nagel skizzierte etatistische Position klare Grenzen für die Reichweite von Gerechtigkeitsverantwortung zieht, gesteht sie zu, dass es grenzüberschreitende Relationen von allgemeinmenschlicher moralischer Verantwortung gibt.

Nagel beschäftigt sich sogar ausdrücklich mit der Möglichkeit der Kombination von Forderungen einer »minimale[n] humanitäre[n] Moral«[43] mit seiner als besonderer Verantwortung konzipierten restriktiven Gerechtigkeitsverantwortung. Diese auf rein allgemeinmenschlicher Grundlage basierende humanitäre Moral schließe nicht nur Unterlassungsgebote ein, sondern auch »die Pflicht, anderen Menschen in schweren Notlagen zu helfen«.[44] Weil eine effektive Hilfe nicht ohne die Mithilfe von Institutionen im globalen Kontext möglich sei und weil es zur Erhöhung der Effektivität der Hilfe für nötig befunden werden könne, globale Institutionen mit größerer Durchsetzungsmacht und eventuell sogar mit Zwangsgewalt auszustatten, kann dies laut Nagel langfristig einen Prozess in Gang setzen, an dessen Ende die momentan rein auf den nationalen Kontext beschränkten Geltungsgründe der Gerechtigkeit auch im globalen Kontext gegeben seien.[45] In den Begriffen dieser Untersuchung formuliert bedeutet dies, dass die aus allgemeinmenschlichen, humanitären Gründen gebotene Reform globaler Institutionen dazu führen könnte, dass zu einem späteren Zeitpunkt auch die Bedingungen für die Zuschreibung von struktureller Gerechtigkeitsverantwortung erfüllt sind.[46] Die Vereinbarkeit eines restriktiven praxisabhängigen Ansatzes wie desjenigen von Nagel mit Annahmen, welche die allgemeinmenschliche humanitäre Verantwortung von globaler Reichweite ausdrücken, lässt sich formal durch eine Ergänzung der allgemeinen praxisabhängigen Argumentstruktur A durch weitere normative Prämissen darstellen. Nagels Ansatz könnte zum Beispiel durch die Ergänzung der Argumentstruktur A‴ durch die Prämissen (6) und (7) zum Ausdruck gebracht werden.

43 Ebd., S. 126.

44 Ebd.

45 Vgl. ebd., S. 141 ff.

46 Dass Nagel hierin ein *Problem* sieht, bestätigt meines Erachtens die Zweifel an seiner Gesamtkonzeption, die tatsächlich konträre Motive enthält: Während aus Sicht der humanitären Moral die Reform globaler Institutionen im Einklang mit den postulierten Humanitätsstandards geboten wäre, würde das »Gerechtigkeitsansinnen« davon abraten, um nicht zu »vergrößerten internationalen Verantwortlichkeiten« (ebd., S. 142) zu führen. Für Nagel stellt dieses Spannungsverhältnis ein »Dilemma« (ebd., S. 141) dar. Der hier formulierten Kritik an Nagel zufolge ist es jedoch eher als Ausdruck einer Position zu werten, die auf einer konfusen normativen Begrifflichkeit basiert.

(6) UA: Alle Menschen sind als Adressaten von moralischer Achtung zu behandeln.
(7) Wenn alle Menschen als Adressaten von moralischer Achtung zu behandeln sind, dann fällt unabhängig von der Reichweite von Gerechtigkeitsverantwortung allen Menschen, und insbesondere den Bessergestellten, denen vergleichsweise viele Handlungsoptionen zur Verfügung stehen, eine gemeinsame humanitäre Verantwortung zu, soziale Institutionen im globalen Kontext so zu gestalten, dass sie bestimmten Humanitätsstandards H* entsprechen.
(8) (aus 6 und 7) Unabhängig von der Reichweite von Gerechtigkeitsverantwortung fällt allen Menschen, und insbesondere den Bessergestellten, denen vergleichsweise viele Handlungsoptionen zur Verfügung stehen, eine gemeinsame humanitäre Verantwortung zu, soziale Institutionen im globalen Kontext so zu gestalten, dass sie bestimmten Humanitätsstandards H* entsprechen.

Die Schlussfolgerung (8) lässt sich nun unproblematisch mit K_A''' fusionieren, so dass sich im Rahmen einer restriktiven praxisabhängigen Position die folgende übergreifende Aussage formulieren lässt:

(9) (aus K_A''' und 8) Nur die Mitglieder einzelner nationaler Gesellschaften mit bestimmten politischen Partizipationsmöglichkeiten haben gegenüber den anderen Mitgliedern ihrer Gesellschaft eine gemeinsame Gerechtigkeitsverantwortung, die für ihre Gesellschaft maßgeblichen sozialen Institutionen so zu reformieren, dass sie insgesamt der Gerechtigkeitsnorm N* entsprechen. Doch unabhängig von der Reichweite von Gerechtigkeitsverantwortung fällt allen Menschen, und insbesondere den Bessergestellten, denen vergleichsweise viele Handlungsoptionen zur Verfügung stehen, eine gemeinsame humanitäre Verantwortung zu, soziale Institutionen im globalen Kontext so zu gestalten, dass sie bestimmten Humanitätsstandards H* entsprechen.

Natürlich kann, wie weiter oben schon angedeutet, auch eine nichtrestriktive praxisabhängige Position durch Annahmen hinsichtlich der globalen Reichweite von allgemeinmenschlicher humanitärer Verantwortung, die keine Gerechtigkeitsverantwortung ist, ergänzt werden. Dies könnte beispielsweise durch die Ergänzung der Argumentstruktur A′ durch (8) zum Ausdruck gebracht werden, so dass dies dann zu einer Position führt, wonach heute *sowohl* Gerechtigkeitsverantwortung *als auch* Humanitätsverantwortung eine globale Reichweite haben, auch wenn diese natürlich nicht denselben Inhalt haben müssen.[47] Diese Position könnte wie folgt wiedergegeben werden:

> (10) (aus K_A' und 8) Alle dem globalen Kontext zugehörigen Personen tragen gegenüber allen anderen eine gemeinsame Gerechtigkeitsverantwortung, die für den globalen Kontext maßgeblichen sozialen Institutionen so zu reformieren, dass sie insgesamt mit der Gerechtigkeitsnorm N* konform gehen. *Zusätzlich* fällt allen Menschen, und insbesondere den Bessergestellten, denen vergleichsweise viele Handlungsoptionen zur Verfügung stehen, eine gemeinsame humanitäre Verantwortung zu, soziale Institutionen im globalen Kontext so zu gestalten, dass sie bestimmten Humanitätsstandards H* entsprechen.

V.3 Zum begründungspluralistischen Konsens über die globale Reichweite von struktureller Verantwortung

Es sollte deutlich geworden sein, warum sich trotz aller Unterschiede und Meinungsverschiedenheiten zwischen praxisunabhängigen und nichtrestriktiven sowie restriktiven praxisabhängigen Perspektiven auf die Geltungsgründe und die Reichweite von Gerechtigkeitsnormen ein Konsens hinsichtlich der globalen Reichweite von

47 Diese Variante deckt sich der Tendenz nach mit einer Position, auf die Theoretiker in einer etwas anderen Terminologie verweisen, wenn sie die prinzipielle Vereinbarkeit von als Hilfspflichten verstandenen positiven Pflichten und als Gerechtigkeitspflichten konzipierten negativen Pflichten betonen. Vgl. dazu bes. Thomas Pogge, »Severe Poverty as a Human Rights Violation. Reply to the Critics«, in: *Ethics & International Affairs* 19 (2005), S. 55-83, hier S. 66, und Barbara Bleisch, *Pflichten auf Distanz*, Berlin, New York 2010, S. 177, die diesbezüglich von einem »Pflichtenpluralismus« spricht.

struktureller moralischer Verantwortung abzeichnet. Letztlich sind sich nämlich alle in meinem Sinne vernünftigen Positionen einig, dass es eine moralisch begründete Verantwortung von globaler Reichweite gibt, soziale Strukturen so zu gestalten, dass bestimmte minimale normative Standards der würdevollen Behandlung von Menschen erfüllt sind, obwohl die vorgestellten Ansätze erheblich dahingehend variieren, aus genau welchen Gründen diese Form von Verantwortung gegeben ist. Während praxisunabhängige Begründungen der globalen Reichweite von Gerechtigkeitsforderungen diese in Begriffen einer *allgemeinmenschlichen Gerechtigkeitsverantwortung* formulieren, sehen nichtrestriktive praxisabhängige Positionen die moralische Relation zwischen Menschen im globalen Kontext durch eine *besondere Gerechtigkeitsverantwortung* konstituiert, die ihre Geltung aus der Existenz bestimmter gerechtigkeitssensitiver Praktiken bezieht. Überhaupt sind praxisabhängige Positionen generell – das heißt unabhängig davon, ob es sich um restriktive oder nichtrestriktive Spielarten handelt – mit Konzeptionen von *allgemeinmenschlicher humanitärer Verantwortung* von globaler Reichweite vereinbar, auch wenn die Reichweite von Gerechtigkeitsverantwortung mit Verweis auf verschiedene gerechtigkeitssensitive Praktiken eingeschränkt wird. Denn Letzteres darf nicht mit der Negation von allgemeinmenschlich konzipierter Humanitätsverantwortung von globaler Reichweite verwechselt werden.

In Anbetracht dieses breiten theoretischen Konsenses ist es nicht ganz abwegig zu fragen, ob es denn letztendlich überhaupt einen großen Unterschied macht, ob Weltarmutsverantwortung aus Gründen der geteilten Humanität, aus Gründen der Gerechtigkeit oder mit Blick auf eine Kombination aus beiden Typen von normativen Gründen eingefordert werden kann. Beispielsweise wird manchmal angenommen, dass Weltarmutsverantwortung nur vergleichsweise schwache moralische Forderungen an uns stellt, wenn sie tatsächlich nur als allgemeinmenschlich begründete Humanitätsverantwortung und nicht als Gerechtigkeitsverantwortung konzipiert werden kann. Ich glaube, dass eine solche Antwort zu kurz greift, möchte die Erörterung des Gewichts von Weltarmutsverantwortung jedoch im Moment noch zurückstellen.[48]

48 An späterer Stelle wird sich zeigen, dass und wie die Frage nach der spezifischen Klassifikation von Weltarmutsverantwortung und die Frage nach ihrem

Im nächsten Kapitel geht es zunächst um eine eingehende Auseinandersetzung mit den *Inhalten* von struktureller Weltarmutsverantwortung. Wie oben herausgearbeitet, muss jede sinnvolle Zuschreibung von struktureller Verantwortung zwei systematische Ebenen berücksichtigen: die Ebene der Begründung eines normativen Standards für die Beurteilung sozialer Institutionen und die Ebene der Begründung normativer Kriterien für die Zuschreibung von Verantwortung an Individuen, die als Mitglieder von relevanten Gruppen auf die Reform von Institutionen entsprechend des auf der ersten Ebene liegenden Standards hinwirken sollen. Ebenfalls wurde bereits gesagt, dass es auf der ersten Ebene möglich ist, im Rahmen der Konzipierung von struktureller Verantwortung als Gerechtigkeitsverantwortung oder als Humanitätsverantwortung ganz unterschiedliche Prinzipien für die Gestaltung von gesellschaftlichen Institutionen in Anschlag zu bringen. Dazu gehören *Schwellenprinzipien* (wie Menschenrechtsstandards), aber auch *komparative Prinzipien* (wie Chancengleichheitsprinzipien oder das Rawls'sche Differenzprinzip). Das in diesem Kapitel entwickelte übergreifende Argument für eine pluralistisch begründete strukturelle Verantwortung von globaler Reichweite ist durchaus noch vage mit Blick auf die jeweils zur Beurteilung gesellschaftlicher Institutionen heranzuziehenden normativen Standards. Sowohl die praxisabhängige als auch die praxisunabhängige Argumentstruktur waren jeweils durch verschiedene Prämissen konkretisierbar, die angeben, welche normativen Standards genau als Gerechtigkeitsstandards zur Beurteilung sozialer Institutionen heranzuziehen sind. Diese Vagheit hatte aber insofern ihren Sinn, als die Voraussetzung bestimmter substantieller Gerechtigkeitsstandards für die Beurteilung gesellschaftlicher Institutionen eigens begründungsbedürftig ist, und zwar unabhängig davon, ob es sich um eine praxisunabhängige oder praxisabhängige Begründung der Reichweite von Gerechtigkeitsnormen handelt.[49] Dieselbe inhaltliche Offenheit besteht nun auch für die zur Gerechtigkeitsverantwortung komplementäre Humanitätsverantwortung, was formal durch die

Gewicht tatsächlich in einem bestimmten Zusammenhang stehen. Siehe dazu unten, Kap. VIII.3.

49 Das bedeutet allerdings nicht, dass solche Begründungen nicht auf die spezifischen Geltungsgründe der Gerechtigkeit Bezug nehmen sollten – das Gegenteil liegt vielmehr nahe.

Ergänzung der bisher formulierten Varianten von A durch eine der folgenden beispielhaften Prämissen (11)-(11″) darstellbar ist:

(11) Die Gewährleistung basaler Menschenrechte ist ein angemessener Standard H* für die Zuschreibung von globaler Humanitätsverantwortung.
(11′) Die Realisierung basaler Fähigkeiten ist ein angemessener Standard H* für die Zuschreibung von globaler Humanitätsverantwortung.
(11″) Der universale Zugang zu adäquater Nahrung und sauberem Trinkwasser ist ein angemessener Standard H* für die Zuschreibung von globaler Humanitätsverantwortung.

Es liegt also nahe, als Nächstes zu untersuchen, welcher substantielle normative Standard unter begründungspluralistischen Gesichtspunkten am besten für die Zuschreibung von Weltarmutsverantwortung geeignet ist. Dass in den Alternativen (11)-(11″) ausnahmslos *Schwellenstandards* zum Ausdruck kommen, ist, wie sich herausstellen wird, kein Zufall. Das übergeordnete Ziel wird sein, analog zum begründungspluralistischen Konsens über die *globale Reichweite* von struktureller Verantwortung einen ebensolchen Konsens über den *Inhalt* der dieser Verantwortung zugrunde liegenden *normativen Standards* herauszuarbeiten. Ich werde im nächsten Kapitel dafür argumentieren, dass sich diesbezüglich ein Standard *basaler Menschenrechte*, verstanden als Rechte auf den Zugang zu Grundgütern, besonders gut eignet.

VI. Menschenrechte als begründungspluralistischer Standard von Weltarmutsverantwortung

Im letzten Kapitel zeigte sich, dass die Reichweite von struktureller moralischer Verantwortung in begründungspluralistischer Hinsicht global ist, obwohl es vernünftige Meinungsverschiedenheiten darüber gibt, warum dies der Fall ist. Es wurde somit deutlich, dass es eine gemeinsame moralische Verantwortung dafür gibt, die normativen Defizite von sozialen Institutionen und Strukturen im globalen Kontext zu beheben. Bis zu diesem Punkt habe ich jedoch noch nicht explizit dafür argumentiert, welcher inhaltliche Standard dafür genau maßgeblich sein sollte, sondern nur einige mögliche Kandidaten genannt. Der Zweck dieses Kapitels ist es nun zu zeigen, dass es einen inhaltlich gehaltvollen Minimalstandard gibt, der für ein breites Spektrum grundsätzlicher Positionen konsensfähig ist, da er für verschiedene Rechtfertigungsweisen offen ist. Ziel ist also die Formulierung möglichst spezifischer und dennoch konsensfähiger Normen für die Zuschreibung von Weltarmutsverantwortung. Ich werde dafür argumentieren, dass ein *Standard basaler Menschenrechte*, die ich als Rechte auf Zugang zu Grundgütern auffassen werde, diesem Desiderat besonders gut entspricht.

VI.1 Zum Verständnis des Armutsbegriffs

Was hat Armut eigentlich genau mit Menschenrechten zu tun? Wie eng ist der Zusammenhang zwischen der Forderung, Armut abzuschaffen und derjenigen, Menschenrechte zu schützen? Man könnte meinen, dass es bei Armut primär um materielle Entbehrungen gehe, während Menschenrechtsdefizite umfassender auch auf immaterielle Güter wie Sicherheit oder politische Mitbestimmung bezogen seien. Es lässt sich zeigen, dass das so nicht stimmt, aber dazu bedarf es eines genaueren Blicks auf den Armutsbegriff. Diesbezüglich lautet die erste wichtige Feststellung, dass *Armut* ein *normativer Begriff* ist, der in evaluativen und präskriptiven Urteilen Verwendung findet. Aufgrund dessen kann der Armutsbegriff ähnlich wie andere normative Grundbegriffe zur Evaluation der sozialen Welt (wie die Begriffe der Gerechtigkeit oder der Demokratie) als ein wesentlich umstrittener Terminus gelten,[1] weshalb es nicht ganz leicht ist, eine stabile Begriffsbestimmung anzugeben. Allgemein lässt sich zwar sagen, dass Armut einen Mangelzustand bezeichnet, doch dabei bleibt noch unbestimmt, woran es einem Individuum *genau* mangeln muss, damit es als arm beziehungsweise in Armut lebend gelten kann. In dieser Hinsicht wird häufig noch zwischen *absoluter Armut*, die einen absoluten Mangel an etwas involviert, und *relativer Armut* unterschieden, die aus einem spezifischen Ungleichheitsverhältnis zwischen den in Armut lebenden Menschen und den nicht von Armut betroffenen Mitgliedern einer Gesellschaft herrührt. Armut liegt also offensichtlich nicht bei jeder Art von Mangel vor, sondern nur bei spezifischeren Entbehrungen, die genauer auf den Begriff zu bringen sind.

Schon diese knappen Bemerkungen verdeutlichen, dass es konkreter Kriterien bedarf, die angeben, bei welchen Entbehrungen es sich genau um Armut handelt. Gesucht ist demnach eine *Armutsmetrik*, auf deren Grundlage zwischen armen und nichtarmen Teilen der Bevölkerung innerhalb verschiedener sozialer Kontexte unterschieden werden kann. *Monetäre Metriken* sind die wohl am häufigsten verwendete Art. Ihnen zufolge leben Menschen in Armut, wenn ihr Einkommen oder ihre Konsumausgaben unter einer bestimmten Grenze liegen. Zu denken ist hier beispielsweise an die regelmäßig aktualisierte internationale Armutsgrenze der Weltbank, der zufolge derzeit als arm gilt, wer von weniger als 1,25 beziehungsweise 2 US-Dollar pro Tag leben muss. Sie ist schon allein deshalb bedeutsam, weil sie zumindest im Moment noch immer die einzige Metrik darstellt, die beansprucht, die Zahl der weltweit in extremer (unter 1,25 US-Dollar) und schwerer Armut (unter 2 US-Dollar) lebenden Personen anzugeben. Aus diesem Grund wird die Weltbank-Armutsgrenze standardmäßig herangezogen, um vermeintliche Fortschritte hinsichtlich des Ziels der Verringerung von globaler Armut zu verkünden. Ihre Aussagekraft ist jedoch aus mehreren Gründen zweifelhaft. Erstens gibt sie aufgrund der dün-

1 Vgl. hierzu Walter B. Gallie, »Essentially Contested Concepts«, in: *Proceedings of the Aristotelian Society* 56 (1955/1956), S. 167-198. Obwohl Gallie den Armutsbegriff nicht explizit als Beispiel eines wesentlich umstrittenen Begriffs diskutiert, treffen die von ihm entwickelten allgemeinen Kriterien auch auf diesen zu.

nen empirischen Datenlage sowie einer angreifbaren Methodologie allenfalls einen vagen Trend wieder.[2] Zweitens haftet der Ermittlung der Zahl der Menschen in Armut anhand einer monetären Metrik insofern etwas Willkürliches an, als dass schon eine kleine Veränderung von einzelnen monetären Parametern eine Fortschrittsillusion erzeugen kann, zu der es in der Realität keine Entsprechung gibt. Angenommen beispielsweise, es lägen überproportional viele Menschen nur knapp oberhalb einer neu festgelegten Armutsgrenze, so spräche das wahrscheinlich eher gegen die Bemessungsgrundlage als dafür, dass reale Fortschritte in der Armutsbekämpfung erzielt wurden.[3] Drittens ist stets im Auge zu behalten, dass es sich bei den in die Vermessung der Weltarmut involvierten Organisationen wie der Weltbank um im weiteren Sinn politische Akteure handelt, die eine eigene Agenda verfolgen und unter Zwängen stehen, die dem Anliegen einer möglichst objektiven Lageeinschätzung entgegenstehen können. Ein vierter Kritikpunkt ist allgemeinerer Natur, darum aber besonders einschlägig. Er besagt, dass selbst die zuverlässigsten Informationen über das Einkommen von Individuen nur bedingt Rückschlüsse auf ihre jeweilige Lebensqualität zuließen, da Unterschiede in ihrem Umfeld und ihren individuellen Fähigkeiten und Talenten einen entscheidenden Einfluss darauf haben, welche Finanzmittel sie jeweils für ein menschenwürdiges Leben benötigen.

Aus all diesen Gründen betonen Theoretiker und Praktiker der

2 Insbesondere Sanjay Reddy und Thomas Pogge haben die von der Weltbank verwendete Methodologie zur Bemessung globaler Armut einer grundlegenden Kritik unterzogen. In ihren Augen ist die »1,25 US-Dollar pro Tag«-Armutsgrenze nicht nur zu niedrig, sondern auch willkürlich angesetzt. Ihre Anwendung führe dazu, dass das Problem der Weltarmut unterschätzt werde. Die Weltbank-Methodologie enthalte einen wissenschaftlich fragwürdigen Bezug auf Kaufkraftparitäten, die in Verbindung mit Warenkörben ermittelt werden, welche für das Leben von Menschen in extremer Armut gar nicht repräsentativ seien, da ihnen die Mittel fehlen, um viele der in ihnen enthaltenen Güter zu erstehen. Darüber hinaus basieren die Weltbankzahlen auf Haushaltsbefragungen und setzen bei Haushaltseinkommen als basalen Datenerhebungseinheiten an, wodurch intrafamiliäre Ungleichheiten und Entbehrungen von Frauen und Kindern kaschiert werden können. Vgl. Sanjay G. Reddy, Thomas Pogge, »How *Not* to Count the Poor«, in: Sudhir Anand u. a. (Hg.), *Debates on the Measurement of Global Poverty*, Oxford 2010, S. 42-114.

3 Vgl. Thomas Pogge, »Die Entwicklung moralisch plausibler Indizes für Armut und Geschlechtergleichstellung: ein Forschungsprogramm«, in: *Zeitschrift für Politik* 56 (2009), S. 300-327.

Entwicklungspolitik seit längerem, dass die monetäre Dimension von Armut nicht verabsolutiert werden darf, sondern Armut vielmehr als ein *multidimensionales Phänomen* zu begreifen sei.[4] Dieser Punkt betrifft nicht nur die auf *absolute Armut* abzielende Weltbankmetrik, sondern alle monetären Metriken, das heißt auch solche zur Ermittlung von *relativer Armut* (die in der Praxis häufig am Durchschnittseinkommen einer Gesellschaft Maß nehmen). Wenn es um die Frage geht, ob in einem bestimmten Zeitraum Fortschritte bei der Bekämpfung von Armut erzielt wurden, sind daher monetäre Indikatoren stets in ein angemessenes Verhältnis zu nichtmonetären Gesichtspunkten zu bringen, die über die Lebensqualität von Menschen in Armut Auskunft geben können. In praktischer Hinsicht kommt der Etablierung einer multidimensionalen Metrik zur Bemessung von globaler Armut eine nicht zu unterschätzende Bedeutung zu.[5] Denn die verbesserte Vermessung der Weltarmut wird auch zu einem besseren Verständnis ihrer vielfältigen Ursachen führen, was wiederum der Implementierung von effektiveren Strategien der Armutsbekämpfung zugutekommen kann. In stärker normativer Hinsicht ist die entscheidende Schlussfolgerung aus der Kritik an einem eindimensionalen Armutsverständnis, dass bei der Zuschreibung von Armutsverantwortung insbesondere nichtmonetäre Aspekte wie der Zugang zu sauberer Luft, angemessener Nahrung und sauberem Trinkwasser sowie zu Gesundheitsfürsorge und Bildung erfasst werden müssen, weil Armut in der Realität ein komplexes Phänomen ist.

Aus den genannten Gründen ist auch der in diesem Kapitel zu begründende *Menschenrechtsstandard* als Kriterium für die Zuschreibung von struktureller Weltarmutsverantwortung multi-

4 Amartya Sen hat durch seine Kritik an eindimensionalen Armutsmetriken und durch den zusammen mit Martha Nussbaum entwickelten Fähigkeitenansatz einen wichtigen Beitrag dazu geleistet, dass Armut in der Entwicklungspolitik zunehmend als ein multidimensionales Phänomen aufgefasst wird. Vgl. ders., *Ökonomie für den Menschen. Wege zu Gerechtigkeit und Solidarität in der Marktwirtschaft,* München 2002 [Orig. 1999], sowie die Literaturhinweise unten in VI.4.1.

5 In Gestalt der sog. Alkire-Foster-Methode wurde kürzlich eine neue Bemessungsgrundlage vorgeschlagen, mit der sich die Zahl der weltweit in Armut lebenden Personen angeben lasse und die der Multidimensionalität von Armut gerecht werden soll. Vgl. Sabina Alkire u. a., *Multidimensional Poverty Measurement and Analysis*, Oxford 2015.

dimensional. Weil es dabei um eine normative Grundlage für die Verantwortung Bessergestellter gegenüber Menschen in *extremer* Armut geht, handelt es sich außerdem um einen Schwellenstandard. Damit wird jedoch schon allein aufgrund des pluralistischen Begründungsmodells keinerlei abschließendes Urteil über den Stellenwert der relativen Dimension von Armut gefällt. Die pluralistische Begründung dieses Standards erfüllt genau genommen einen doppelten Zweck. Sie trägt zum einen der umstrittenen Natur des Armutsbegriffs Rechnung, insofern sie einen Konsens zwischen einer Reihe von grundsätzlichen normativen Perspektiven darauf repräsentiert, zu welchen materiellen und nichtmateriellen Gütern Menschen mindestens Zugang haben sollten, ohne zu präjudizieren, zu welchen Gütern sie insgesamt Zugang haben sollten, um ein Leben jenseits von Armut zu führen. Zum anderen entspricht sie natürlich auch der umfassenden Rahmenmethodologie der vorliegenden Theorie globaler Verantwortung, die schon bei der pluralistischen Begründung der globalen Reichweite von Verantwortung zur Geltung kam (siehe Kapitel V). Im Folgenden möchte ich also darlegen, dass es einen *basalen Menschenrechtsstandard* gibt, an dem sich Anstrengungen zur Bekämpfung von globaler Armut sinnvollerweise orientieren können. Dieser Standard baut auf einem multidimensionalen Armutsverständnis auf und ist zugleich offen für eine Pluralität von konkurrierenden normativen Perspektiven auf die Gestaltung der sozialen Welt.

VI.2 Die Iudicanda von Menschenrechtsnormen

Da ich in diesem Buch zeige, dass bestimmte Menschenrechtsnormen als begründungspluralistischer Standard für die Zuschreibung von *struktureller Verantwortung* geeignet sind, geht es nicht primär um angemessene Normen für interpersonale Interaktionen, sondern um solche für die Gestaltung sozialer Institutionen.[6] Dennoch

6 Innerhalb des übergreifenden Projekts der Begründung einer Theorie der globalen Verantwortung ist die Argumentation in diesem Kapitel noch immer auf der ersten der beiden in methodologischer Hinsicht konstitutiven Ebenen angesiedelt, auf der es primär um die Rechtfertigung von Standards für die Evaluation von Institutionen geht. Erst an späterer Stelle geht es schwerpunkthaft um die darauf aufbauende zweite Frage, wie verschiedenen *Subjekten* strukturelle Weltarmuts-

möchte ich betonen, dass ich nicht die mit diesem Fokus auf Institutionen bisweilen assoziierte, aber prinzipiell davon abtrennbare Position vertrete, dass Menschenrechte *ausschließlich* als Standards zur Evaluation sozialer Institutionen, nicht aber interpersonalen Verhaltens dienen sollen. Ich halte es also keineswegs für sinnentstellend, davon zu sprechen, dass Menschenrechtsnormen zugleich auch interpersonalem Verhalten moralische Schranken setzen.[7]

Zum besseren Verständnis dieser das Iudicandum von Menschenrechtsurteilen betreffenden Thematik ist es sinnvoll, den Gedankengang an einige schon etwas weiter zurückliegende argumentative Stränge zurückzubinden. Weiter oben (besonders in Kapitel IV.2) habe ich dafür argumentiert, dass Zuschreibungen von struktureller und interpersonaler Verantwortung prinzipiell miteinander kompatibel sind. In diesem Zusammenhang habe ich erstens hervorgehoben, dass die Beurteilung sozialer Institutionen und ihres Einflusses auf die Hintergrundbedingungen interpersonalen Verhaltens eine parallele Beurteilung interpersonalen Verhaltens keineswegs ausschließt, da Letzteres zwar von diesen Hintergrundbedingungen bedingt, aber nicht vollständig determiniert ist. Zweitens wurde deutlich, dass ein und dieselben Subjekte nicht nur in der interpersonalen Dimension für ihre Handlungen retrospektiv und prospektiv zur Verantwortung gezogen werden können, sondern daneben auch eine strukturelle moralische Verantwortung zur Veränderung von Hintergrundbedingungen tragen können. Die theoretischen Divergenzen in Bezug auf die Frage des Iudicandums von Menschenrechtsurteilen lassen sich durch diese allgemeine Kompatibilitätsthese allein zwar noch nicht auflösen,

verantwortung auf der Grundlage zusätzlicher normativer Kriterien zugeschrieben werden kann. Siehe dazu bes. Kap. VIII.

7 Dadurch unterscheidet sich die hier vertretene Position von der frühen inkompatibilistischen Version des sog. institutionellen Menschenrechtsverständnisses, die Thomas Pogge einst vertreten (vgl. ders., *World Poverty and Human Rights*, Cambridge 2002, S. 65), aber mittlerweile durch den Verweis auf die Kompatibilität mit dem in seinen Worten »interaktionalen« Verständnis von Menschenrechten korrigiert hat (vgl. ders., »Responses to Critics«, in: Alison Jaggar [Hg.], *Thomas Pogge and His Critics*, Cambridge 2010, S. 175-250, hier S. 199). Zur Frage einer derartigen Kompatibilität vgl. auch Christoph Menke, Arnd Pollmann, *Philosophie der Menschenrechte*, Hamburg 2007, S. 29 ff. und 32 ff., sowie Allen Buchanan, *Justice, Legitimacy, and Self-Determination. Moral Foundations for International Law*, Oxford 2004, S. 123.

denn es könnte der allgemeinen Vereinbarkeit von struktureller und interpersonaler Verantwortung zugestimmt und trotzdem bestritten werden, dass Menschenrechte als Standards für die Beurteilung interpersonalen Verhaltens in Frage kommen. Es könnte also behauptet werden, dass Menschenrechte zwar für die Evaluation von sozialen Institutionen und womöglich auch noch des Verhaltens von institutionellen Repräsentanten (wie Regierungsvertretern oder Polizeibeamten) geeignet seien, dass es sich bei der menschenrechtlichen Beurteilung des Verhaltens von Privatpersonen aber um einen Kategorienfehler handele. Eine brutale Gewalttat, die eine Privatperson an einer anderen Privatperson verübt, wäre demnach aufgrund ihres nichtamtlichen Charakters nicht als Menschenrechtsverletzung zu begreifen, sondern als moralisch verwerfliche Handlung eines Zivilisten.[8]

Ich teile dieses Verständnis von Menschenrechtsverletzungen, das spezifisch auf die Bewertung von Institutionen sowie von institutionell festgelegten Rollen beschränkt ist, ausdrücklich nicht. Die menschenrechtliche Beurteilung interpersonalen Verhaltens zwischen Zivilisten stellt von daher aus meiner Sicht nicht zwingend einen Kategorienfehler dar. *Menschenrechtsstandards* sollten meines Erachtens vielmehr als gänzlich *allgemeine normative Standards* betrachtet werden, die prinzipiell sowohl für die Zuschreibung von interpersonaler als auch von struktureller Verantwortung geeignet sind. Diese Position steht auch grosso modo im Einklang mit dem alltäglichen moralischen Vokabular unserer Zeit, was man daran sieht, dass die populär gewordene Sprache der Menschenrechte auch solche moralischen Verurteilungen erlaubt, die sich auf Handlungen zwischen Privatpersonen beziehen.[9] Und tatsächlich halte ich es für unplausibel, etwa einen Akt der Folter an einer Privatperson durch eine Privatperson (zum Beispiel aus purem Sadismus oder als Erpressung) nicht als Menschenrechtsverletzung zu

8 Zur Veranschaulichung seiner (inzwischen korrigierten) Position schreibt Pogge: »Wenn ein Postbeamter (selbst während seiner Dienstzeit) einen Mord begeht, würde dies wohl kaum als Menschenrechtsverletzung angesehen. Wenn dagegen ein Polizist einen Verdächtigen foltert, würde dies als Menschenrechtsverletzung gelten, es sei denn, seine Tat wäre wirklich ein Einzelfall und würde innerhalb der Polizei entschieden abgelehnt und bei Aufdeckung streng bestraft«. (Thomas Pogge, *Weltarmut und Menschenrechte*, Berlin, New York 2011 [2002, ²2008], S. 79).

9 Vgl. dazu auch Buchanan, *Justice, Legitimacy, and Self-Determination*, S. 123.

klassifizieren – eben mit dem Verweis darauf, dass Folterhandlungen unter Zivilisten von kategorial anderer Art seien und anderer moralischer Bewertungsmaßstäbe bedürften als von institutionellen Repräsentanten begangene.[10] Werden Menschenrechte dagegen als gänzlich allgemeine Normen verstanden, die prinzipiell für die Beurteilung sowohl von sozialen Institutionen als auch von interpersonalem Verhalten herangezogen werden können, so impliziert dies natürlich nicht, dass zwischen Menschenrechtsverletzungen durch Repräsentanten des Staates (oder anderer Institutionen) und solchen durch Privatpersonen gar kein Unterschied besteht. Je nachdem, um welches Menschenrecht und welche Art der Menschenrechtsverletzung es sich handelt, kann der Unterschied sogar äußerst gravierend sein. Zum Beispiel deutet ein Akt der Folter durch Polizisten oder Geheimdienstmitarbeiter zweifellos eher auf eine gewisse Systematik von Menschenrechtsverletzungen in dem betreffenden Land hin als eine in interpersonaler Hinsicht gleichermaßen grausame, aber isoliert auftretende Folterhandlung zwischen Privatpersonen.

In der Debatte über die Iudicanda von Menschenrechtsnormen ist die eigentlich spannende Frage jedoch nicht, ob interpersonale Handlungen überhaupt ein geeigneter Gegenstand von Menschenrechtsurteilen sind, sondern welche in der Sprache der Menschenrechte formulierbaren *spezifischen Normen* als Grundlage der moralischen Beurteilung nicht nur von Institutionen, sondern auch von Interaktionen dienen können. Es zeigt sich, dass das Spektrum von Menschenrechtsnormen, das auf Interaktionen anwendbar ist, nicht ähnlich umfassend und vielgestaltig wie dasjenige für die Evaluation von sozialen Institutionen sein kann, weil sonst eine Überforderung von Verantwortungssubjekten droht. Während der Standard basaler Rechte, den ich in diesem Kapitel formulieren werde, auch soziale Rechte (wie das Recht auf Subsistenz und

10 Kotzur verweist darauf, dass der Folterbegriff in der UN-Antifolterkonvention eng definiert wird, indem er auf »das vorsätzliche Zufügen schweren physischen und psychischen Leidens durch einen Hoheitsträger (staatliche Organe)« begrenzt ist »oder jedenfalls mit dessen Zustimmung« erfolgen müsse (Markus Kotzur, »Freiheitsrechte«, in: Arnd Pollmann, Georg Lohmann [Hg.], *Menschenrechte. Ein interdisziplinäres Handbuch*, Stuttgart 2012, S. 242-255, hier S. 242). In anderen Menschenrechtsabkommen werde dagegen die Art der Verletzung des Rechts auf Folter bewusst offengelassen, um auch auf Formen der Folter durch Privatakteure beziehbar zu sein (vgl. ebd.).

das Recht auf Bildung) enthält (siehe VI.3), ist es – allein schon aufgrund der großen Zahl an Adressaten und damit zusammenhängend der Gefahr der Überforderung – keineswegs ähnlich konsensfähig, Subjekten über eine strukturelle Verantwortung hinaus auch eine ähnlich weitgehende interpersonale Verantwortung zur *Erfüllung* dieser Rechte zuzuschreiben.[11] Die inhaltliche Divergenz von Menschenrechtsstandards zur Beurteilung von Institutionen und solchen zur Beurteilung von Interaktionen ändert jedoch weder etwas daran, dass Menschenrechtsurteile prinzipiell auf diese beiden verschiedenen Iudicanda bezogen sein können, noch daran, dass diese beiden Arten von Menschenrechtsurteilen miteinander kompatibel sind.

Im Folgenden geht es jedoch erklärtermaßen nicht um normative Standards interpersonaler Verantwortung, sondern um die pluralistische Rechtfertigung eines Sets basaler Menschenrechte als normativem Standard von struktureller Verantwortung. Dabei muss nicht der Anspruch erhoben werden, dass dieser Standard als Ganzer auch zur Beurteilung von interpersonalem Verhalten taugt. Denn für das Projekt der Rechtfertigung von Standards zur Evaluation sozialer Institutionen ist es nicht entscheidend, welche Menschenrechtsstandards im Einzelnen auch auf interpersonale Interaktionen Anwendung finden können, zumal Einigkeit darüber hergestellt werden kann, dass Menschenrechte *primär* als moralische Ansprüche an soziale Institutionen zu verstehen sind. Die Hauptstoßrichtung der Sprache der Menschenrechte liegt tatsächlich in der Beurteilung von sozialen und politischen Institutionen.[12] Die Gründe für die hohe moralische Relevanz von Urteilen über institutionelle Menschenrechtsdefizite sind dieselben wie die weiter oben schon dargelegten generellen Gründe dafür, dass Institutionen als Beurteilungsgegenstand und struktureller Verantwortung als solcher ein großer Stellenwert beizumessen ist. Die normative Beurteilung von Institutionensystemen ist besonders wichtig, weil Institutionen einen nicht zu überschätzenden Einfluss auf das Le-

11 Im Gegensatz dazu ist auf interpersonaler Ebene die *Achtung* z. B. des Rechts auf Subsistenz konsensual, da für sie nur Unterlassungen erforderlich sind.

12 Albrecht Wellmer betont, dass die moderne Idee der Menschenrechte schon immer auf die Frage der politischen Legitimität bezogen war. Vgl. ders., »Menschenrechte und Demokratie«, in: Stefan Gosepath, Georg Lohmann (Hg.), *Philosophie der Menschenrechte*, Frankfurt/M. 1998, S. 265-291, hier S. 266.

ben und die Handlungsoptionen von Gesellschaftsmitgliedern haben (siehe dazu Kapitel IV). Dass ein spezifischer Menschenrechtsstandard tatsächlich besonders gut als begründungspluralistischer Standard zur Beurteilung sozialer Institutionen und Zuschreibung von struktureller Verantwortung geeignet ist, bedarf jedoch einer ausführlicheren Begründung, die ich in den nächsten beiden Abschnitten entwickeln werde.

VI.3 Zur Formulierung eines begründungspluralistischen Standards basaler Menschenrechte

In diesem Abschnitt wird es darum gehen, einen zwar abstrakten, zugleich aber hinreichend spezifischen Standard basaler Menschenrechte, verstanden als moralische Ansprüche an die Gestaltung sozialer Institutionen, zu formulieren. Dieser muss das beschriebene Desiderat erfüllen, eine Schnittmenge darzustellen, auf die sich verschiedene grundsätzliche normative Perspektiven – moraltheoretische und gerechtigkeitstheoretische Konzeptionen, aber auch weltanschauliche Doktrinen – einigen können. Weil es sich um einen begründungspluralistischen Standard handelt, bedarf es keines Konsenses hinsichtlich der normativen Gründe für seine Geltung. Und entgegen einer einflussreichen Strömung in der zeitgenössischen Theorie der Menschenrechte, wonach die Formulierung des substantiellen Gehalts von Menschenrechten weder sinnvoll noch nötig sei,[13] scheint es mir sowohl möglich als auch von großer praktischer Relevanz zu sein, einen solchen Standard zu formulieren. Entscheidend ist, dass die Zuschreibung von struktureller Verantwortung spezifisch genug sein und Subjekten genug Orientierungspunkte dafür geben muss, wie sie zur besseren Gewährleistung von Menschenrechten durch die Veränderung von sozialen Strukturen beitragen können.

Die kultursensitive Interpretation und Verrechtlichung eines solchen Standards basaler Menschenrechte im Rahmen legitimer politischer Regelsetzungsprozesse verstehe ich als ein zusätzliches Ziel, dem in praktischer Hinsicht ohne Zweifel eine große Bedeu-

13 Für die These, dass die Formulierung einer Liste weder notwendig noch sinnvoll sei, vgl. z. B. Christoph Menke, Francesca Raimondi (Hg.), *Die Revolution der Menschenrechte*, Frankfurt/M. 2011, S. 9.

tung zukommt. Weil aber selbst die minimale Legitimität politischer Interpretations- und Regelsetzungsprozesse so häufig in Zweifel gezogen wird, steht die pluralistische Rechtfertigung eines abstrakt formulierten Sets basaler Rechte, das, wie sich noch zeigen wird, genügend Spielraum für eine kultursensitive Interpretation lässt, an erster Stelle. Denn mit der zunehmenden Verwirklichung dieses Sets werden in manchen sozialen Kontexten erst die Bedingungen für die Legitimität von politischen Entscheidungen geschaffen, indem den jeweiligen politischen Regelsetzungsprozessen die normative Autorität verliehen wird, in gewissen Grenzen über die Interpretation und Verrechtlichung von die Menschenrechte betreffenden Streitfragen zu entscheiden.

Bevor ich auf den konkreten Gehalt dieses Menschenrechtsstandards eingehen werde, möchte ich erklären, wie der Begriff der basalen Rechte genauer zu verstehen ist. Dass es sich um *basale* Menschenrechte handelt, weist darauf hin, dass es sich um eine Gruppe von Rechten handelt, die sich durch ihre elementare Wichtigkeit von weiter gehenden Rechten unterscheiden.[14] Zur Gruppe basaler Rechte zähle ich all diejenigen Rechte, die sich als Ansprüche auf die *Gewährleistung von Grundgütern* auffassen lassen. Während der *Güter*begriff generell so verstanden werden soll, dass er allgemein auf Dinge bezogen ist, die Gegenstand menschlicher Wertschätzung sind, und damit sowohl materielle Güter wie Einkommen und Besitz als auch immaterielle Güter wie Sicherheit oder Bildung umfasst,[15] ist der in der Definition basaler Rechte enthaltene *Grundgüter*begriff enger: Zu den Grundgütern können

14 Eine frühe und sehr einflussreiche Formulierung der Idee basaler Rechte findet sich bei: Henry Shue, *Basic Rights. Subsistence, Affluence, and U.S. Foreign Policy*, Princeton ²1996 [1980]. Shues Pionierarbeit hatte nicht nur entscheidenden Anteil an der Einführung des Begriffs basaler Rechte innerhalb der interdisziplinären akademischen Debatte über Menschenrechte, Weltarmut und korrelierende Pflichten auf Seiten Bessergestellter. Sie hat auch das Denken von Praktikern in internationalen Organisationen und Nichtregierungsorganisationen spürbar beeinflusst. Vgl. dazu Thomas Pogge, »Shue on Rights and Duties«, in: Robert Goodin, Charles Beitz (Hg.), *Global Basic Rights*, Oxford 2009, S. 113-130, hier S. 113. So findet sich zum Beispiel die von Shue vorgeschlagene Pflichtentrias in einigen internationalen Abkommen wieder. Vgl. ebd., S. 125, Fn. 11.

15 Ich folge in dieser Definition des Güterbegriffs derjenigen in: Stefan Gosepath, *Gleiche Gerechtigkeit. Grundlagen eines liberalen Egalitarismus*, Frankfurt/M. 2004, S. 227.

solche materiellen und immateriellen Güter gezählt werden, zu denen allen Menschen Zugang gewährt werden muss, damit sie sich selbstbestimmt an verschiedenen Gütern in einem weiteren Sinn orientieren und im Einklang mit solchen Vorstellungen des Guten leben können. Demnach sind Grundgüter unverzichtbare Allzweckmittel für ein gutes und selbstbestimmtes Leben.[16] Mit diesem Verständnis von Grundgütern lassen sich basale Rechte als diejenigen Rechte beschreiben, deren institutioneller Schutz besonders wichtig dafür ist, dass die Rechtssubjekte ein im weiteren Sinn gutes Leben führen können, was auch immer diese darunter genauer verstehen mögen. Beim Schutz basaler Rechte geht es also um die institutionelle Gewährleistung von Grundgütern, zu denen alle Menschen Zugang haben sollten.

Grundgüter derart als konditionale Universalgüter zu betrachten, bedeutet nicht, einem Paternalismus in Bezug auf das gute Leben das Wort zu reden. Die Definition basaler Rechte als Ansprüche auf die Gewährleistung von Grundgütern ist *nicht paternalistisch*, weil das darin enthaltene Erfordernis, dass der Schutz von und der Zugang zu Grundgütern sichergestellt sein soll, nicht impliziert, dass Menschen dazu gezwungen werden sollen, bestimmte Grundgüter als konditionale Universalgüter zu genießen. Menschen sollte beispielsweise das Recht zugesprochen werden, zu fasten oder wie Mahatma Gandhi in den Hungerstreik zu treten, obwohl sie über einen sicheren Zugang zu Nahrungsmitteln verfügen, um den es bei der Gewährleistung des Rechts auf eine angemessene Ernährung ausschließlich geht.[17] Dementsprechend lässt sich von einem System sozialer Institutionen sagen, dass es dieses Recht gewährleistet, wenn es allen zugehörigen Gesellschaftsmitgliedern Zugang zu einer angemessenen Ernährung prinzipiell ermöglicht, selbst wenn

16 Für diese Definition vgl. ebd., S. 226 f., wo Gosepath auf John Rawls als den systematischen Vorläufer der Bestimmung der Grundgüter als Allzweckmittel, d. h. als konditionale Universalgüter zur Verfolgung verschiedener Konzeptionen des guten Lebens, verweist. Vgl. bes. John Rawls, *Eine Theorie der Gerechtigkeit*, Frankfurt/M. 1975, § 15.

17 Sen erklärt den Unterschied zwischen einem unwillentlich hungernden und einem willentlich fastenden Menschen damit, dass sich ihre jeweiligen Handlungsmöglichkeiten radikal voneinander unterscheiden, obwohl sie sich hinsichtlich der nicht gewährleisteten Funktion des ausreichend Ernährtseins in einer ähnlichen Situation befinden. Vgl. Amartya Sen, »Elements of a Theory of Human Rights«, in: *Philosophy & Public Affairs* 32 (2004), S. 315-356, hier S. 335.

sich einige von ihnen autonom dazu entscheiden, zu fasten oder gar zu hungern.

Basale Rechte sind also Ansprüche auf die Gewährleistung von Grundgütern. Auf der Grundlage dieser formalen Definition kann ich nun zur substantiellen Bestimmung des Sets basaler Rechte übergehen. Mindestens die folgenden, in drei Unterkategorien unterteilbaren Rechte können zur Gruppe basaler Rechte gezählt werden: erstens *basale Rechte auf Grundfreiheiten,* wozu das Recht auf Leben, das Recht auf körperliche Unversehrtheit, die Rechte auf Freiheit von Folter und Sklaverei und die Rechte auf Bewegungsfreiheit, Gewissensfreiheit, Religionsfreiheit und freie Meinungsäußerung zu zählen sind;[18] zweitens *basale Subsistenzrechte,* verstanden als basale Rechte auf minimale ökonomische Sicherheit, zu denen das Recht auf eine angemessene Ernährung, das Recht auf sauberes Trinkwasser und saubere Luft zum Atmen, das Recht auf akzeptable Kleidung und Behausung sowie das Recht auf eine elementare Gesundheitsfürsorge gehören;[19] drittens *basale politische Rechte*, zu denen das übergeordnete Recht auf Zugehörigkeit zu einer politischen Gemeinschaft, das Recht auf politische Mitwirkung, das Recht auf Nichtdiskriminierung im Zugang zu öffentlichen Ämtern, das Recht auf Versammlungs- und Vereinigungsfreiheit (einschließlich des Rechts, sich in Gewerkschaften zu vereinigen), die Rechte auf Anerkennung als Rechtsperson und auf faire Gerichtsverfahren sowie das Recht auf Bildung zu zählen sind (Letzteres, weil seine Gewährleistung eine Bedingung für die sinnvolle Ausübung grundlegender Partizipationsrechte darstellt).

Für ein besseres Verständnis von Status, Funktion und Bedeutung dieser basalen Rechte möchte ich nun etwas ausführlicher auf drei verschiedene Themenkomplexe eingehen: erstens auf die Frage nach ihrer systematischen *Zuordnung* in Gruppen und ih-

18 Für einen Überblick über die philosophische und völkerrechtliche Diskussion zu Freiheitsrechten vgl. Kotzur, »Freiheitsrechte«.

19 Vgl. Shue, *Basic Rights*, S. 23, für diese Definition und Liste von Subsistenzrechten. Vgl. auch Barbara Schmitz, »Subsistenzrechte«, in: Pollmann/Lohmann (Hg.), *Menschenrechte*, S. 233-241, zur Interpretation und rechtlichen Kodifizierung der Gruppe der Subsistenzrechte. Ich spreche hier vom Recht auf eine elementare Gesundheitsfürsorge und nicht etwa von einem »Recht auf Gesundheit«, da die vollständige Gewährleistung von Gesundheit als Gut (leider) nicht in der Macht der Menschen steht, die Gewährleistung einer elementaren Gesundheitsfürsorge hingegen schon.

rer Abgrenzung von anderen Menschenrechten, zweitens auf die Frage nach dem *Zusammenhang* der Gewährleistung verschiedener Menschenrechte und drittens auf die Frage danach, was es genauer heißen kann, dass ein Menschenrecht in einer Gesellschaft *implementiert* ist.

Zum ersten Themenkomplex ist Folgendes zu bemerken: Obwohl das skizzierte Spektrum von basalen Rechten inhaltlich spezifischer und extensiver ist als in manchen philosophischen Menschenrechtskonzeptionen,[20] fällt es im Vergleich mit bekannten Menschenrechtsdokumenten, insbesondere der Allgemeinen Erklärung der Menschenrechte (AEMR), dem Internationalen Pakt über bürgerliche und politische Rechte (International Covenant on Civil and Political Rights [ICCPR]) und dem Internationalen Pakt über wirtschaftliche, soziale und kulturelle Rechte (International Covenant on Economic, Social and Cultural Rights [ICESCR]) deutlich schlanker aus. Dies liegt an der strikten Definition basaler Rechte als Ansprüche auf die Gewährleistung von Grundgütern. Denn während die oben genannte Liste basaler Rechte den Kernbestand solcher Menschenrechtskataloge wiedergibt, müssen andere in diesen genannte Rechte außen vor bleiben, weil sie nicht ähnlich zentral für die Grundgütergewährleistung und, damit zusammenhängend, auch nicht Gegenstand des gesuchten begründungspluralistischen Konsenses sind. Das scheint nicht nur auf eindeutige Fälle wie das berüchtigte Recht auf bezahlten Urlaub (AEMR, Art. 24) zuzutreffen, sondern etwa auch auf die Notwendigkeit des Zugangs zu unentgeltlicher Grundschulbildung (AEMR, Art. 26). Denn es handelt sich bei diesen offensichtlich schon um zu spezifische und damit für einen kulturübergreifenden Konsens ungeeignete Formulierungen von Rechten. Das gilt auch für das über die Subsistenzsicherung hinausgehende soziale Recht auf einen angemessenen Lebensstandard (AEMR, Art. 25) oder das Recht auf den sich aus der Urheberschaft von wissenschaftlichen

20 Dazu sind einerseits Konzeptionen zu zählen, die ausdrücklich darauf verzichten, einen substantiellen Menschenrechtsstandard zu formulieren, und andererseits solche Ansätze, die ein begrenzteres Spektrum von Rechten postulieren. Zu letzteren Ansätzen gehört Shues »spartanische« Konzeption basaler Rechte (vgl. ders., *Basic Rights*), aber auch die minimalistische Menschenrechtskonzeption, die John Rawls im Rahmen seiner Theorie internationaler Gerechtigkeit verteidigt. Vgl. ders., *Das Recht der Völker*, S. 80 und S. 96 ff.

und künstlerischen Werken ergebenden Schutz der geistigen und materiellen Interessen (AEMR, Art. 27). Auch diesen ist der Status eines *basalen* Menschenrechtes abzusprechen, zumindest dann, wenn man wie ich annimmt, dass die Bezeichnung »basales Recht« für Rechte aus dem Bereich der strengsten und wichtigsten moralischen Forderungen reserviert sein sollte.[21]

Das bedeutet natürlich nicht, dass diese und andere nichtbasalen Rechte nicht als legitime moralische Ansprüche an die Gestaltung von sozialen Institutionen in verschiedenen gesellschaftlichen Kontexten gelten können. Zu denken ist hierbei zum Beispiel an das »Recht auf den Besitz des bestmöglichen Gesundheitszustandes«, das schon in der Verfassung der Weltgesundheitsorganisation (WHO) aus dem Jahr 1946 postuliert wurde und heute von Public-Health-Experten mit Blick auf seine Implikationen interpretiert wird.[22] Diesem Recht ist bei der umfassenden Evaluation sozialer Institutionen in verschiedenen Kontexten durchaus eine wichtige Rolle beizumessen, und dennoch würde es auf eine Überdehnung der Kategorie basaler Rechte hinauslaufen, es zum *basalen* Recht zu deklarieren. Generell gilt, dass einzelne Rechte dann nicht der Gruppe basaler Menschenrechte zugeordnet werden können, wenn ihre fehlende Gewährleistung nicht notwendigerweise zugleich auch den Zugang zu Grundgütern gefährdet. Dass ein Recht zur Gruppe basaler Rechte gezählt werden kann, soll zum einen anzeigen, dass seine Implementierung im Vergleich zu anderen nichtbasalen Menschenrechten und anderen Zielsetzungen für die Gestaltung gesellschaftlicher Institutionen *prioritär* ist. Zum anderen kann die Implementierung von basalen Rechten auch als ein erster Schritt auf dem Weg zur Implementierung von vielen nichtbasalen Menschenrechten verstanden werden. Entscheidend ist jedenfalls, dass die Gruppe nichtbasaler Menschenrechte, über deren Umfang und Inhalt ich hier kein abschließendes Urteil fällen werde, auf einer anderen Ebene als die Gruppe basaler Menschenrechte angesiedelt ist.

Oben habe ich die basalen Menschenrechte in drei Kategorien

21 Vgl. hierzu bes. Shue, *Basic Rights*, S. 18.

22 Vgl. etwa Gunilla Backman, Paul Hunt (2008), »Health Systems and the Right to the Highest Attainable Standard of Health«, in: *Health and Human Rights* 10, S. 81-92, und Gunilla Backmann u. a., »Health Systems and the Right to Health: An Assessment of 194 Countries«, in: *The Lancet* 372 (2008), S. 2047-2085.

eingeteilt. Bei einer näheren Betrachtung zeigt sich nun, dass manche Rechte mehr als einer von diesen zugeordnet werden können.[23] Das Recht auf Leben (mit dem ein Tötungsverbot korreliert) scheint beispielsweise sinngemäß nicht nur den basalen Freiheitsrechten,[24] sondern zusätzlich auch den Subsistenzrechten zugeordnet werden zu können.[25] Die Rechte auf Gewissensfreiheit, Redefreiheit und freie Meinungsäußerung können wiederum sowohl bei den basalen Freiheitsrechten als auch den basalen politischen Rechten einsortiert werden.[26] Analog zu diesen Zuordnungsschwierigkeiten besteht dementsprechend auch keine allgemein akzeptierte kanonische Einteilung der Menschenrechte in verschiedene Kategorien,[27] was sich aber in systematischer Hinsicht als relativ unproblematisch herausstellt. Denn werden basale Rechte wie hier vorgeschlagen als Rechte auf die Gewährleistung von Grundgütern verstanden, so spielt es letztlich keine entscheidende Rolle, wie sie jeweils genau zu gruppieren sind, sondern nur, dass eine Einigung darüber möglich ist, welche Rechte genau zum Spektrum basaler Menschenrechte

23 Vgl. für die allgemeine Beobachtung solcher Einordnungsschwierigkeiten auch Georg Lohmann, »Individuelle Freiheitsrechte, politische Teilnahmerechte, soziale Teilhaberechte«, in: Pollmann/Lohmann (Hg.), *Menschenrechte*, S. 219-223, hier S. 219.

24 Diese Zuordnung findet sich zum Beispiel auch bei Georg Lohmann, »Die Menschenrechte: unteilbar und gleichgewichtig? – Eine Skizze«, in: *Studien zu Grund- und Menschenrechten* 11 (2005), S. 5-20, hier S. 8.

25 Vgl. für diese Zuordnung Schmitz, »Subsistenzrechte«, S. 233.

26 Susanne Baer zählt diese Rechte beispielsweise zur Gruppe der politischen Rechte. Vgl. dies., »Politische Rechte«, in: Pollmann/Lohmann (Hg.), *Menschenrechte*, S. 256-264.

27 Zur Diskussion über die allgemeine Einteilung der Menschenrechte vgl. Georg Lohmann, »Individuelle Freiheitsrechte, politische Teilnahmerechte, soziale Teilhaberechte«, S. 219 ff. Die von mir vorgeschlagene Dreigliederung basaler Rechte ist in gewisser Weise parallel, aber nicht deckungsgleich mit der von Lohmann diskutierten Unterteilung zwischen individuellen Freiheits-, politischen Teilnahme- und sozialen Teilhaberechten. Denn z. B. Subsistenzrechte lassen sich als Subklasse basaler sozialer Rechte auffassen, die im Gegensatz zum weiter gehenden Spektrum sozialer Rechte (wie u. a. dem Recht auf Arbeit) nur ein ökonomisches Minimum spezifizieren. Eine andere, in systematischer Hinsicht aber ebenfalls sinnvolle Einteilung von Menschenrechten findet sich bei James Nickel, *Making Sense of Human Rights*, Oxford ²2007 [1987], S. 11, der die in der AEMR genannten Rechte in sechs Kategorien (»Security Rights«, »Due Process Rights«, »Basic Liberties«, »Rights of Political Participation«, »Equality Rights«, »Economic and Social Rights«) einordnet.

gezählt werden sollen. Es ist, in anderen Worten, eine Einigung darüber vonnöten, welches hinreichend gut eingegrenzte und auf verschiedene Weise kategorisierbare Spektrum von Grundgütern im Rahmen des Schutzes basaler Rechte institutionell gewährleistet werden soll.

Der zweite Themenkomplex betrifft wie gesagt den *Zusammenhang* einzelner basaler Rechte und lässt sich gut im Anschluss an die Zuordnungsfrage erörtern. Denn dass sich manche basalen Rechte mehr als einer Kategorie zuordnen lassen, ist auch darauf zurückführbar, dass Zusammenhänge zwischen einzelnen basalen Rechten und diesen zugeordneten Grundgütern bestehen. Zum Beispiel lassen sich die Rechte auf Gewissensfreiheit, Religionsfreiheit und freie Meinungsäußerung alternativ auch der Gruppe politischer Rechte mit der Begründung zuordnen, dass ohne ihren Schutz auch das basale Recht auf politische Mitbestimmung nicht gewährleistet werden kann – zumindest nicht über ein äußerst rudimentäres Maß hinaus. Zu denken ist an eine Gesellschaft, in der zwar Wahlen abgehalten werden, bei denen konkurrierende Parteien antreten, in der aber das Recht auf freie Meinungsäußerung nicht geschützt ist – beispielsweise weil eine staatstragende Partei die öffentliche Äußerung einer von der Regierungslinie abweichenden Meinung mit Freiheitsentzug bestraft. In diesem Fall ist trotz des formal bestehenden Rechts auf Stimmabgabe in Wirklichkeit weder der offene Wettbewerb verschiedener politischer Konzepte und ihrer Repräsentanten noch der freie öffentliche Austausch darüber möglich. Insofern lässt sich sagen, dass das basale Recht auf politische Mitbestimmung nicht in einem hinreichenden Ausmaß gewährleistet ist, wenn zugleich nicht auch das Recht auf freie Meinungsäußerung geschützt ist. Diese Argumentationslinie ließe sich auch auf die Rechte auf Gewissensfreiheit und Religionsfreiheit anwenden, insofern ihr Schutz für die Gewährleistung des basalen Rechts auf politische Mitbestimmung offenkundig ebenfalls bedeutsam ist. Die ursprüngliche Zuordnung der Rechte auf freie Meinungsäußerung, Gewissensfreiheit und Religionsfreiheit zu den elementaren Freiheitsrechten ist dagegen schon in begrifflicher Hinsicht einleuchtend, da Menschen, die mit staatlichen Repressalien zu rechnen haben, wenn sie ihre Meinung äußern oder ihre Religion praktizieren wollen, schwerlich als frei bezeichnet werden können.

Es gibt weitere Zusammenhänge in der Gewährleistung basaler Rechte, auf die ich noch punktuell zurückkommen werde. Als Nächstes möchte ich mich aber mit zwei spezifischeren und – wie sich zeigt – jeweils zu starken Thesen beschäftigen. Die erste These besagt, dass die Gewährleistung basaler Rechte eine notwendige Bedingung für die Gewährleistung jeglicher Menschenrechte überhaupt ist (These strenger Abhängigkeiten zwischen nichtbasalen und basalen Rechten). Der zweiten These zufolge können basale Rechte nur im Bündel gewährleistet werden (These des Holismus basaler Rechte). Beide Thesen wurden unter anderem von Henry Shue vertreten,[28] sie sind aber nicht plausibel. Zunächst einmal ist es durchaus sinnvoll, hinsichtlich des Zusammenhangs zwischen einzelnen Menschenrechten auch von gewissen Abhängigkeitsverhältnissen zu sprechen. Dabei sind jedoch *unterstützende Abhängigkeiten*, die in ihrer Stärke variieren können, von den von Shue angenommenen *strengen Abhängigkeiten* zu unterscheiden. Nun ist es zwar nicht so, dass es gar keine Relationen strenger Abhängigkeit zwischen einzelnen Rechten gäbe. Es gibt sie, nämlich im Fall von allgemeinen und unter diese fallenden spezifischen Rechten, was es als generell möglich erscheinen lässt, von der Notwendigkeit der Gewährleistung eines allgemein formulierten Rechts auf die Notwendigkeit der Gewährleistung eines darunter fallenden spezifischeren Rechts zu schließen.[29] Beispielsweise lässt sich das auf den Fall der russischen Formation Pussy Riot anwendbare spezifische Recht, einen regierungs- oder religionskritischen Song zu spielen, aus dem allgemeineren Recht auf freie Meinungsäußerung ableiten. Es scheint angemessen, von einer strengen Abhängigkeitsbeziehung zwischen diesen beiden Rechten zu sprechen. Bei den

28 Vgl. hierzu Shue, *Basic Rights*, S. 19: »Es handelt sich nur dann um basale Rechte im hier verwendeten Wortsinn, wenn ihr Genuss für den Genuss aller anderen Rechte unentbehrlich ist.« (Übers. V. B.) Shue wendet diese allgemeine These der strengen Abhängigkeit explizit auf die basalen Rechte auf Sicherheit und Subsistenz an: »Wenn das Recht auf körperliche Sicherheit nicht geschützt ist, kann tatsächlich kein anderes Recht genossen werden« (ebd., S. 21; Übers. V. B.); »Niemand kann irgendein angeblich innerhalb einer Gesellschaft geschütztes Recht vollumfänglich, wenn überhaupt, genießen, wenn ihm oder ihr das für ein vernünftigerweise gesundes und aktives Leben Nötige fehlt« (ebd., S. 24; Übers. V. B.).

29 Vgl. zu dieser strengen Abhängigkeitsbeziehung auch Nickel, *Making Sense of Human Rights*, S. 87 ff.

Beziehungen zwischen den einzelnen basalen Rechten sowie zwischen basalen und nichtbasalen Rechten handelt es sich aber offenbar jeweils nicht um solche in begriffslogischer Hinsicht strenge Abhängigkeiten.

Gibt es *strenge* Abhängigkeiten anderer Art zwischen verschiedenen Rechten? Man muss diese Frage hier nicht endgültig beantworten, um zu verstehen, dass zumindest die beiden von Shue vertretenen Thesen nicht haltbar sind. Um zuerst die These der strengen Abhängigkeit zwischen nichtbasalen und basalen Rechten zu widerlegen, genügt es, auf die Möglichkeit des Schutzes eines nichtbasalen Rechts ohne die parallele Gewährleistung eines oder mehrerer basaler Rechte hinzuweisen. So können unter bestimmten Umständen beispielsweise die nichtbasalen Rechte, nicht willkürlich der Staatsbürgerschaft beraubt zu werden oder nicht aufgrund eines neuen Gesetzes rückwirkend verurteilt zu werden, einzeln oder zusammengenommen ausreichend geschützt sein, ohne dass zugleich basale Freiheits-, Subsistenz- oder politische Mitbestimmungsrechte implementiert sind.[30] Denn es ist durchaus ein Szenario denkbar, in dem die genannten nichtbasalen Rechte für alle Mitglieder einer Gesellschaft garantiert werden, obwohl viele von ihnen etwa unter Hunger, Umwelt- und Trinkwasserverschmutzung leiden. Der Schutz der erwähnten nichtbasalen Rechte mag zwar wahrscheinlicher sein, wenn auch basale Rechte gewährleistet sind, doch *unterstützende Abhängigkeiten* dieser Art entsprechen nicht dem Kern der These strenger Abhängigkeiten zwischen der Gewährleistung basaler und nichtbasaler Rechte. Wird diese These zurückgewiesen, so muss auch nicht bestritten werden, dass es zwischen der Gewährleistung basaler Rechte und derjenigen anderer Rechte starke unterstützende Abhängigkeiten gibt. Liegt das Augenmerk nicht auf strengen, sondern nur auf unterstützenden Abhängigkeiten zwischen basalen und nichtbasalen Rechten, so ist es darüber hinaus auch ohne weiteres möglich, den Kreis der basalen Rechte um andere plausible Kandidaten zu erweitern, die nicht von Shue genannt werden. Das Recht auf elementare Bildung beispielsweise kann in meinen Augen als ein basales Recht betrachtet wer-

30 Vgl. Pogge, »Shue on Rights and Duties«, S. 121, zu diesen beiden Beispielen. Pogge diskutiert Shues These über eine notwendige Abhängigkeitsbeziehung zwischen der Gewährleistung basaler und nichtbasaler Rechte ausführlich und weist sie schließlich als unbegründet zurück.

den. Denn elementare Bildung ist ein gesellschaftliches Grundgut, dessen Gewährleistung nicht nur zur Gewährleistung vieler anderer basaler Rechte unterstützend beiträgt,[31] sondern auch die Verwirklichung von weiter gehenden Lebensplänen ermöglicht, ohne dass deshalb von diesem Recht gesagt werden könnte oder müsste, dass seine Implementierung strikt notwendig für die Implementierung aller anderen Rechte sei.[32]

Im Zuge der Zurückweisung der These strenger Abhängigkeitsbeziehungen zwischen basalen und nichtbasalen Rechten sollte auch die verwandte These vom Holismus basaler Rechte zurückgewiesen werden, wonach basale Rechte nur zusammen (oder gar nicht) gewährleistet werden können. Dies ist begrifflich unplausibel, weil Umstände denkbar sind, unter denen einzelne basale Rechte realisiert und andere zugleich verletzt sind.[33] Beispielsweise ist eine wohlmeinende Monarchie denkbar, in der Subsistenzrechte, aber keine politischen Mitbestimmungsrechte gewährleistet sind, obwohl die Implementierung des Rechts auf politische Mitbestimmung in der Praxis mit größerer Wahrscheinlichkeit auch dazu beiträgt, den Zugang zu Nahrungsmitteln zu verbessern.[34] Darüber hinaus kann sich die Anwendung der Holismus-These kontraproduktiv auf politische Anstrengungen zur besseren Implementierung von Menschenrechten auswirken. Denn es kann nur im Sinne derjenigen sein, deren basale Menschenrechte nicht gewährleistet sind, dass sich Reformer zunächst auf das Machbare konzentrieren und Anstrengungen unternehmen, den Schutz einzelner Menschenrechte zu sichern, ohne dabei freilich das große

31 Weiter oben wurde schon erörtert, dass der Schutz des Rechts auf Bildung auch zum Schutz des Rechts auf politische Mitbestimmung unterstützend beiträgt; gleichwohl würde es zu weit führen, zu sagen, dass das Recht auf politische Mitbestimmung ohne die Gewährleistung des Rechts auf Bildung gar nicht gewährleistet werden könne, genauso wie andersherum die Implementierung des Rechts auf Bildung allein noch nicht ausreicht, um auch das Recht auf politische Mitbestimmung zu implementieren.

32 Shue hat das Recht auf Bildung nicht zu den basalen Rechten gezählt (vgl. ders., *Basic Rights*, S. 20), was daran liegen mag, dass die Abhängigkeitsbeziehung bei diesem Recht noch offensichtlicher als bei anderen nur eine der unterstützenden, nicht aber der strengen Art ist.

33 Vgl. auch Menke/Pollmann, *Philosophie der Menschenrechte*, S. 120 ff.

34 Zur Beobachtung dieses empirischen Zusammenhangs vgl. bes. Amartya Sen, *Poverty and Famines. An Essay on Entitlement and Deprivation*, New York 1981.

Ganze aus den Augen zu verlieren. Geht man dagegen davon aus, dass der Schutz von Menschenrechten eine Alles-oder-Nichts-Frage ist, dann besteht die Gefahr, dass Möglichkeiten der besseren Implementierung einzelner Rechte und damit der Verringerung des Abstands von Menschen zu der durch basale Rechte definierten Schwelle keine ausreichende Berücksichtigung erfahren.[35] Anders gesagt: Eine Metrik basaler Rechte sollte nicht so konzipiert werden, dass sie graduelle Verbesserungen im Menschenrechtsschutz von vornherein nicht berücksichtigen kann.[36]

Die letztgenannte Forderung führt zur Erörterung von *Graden der Implementierung* einzelner basaler Rechte als drittem Themenkomplex in Bezug auf die Interpretation basaler Rechte. Die Berücksichtigung schrittweiser Verbesserungen im Menschenrechtsschutz in einem gesellschaftlichen Kontext bedeutet nicht nur, den Blick auf Verbesserungen beim Schutz einzelner Rechte zu werfen, deren Gewährleistung prinzipiell getrennt voneinander betrachtet werden kann. Es ist in theoretischer wie praktischer Hinsicht ebenfalls von großer Bedeutung, dass in Bezug auf jedes einzelne basale Recht verschiedene Grade der Gewährleistung möglich sind, so dass sich die Diagnose, ob ein bestimmtes basales Recht in einem politischen Kontext schon ausreichend gewährleistet ist, in Einzelfällen durchaus als schwierig herausstellen kann. Einerseits hängen solche Diagnosen immer auch davon ab, welcher spezifische und durch bestimmte kulturspezifische Vorstellungen gesättigte normative Standard für die Gewährleistung von einzelnen Rechten genau angelegt wird. Andererseits ist im Blick auf die empirische Messung der Implementierung basaler Rechte in einer Gesellschaft zwischen einer vertikalen und einer horizontalen Dimension der Rechtegewährleistung zu unterscheiden. Weil dieser letzte Punkt weniger unmittelbar evident als der erste sein mag, erläutere ich ihn zuerst.

In der *horizontalen Dimension* stellt sich die Frage, wie gut ein-

35 Vgl. für diese Kritik an Shues Rechteholismus auch Pogge, »Shue on Rights and Duties«, S. 122.

36 Die Tendenz zu einem in praktischer Hinsicht eher hinderlichen Rechteholismus ist außerhalb akademischer Diskurse auch im politischen Menschenrechtsdiskurs zu beobachten. Die »Wiener Erklärung« beispielsweise behauptet nicht nur, dass Menschenrechte »interdependent«, sondern auch »unteilbar« seien. Vgl. dazu Norman Weiß, »Drei Generationen von Menschenrechten«, in: Pollmann/Lohmann (Hg.), *Menschenrechte*, S. 228-231, hier S. 230.

zelne Menschenrechte für verschiedene repräsentative Positionen in einer Gesellschaft verwirklicht sind. Beispielsweise kann ein Menschenrecht für eine Mehrheit der Gesellschaftsmitglieder – sagen wir eine privilegierte weiße Bevölkerung in einer multiethnischen Gesellschaft – jeweils gewährleistet sein, nicht aber für eine strukturell benachteiligte Minderheit. In der *vertikalen Dimension* stellt sich dagegen die Frage, *wie gut* einzelne Menschenrechte jeweils für repräsentative Positionen innerhalb verschiedener gesellschaftlicher Gruppen gewährleistet sind. Hier kann es vorkommen, dass in Bezug auf bestimmte Rechte nur von einer rudimentären Implementierung für eine oder mehrere gesellschaftliche Gruppen gesprochen werden kann. Zu denken ist etwa an das Recht auf Sicherheit, dessen Verletzung durch eine bestimmte Wahrscheinlichkeit ausdrückbar ist, zu Hause überfallen zu werden oder in der Öffentlichkeit in eine Schießerei zu geraten. Je größer die Wahrscheinlichkeit ist, Opfer einer Gewalttat zu werden, desto geringer ist der Grad der Gewährleistung des Rechts auf Sicherheit. Dabei scheint es sinnvoll zu fordern, dass eine bestimmte Wahrscheinlichkeitsschwelle nicht überschritten werden darf, um überhaupt noch von einer auch nur rudimentären Gewährleistung dieses Rechts ausgehen zu können. Bei der Frage, inwieweit verschiedene Menschenrechte jeweils in einer Gesellschaft gewährleistet sind, müssen offenkundig beide Dimensionen gleichermaßen in Anschlag gebracht werden. Es muss also erstens berücksichtigt werden, ob die fraglichen Rechte für alle relevanten gesellschaftlichen Gruppen jeweils ausreichend gewährleistet sind, und nicht etwa nur für eine besonders privilegierte Gruppe; und es ist zweitens zu überprüfen, bis zu welchem Grad die betreffenden Rechte für die verschiedenen Gruppen jeweils gewährleistet sind.

Der jeweilige Grad der Implementierung eines Menschenrechts in einem gesellschaftlichen Kontext hängt natürlich auch davon ab, welcher normative Standard bei der Messung angelegt wird. Wann beispielsweise das Recht auf politische Mitbestimmungsmöglichkeiten gewährleistet ist, hängt nicht zuletzt vom gewählten Standard politischer Mitbestimmung ab, von dem ausgehend dann für verschiedene politische Kontexte unterschiedliche Grade der Gewährleistung festgestellt werden. Wird ein sehr hoher Standard gewählt, so könnte dieses Recht nicht einmal in vielen sich für ihre Möglichkeiten politischer Mitbestimmung rühmenden Demokratien westlicher Prägung als gewährleistet gelten, und zwar in dem Sinn, dass es dort weder für alle gleichermaßen noch für alle ausreichend gewährleistet ist. Anhand eines vergleichsweise hohen Standards politischer Mitbestimmung lässt sich nämlich mit Blick auf verschiedene strukturell sedimentierte Dynamiken, etwa Lobbying, Korrumpierbarkeit und Unabhängigkeitsverlust von Politikern sowie, in extremen Fällen, auch Wählerunterdrückung sagen, dass das Recht auf politische Mitbestimmung nicht gegeben ist. Deshalb spricht vieles dafür, in Bezug auf das *basale Recht auf politische Mitbestimmung* einen relativ niedrigen Standard anzusetzen, der bei Kriterien wie einer elementaren und zumindest in formaler Hinsicht nichtdiskriminierenden politischen Repräsentation sowie der ungehinderten Artikulation von Meinungen im öffentlichen Diskurs ansetzt. Eine in diesem Sinn eher moderate Formulierung des basalen Rechts auf politische Mitbestimmung zu vertreten, soll natürlich nicht bedeuten, dass nicht höhere Ansprüche an die Gestaltung sozialer Strukturen mit Blick auf die Mitbestimmungsmöglichkeiten von Gesellschaftsmitgliedern gestellt werden dürfen. Darüber hinaus behaupte ich nicht, dass solche Ansprüche nicht in der Sprache der Menschenrechte ausgedrückt werden sollten. Die einzige Einschränkung hier ist, dass nicht die anspruchsvolle, sondern nur die moderate Interpretation des Rechts auf politische Repräsentation zu den basalen Menschenrechten gezählt werden kann, um Gegenstand des angestrebten breiten sowohl ideologischen als auch moraltheoretischen Konsenses zu werden.

Tatsächlich stellt sich die Frage nach dem angemessenen Standard für die graduelle Gewährleistung basaler Menschenrechte bei jedem einzelnen basalen Recht von Neuem. Klare und kulturspezifisch angereicherte Richtlinien sind deshalb zweifellos hilfreich für Diagnosen darüber, ob ein Menschenrecht in der vertikalen und horizontalen Dimension jeweils als ausreichend gewährleistet gelten kann. Ich möchte hier aus zwei Gründen dennoch darauf verzichten, eine umfassende Theorie für die vertikale und horizontale Gewährleistung von basalen Rechten im globalen Kontext zu formulieren. Zum einen ist eine eher abstrakte Metrik basaler Menschenrechte als begründungspluralistischer Standard struktureller Verantwortung besser geeignet als ein hinsichtlich der Implementierungsgrenzen schon gesättigter Standard basaler Rechte. Denn die Frage nach dem *ausreichenden Grad* der Gewährleistung eines basalen Rechtes scheint nie ohne Bezug auf den jeweils geltenden *kulturellen Interpretationsrahmen* beantwortet werden zu können, obwohl für solche Urteile zumindest am unteren Ende des Spektrums stets auch eine objektive und kulturunabhängige Interpretation im Spiel sein sollte. Wann beispielsweise das Recht auf eine angemessene Behausung gewährleistet ist, scheint zwar immer auch von spezifischen kulturrelativen Vorstellungen darüber abzuhängen, was eine akzeptable Unterkunft ist, und dennoch gibt es auch kulturunabhängige objektive Kriterien dafür, was eine Behausung zu einer in menschenrechtlicher Hinsicht unangemessenen Behausung macht. Wenn eine Unterkunft keinen ausreichenden Schutz vor natürlichen Gefahren bietet und dadurch auch die körperliche Sicherheit der Rechtssubjekte bedroht, so ist das Recht auf angemessene Behausung schlichtweg nicht gewährleistet. Was dagegen am oberen Ende des Spektrums als eine angemessene Behausung etwa für eine Kleinfamilie gelten kann, lässt sich nicht ohne den Rückgriff auf kulturspezifische Vorstellungen beantworten. Ob beispielsweise schon eine Wellblechhütte als angemessen gelten kann, scheint objektiv nicht nur davon abzuhängen, wie gut sie jeweils gegen verschiedene mögliche Gefahren schützt, sondern kulturspezifisch auch von den jeweils gesellschaftlich akzeptierten Meinungen darüber, was eine angemessene Behausung ist. Das gleiche Spannungsverhältnis zwischen kulturspezifischer Deutung und objektivem Minimum besteht auch bei allen anderen basalen Rechten. Was kann als angemessene Ernährung durchgehen, was als angemessene Gesundheitsfürsorge? Auch hier gibt es jeweils einen kulturabhängigen Interpretationsspielraum, obwohl mit Hilfe wissenschaftlicher Erkenntnisse auch auf einen objektivierbaren Kern dieser Rechte verwiesen werden kann. Denn es ist natürlich keinesfalls abwegig, darauf zu verweisen, dass für alle Menschen eines bestimmten Alters in der Regel eine bestimmte Kalorienzufuhr nötig ist oder dass bestimmte Krankheiten wie Malaria oder Tuberkulose mit Medikamenten behandelt werden sollten, deren Wirksamkeit objektiv feststellbar ist.[37]

37 Im Artikel 11 des ICESCR ist sowohl die *objektive* als auch die *kulturspezifische* Dimension der Interpretation des Rechts auf Nahrung explizit genannt: »Das Recht auf Nahrung ist das Recht, unmittelbar oder durch finanzielle Mittel einen regelmäßigen, dauerhaften und freien Zugang zu einer *qualitativ* und *quantitativ* ausreichenden Nahrung zu haben, *die den kulturellen Traditionen*

Dass es bei der genauen Bestimmung der durch basale Menschenrechte vorgegebenen Schwelle einen durch verschiedene legitime kulturelle Interpretationen gegebenen Spielraum gibt, stellt keine besondere theoretische Schwierigkeit dar. Betrachten wir den hier im Zentrum stehenden Fall der Weltarmutsverantwortung. Vergleicht man das Ausmaß der derzeitigen materiellen und immateriellen Entbehrungen von Menschen in extremer Armut mit dem hier abstrakt formulierten Standard basaler Menschenrechte, so muss jede empirisch gesättigte Einschätzung zum Schluss kommen, dass erstens eine massive Diskrepanz zwischen Anspruch und Wirklichkeit besteht und dass es zweitens in der Praxis relativ klar ist, welche Arten von Maßnahmen zu einer besseren Gewährleistung basaler Rechte am unteren Ende des durch den Interpretationsspielraum festgelegten Spektrums führen – unabhängig davon, wie die obere Grenze des hier skizzierten abstrakten normativen Standards basaler Rechte durch eine kulturspezifische Deutung genau festgelegt wird. Die Zahl der unterernährten Menschen liegt seit Jahrzehnten über oder an der Marke von 800 Millionen.[38] Ungefähr 884 Millionen Menschen haben keinen Zugang zu sauberem Trinkwasser.[39] Geschätzte 924 Millionen Menschen lebten im Jahr 2001 in Slums.[40] Ungefähr 2,5 Milliarden Menschen hatten im letzten Jahrzehnt keinen Zugang zu sanitären Einrichtungen.[41] Geschätzte 774 Millionen Erwachsene sind Analphabe-

des Volkes entspricht, dem der Verbraucher angehört, und die ein *physisches* und *psychisches*, individuelles und kollektives, befriedigendes und menschenwürdiges Leben ermöglicht, das frei ist von Angst« (Hervorh. V. B.).

38 Laut der Food and Agriculture Organization (FAO) überschritt die Zahl der Unterernährten im Jahr 2009 sogar erstmals die Milliardengrenze, während sie im Jahr 2010 nur leicht darunterlag. Vgl. Food and Agriculture Organization, *The State of Food Insecurity in the World 2010. Addressing Food Insecurity in Protracted Crises*, Rom 2010, S. 8. Die FAO überprüft im Moment ihre Methodologie zur Bemessung des Ausmaßes weltweiter Unterernährung. Vgl. dies., *The State of Food Insecurity in the World 2011. How Does International Price Volatility Affect Domestic Economies and Food Security?*, Rom 2011, S. 10.

39 Vgl. United Nations Children's Fund/World Health Organization, *Progress on Drinking Water and Sanitation – Special Focus on Sanitation*, New York, Genf 2008, S. 32.

40 Vgl. United Nations Human Settlements Programme (UN-Habitat), *The Challenge of Slums – Global Report on Human Settlements 2003*, Nairobi 2003, S. vi.

41 Vgl. United Nations Children's Fund/World Health Organization, *Progress on Drinking Water and Sanitation – Special Focus on Sanitation*, S. 7.

ten.[42] Fast ein Drittel der Menschheit hat keinen gesicherten Zugang zu lebenswichtigen Medikamenten.[43] Ungefähr 18 Millionen Menschen sterben jährlich an armutsbedingten Ursachen, darunter Krankheiten wie Durchfall, Masern oder Malaria, die mit einer besseren Infrastruktur problemlos zu behandeln wären.[44] Die Zahl der im Jahr 2012 gestorbenen Kinder unter fünf Jahren liegt bei 6,6 Millionen.[45]

Diese Zahlen veranschaulichen drastisch, in welchem Ausmaß heute Subsistenzrechte weltweit vorenthalten werden. Auch hinsichtlich der beiden anderen Kategorien basaler Rechte ist die Lage für in extremer Armut lebende Menschen sehr kritisch, denn sie leben häufig in Staaten, in denen die Gewährleistung basaler politischer Rechte und basaler Freiheitsrechte nicht oder nicht ausreichend gegeben ist. Unabhängig davon, welche kulturspezifische Ausdeutung der hier skizzierte Standard basaler Rechte in verschiedenen Kontexten erfährt, ist also festzustellen, dass Menschen in extremer Armut unter Bedingungen leben, in denen viele basale Rechte für sie nicht geschützt sind, darunter (in je unterschiedlichen Konstellationen und Ausmaßen) die Rechte auf eine angemessene Ernährung und sauberes Trinkwasser, auf eine elementare Gesundheitsfürsorge, auf körperliche Sicherheit und eine angemessene Behausung sowie die Rechte auf freie Meinungsäußerung, Bildungschancen und politische Mitbestimmungsmöglichkeiten. Der

42 United Nations Educational, Scientific and Cultural Organization (UNESCO), *Education For All Global Monitoring Report. Teaching and Learning: Achieving Quality for All*, Paris 2014, S. 4.

43 Für diese Einschätzung vgl. World Health Organization (WHO), *The World Medicines Situation*, Genf 2004, S. 61. Für eine aktuellere Bestandsaufnahme, wonach sich der Zugang zu lebenswichtigen Medikamenten in Entwicklungsländern auch in den letzten Jahren kaum verbessert hat, vgl. United Nations (UN), *Millennium Development Goal 8: The Global Partnership for Development: Making Rhetoric a Reality, MDG Gap Task Force Report 2012*, New York 2012, S. xvi. Dabei handelt es sich wiederum nur um einen von mehreren Indikatoren für die Gewährleistung des basalen Rechts auf Zugang zu einer elementaren Gesundheitsfürsorge. Für die Formulierung eines größeren Spektrums von spezifischen Parametern für die Beurteilung des Implementierungsgrades des »Rechts auf Gesundheit« in verschiedenen Ländern vgl. Backman u. a., »Health Systems and the Right to Health«.

44 Vgl. Kap. I, Fn. 3.

45 Vgl. United Nations Children's Fund (UNICEF), *Committing to Child Survival: A Promise Renewed. Progress Report 2013*, New York 2013, S. 5.

Kontrast zwischen dem Ziel der institutionellen Gewährleistung von Grundgütern, auf die Menschen im Rahmen eines menschenwürdigen Lebens Anspruch haben, und der tatsächlichen Situation von Menschen in extremer Armut, die durch einen fehlenden Zugang zu diesen Grundgütern charakterisiert ist, ist allzu deutlich erkennbar. Diese Diagnose trifft unabhängig von verschiedenen kontrovers diskutierten Fragen zur wissenschaftlichen Bemessung der Weltarmut zu.[46]

VI.4 Basale Menschenrechte als rechtfertigungsoffene Ansprüche

Nachdem der für die Zuschreibung von struktureller Verantwortung maßgebliche Menschenrechtsstandard nun formuliert ist, geht es als Nächstes darum, basale Menschenrechte als rechtfertigungsoffene normative Ansprüche an die Gestaltung sozialer Institutionen zu erweisen, das heißt als geeignete Kandidaten für einen begründungspluralistischen Konsens über die *Inhalte* von struktureller Weltarmutsverantwortung über Theoriegrenzen hinweg. Ein solcher Konsens verschiedener normativer Perspektiven über Menschenrechte als Ansprüche an die Gestaltung sozialer Institutionen hat eine völlig andere Stoßrichtung als der weiter oben (in Kapitel V) betrachtete Konsens über die globale *Reichweite* von struktureller Weltarmutsverantwortung. Denn nun möchte ich zeigen, dass der Standard basaler Menschenrechte tatsächlich ein Bündel von begründungspluralistischen Normen darstellt, mit denen sich globale Institutionen beurteilen lassen.

Basale Menschenrechte sind in mindestens *drei Hinsichten* pluralistisch begründbare Standards zur Beurteilung sozialer Institutionen. Erstens lässt sich mit *verschiedenen moralischen Gründen* dafür argumentieren, dass die Gestaltung sozialer Institutionen mit Rücksicht auf basale Rechte zu erfolgen hat (VI.4.1). Zweitens kann

46 Zur Untersuchung der empirischen und normativen Probleme im Zusammenhang mit der Bemessung der Weltarmut vgl. Elke Mack u. a. (Hg.), *Absolute Poverty and Global Justice*, Farnham 2009; Anand u. a. (Hg.), *Debates on the Measurement of Global Poverty*, und Scott Wisor, *Measuring Global Poverty. Toward a Pro-Poor Approach*, London 2011. Siehe auch die Ausführungen zum Verständnis des Armutsbegriffs weiter oben in VI.1.

die Implementierung basaler Menschenrechte auch von der Warte *divergierender Konzeptionen sozialer Gerechtigkeit* aus gutgeheißen werden (VI.4.2). Drittens ist es Anhängern verschiedener *religiöser und weltanschaulicher Perspektiven* möglich, über ein kulturübergreifendes Gespräch zu gemeinsam geteilten Ergebnissen hinsichtlich der Geltung von basalen Menschenrechten zu gelangen (VI.4.3). Es wird sich zeigen, dass basale Menschenrechte in allen dieser drei Hinsichten rechtfertigungsoffene Ansprüche an soziale Institutionen darstellen, denen ich mich jetzt der Reihe nach zuwende.

VI.4.1 Moralische Begründungen

Bevor die eigentliche Auseinandersetzung mit divergierenden moralischen Begründungen von Menschenrechten beginnen kann, sind drei Vorbemerkungen angebracht. Die erste Vorbemerkung betrifft das genauere Verständnis der Idee einer moralischen Begründung basaler Menschenrechte, die grundsätzlich nicht mit der anspruchsvolleren Idee einer »Letztbegründung« dieser Rechte gleichgesetzt werden sollte. Die meisten Projekte der moralischen Begründung von Menschenrechten würden meines Erachtens sogar falsch verstanden, wenn sie als Versuche aufgefasst würden, auf das Letztbegründungsproblem in der Moraltheorie zu reagieren, denn moralische Begründungen von Menschenrechten geben im Normalfall keine Antwort auf die Frage, inwiefern eine Befolgung von überhaupt irgendwelchen Normen durch gesellschaftliche Akteure in einem starken Sinn gerechtfertigt werden kann. Sie setzen stattdessen auf einer allgemeinen Ebene schon voraus, dass die soziale Wirklichkeit der moralischen Bewertung unterzogen werden soll, und gehen auf dieser Basis der Frage nach, welche spezifischen moralischen Gründe für die Geltung von Menschenrechtsnormen als besonders elementaren Normen für die Bewertung sozialer Beziehungen angeführt werden können. Einige Ansätze zur moralischen Begründung von Menschenrechten können in ideengeschichtlicher Hinsicht sogar als explizite Gegenentwürfe zu zumindest einer solchen Spielart einer Letztbegründung betrachtet werden, nämlich jene, die als säkulare Gegenentwürfe zu religiösen Begründungen von Menschenrechten konzipiert sind. Obwohl es auch einige prominente historische Formulierungen von Menschenrechten gibt, darunter philosophische Ansätze und politische Dokumente, die in Form des Gottesbezugs einen solchen Letztbegründungsaspekt aufweisen,[47] beschränke ich mich hier auf die Darstellung von moralischen Begründungen, die dadurch charakterisiert sind, dass sie die Universalität der Menschenrechte bewusst nicht auf eine überweltliche normative Autorität zurückführen,[48] sondern auf innerweltliche und zumindest dem Anspruch nach argumentativ einholbare und allgemein nachvollziehbare normative Gründe.

Gewissermaßen das Gegenstück zur Letztbegründung ist mit Blick auf die Idee einer moralischen Begründung die antirationalistische Kritik, wie sie von Richard Rorty aus neopragmatistischer Perspektive formuliert wurde. Rorty zufolge sei es fruchtlos, unsere derzeitige Menschenrechtskultur mit Verweisen auf vermeintlich kulturübergreifend geltende Vernunftgebote oder auf die Idee einer menschlichen Natur zu begründen, die verschiedene Kulturen transzendiere. Das Einzige, was uns Rorty zufolge bleibt, ist, auf das menschliche Mitgefühl und dessen Vermehrung zu setzen beziehungsweise hinzuwirken.[49] Was ist von diesem Vorschlag zu halten? Im Hinblick auf die Menschenrechte auf Gefühle zu setzen, lässt sich als *komplementäre* Strategie zu an Vernunftgründe appellierenden Argumentationen rechtfertigen und kann durchaus einen Beitrag zur Stärkung des allgemeinen Bekenntnisses zu Menschenrechten leisten. Um die Macht der Gefühle auf menschliche Handlungsmotivationen anzuerkennen, muss man allerdings kein

47 Die amerikanische Unabhängigkeitserklärung ist ein bekanntes Beispiel für einen solchen Gottesbezug, über dessen Ausdeutung als Artikulation einer partikularen Religiosität sich jedoch streiten lässt. Vgl. dazu Hauke Brunkhorst, »Die Amerikanische Unabhängigkeitserklärung und die Virginia Declaration of Rights von 1776«, in: Pollmann/Lohmann (Hg.), *Menschenrechte*, S. 91-98, hier S. 92 f.

48 Für eine Übersicht über theologische und metaphysische Begründungen von Menschenrechten vgl. Ludger Honnefelder, »Theologische und metaphysische Menschenrechtsbegründungen«, in: Pollman/Lohmann (Hg.), *Menschenrechte*, S. 171-178.

49 Vgl. dazu Richard Rorty, »Menschenrechte, Rationalität und Gefühl«, in: Stephen Shute, Susan Hurley (Hg.), *Die Idee der Menschenrechte*, Frankfurt/M. 1996, S. 144-170; siehe auch Menke/Pollmann, *Philosophie der Menschenrechte*, S. 62 ff., und Thomas Hoffmann, »Richard Rorty«, in: Pollmann/Lohmann (Hg.), *Menschenrechte*, S. 83-86.

Neopragmatist sein. Darüber hinaus unterscheiden sich Menschen auch darin, dass sie unterschiedlich gut empfänglich für Gefühle als Ressourcen für normative Haltungen sind. Auf den Rekurs auf Vernunftgründe ganz zu verzichten, würde bedeuten, unnötigerweise auf eine wichtige und potentiell sehr wirksame Strategie zur Stärkung der Menschenrechtskultur zu verzichten. Vernunftüberlegungen und Gefühle können sich wechselseitig verstärken und sollten also nicht gegeneinander ausgespielt werden.

Eine zweite Vorbemerkung betrifft die Beschreibungsgenauigkeit des hier verfolgten Ansatzes, Menschenrechte als Schnittmenge verschiedener grundsätzlicher Perspektiven auszuweisen. Die Idee, eine Vereinbarkeit verschiedener moralischer und gerechtigkeitstheoretischer Perspektiven auf die Geltung von Menschenrechten aufzuzeigen, darf nicht mit dem sehr viel größeren Projekt verwechselt werden, bei dem es darum geht, wie einzelne basale Rechte, so wie sie oben charakterisiert werden, aus den je einzelnen grundsätzlichen Ansätzen jeweils *genau* abzuleiten wären. Es muss im Rahmen dieser Untersuchung genügen, die prinzipielle Kompatibilität verschiedener moralischer, gerechtigkeitstheoretischer und weltanschaulicher Perspektiven mit dem begründungspluralistischen Menschenrechtsstandard aufzuweisen.

Die dritte und letzte Vorbemerkung betrifft meine Fokussierung auf soziale Institutionen als Iudicandum von Menschenrechtsansprüchen. Wie schon eingangs dieses Kapitels gesagt, impliziert sie ausdrücklich nicht, dass Menschenrechtsnormen generell nicht auch zur Bewertung anderer Iudicanda – insbesondere interpersonaler Beziehungen – herangezogen werden könnten (siehe VI.2). Ich meine lediglich, dass für die Beurteilung interpersonaler Beziehungen im Lichte von Menschenrechtsnormen in begründungslogischer Hinsicht ganz anders gelagerte Überlegungen anzustellen und in substantieller Hinsicht auch andere Ergebnisse zu erwarten sind. Dem werde ich hier aufgrund der vordringlichen Bedeutung der normativen Beurteilung von Institutionen nicht nachgehen.

Jeder Versuch, das Spektrum verschiedener moralischer Begründungen von Menschenrechten seit der Aufklärung zu überblicken, muss eine konzeptionelle Vielstimmigkeit zutage fördern. Um zu zeigen, dass und wie ein begründungspluralistischer Konsens über Menschenrechte als moralische Ansprüche an die Gestaltung sozialer Institutionen möglich ist, beschränke ich mich im Folgenden auf die Charakterisierung einiger besonders einflussreicher Ansätze, die sich wiederum grob in zwei Gruppen sortieren lassen. Einer ersten Gruppe von Ansätzen ist gemeinsam, dass sie die Beziehung zwischen den fundamentalen Gründen für die Geltung basaler Menschenrechte und den konkreten Ansprüchen an die Gestaltung von Institutionen als eine Art *Spiegelbild-Korrelation* beschreiben.[50] Das gilt für naturrechtliche und anthropologische Begründungen von Menschenrechten sowie generell für alle Begründungen, die bestimmte substantielle Bedürfnisse, Interessen oder Fähigkeiten als moralische Ansprüche geltend machen, denen dazu korrelierende positivrechtliche Regelungen und institutionelle Bedingungen zu entsprechen haben. Eine zweite Gruppe von Ansätzen zeichnet sich dadurch aus, dass diese eine solche Korrelation zwischen moralischen Gründen und substantiellen moralischen Ansprüchen explizit bestreiten. Zu diesen gehören utilitaristische, aber auch alle konstruktivistischen Begründungen, für die substantielle moralische Menschenrechtsansprüche erst durch verschiedene Verfahren zustande kommen und ihre Geltung erlangen (hierunter fallen beispielsweise diskursethische Ansätze als einflussreiche Unterform).

Mein Fokus auf diese exemplarischen Begründungswege erklärt sich nicht zuletzt dadurch, dass es mir im Folgenden um einen begründungspluralistischen Konsens zwischen ausschließlich solchen Ansätzen geht, welche die *Moral der universalen Achtung* anerkennen. Diese stellt aus meiner Sicht ein für die Sprache der Menschenrechte unverzichtbares normatives Fundament – gewissermaßen ihre Tiefenstruktur – dar.[51] Denn die besondere Kraft von Menschenrechtsansprüchen rührt gerade daher, dass sie alle Menschen betreffende Forderungen darstellen. Schon die frühen Menschenrechtserklärungen (wie insbesondere die *Déclaration des droits de l'homme et du citoyen* und die *Declaration of Independence*) zeichneten sich durch die Forderung aus, dass *niemandes* Rechte verletzt werden dürfen und die Rechte *aller* Menschen zu schützen

50 Für eine pointierte Kritik an dieser Abbildvorstellung vgl. z. B. Rainer Forst, *Das Recht auf Rechtfertigung. Elemente einer konstruktivistischen Theorie der Gerechtigkeit*, Frankfurt/M. 2007, S. 315. Vgl. auch Allen Buchanans Diskussion der Spiegelbild-Konzeption (»mirroring view«) in: ders., *The Heart of Human Rights*, Oxford 2013, bes. Kap. 2.

51 Siehe auch oben, Kap. V.2.1, zum Stellenwert der Moral der universalen Achtung für die Begründung der globalen Reichweite von Verantwortung.

sind, ungeachtet beispielsweise ihrer Hautfarbe, ihres Geschlechts oder ihrer Religion.[52] Die hier zu behandelnden Ansätze können nun auf je eigene Weise als Interpretationen der Moral der universalen Achtung aufgefasst werden. Und da sie davon ausgehen, dass alle Menschen in einem gewissen Sinn als Gleiche zu behandeln sind, können sie zudem als egalitaristische Moralauffassungen in diesem weiten Sinn gelten. Dennoch unterscheiden sich diese vier Begründungswege zum Teil stark darin, wie sie die jeweils relevanten Hinsichten genauer definieren, in denen Menschen als Gleiche zu behandeln sind: sei es aus naturrechtlicher Perspektive als gleiche Subjekte von bestimmten innerhalb einer natürlichen Ordnung existierenden moralischen Rechten, sei es anthropologisch als gleiche Subjekte mit bestimmten fundamentalen Interessen oder Fähigkeiten, sei es utilitaristisch als gleiche Träger von Nutzen- beziehungsweise Glückswerten oder sei es konstruktivistisch als Subjekte, denen in Begründungsprozeduren gleiche Berücksichtigung zukommen müsse. Ich wende mich nun den einzelnen Begründungsrouten der Reihe nach zu, um die These zu veranschaulichen, dass basale Menschenrechte rechtfertigungsoffene Ansprüche an die Gestaltung sozialer Institutionen sind.

Für *naturrechtliche Ansätze* ist es zunächst charakteristisch, dass sie Menschenrechte als »angeborene« moralische Rechte verstehen, die dem positiven Recht übergeordnet sind, aber ebenso nach staatlichem Schutz und rechtlicher Implementierung verlangen. Nach John Locke, einem der bekanntesten Vertreter naturrechtlicher Menschenrechtsauffassungen, wird jeder Mensch mit den Rechten auf Leben, Freiheit, körperliche Integrität und Eigentum geboren, die es dann in Gestalt legitimer staatlicher Arrangements zu schützen gelte. Locke führt diese Rechte auf die Existenz von Naturgesetzen zurück, die ihrerseits auf Gottes Willen zurückgingen, aber von jedem Menschen mit Hilfe der Vernunft einsehbar seien.[53] Alle naturrechtlichen Menschenrechtsauffassungen sind am genann-

52 Vgl. dazu auch Rainer Forst, *Kritik der Rechtfertigungsverhältnisse. Perspektiven einer kritischen Theorie der Politik*, Berlin 2011, S. 59 ff.

53 Vgl. dazu John Locke, *Zwei Abhandlungen über die Regierung*, hg. von Walter Euchner, Frankfurt/M. 1977 [Orig. 1690]. Da Naturgesetze nach Locke durch die Vernunft einsehbar sind, ist seine Konzeption trotz der deistischen Untertöne hinreichend offen für eine säkulare Interpretation, obwohl er selbstverständlich auf im weiteren Sinne metaphysische Annahmen rekurriert.

ten Paradigma einer *Spiegelbild-Korrelation* zwischen moralischen Menschenrechtsansprüchen und ihrer positivrechtlichen Implementierung orientiert. Menschenrechte werden demnach als naturgegebene *moralische Rechte* verstanden und zu *legalen Rechten* in Beziehung gesetzt, die dem Schutz dieser moralischen Rechte dienen sollen. Die naturrechtliche Perspektive auf Menschenrechte spielt nicht zuletzt in den historischen Menschenrechtserklärungen eine bedeutende Rolle, ist aber nicht an diese gebunden.[54] Mit Blick auf naturrechtliche Begründungen stellt sich jedoch generell die Frage, wie die Richtigkeit der jeweiligen metaphysischen Annahmen über moralische Naturgesetze bestätigt werden kann und ob es richtig ist, von einer Spiegelbild-Korrelation zwischen fundamentalen moralischen und positivrechtlichen Ansprüchen auszugehen.

Die Idee einer solchen Spiegelbild-Korrelation ist aber auch in *anthropologischen Menschenrechtsbegründungen* am Werk.[55] Diese weisen zunächst eine gewisse Ähnlichkeit zu naturrechtlichen Begründungen auf, weil sie ebenfalls auf natürliche Begebenheiten rekurrieren, um bestimmte Menschenrechte als allen gleichermaßen zukommende Rechte von überzeitlicher Geltung auszuweisen. Doch anthropologische sind anders als naturrechtliche Ansätze nicht auf das kosmologische und teleologische Ganze der Natur oder eine überzeitliche Vernunft als Bestimmungsgrund moralischer Ansprüche fokussiert. Vielmehr betonen sie gewisse *universelle Eigenschaften des Menschen*, die ihn als Gattungswesen auszeichnen. Dadurch sind anthropologische Begründungen zwar nicht durch den Verweis auf unzulässige kosmologische oder metaphysische

54 Stefan Gosepath (vgl. ders., »Zur Begründung sozialer Menschenrechte«, in: ders./Lohmann [Hg.], *Philosophie der Menschenrechte,* S. 146-187, hier S. 150) weist darauf hin, dass es auch eine schwächere Lesart des naturrechtlichen Gedankens gibt, wonach Menschenrechte insofern naturrechtliche Geltung besäßen, als ihr fundamentaler moralischer Anspruch unabhängig von ihrer politisch-rechtlichen Institutionalisierung gültig sei. Im Rahmen eines solchen sehr weiten Verständnisses von naturrechtlicher Geltung handelte es sich allerdings bei allen hier diskutierten Positionen um »naturrechtliche« Menschenrechtsbegründungen.

55 Für einen Überblick über verschiedene Elemente anthropologischer Menschenrechtsbegründungen vgl. Bernd Ladwig, »Anthropologische Argumente in der menschenrechtlichen Moral«, in: Dirk Jörke, Bernd Ladwig (Hg.), *Politische Anthropologie. Geschichte – Gegenwart – Möglichkeiten*, Baden-Baden 2009, S. 245-267.

Voraussetzungen kritisierbar. Ob sie aber ähnlich gelagerten Einwänden in Bezug auf letztlich nichteinholbare anthropologische Voraussetzungen ausgesetzt sind, hängt davon ob, wie stark und umfassend ihre anthropologischen Annahmen jeweils sind. Eine starke anthropologische Begründung von Menschenrechten könnte diese Rechte beispielsweise zu minimalen Bestandteilen einer umfassenden Theorie menschlicher Güter und Tugenden zählen, die als gerechtfertigt gälten, wenn die umfassende Theorie gerechtfertigt wäre.[56] Diese Begründungsrichtung ist damit solchen Ansätzen diametral entgegengesetzt, die Grundgüter als konditionale Universalgüter zur Verfolgung verschiedener Ziele postulieren und auf die Begründung einer umfassenden Theorie des Guten verzichten. Denn ist die Geltung einer umfassenden Theorie des guten Lebens bewiesen, so ließen sich daraus in der Tat auch Menschenrechte als Rechte auf den Schutz eines eingeschränkteren Bereichs von Gütern ableiten. Obwohl es theoretisch möglich ist, Menschenrechte im Rahmen eines solchen Top-down-Ansatzes zu begründen, liegt natürlich die Frage nahe, welche rational einholbaren Ressourcen für die Rechtfertigung einer umfassenden Theorie des Guten zur Verfügung stehen und ob diese auch im Rahmen des öffentlichen Vernunftgebrauchs in pluralistischen Gesellschaften akzeptabel wären.

Es gibt allerdings auch eine weniger voraussetzungsreiche und daher auf den ersten Blick überzeugendere Art der anthropologischen Menschenrechtsbegründung, die nicht auf eine umfassende Theorie des Guten rekurriert, sondern nur auf bestimmte Teilbedingungen eines guten Lebens, deren Realisierung eine notwendige, aber noch keine hinreichende Bedingung für ein solches darstellt. Beispiele für eine solche Sichtweise sind die von Otfried Höffe und Martha Nussbaum vertretenen Positionen, die auf dem Anspruch nach eher schwache anthropologische Annahmen rekurrieren. Höffes Menschenrechtsbegründung basiert auf einer »Minimalanthropologie«, der es um anthropologische Voraussetzungen der Handlungsfähigkeit und in diesem Sinn um *transzendentale Interessen* geht, die durch Menschenrechte zu schützen seien.[57]

56 Philippa Foots naturalistische Ethik ist ein Beispiel für einen derartigen Theorierahmen. Vgl. dies., *Die Natur des Guten*, Frankfurt/M. 2004 [Orig. 2001].

57 Vgl. u.a. Otfried Höffe, *Demokratie im Zeitalter der Globalisierung*, München 1999, S. 56 f. und S. 62 ff., und ders., »Anthropologie und Menschenrechte. Zum

Auch wenn diese Idee transzendentaler Interessen nicht deckungsgleich ist mit der Idee von basalen Rechten als Rechten auf Zugang zu Grundgütern, die ich weiter oben skizziert habe (VI.3), so sticht doch eine gewisse Ähnlichkeit dieser beiden Auffassungen ins Auge. Denn Grundgüter habe ich weiter oben als Güter verstanden, deren Schutz es Subjekten ermöglicht, nach umfassenderen Gütern zu streben. Demgegenüber sind transzendentale Interessen laut Höffe solche »angeborenen«[58] Interessen, die konstitutiv für menschliche Handlungsfähigkeit sind. Höffe zufolge lässt sich »ein großer Teil der Menschenrechte«[59] durch einen solchen Rekurs auf transzendentale Interessen rekonstruieren, indem sie als Voraussetzungen der Handlungsfähigkeit des Menschen als »Lebewesen, [...] sprach- und vernunftbegabte[m] Wesen und [...] Kooperationswesen«[60] und somit als in hohem Maße schutzbedürftig ausgewiesen werden. Auch der neutraleren Definition von basalen Menschenrechten als Rechten auf die Gewährleistung von Grundgütern kann, obwohl sie mit unterschiedlichen grundsätzlichen Rechtfertigungen vereinbar ist, schon ein eigenes Rechtfertigungspotential zugesprochen werden. Denn sie lässt sich mit der Argumentationslinie in Verbindung bringen, wonach der Schutz von bestimmten Grundgütern gerechtfertigt ist, weil er die Voraussetzung für die Orientierung an weiter gehenden Gütern ist. Aus einer moderat anthropologischen Perspektive wie derjenigen Höffes lässt sich also mit größerer Tiefenschärfe dafür argumentieren, dass menschliche Minimalgüter zu schützen sind, damit Menschen überhaupt handlungsfähig sein können (wobei vernünftige Meinungsverschiedenheiten darüber möglich sind, welches Set an Grundgütern genau mit anthropologischen Begründungsressourcen verteidigt werden kann). Es zeigt sich somit, wie basale Rechte eine minimalanthropologische Rechtfertigung erfahren können. Dass sie sich aber eben auch anders begründen lassen, wird im weiteren Verlauf noch deutlicher werden.

Martha Nussbaums Theorie *basaler menschlicher Fähigkeiten* (*basic capabilities*) ist ein weiteres Beispiel für eine moderate anthro-

politischen Projekt der Moderne«, in: Jörke/Ladwig (Hg.), *Politische Anthropologie*, S. 231-244, hier S. 236 ff.

58 Vgl. ebd., S. 236 und S. 239, für Höffes Verständnis dessen, was es heißt, diese Interessen seien angeboren.

59 Ebd., S. 241.

60 Ebd.

pologische Begründung der Menschenrechte. Schon der Inhalt von Nussbaums Fähigkeitenliste ist bemerkenswert, weil sie sich trotz vieler Überschneidungen klar von anderen Menschenrechtskatalogen sowohl philosophischer als auch politischer Herkunft abhebt. Die aktuellste Version der Liste enthält die folgenden zehn menschlichen Fähigkeiten, die ich hier mit den von mir leicht abgekürzten Erläuterungen Nussbaums wiedergeben möchte: 1. Leben (als »Fähigkeit, ein menschliches Leben normaler Dauer bis zum Ende zu leben [...]«[61]); 2. körperliche Gesundheit (als »Fähigkeit, bei guter Gesundheit zu sein, wozu auch die reproduktive Gesundheit, eine angemessene Ernährung und eine angemessene Unterkunft gehören«[62]); 3. körperliche Integrität (als »Fähigkeit, sich frei von einem Ort zum anderen zu bewegen; vor gewaltsamen Übergriffen sicher zu sein, sexuelle Übergriffe und häusliche Gewalt eingeschlossen; Gelegenheit zur sexuellen Befriedigung und zur freien Entscheidung im Bereich der Fortpflanzung zu haben«[63]); 4. Sinne, Vorstellungskraft und Denken (als »Fähigkeit, die Sinne zu benutzen, sich etwas vorzustellen, zu denken und zu schlussfolgern [...]«[64]); 5. Gefühle (als »Fähigkeit, Bindungen zu Dingen und Personen außerhalb unserer selbst aufzubauen [...]«[65]); 6. praktische Vernunft (als »Fähigkeit, selbst eine persönliche Auffassung des Guten zu bilden und über die eigene Lebensplanung auf kritische Weise nachzudenken«[66]); 7. Zugehörigkeit (als »A. Die Fähigkeit, mit anderen und für andere zu leben [...]. B. Über die sozialen Grundlagen der Selbstachtung und der Nichtdemütigung zu verfügen [...]«[67]); 8. andere Spezies (als »Fähigkeit, in Anteilnahme für und in Beziehung zu Tieren, Pflanzen und zur Welt der Natur zu leben«[68]); 9. Spiel (als »Fähigkeit, zu lachen, zu spielen und erholsame Tätigkeiten zu genießen«[69]); 10. Kontrolle über die eigene Umwelt (»A. Politisch: Die Fähigkeit, wirksam an den politischen

61 Martha Nussbaum, *Die Grenzen der Gerechtigkeit. Behinderung, Nationalität und Spezieszugehörigkeit*, Berlin 2010 [Orig. 2006], S. 112.
62 Ebd.
63 Ebd.
64 Ebd.
65 Ebd., S. 113.
66 Ebd.
67 Ebd., S. 113 f.
68 Ebd., S. 114.
69 Ebd.

Entscheidungen teilzunehmen, die das eigene Leben betreffen [...]. B. Inhaltlich: Die Fähigkeit, Eigentum [an Land und an beweglichen Gütern] zu besitzen«[70]).

Wie Höffe geht es auch Nussbaum nur um minimalanthropologische Voraussetzungen. Bei ihr sind das die basalen menschlichen Fähigkeiten, deren Schutz für ein menschenwürdiges Leben notwendig sei, ohne dabei auch schon hinreichend für ein gutes Leben zu sein. Gegenüber Nussbaums Liste wurde zwar der Einwand erhoben, dass sie über das Ziel der Formulierung eines solchen Minimums hinausschieße.[71] Doch eine Idee schützenswerter minimaler Fähigkeiten ist natürlich diskussionswürdig, unabhängig davon, ob nun auch die hier eher zu exemplarischen Zwecken angeführte Liste Nussbaums oder eine andere – und eventuell weniger umfassende – Liste als eine plausible Formulierung gelten kann. Hervorzuheben ist insbesondere die von Nussbaum zusammen mit Amartya Sen entwickelte und auch in Nussbaums Liste zum Ausdruck kommende *Fähigkeitenmetrik*, die beide Autoren anderen Maßeinheiten zur Bemessung von Lebensqualität vorziehen. Zu den Maßeinheiten, die sie kritisieren, gehören die in dieser Arbeit für das Verständnis basaler Menschenrechte zugrunde gelegte Grundgütermetrik, aber auch wohlfahrtsethische Nutzenmetriken. Nussbaums und Sens Plädoyer für die Fähigkeitenmetrik impliziert, dass gesellschaftliche Zustände auf grundlegender Ebene nicht mit Blick auf verschiedene Nutzen-, Ressourcen- oder Güterverteilungen zu beurteilen sind, sondern mit Blick auf die Möglichkeit der Gesellschaftsmitglieder, menschliche Fähigkeiten zu verwirklichen. Sen und Nussbaum begreifen dabei Fähigkeiten (capabilities) genauer als Möglichkeiten der Realisierung bestimmter *Funktionsweisen* (*functionings*), wie beispielsweise angemessen mit Nahrungsmitteln versorgt zu sein, medizinisch betreut zu werden, zu lesen und zu schreiben und so fort. Entscheidend sei letztlich jedoch nicht, dass

70 Ebd.

71 Eine einflussreiche Kritik wurde dabei ausgerechnet von Amartya Sen als Mitentwickler des Fähigkeitenansatzes formuliert. Im Unterschied zu Nussbaum ist er der Überzeugung, dass der Gehalt von menschlichen Fähigkeiten nicht durch eine solche in seinen Augen zu konkretistische Liste vorgegeben werden dürfe, sondern jeweils erst durch den öffentlichen Vernunftgebrauch in einzelnen Gesellschaften zu konkretisieren sei. Vgl. Amartya Sen, »Human Rights and Capabilities«, in: *Journal of Human Development* 6 (2005), S. 151-166.

Menschen zu jeder Zeit das Spektrum von wertvollen Funktionsweisen realisieren, da sie sich aus freien Stücken dafür entscheiden können, eine grundlegende Funktionsweise nicht zu realisieren. Zentral ist deshalb nur, dass sie die Fähigkeiten – verstanden als positive Freiheiten – dazu haben.

Ein prominentes Beispiel, das Sen und Nussbaum anführen, um diesen Unterschied zu verdeutlichen, sind fastende oder freiwillig in den Hungerstreik tretende Personen. Da diese ja die Fähigkeit haben, sich angemessen zu ernähren, unterscheiden sie sich von jenen Menschen, die durch ihre Lebensumstände zum Hungern verdammt sind.[72] Die Differenz zwischen der Grundgüter- und der Fähigkeitenmetrik zeigt sich wiederum daran, dass Menschen aufgrund ihrer umfangreichen individuellen Unterschiede diverse Güter nicht gleich gut in Funktionsweisen umwandeln können (besonders eindeutig ist das im Fall von Menschen mit starken Behinderungen). Deshalb ist Nussbaum und Sen zufolge nicht der allgemeine Zugang zu Grundgütern der grundlegende Bewertungsgesichtspunkt, sondern es sind eben menschliche Fähigkeiten, das heißt das, was einzelne Menschen aus ihrem Zugang zu diesen Gütern jeweils machen können.[73] Während die Fähigkeitenmetrik sensitiv für *individuelle Unterschiede* ist, muss jeder mit der Grundgütermetrik arbeitende Ansatz in der Tat mit der Formulierung verschiedener *repräsentativer Unterschiede* des Zugangs von Mitgliedern verschiedener gesellschaftlicher Gruppen zu Grundgütern arbeiten.

Meines Erachtens gibt es aber trotzdem gute Gründe dafür, im Rahmen der hier angelegten begründungspluralistischen Perspek-

72 Vgl. u. a. Sen, *Ökonomie für den Menschen*, S. 97 und S. 346, sowie Martha Nussbaum, *Creating Capabilities. The Human Development Approach*, Cambridge/MA, London 2011, S. 25.

73 Zu dieser Kritik am Grundgüteransatz und an welfaristischen (darunter utilitaristischen) Nutzenbegriffen vgl. Amartya Sen, »Equality of What?«, in: Sterling M. McMurrin (Hg.), *The Tanner Lectures of Human Values*, Salt Lake City 1980, sowie zahlreiche nachfolgende Abhandlungen des Autors, darunter bes.: *Ressources, Values, and Development*, Cambridge/MA 1984; *Inequality Reexamined*, New York, Cambridge/MA 1992; »Capability and Well-Being«, in: ders./Martha Nussbaum (Hg.), *The Quality of Life*, Oxford 1993, S. 30-53; *Ökonomie für den Menschen* und »Elements of a Theory of Human Rights«, in: *Philosophy & Public Affairs* 32 (2004), S. 315-356, hier S. 332. Vgl. auch Nussbaum, *Die Grenzen der Gerechtigkeit*, S. 229, und dies., *Creating Capabilities*, S. 56 ff.

tive eine Grundgütermetrik der Fähigkeitenmetrik vorzuziehen. Der entscheidende Aspekt ist, dass eine Grundgütermetrik, wie ich sie schon weiter oben mit der Definition basaler Menschenrechte eingeführt habe, offenbar besser als *öffentliches* und konsensuales Kriterium für die normative Beurteilung von Institutionen geeignet ist.[74] Denn in der Praxis scheint die Fähigkeitenmetrik nur in Verbindung mit einer essentialistischen Rangordnung verschiedener natürlicher Ausstattungen anwendbar zu sein, so dass auf dieser Grundlage Benachteiligte bei der Gestaltung von sozialen Institutionen entsprechend zu kompensieren wären. Es ist nun aber zu erwarten, dass es im öffentlichen Raum, zumal in einer weltumspannenden Öffentlichkeit, keine umfassende Einigung über eine solche Rangordnung geben wird, wohingegen im Rahmen der Grundgütermetrik ein Konsens nicht aussichtslos ist. Dieses Argument fällt noch stärker ins Gewicht, wenn es, wie in diesem Buch, um eine Metrik für die normative Beurteilung von Institutionen im globalen Maßstab (und nicht nur in einzelnen Nationalstaaten) geht.

An dieser Stelle möchte ich betonen, dass eine Grundgütermetrik auch für all diejenigen als *begründungspluralistische Maßeinheit* akzeptierbar sein sollte, die in grundsätzlicher Hinsicht eine Fähigkeitenmetrik für die Beurteilung von sozialen Institutionen vorziehen. Denn eine Fähigkeitentheoretikerin muss natürlich nicht bestreiten, dass es moralisch geboten ist, den Zugang zu instrumentell wertvollen Grundgütern sicherzustellen. Dies verdeutlichen auch die vielen substantiellen Überschneidungen von Nussbaums Liste mit der weiter oben angeführten Reihe basaler Menschenrechte auf die Gewährleistung von Grundgütern. Der Fähigkeitenansatz geht nur davon aus, dass *in letzter Instanz* nicht Grundgüter, sondern menschliche Fähigkeiten für die Beurteilung sozialer Institutionen relevant sind. Da die Verbesserung in der Gewährleistung von Grundgütern in einem sozialen Kontext gewiss auch zur Vergrößerung menschlicher Fähigkeiten führt, kann sich die Fähigkeitentheoretikerin mit anderen Theoretikern darauf einigen, *dass* Grundgüter geschützt werden sollen, obwohl sie sich uneinig darüber sind, welches die grundlegende Maßeinheit von Lebensqualität ist. Obwohl Nussbaum und Sen zumeist von menschlichen Fähig-

74 Vgl. dazu Thomas Pogge, »A Critique of the Capability Approach«, in: Harry Brighouse, Ingrid Robeyns (Hg.), *Measuring Justice. Primary Goods and Capabilities*, Cambridge 2010, S. 17-60, hier S. 45 ff.

keiten und seltener von basalen Menschenrechten sprechen, lässt sich eine Verbindung zwischen diesen Begriffen herstellen. Statt basale Rechte als Rechte auf Grundgüterschutz zu verstehen, wie ich das vorgeschlagen habe, müssten Menschenrechte in dem Fall als moralisch begründete Ansprüche auf die institutionelle Realisierung basaler Fähigkeiten verstanden werden.[75]

Ich komme nun auf eine *utilitaristische Menschenrechtsbegründung* zu sprechen, die von der für naturrechtliche und anthropologische Ansätze charakteristischen Spiegelbild-Korrelation zwischen fundamentalen Ansprüchen und positivrechtlichen Güterschutzmaßnahmen abweicht. Zunächst ist jedoch hervorzuheben, warum der Utilitarismus entgegen einem weitverbreiteten Vorurteil[76] überhaupt Ressourcen zur Menschenrechtsbegründung bereithält. Für utilitaristische Ansätze ist das grundlegende normative Ziel die Maximierung des sozialen Nutzens; je nach Spielart hat sich das individuelle Verhalten und/oder die gemeinsame Gestaltung sozialer Institutionen an diesem Ziel zu orientieren. Ich beschränke mich hier auf die Darstellung einer utilitaristischen Begründung von Menschenrechten als Standards zur Beurteilung gesellschaftlicher Institutionen, blende also diejenigen Aspekte utilitaristischer Theoriebildung aus, die Vorgaben für interpersonales Verhalten betreffen, wie etwa den Konflikt zwischen handlungs- und regelutilitaristischen Verhaltensvorgaben. Jede utilitaristische Begründung von basalen Menschenrechten als moralischen Ansprüchen an soziale Institutionen muss nun annehmen, dass Maßnahmen zur besseren Gewährleistung der jeweils eingeforderten Rechte den gesellschaftlichen Gesamtnutzen vergrößern.[77] Obwohl dabei

75 Dieser Definitionsvorschlag basiert nicht genau auf Nussbaums und Sens Wortwahl, entspricht aber inhaltlich der von ihnen gezogenen Analogie zu Menschenrechtsansätzen. Nussbaum spricht explizit davon, dass ihr Fähigkeitenansatz ein besonderer Typ eines Menschenrechtsansatzes sei. Vgl. Nussbaum, *Creating Capabilities*, S. 62. Vgl. auch Sen, »Elements of a Theory of Human Rights«, und ders., »Human Rights and Capabilities«, zur Verbindung des Begriffs der Menschenrechte und desjenigen basaler Fähigkeiten.

76 Von diesen Vorurteilen gibt es mehrere. Vgl. dazu Christoph Lumer, »Utilitarismus«, in: Stefan Gosepath u. a. (Hg.), *Handbuch der Politischen Philosophie und Sozialphilosophie*, Berlin, New York 2008, S. 1380-1387, hier S. 1380.

77 Vgl. Buchanan, *Justice, Legitimacy, and Self-Determination*, S. 139 ff., für eine Skizze einer solchen utilitaristischen Argumentation für die Geltung der Menschenrechte.

verschiedene Nutzenfunktionen zugrunde gelegt werden können, muss der zu aggregierende individuelle Nutzen jeweils objektiv definiert werden. Darüber hinaus darf dieser auch nicht nur an materielle Werte wie Einkommen und Besitz gebunden werden. Individueller Nutzen muss vielmehr so weit definiert sein, dass er auch immaterielle Werte wie Gesundheit, Gedanken- und Bewegungsfreiheit sowie Bildung einschließt.[78] Der Gesamtnutzen wird dann, wie es für utilitaristische Ansätze generell charakteristisch ist, auf dem einfachen Weg der linearen Aggregation individueller Nutzenwerte gemessen.

Der Zusammenhang zwischen der Steigerung des gesellschaftlichen Gesamtnutzens und der weltweiten Verbesserung des Menschenrechtsschutzes ist zumindest angesichts der gegenwärtigen Bedingungen, unter denen ein beträchtlicher Teil der Menschheit in extremer Armut lebt, klar erkennbar. Es scheint auch andersherum zu gelten, dass der gesellschaftliche Gesamtnutzen der Tendenz nach geringer ausfällt, je stärker diese Rechte in der horizontalen Dimension missachtet werden. Obwohl in der utilitaristischen Perspektive die Steigerung von linear addierten Nutzenwerten das Ziel ist, gibt es zumindest unter nichtidealen Bedingungen Berührungspunkte zwischen ihr und der Menschenrechtsperspektive. Denn solange die basalen Rechte eines großen Teils der Menschheit nicht geschützt sind, werden strukturelle Maßnahmen zur Verbesserung des Menschenrechtsschutzes auch dazu beitragen, den Gesamtnutzen zu steigern (im Rahmen eines Spektrums von jeweils akzetablen objektiven Nutzendefinitionen). Unter den gegebenen Bedingungen scheint es sogar kaum einen effektiveren Weg zu geben, den Gesamtnutzen zu steigern, als auf die Verbesserung des allgemeinen Zugangs zu und Schutzes von Grundgütern auf Seiten von Menschen in extremer Armut hinzuwirken. Dies ist besonders dann der Fall, wenn angenommen wird, dass der Grenznutzen bei ansteigenden individuellen Nutzenwerten abnimmt und daher die Verbesserung des Zugangs zu Grundgütern den Gesamtnutzen überproportional vergrößert – im Gegensatz etwa zu einer die materielle Ungleichheit fördernden Politik, die zur Steigerung des Reichtums von Wohlhabenden führt.[79]

78 Vgl. Lumer, »Utilitarismus«, S. 1383.

79 Vgl. dazu auch Peter Singers Rekurs auf das Prinzip des abnehmenden Grenznutzens in seiner Theorie individualistischer Hilfspflichten in: ders., »Famine,

Dass eine utilitaristische Begründung von Menschenrechten möglich ist, bedeutet selbstverständlich nicht, dass man die auf dem Kriterium der Nutzenmaximierung basierende utilitaristische Begründungsstrategie akzeptieren muss, um von der Geltung der Menschenrechte überzeugt zu sein. Hier geht es nur um die uns aus begründungspluralistischer Perspektive interessierende Vereinbarkeit des Utilitarismus mit der Forderung der Implementierung von basalen Menschenrechten. Bemerkenswert ist auch, dass die Verbindungslinie zwischen der institutionellen Nutzenmaximierung und der Gewährleistung basaler Rechte weniger direkt ist als im Fall naturrechtlicher und anthropologischer Begründungen. Es liegt *keine* Spiegelbild-Korrelation zwischen moralischen Gründen und basalen Rechten als moralischen Ansprüchen an gesellschaftliche Institutionen vor, sondern eine Konstellation, die mit einem *Mehrebenen-Modell* beschrieben werden könnte, in dem die fundamentale Ebene moralischer Gründe – in diesem Fall das Nutzenmaximierungsgebot – und die darüberliegende Ebene, auf der die Forderung der Implementierung von basalen Menschenrechten als moralischen Ansprüchen an die Gestaltung gesellschaftlicher Institutionen angesiedelt ist, in keinem direkten Entsprechungsverhältnis zueinander stehen.

Dies gilt auch für *konstruktivistische Menschenrechtsbegründungen*; auch bei diesen liegt keine symmetrische Beziehung zwischen den fundamentalsten moralischen Gründen und den aus diesen Gründen ableitbaren substantiellen Menschenrechtsforderungen vor. Vielmehr zeichnen sie sich dadurch aus, dass sie substantielle Menschenrechtsansprüche durch eine *Rechtfertigungsprozedur* begründen, die wiederum bestimmten jeweils für zentral gehaltenen moralischen Forderungen oder Idealen entspricht, die begründungslogisch auf einer tieferen Ebene liegen. John Rawls' kontraktualistisches Urzustandsszenario ist ein bekanntes Beispiel für eine solche konstruktivistische Rechtfertigung von Gerechtigkeitsprinzipien. Ich werde mich jedoch etwas genauer mit *diskursiven Menschenrechtsbegründungen* als einer besonderen Variante des Konstruktivismus beschäftigen, um zu zeigen, dass der von mir formulierte Standard basaler Rechte auch konstruktivistisch gerechtfertigt werden kann. Dass diskursive Menschenrechtsbegrün-

Affluence, and Morality«, in: *Philosophy & Public Affairs* 1 (1972), S. 229-243, hier S. 234 und S. 241.

dungen hinsichtlich der aus ihnen ableitbaren substantiellen Forderungen mit dem skizzierten Standard basaler Rechte kompatibel sind, mag auf den ersten Blick überraschen. Denn diskursive und insbesondere diskursethische Moralbegründungen zeichnen sich dadurch aus, dass sie die Zugrundelegung bestimmter fundamentaler »ethischer« Interessen oder Fähigkeiten vehement ablehnen.[80]

Die diskursive Menschenrechtsbegründung unterscheidet sich in mehreren wichtigen Hinsichten von den bisher betrachteten Begründungswegen. Um die Geltung der Menschenrechte auf ein dem Anspruch nach allgemein akzeptierbares Fundament zu stellen, setzt sie im Unterschied zu metaphysisch aufgeladenen Naturrechtsvorstellungen nicht voraus, dass substantielle Menschenrechtsansprüche im strengen Wortsinn »von der Natur verliehene« oder »angeborene« Ansprüche sind, die es durch ihnen entsprechende (»spiegelbildliche«) institutionelle Arrangements abzusichern gelte.[81] Und sie verzichtet auch auf substantielle Annahmen über universale menschliche Interessen oder Fähigkeiten, da entsprechenden Auflistungen immer etwas Willkürliches anhafte, weil sich ja jedes vermeintlich kulturneutrale menschliche Interesse daraufhin befragen lasse, warum es, und nicht ein anderes, zu den fundamentalen menschlichen Ansprüchen zu zählen sei, so dass der Universalismus bloßer Anstrich sei.[82] Für Vertreter des diskursiven Begründungsmodells können Menschenrechte nur in dem Sinn als »verliehene Rechte« gelten, dass Menschen sie sich als Adressaten moralisch begründeter universaler Achtung in einer Prozedur zwangloser, allgemeiner, unparteilicher und reziproker Rechtfertigung *selbst* wechselseitig *zuerkennen*.[83] Anders gesagt:

80 Neben Jürgen Habermas (vgl. ders., »Zur Legitimation durch Menschenrechte«, in: *Die postnationale Konstellation*, Frankfurt/M. 1998, S. 170-192) und Rainer Forst (vgl. ders., *Das Recht auf Rechtfertigung* und *Kritik der Rechtfertigungsverhältnisse*) haben u. a. auch Stefan Gosepath (vgl. ders., »Zur Begründung sozialer Menschenrechte«, S. 150, und *Gleiche Gerechtigkeit*, bes. S. 153 ff.) sowie Regina Kreide (vgl. dies., *Globale Politik und Menschenrechte*, S. 161 ff.) verschiedene Varianten einer diskursiven Menschenrechtsbegründung vorgelegt.

81 Vgl. Forst, *Das Recht auf Rechtfertigung*, S. 315.

82 Vgl. dazu Forst, *Kritik der Rechtfertigungsverhältnisse*, S. 55, und ders., »Universelle Achtungsmoral und diskursive Menschenrechtsbegründungen«, in: Pollmann/Lohmann (Hg.), *Menschenrechte*, S. 198-204, hier S. 199.

83 Eine einflussreiche Formulierung dieses Begründungszusammenhangs zwischen der Moral der universalen Achtung und Menschenrechten findet sich

Menschenrechte haben schlicht keine außermenschliche Rechtfertigungsinstanz.[84] Im Rahmen einer diskursiven Menschenrechtsbegründung, die sich auf eine rechtfertigungstheoretische Auslegung der Idee der universalen Achtung und der Autonomie von Menschen als Rechtssubjekten stützt, sind Menschenrechte als solche moralischen Ansprüche an soziale Institutionen und Interaktionen rekonstruierbar, die Gegenstand einer allgemeinen und wechselseitigen Rechtfertigung sein können und aufgrund dieser Universalisierbarkeit Schutz verdienen. Was Menschenrechte als Ansprüche an die Gestaltung sozialer Institutionen betrifft, so sind diese wechselseitig diskursiv begründbar, wenn und weil sie verallgemeinerbare moralische Ansprüche an die Gestaltung von Institutionen darstellen (im Gegensatz zu nichtuniversalisierbaren Ansprüchen wie etwa der Forderung, dass der Staat nur Kindern mit heller Hautfarbe Zugang zu öffentlichen Bildungsinstitutionen gewähren dürfe).

Im Rahmen des diskursiven Modells gehen Rechte, wie sie in einschlägigen politischen Dokumenten wie der *Déclaration des droits de l'homme et du citoyen* oder der Allgemeinen Erklärung der Menschenrechte formuliert sind, einem solchen Rechtfertigungsverfahren nicht als substantielle moralische Ansprüche immer schon voraus. Doch sie können genau dann als begründet gelten, wenn sie in einer zunächst nur auf die universale Achtungsmoral gestützten Rechtsfertigungsprozedur als verallgemeinerbare, da wechselseitig begründbare moralische Ansprüche ausweisbar sind. Obwohl auch am Ende einer diskursiven Menschenrechtsbegründung verschiedene substantielle Ansprüche an die Gestaltung sozialer Institutionen stehen (nämlich solche Ansprüche, die die Diskursteilnehmer im Rahmen von Verfahren der allgemeinen und wechselseitigen Rechtfertigung an sich stellen), enthält die fundamentale Ebene der diskursiven Menschenrechtsbegründung nur abstrakte Normen. In dem von Rainer Forst vertretenen Begründungsmodell kommt nur dem abstrakten moralischen »Recht auf Rechtfertigung« ein solcher fundamentaler Stellenwert zu: »Dies ist also der allgemeinste und basale Anspruch eines jeden Men-

bei Ernst Tugendhat, *Vorlesungen über Ethik*, Frankfurt/M. 1993, S. 345 f. Vgl. auch Gosepath, »Zur Begründung sozialer Menschenrechte«, S. 150, und ders., *Gleiche Gerechtigkeit*, S. 153 ff., sowie Forst, *Das Recht auf Rechtfertigung*, S. 300.

84 Vgl. ebd., S. 315.

schen, den andere, Menschen oder Staaten, nicht zurückweisen können: das Recht auf Rechtfertigung, das Recht, als moralische Person geachtet zu werden, die zumindest in dem Sinne autonom ist, dass sie nicht auf eine Weise behandelt werden darf, für die ihr nicht angemessene Gründe geliefert werden können.«[85] Obwohl demzufolge jeder Mensch auf der in begründungslogischer Hinsicht fundamentalen normativen Ebene in Gestalt des Rechts auf Rechtfertigung nur *ein einziges vorstaatliches moralisches Recht* besitzt, lassen sich mit ihm sowie bestimmten prozeduralen Normen (im Rahmen der allgemeinen und reziproken Rechtfertigung) sehr viel weiter gehende substantielle Ansprüche an die Gestaltung von sozialen Institutionen begründen.

Es gibt genau genommen zwei unterschiedliche Hinsichten, in denen eine diskursive Begründung mit dem skizzierten begründungspluralistischen Menschenrechtsstandard vereinbar ist. Erstens ist davon auszugehen, dass die Begründung von – unter anderem – solchen moralischen Ansprüchen, wie ich sie weiter oben skizziert habe, *am Ende* von solchen Rechtfertigungsprozeduren stehen wird, die den eben genannten, relativ strengen diskursethischen Normen genügen. Zweitens stellt sich aus der Perspektive diskursiver Rechtfertigungen die Frage, welche faktischen Bedingungen vorliegen müssen, um ebenjenem Anspruch wechselseitiger und allgemeiner Rechtfertigung innerhalb realer (und das heißt besonders: politischer) Diskurse tatsächlich adäquat Rechnung zu tragen. Es ist anzunehmen, dass auf der Seite aller Diskursteilnehmer bestimmte substantielle Bedingungen nicht unterschritten werden dürfen, um von einer Rechtfertigung in diesem Sinne sprechen zu können. Andernfalls besteht die Gefahr, dass Elemente von materieller Ungleichheit und von Beherrschung – seien sie zwischenmenschlicher oder struktureller Art – dafür sorgen, dass die Ergebnisse nicht allgemein und reziprok begründet sind. Das wäre zum Beispiel dann der Fall, wenn sich die Diskursteilnehmer unter extrem ungleichen Bedingungen von den jeweils faktisch wirksamen Interessen (etwa: genug Mittel zum Überleben zu haben) und nicht von der normativen Kraft des besseren Arguments leiten lassen. In diesem Sinn lässt sich sagen, dass Grundgüter schon horizontal gewährleistet sein müssen, *bevor* real existierende Rechtfertigungsprozeduren be-

85 Ebd., S. 300.

ginnen, wenn diese den Bedingungen allgemeiner und reziproker Rechtfertigung genügen sollen. Der formulierte Standard basaler Rechte ist daher prinzipiell auch in dieser zweiten, die prozeduralen Voraussetzungen betreffenden Hinsicht mit der diskursiven Menschenrechtsbegründung kompatibel.

Die vier Begründungsarten, die ich in diesem Abschnitt voneinander unterschieden habe, weisen, wie deutlich geworden sein sollte, bemerkenswerte Überschneidungen in den jeweils erzielten Ergebnissen auf. Die Anhänger der naturrechtlichen, anthropologischen, utilitaristischen und diskursiven Begründung können sich auf die Geltung des von mir (in VI.3) formulierten Menschenrechtsstandards verständigen, wenn auch aus *wechselseitig unvereinbaren Gründen*. Er hat sich als ein rechtfertigungsoffener Standard erwiesen, da er aus allen diesen Perspektiven mit den ihnen jeweils eigenen normativen Gründen akzeptiert werden kann. Ist meine Ausdeutung korrekt, lässt jedes der vier Begründungsmodelle den Schluss zu, dass soziale Strukturen so zu gestalten sind, dass der Zugang zum skizzierten Set an Grundgütern gewährleistet ist, auch wenn sie sich hinsichtlich ihrer normativen Kriterien und ihrer Begründungsstruktur stark unterscheiden. Naturrechtliche und anthropologische Menschenrechtsbegründungen sind aufgrund der Annahme einer Spiegelbild-Korrelation von fundamentalen moralischen Ansprüchen und den diese schützenden positivrechtlichen und politischen Regelungen als *zweistufige Modelle* beschreibbar: Die fundamentalen moralischen Ansprüche liegen auf einer ersten und die spiegelbildlichen Anweisungen für ihre positivrechtliche und politische Realisierung auf einer zweiten Stufe. Utilitaristische und konstruktivistische (darunter diskursive) Menschenrechtsbegründungen sind hingegen als *dreistufige Modelle beschreibbar*: Zwischen den moralischen Gründen für die Geltung von Menschenrechten und den daraus ableitbaren substantiellen Menschenrechtsansprüchen, die auf einer zweiten Stufe angesiedelt sind, liegt eine Kluft; auf einer dritten Ebene sind verschiedene positivrechtliche und politische Institutionalisierungen von Menschenrechten zugelassen; die Differenz zwischen der zweiten und der dritten Stufe muss durch zusätzliche und dem Wesen nach praktische Argumentationen überbrückt werden.

Die Übersetzung von basalen Menschenrechten in geltendes *positives Recht* stellt in der Regel einen wichtigen Schritt zu ihrer

Institutionalisierung dar. Aber Menschenrechte können auch trotz entsprechender positivrechtlicher Bestimmungen verletzt sein oder unerfüllt bleiben, beispielsweise dann, wenn diese Regelungen nicht effektiv durchgesetzt und Verstöße gegen sie nicht sanktioniert werden. In jedem Fall müssen soziale Schutzmechanismen zur rechtlichen Implementierung hinzukommen, um von einer Realisierung dieser moralisch begründeten Ansprüche sprechen zu können. Streng genommen scheint zwar die Verrechtlichung von Menschenrechten nicht einmal eine notwendige Bedingung für deren Realisierung zu sein, denn Szenarien der Normenkonformität ohne entsprechende rechtliche Bestimmungen sind zumindest denkbar. In der Praxis trägt die Verrechtlichung von Menschenrechtsnormen jedoch zumeist auch zu ihrem besseren Schutz bei.

VI.4.2 Basale Menschenrechte als begründungspluralistischer Gerechtigkeitsstandard

Im vorangegangenen Abschnitt zeigte sich, dass der von mir für die Zuschreibung von struktureller Verantwortung zugrunde gelegte Menschenrechtsstandard mit naturrechtlichen, anthropologischen, utilitaristischen und konstruktivistischen *Menschenrechtsbegründungen* vereinbar ist. Nun werde ich erläutern, inwiefern dieser Standard in einer zweiten Hinsicht ein rechtfertigungsoffener Standard ist, genauer: inwiefern er für verschiedene *Gerechtigkeitskonzeptionen* als Minimalstandard akzeptabel ist, obwohl diese sehr unterschiedliche Vorstellungen darüber beinhalten, welche Gerechtigkeitsstandards für die Gestaltung sozialer Institutionen insgesamt maßgeblich sind. Um einer möglichen Verwechslung verschiedener argumentativer Stränge vorzubeugen, möchte ich die zentralen Ergebnisse des Gedankengangs in Kapitel V nochmals in Erinnerung zu rufen. Dort habe ich gezeigt, dass es einen begründungspluralistischen Konsens über die globale Reichweite von struktureller Verantwortung gibt, obwohl ein theoretischer Dissens über die Geltungsgründe und die Reichweite von Gerechtigkeitsforderungen vorliegt. Es besteht also auch keine Einigkeit darüber, ob die strukturelle Verantwortung Bessergestellter gegenüber Menschen in extremer Armut überhaupt als eine Gerechtigkeitsverantwortung klassifiziert werden kann oder ob es sich nur um eine Humanitätsverantwortung handelt, die andere Geltungsgründe besitzt. Diese theoretische Uneinigkeit über die Geltungsgründe und Reichweite von Gerechtigkeits- und Humanitätsforderungen ist aber von dem Feld theoretischer Uneinigkeit zu unterscheiden, um das es jetzt geht. Denn unabhängig davon, ob die strukturelle Verantwortung Bessergestellter gegenüber Menschen in extremer Armut als eine Humanitäts- oder Gerechtigkeitsverantwortung (oder eine Kombination beider) klassifizierbar ist, sind ganz unterschiedliche Vorstellungen über die *Inhalte von Gerechtigkeitsansprüchen* in verschiedenen sozialen Kontexten möglich.

Um *Gerechtigkeitsprinzipien* präzise formulieren zu können, ist es nötig, zwischen der *Metrik* und der *Verteilungsfunktion* der Gerechtigkeit zu unterscheiden. Hinsichtlich der Metrik gehören Grundgüter, Ressourcen in einem weiteren Sinn, Wohlergehen und Fähigkeiten zu den konkurrierenden Kriterien.[86] Hinsichtlich der Verteilungsfunktion werden Schwellenprinzipien und komparative Prinzipien diskutiert, die wahlweise auf Nationen und/oder die Welt als Ganze anwendbar sind. *Schwellenprinzipien* geben unabhängig von der jeweils zugrunde gelegten Metrik ein Minimum an, dessen Realisierung eine notwendige und hinreichende Bedingung für die Verwirklichung von Gerechtigkeit im jeweiligen sozialen Kontext darstellen soll.[87] In der Regel ist diese Schwelle in der vertikalen Dimension eher niedrig angesiedelt. Die Ansetzung einer hohen Schwelle ist aber zumindest nicht undenkbar. Menschenrechtsstandards sind, je nach genauer Formulierung, typischerweise Schwellenprinzipien, können aber auch komparative Gesichtspunkte enthalten. Allgemein formulieren *komparative Prinzipien* (wieder unabhängig von der jeweils gewählten Metrik)

86 Für eine aktuelle Formulierung der Grundgütermetrik siehe z. B. John Rawls, *Gerechtigkeit als Fairneß*, Frankfurt/M. 2003 [Orig. 2001], S. 100 ff. Für eine aktuelle Verteidigung der Fähigkeitenmetrik vgl. u. a. Sen, »Human Rights and Capabilities«, und Nussbaum, *Creating Capabilities*.

87 Für die antiegalitaristische Kritik an der Vorstellung, dass Gerechtigkeit überhaupt etwas mit der komparativen Stellung von Gesellschaftsmitgliedern zu tun habe, vgl. Harry Frankfurt, »Gleichheit und Achtung«, in: Angelika Krebs (Hg.), *Gleichheit oder Gerechtigkeit. Texte der neuen Egalitarismuskritik*, Frankfurt/M. 2000, S. 38-49, und Elizabeth Anderson, »Warum eigentlich Gleichheit?«, in: Krebs (Hg.), *Gleichheit oder Gerechtigkeit*, S. 117-171. Antiegalitaristen behaupten, dass es in einer gerechten Gesellschaft in letzter Instanz nur darauf ankomme, dass Menschen »genug« hätten, nicht aber darauf, wie sie im Vergleich zu anderen Gesellschaftsmitgliedern gestellt sind.

Vorgaben dafür, wie die Mitglieder eines sozialen Kontexts *im Vergleich* zu anderen gestellt sein sollten. Ein Prinzip vollkommener Gleichverteilung wäre die wohl einfachste Variante eines komparativen Gerechtigkeitskriteriums. Ein prominentes Beispiel für einen komplexeren komparativen Standard sind dagegen die Rawls'schen Gerechtigkeitsprinzipien für den heimischen Kontext: das Prinzip größtmöglicher *gleicher* Freiheiten, das Chancengleichheitsprinzip und das Differenzprinzip.[88] Während Schwellenprinzipien Ungleichheiten jenseits der jeweils postulierten Schwelle erlauben, können komparativen Standards zufolge Ungleichverteilungen nur dann gerecht sein, wenn sie spezifische Anforderungen erfüllen (wie zum Beispiel, dass die Ungleichverteilung von Einkommen und Vermögen zum Vorteil der niedrigsten sozialen Position sein muss, wie es das Rawls'sche Differenzprinzip fordert). Diesem die Metrik und die Verteilungsfunktion von Gerechtigkeit betreffenden Feld theoretischer Uneinigkeit habe ich in Kapitel V implizit Rechnung getragen, indem ich die verschiedenen Argumentstrukturen zur Reichweite von Gerechtigkeitsforderungen jeweils so dargestellt habe, dass sie sowohl durch Schwellenprinzipien als auch durch komparative Prinzipien konkretisierbar sind.

Es sollte angemerkt werden, dass die theoretische Uneinigkeit über die Metrik und die Verteilungsfunktion selbst etatistische Positionen betrifft, denen zufolge die Reichweite von Gerechtigkeitsforderungen nicht global, sondern auf nationalstaatliche Kontexte begrenzt ist, weshalb die Verantwortung Bessergestellter gegenüber Menschen in extremer Armut nur als eine Humanitätsverantwortung klassifizierbar sei. Denn auch diese restriktiven Positionen gehen in der Regel davon aus, dass nationalstaatliche Institutionen nach Gerechtigkeitsstandards zu beurteilen sind. Sie negieren nicht, dass die Existenz von extremer Armut mit bestimmten Gerechtigkeitsforderungen in Konflikt steht, sondern sie bestreiten nur, dass Forderungen sozialer Gerechtigkeit auch zwischen Bürgern verschiedener Staaten bestehen. Auch diese Positionen müssen also angeben, welche Gerechtigkeitsprinzipien für die Gestaltung (hier: begrenzter) sozialer Kontexte maßgeblich sind. Darüber hinaus sind auch für die Zuschreibung von Humanitätsverantwortung bestimmte normative Standards in Anschlag zu bringen, über die

88 Vgl. u. a. Rawls, *Gerechtigkeit als Fairneß*, Kap. 2.

sich im Rahmen der theoretischen Uneinigkeit über die Metrik und die Verteilungsfunktion der Gerechtigkeit streiten lässt. Tatsächlich ist es in begrifflicher und inhaltlicher Hinsicht keineswegs widersprüchlich, von einer *Humanitätsverantwortung* von Akteuren auszugehen, einen anderen sozialen Kontext als ihren eigenen *gerechter* zu gestalten. Im Gegenzug können auch Positionen, die von einer globalen Reichweite der Gerechtigkeit ausgehen, hinsichtlich der Inhalte der Gerechtigkeitsprinzipien für den globalen Kontext sowie für diverse kleinere Kontexte stark variieren: Das Spektrum der möglichen Standards reicht hier ebenfalls von verschiedenen Schwellenstandards[89] bis hin zu komparativen Standards,[90] die in der Regel bestimmte Anforderungen an die Minimierung von sozioökonomischer Ungleichheit stellen.

Welche Gerechtigkeitsprinzipien für welche sozialen Kontexte richtig sind, muss allerdings an dieser Stelle gar nicht entschieden werden. Im Rahmen der hier angestrebten pluralistischen Begründung von Weltarmutsverantwortung würde es genügen, wenn basale Menschenrechte als *begründungspluralistischer Gerechtigkeitsstandard* zur Beurteilung diverser institutioneller Kontexte geeignet wären. Dies ist der Fall, denn es zeigt sich, dass ein breites Spektrum verschiedener Gerechtigkeitskonzeptionen darüber Einigkeit erzielen kann, dass basale Menschenrechte – verstanden als elementare Rechte auf die institutionelle Gewährleistung von Grundgütern – notwendigerweise geschützt sein müssen, obwohl sie sich über die

89 Repräsentativ sind hier unter anderem die Ansätze von Martha Nussbaum, *Die Grenzen der Gerechtigkeit*; David Miller, *National Responsibility and Global Justice*, Oxford 2007; Gillian Brock, *Global Justice. A Cosmopolitan Account*, Oxford 2009; und Mathias Risse, *On Global Justice*, Princeton 2012. Diese Ansätze sind allerdings unterschiedlicher Ansicht darüber, welcher Standard für die Formulierung dieses Schwellenwerts genau zur Anwendung kommen sollte.

90 Repräsentativ hierfür sind die frühen Entwürfe von Charles Beitz (vgl. *Political Theory and International Relations*, Princeton 1979) und Thomas Pogge (*Realizing Rawls*, Ithaca 1989). Jüngere Beispiele für die Verteidigung komparativer Prinzipien globaler Gerechtigkeit finden sich bei: Simon Caney, »Cosmopolitan Justice and Equalizing Opportunities«, in: *Metaphilosophy* 32 (2001), S. 113-134; ders., *Justice Beyond Borders. A Global Political Theory*, Oxford 2005; Stefan Gosepath, »The Global Scope of Justice«, in: *Metaphilosophy* 32 (2001), S. 135-159; Darrel Moellendorf, *Cosmopolitan Justice*, Boulder 2002; und Kok-Chor Tan, *Justice, Institutions, and Luck. The Site, Ground, and Scope of Equality*, Oxford 2012.

zusammengenommen hinreichenden Bedingungen für Gerechtigkeit in verschiedenen sozialen Kontexten uneinig sind.

Es ist nun allerdings der Einwand denkbar, dass der skizzierte begründungspluralistische Standard basaler Rechte weniger konsensual sei, als er es vorgibt, da er einem *distributiven Paradigma* anhänge. Autoren wie Iris Marion Young oder Rainer Forst sehen in vielen Gerechtigkeitstheorien ein falsches »Bild der Gerechtigkeit« am Werk, das es zu überwinden gelte.[91] Die kritisierten Theorien reduzierten Fragen sozialer Gerechtigkeit auf Verteilungsfragen und seien dadurch nicht imstande, alle Prozesse und Strukturen der Ungerechtigkeit zu erfassen. Demgegenüber unterstreichen Autoren, die an einem *prozeduralistischen Paradigma* orientiert sind, dass die Realisierung bestimmter Strukturen der Güterverteilung keinen intrinsischen Wert habe. Schwellenkonzeptionen würden sich zwar von komparativen Konzeptionen der Gerechtigkeit in ihren jeweiligen Vorgaben für die Realisierung bestimmter Verteilungsstrukturen unterscheiden, aber beide gingen in der Annahme fehl, dass es ausreiche, dass die Güterverteilung in einem sozialen Kontext dem jeweils favorisierten Standard entspräche, um von Gerechtigkeit zu sprechen. Dabei werde nämlich übersehen, dass die erste Frage der Gerechtigkeit nicht sei, wie viel wem zustehe (ausgedrückt zum Beispiel in der antiken Formel des *suum cuique*), sondern »wer auf welche Weise über Strukturen der Produktion und der Verteilung bestimm[e]«.[92] Konzeptionen, die nur auf Verteilungsstrukturen fokussiert seien und dabei die politische Frage nach der Macht und Rechtfertigung solcher Strukturen außer Acht ließen, nähmen die grundlegende *politische Dimension* der Gerechtigkeit nicht ernst und hingen einem irreführenden empfängerorientierten Bild der Gerechtigkeit an.[93]

91 Young hat den Begriff des distributiven Paradigmas und die Kritik an einem zeitgenössischen Denken, das diesem verhaftet sei, geprägt. Vgl. Iris Marion Young, *Justice and the Politics of Difference*, Princeton 1990, Kap. 1. Wiederaufgenommen und mit anderen moralischen Ressourcen ausgestattet hat die Kritik jüngst Rainer Forst. Vgl. ders., »Zwei Bilder der Gerechtigkeit« [2009], in: ders., *Kritik der Rechtfertigungsverhältnisse*, S. 29-51, und ders., »Die Frage der Verteilungsgerechtigkeit«, in: Regina Kreide u. a. (Hg.), *Demokratie und Gerechtigkeit in Verteilungskonflikten*, Baden-Baden 2012, S. 21-34. Für eine aktuelle Verteidigung des distributiven Paradigmas vgl. Ştefan Gosepath, »Zur Verteidigung der Verteilungsgerechtigkeit«, in: ebd., S. 35-49.

92 Forst, »Die Frage der Verteilungsgerechtigkeit«, S. 23.

93 Vgl. ebd. und ders., »Zwei Bilder der Gerechtigkeit«.

Ich verzichte hier auf die Erörterung der Frage, ob und gegebenenfalls inwieweit diese Einwände tatsächlich zutreffen oder nicht. Denn hier ist nur entscheidend, wie sich der begründungspluralistische Standard zur prozeduralistischen Gerechtigkeitsauffassung verhält und ob er auch für sie empfänglich ist – zumal auf den ersten Blick tatsächlich der Eindruck entstehen könnte, als sei auch der hier vertretene Menschenrechtsstandard dem distributiven Paradigma verhaftet. Doch dieser Eindruck täuscht. Zwar fordert dieser Standard, soziale Strukturen so zu gestalten, dass allen Menschen der Zugang zu den beschriebenen Grundgütern ermöglicht wird. Aber selbst Positionen, die das Verteilungsparadigma kritisieren, können mit dem hier skizzierten Menschenrechtsstandard übereinkommen, wenn auch *aus anderen Gründen* als Positionen, die ihm anhängen. Zwar bestreiten prozeduralistische Ansätze, dass bestimmte Strukturen der Güterverteilung einen *intrinsischen Wert* besitzen und in diesem Sinn grundlegend für Gerechtigkeit sind; aber sie sollten nicht bestreiten, dass die Realisierung der vom begründungspluralistischen Menschenrechtsstandard vorgeschriebenen Güterverteilung einen *instrumentellen Wert* hat. Denn insofern diese eine Verbesserung zum Status quo darstellt, trägt sie auch zur Realisierung der jeweiligen aus prozeduralistischer Perspektive geforderten Bedingungen der *politischen Rechtfertigung* von Gerechtigkeitsprinzipien bei. Wie schon mehrfach betont: Dass politische Maßnahmen, die zu einem besseren Schutz basaler Rechte führen, auch für das diskurstheoretische Ziel der Realisierung von Bedingungen der allgemeinen und reziproken Rechtfertigung förderlich sind, ist unstrittig.[94] Die Verbesserung des Menschenrechtsschutzes lässt sich also auch all denjenigen gegenüber rechtfertigen, die Gerechtigkeit prozeduralistisch konzipieren und dabei diskursive Normen in Anschlag bringen – etwa Freiheit von Zwang und Beherrschung sowie Wechselseitigkeit und Allgemeinheit.

Wie schon für die diskursive Menschenrechtsbegründung gilt also auch für die prozeduralistische Gerechtigkeitsauffassung, dass sie dem begründungspluralistischen Standard basaler Menschen-

94 Stefan Gosepath führt diesbezüglich sogar an, dass jede sich prozedural »verstehende normative politische Theorie doch, ganz gegen ihre erklärte Absicht, den normativen Resultaten der Prozedur vorgreifen und einige der Bedingungen schon von sich aus charakterisieren« müsse (»Zur Verteidigung der Verteilungsgerechtigkeit«, S. 47).

rechte zustimmen kann, wenn auch aus anderen Gründen als distributive Ansätze. Dass Verteilungsfragen nicht das Ganze der Gerechtigkeit ausmachen, impliziert ohnehin nicht, dass sie sinnlos sind. Über das genaue Verhältnis von Verteilungsproblemen zu anderen Gerechtigkeitsfragen lässt sich streiten. Dennoch können für die politische Praxis pragmatische Kriterien der Verteilungsgerechtigkeit verteidigt werden. Dabei muss nur Einigkeit darüber bestehen, dass Güterverteilungen in verschiedenen sozialen Kontexten institutionell reguliert werden sollten und nicht vollkommen den Kräften des Marktes zu überlassen sind, selbst wenn darüber, ob die ungleiche Verteilung von Gütern eher ein Symptom von Ungerechtigkeit ist oder deren Kern bildet, kein Konsens erzielt werden kann.

Zusammenfassend ist festzuhalten: Die Forderung, dass die basalen Freiheitsrechte, Subsistenzrechte und politischen Rechte aller Menschen geschützt werden müssen, wird von inhaltlich sehr verschiedenen Gerechtigkeitskonzeptionen getragen. Jede der hier diskutierten Gerechtigkeitsauffassungen kann diesem Standard beipflichten, wenn auch aus jeweils unterschiedlichen normativen Gründen. Es gibt also auch in dieser Hinsicht einen begründungspluralistischen Konsens darüber, *was* Menschen in extremer Armut gegenüber getan werden muss, ohne ein entsprechendes Übereinkommen darüber, *warum* dies getan werden muss.

VI.4.3 Zur Idee eines kulturübergreifenden Konsenses über basale Menschenrechte

In den beiden vorangegangenen Abschnitten habe ich gezeigt, dass Menschenrechtsnormen sowohl mit verschiedenen moralischen Begründungen als auch mit verschiedenen Gerechtigkeitskonzeptionen vereinbar sind und in diesen beiden Hinsichten als rechtfertigungsoffene moralische Ansprüche an die Gestaltung von sozialen Institutionen gelten können. Abschließend möchte ich nun darlegen, dass Menschenrechte darüber hinaus auch noch prinzipiell mit einem breiten Spektrum verschiedener kulturell geprägter Weltanschauungen und insbesondere mit deren normativen Elementen (wie zum Beispiel religiösen Werten) vereinbar sind, das heißt: dass sie im Einklang mit dem begründungspluralistischen Ansatz als in einem gewissen Sinn *kulturneutrale*, aber gleichwohl *kultursensitive* normative Standards begriffen werden können.[95] Diese These der Kulturneutralität der Menschenrechte muss jedoch von einer etwas anders gelagerten These unterschieden werden, die besagt, dass es einen kulturübergreifenden überlappenden Konsens über Menschenrechte gebe.[96] Aber selbst letztere These lässt sich begründungspluralistisch einholen – allerdings nur dann, wenn sie nicht einfach im Sinne einer empirischen Schnittmenge bestimmter Wertvorstellungen verstanden wird. Sie muss vielmehr so verstanden werden, dass unterschiedliche kulturelle und weltanschauliche Begründungen von Menschenrechten möglich sind.

In welchem Sinn lassen sich nun Menschenrechte tatsächlich als *kulturneutrale Forderungen* begreifen? Für die Beantwortung dieser Frage ist es hilfreich, sich zwei gängige Typen von Kritik am Menschenrechtsdiskurs vor Augen zu führen. Die erste Kritik bezieht sich darauf, wie gegenwärtig in der internationalen Politik an Menschenrechte appelliert wird. Kritisiert wird insbesondere die Rhetorik, mit der eine offenkundig interessengeleitete Machtpolitik als Menschenrechtspolitik verkauft werden soll. Es gibt zahlreiche Beispiele für eine solche Instrumentalisierung der Menschenrechte zur Legitimierung von politischem Handeln, das primär oder ausschließlich nichtmoralischen Zielen dient,[97] darunter besonders prominent die völkerrechtswidrige Intervention der USA und Großbritanniens im Irak im Jahr 2003. Obwohl es richtig ist, eine

95 Vgl. auch Forst, *Das Recht auf Rechtfertigung*, S. 293, zum Anspruch, dass Menschenrechte als zugleich kulturneutrale und kultursensitive Forderungen konzipiert werden können.

96 Der Terminus eines »überlappenden Konsenses« über Normen geht auf Rawls zurück. Vgl. bes. John Rawls, *Politischer Liberalismus*, Frankfurt/M. 1998 [Orig. 1993], Teil II, Vorlesung IV. Insofern Rawls nur an einen Konsens innerhalb pluralistischer Gesellschaften denkt, geht die Idee eines *kulturübergreifenden* überlappenden Konsenses aber der Sache nach klar über ihn hinaus. Zu letzterer Idee vgl. Abdullahi A. An-Na'im, »Toward a Cross-Cultural Approach to Defining International Standards of Human Rights. The Meaning of Cruel, Inhuman, or Degrading Treatment or Punishment«, in: ders. (Hg.), *Human Rights in Cross-Cultural Perspectives. A Quest for Consensus*, Philadelphia 1992, S. 19-43, und Charles Taylor, »Conditions of an Unforced Consensus on Human Rights«, in: Joanne R. Bauer, Daniel A. Bell (Hg.), *The East Asian Challenge for Human Rights*, Cambridge 1999, S. 124-144.

97 Vgl. hierzu Habermas, »Zur Legitimation durch Menschenrechte«, S. 192, und Kreide, *Globale Politik und Menschenrechte*, S. 11 ff.

solche Politik an den Pranger zu stellen und ihre Scheinheiligkeit zu entlarven, lässt sich daraus kein Einwand gegen die universale Geltung von Menschenrechtsnormen konstruieren, weil es dieser Politik ja gar nicht um Menschenrechte geht, sondern andere, nichtmoralische Motive das Handeln leiten.

Der zweite Typus von Kritik am Menschenrechtsdiskurs betrifft allerdings sehr wohl den Kern der Frage, ob Menschenrechte als kulturneutrale moralische Forderungen verstanden werden können. Menschenrechtsforderungen, so heißt es immer wieder, seien in Wirklichkeit Ausdruck einer »westlichen« und damit partikularen Moralvorstellung, so dass Forderungen der Implementierung von Menschenrechten einem moralischen Imperialismus gleichkämen.[98] Die vermeintlich universale Geltung der »Menschenrechte« sei eine Illusion, da es sich um normative Ansprüche handele, die in spezifischen kulturellen Kontexten historisch gewachsen seien und nicht einfach auf andere gesellschaftliche Kontexte übertragen werden könnten.[99] Mittels der hier entwickelten pluralistischen Rechtfertigung von Menschenrechten lässt sich jedoch diese zweite Kritik entkräften. Es ist ja bereits deutlich geworden, dass Menschenrechtsforderungen keinesfalls nur als Verkörperungen partikularer Normen zu begreifen sind, denn sie lassen sich unabhängig von ihrer *partikularen Genese* pluralistisch begründen. Aus diesem Grund hängt die *Geltung* der Forderung nach Implementierung von Menschenrechten auch nicht von der Richtigkeit einer spezifischen Moral- oder Gerechtigkeitsauffassung ab. Die Pointe der pluralistischen Rechtfertigung besteht vielmehr darin, die Vereinbarkeit von Menschenrechten mit einem breiten Spektrum verschiedener und im Einzelnen auch unvereinbarer grundsätzlicher normativer Perspektiven auszuweisen und somit die Frage nach ihrer Geltung

98 Diesem spezifischen Vorwurf bin ich an anderer Stelle ausführlicher nachgegangen. Vgl. Valentin Beck, »Der Menschenrechtsdiskurs und der Vorwurf des moralischen Imperialismus«, in: *Zeitschrift für Menschenrechte* 7 (2013), S. 24-41.

99 Zur Auseinandersetzung mit dieser Kritik vgl. Susan Moller Okin, »Konflikte zwischen Grundrechten. Frauenrechte und die Probleme religiöser und kultureller Unterschiede«, in: Gosepath/Lohmann (Hg.), *Philosophie der Menschenrechte*, S. 310-342, hier S. 324ff.; Simon Caney, »Human Rights, Compatibility and Diverse Cultures«, in: ders., Peter Jones (Hg.), *Human Rights and Global Diversity*, London, Portland 2001, S. 51-76, hier S. 51; Buchanan, *Justice, Legitimacy, and Self-Determination*, S. 147ff., und Kreide, *Globale Politik und Menschenrechte*, S. 172ff.

von der Frage nach der Geltung einzelner partikularer Auffassungen des ethisch Guten, des moralisch Richtigen und des Gerechten abzulösen.

Besonders hilfreich für die Beantwortung der Frage nach der Kulturneutralität von Menschenrechten ist die gezeigte Vereinbarkeit von Menschenrechten mit einem Spektrum unterschiedlicher Gerechtigkeitsvorstellungen. Denn verschiedene kulturelle Kontexte unterscheiden sich mit Blick auf das, was in ihnen jeweils als gerecht oder ungerecht gilt. Insofern nun der skizzierte Menschenrechtsstandard nur als ein Minimalstandard der Gerechtigkeit aufgefasst wird, der keine Annahme bezüglich dessen enthält, was in einem umfassenden Sinn gerecht ist, bleibt er prinzipiell auch neutral gegenüber in verschiedenen Kulturen vorherrschenden Gerechtigkeitsauffassungen – dies allerdings nur unter der Bedingung, dass die von ihm formulierten minimalen Bedingungen an die Gestaltung sozialer Institutionen in den jeweiligen Kulturen anerkannt werden. Werden basale Rechte als in diesem Sinn rechtfertigungsoffene Ansprüche an die Gestaltung sozialer Institutionen verstanden, können sie prinzipiell auch von solchen grundsätzlichen Perspektiven auf die gerechte Gesellschaft akzeptiert werden, die verschiedenen Formen der *Gemeinschaft* einen größeren Stellenwert einräumen, als dies in tendenziell eher individualistischen »westlichen« Gesellschaften der Fall ist.[100] An soziale Institutionen den Anspruch zu stellen, basale Menschenrechte zu schützen, muss daher kein Ausdruck einer individualistischen Weltsicht sein. Im Gegenteil: Der Schutz basaler Menschenrechte kann durchaus auch mit Verweis auf die positiven Effekte für den Schutz der Gemeinschaft gerechtfertigt werden. Es ist eine weiterführende Einsicht, dass die Festlegung auf basale Menschenrechte als begründungspluralistischem Standard in diesem Sinne nicht vom Streit zwischen »westlichem Individualismus« und »östlichem Gemeinschaftsdenken« tangiert wird (bei allen empirischen Simplifizierungen, die der Anwendung dieser Dichotomie ohnehin häufig anhaften). Denn die Anerkennung eines solchen Standards impliziert keine Vorentscheidung darüber, wie individualistisch im ethischen Sinn eine Gesellschaft insgesamt sein soll, da dieser Stan-

100 Vgl. Anne Duncker, »Menschenrechte und Islam«, in: Pollmann/Lohmann (Hg.), *Menschenrechte*, S. 343-348, hier S. 344, zur Bedeutung der Gemeinschaft im Islam.

dard in Bezug auf verschiedene mögliche weltanschauliche Perspektiven auf die Gerechtigkeit und das gute Leben neutral bleibt, solange einzelne Gesellschaften jeweils die von ihm formulierten minimalen Bedingungen erfüllen.

Problematisch wird der Rekurs auf den Wert der Gemeinschaft erst dann, wenn die Geltung individueller Rechte mit Verweis darauf bestritten wird, dass sie in einem Konflikt mit dem Schutz von kulturellen Gemeinschaften steht. Denn obwohl der vorgeschlagene Standard basaler Rechte nicht individualistisch in einem ethischen Sinn ist, ist er es dennoch in einem moralischen Sinn. Diesem zufolge ist es prinzipiell unzulässig, individuelle basale Rechte im Namen »der Gemeinschaft« zu opfern. Aller Unterschiede zum Trotz sind die hier skizzierten moralischen und gerechtigkeitstheoretischen Begründungen basaler Menschenrechte allesamt individualistisch in diesem Sinn, weil sie die Forderung enthalten, dass auf den Schutz individueller basaler Rechte prinzipiell nicht zugunsten der Realisierung vermeintlicher Kollektivgüter verzichtet werden kann. Zudem: Es ist bei genauerer Betrachtung gar nicht einsehbar, warum der Schutz individueller Rechte als solcher überhaupt gemeinschaftsschädlich sein sollte, es also eine prinzipielle Spannung zwischen Menschenrechten und dem Schutz von Gemeinschaften geben sollte. Liberale Theoretiker des Multikulturalismus haben gezeigt, dass zwischen moralischem Individualismus und ethischem Kollektivismus kein Konflikt herrscht, solange der Schutz von kulturellen Gemeinschaften im Rahmen *gruppenspezifischer Individualrechte* konzeptionalisiert wird.[101] Der Schutz kultureller Gemeinschaften kann so gesehen mit dem moralischen Individualismus, der nicht mit einem ethischen Individualismus verwechselt werden darf, in Einklang gebracht werden. Dafür muss nur angenommen werden, dass die genuinen Träger kulturspezifischer Rechte nicht Kollektive, sondern Individuen sind, weil deren Autonomie auch davon abhängig ist, ob bestimmte für ihre Lebensführung wichtige kulturelle Praktiken geschützt sind. Werden

101 Vgl. u. a. Will Kymlicka, *Multicultural Citizenship. A Liberal Theory of Minority Rights*, Oxford 1995; ders., *Multicultural Odysseys. Navigating the New International Politics of Diversity*, Oxford 2007; Joseph Raz, »Multiculturalism. A Liberal Perspective«, in: ders., *Ethics in the Public Domain*, Oxford 1994, S. 170-191, und Heiner Bielefeldt, *Menschenrechte in der Einwanderungsgesellschaft*, Bielefeld 2007.

kulturelle Rechte in diesem Sinn als gruppenspezifische Individualrechte verstanden, lässt sich die Geltung von basalen Menschenrechten nicht mehr prinzipiell mit dem Verweis auf Gruppenrechte negieren.[102] Genauso wenig ist es legitim, »kulturelle Rechte« um den Preis der Verletzung von individuellen Menschenrechten zu realisieren. Denn die Förderung von individueller Autonomie als normativem Grund von gruppenspezifischen Individualrechten bestimmt in dieser multikulturalistischen Lesart zugleich auch die Grenzen der Gewährung von Gruppenrechten. In diesem Sinn lässt sich also der Schutz von kulturellen Gemeinschaften mit der Geltung von Menschenrechten problemlos in Einklang bringen.

Dass basale Menschenrechte als ein kulturneutraler normativer Standard gelten können, ist eine Interpretation, die auch durch die Möglichkeit der *religiösen Begründung* dieser Standards gestützt wird. Moralische und gerechtigkeitstheoretische Begründungslinien sind zwar zumeist dadurch charakterisiert, dass sie ohne den Bezug auf eine Letztbegründungsinstanz auskommen. Dennoch lassen sich selbst solche Menschenrechtskonzeptionen in den begründungspluralistischen Rahmen integrieren, denen zufolge die Geltung von Menschenrechten auf die Existenz einer absoluten Seinsordnung oder den Willen eines überzeitlichen Schöpfers zurückgeht.[103] Der ungebrochene Einfluss der Weltreligionen in verschiedenen Kulturen deutet darauf hin, dass dieser Begründungsmöglichkeit mit Blick auf die Genese faktischer Menschenrechtsforderungen im politischen Raum eine wichtige Bedeutung zukommt. Zudem war der Menschenrechtsgedanke in früheren Zeiten häufig an partikulare und nicht verallgemeinerbare religiöse Überzeugungen gebunden. Vor dem Hintergrund des begründungspluralistischen Ansatzes ist lediglich daran zu erinnern, dass neben verschiedenen religiösen Begründungen auch eine Vielzahl anderer und insbesondere auch säkularer Begründungen möglich sind und dass die begründungspluralistische Perspektive systematisch zwischen der *Genesis* von Menschenrechtsnormen und ihrer von verschiedenen möglichen partikularen Fundierungen unab-

102 Dieses Thema habe ich ausführlicher behandelt in: Valentin Beck, »Interkulturelles Zusammenleben«, in: Ralf Stoecker u. a. (Hg.), *Handbuch Angewandte Ethik*, Stuttgart 2011, S. 298-303, hier S. 299 und S. 301.

103 Vgl. dazu Honnefelder, »Theologische und metaphysische Menschenrechtsbegründungen«.

hängigen *Geltung* unterscheidet. In praktischen Kontexten reicht es daher völlig aus, wenn mindestens eine der möglichen moralischen, gerechtigkeitstheoretischen, weltanschaulichen oder religiösen Begründungen für überzeugend gehalten wird.

Eine letzte Hinsicht, in der Menschenrechte als kulturneutrale Forderungen aufgefasst werden können, wurde weiter oben (siehe VI.3) schon angesprochen und hat mit dem jeweiligen Spielraum für ihre kulturspezifische Ausdeutung zu tun. Denn *jedes* der einzelnen basalen Rechte erweist sich als kultursensitiv, insofern es trotz seiner abstrakten Formulierung und eines entsprechenden universellen Bedeutungskerns immer auch vom jeweiligen sozialen Kontext abhängt, ob und bis zu welchem Grad es gewährleistet ist. Einige Rechte, wie das Recht auf eine *angemessene* Ernährung, verweisen sogar schon in ihrer abstrakten Formulierung auf diese Kultursensitivität, ohne dass ihr universaler Kern dadurch angetastet wird. Einerseits wird es auch von verschiedenen legitimen kulturellen Vorstellungen darüber, was eine angemessene Ernährung ist, abhängen, wann dieses Recht für seine Rechtssubjekte gewährleistet ist, andererseits besitzt es zugleich einen universellen Kern: Bei seiner Realisierung müssen immer auch bestimmte kulturübergreifend gültige Kriterien als notwendige, wenn auch nicht hinreichende Bedingungen im Auge behalten werden, etwa dass Menschen regelmäßig soundsoviele Kalorien zu sich nehmen müssen, um zu überleben. Das gleiche Spannungsverhältnis zwischen universalem Kern und kulturrelativen Realisierungsbedingungen liegt bei genauerem Hinsehen bei *allen* basalen Menschenrechten vor, also nicht nur bei denjenigen Rechten, die schon in ihrer abstrakten Formulierung auf ihre eigene Kultursensitivität referieren (wie etwa auch das Recht auf eine angemessene Unterkunft).

Trotz all dieser wichtigen Hinsichten, in denen Menschenrechte als kulturneutrale Standards begriffen werden können, muss darauf hingewiesen werden, dass sie in einer anderen Auslegung von kultureller Neutralität klarerweise nicht diesem Desiderat entsprechen. Menschenrechte sind gewiss nicht der kleinste gemeinsame Nenner aller existierenden normativen Überzeugungen über die Gestaltung des Sozialen. Es mag zutreffen, dass Menschenrechtsforderungen in unserer Kultur tatsächlich eine breite faktische Akzeptanz erfahren – zumindest auf rhetorischer Ebene, wenn auch keineswegs stets in der politischen Praxis. Dieselbe allgemeine faktische Akzeptanz ist jedoch nicht überall gegeben. Es ist zwar richtig, dass Forderungen der Respektierung von Menschenrechten auch im Kontext internationaler Politik eher selten ausdrücklich zurückgewiesen werden, aber das ist nicht darauf zurückzuführen, dass diese Normen in Theorie und Praxis de facto bereits universell akzeptiert sind, sondern hat in erster Linie lediglich mit der gewachsenen Macht der Sprache der Menschenrechte zu tun. In der Regel ist es nämlich selbst für diejenigen politischen Regime und ihre Repräsentanten, deren Herrschaft sich auf Menschenrechtsverletzungen gründet, im pragmatischen Sinne unklug, die Geltung von Menschenrechten öffentlich infrage zu stellen.[104] Aus der breiten *rhetorischen* Anerkennung der Menschenrechte lässt sich also nicht auf eine faktische weltweite Anerkennung dieser Normen schließen – weder in den Überzeugungen noch in den Handlungen von politischen Repräsentanten.

Auch der Blick auf in einigen Staaten einflussreiche Rechts- und Verhaltensnormen zeigt, dass es keine faktische Überlappung normativer Überzeugungen hinsichtlich der Geltung basaler Menschenrechte gibt. Der Schutz von Individualrechten wie den Rechten auf Religionsfreiheit oder auf freie Meinungsäußerung sowie der Gedanke der formalen Gleichstellung aller Menschen unabhängig von deren Religionszugehörigkeit, Geschlecht und sexueller Orientierung sind, um ein vieldiskutiertes Beispiel zu nennen, zumindest einigen gängigen Auslegungen des Koran und der *sunna* zufolge nicht mit dem Islam vereinbar.[105] Doch erstens ist die Frage nach der faktischen Vereinbarkeit von Islam und Menschenrechten immer schon eine Auslegungsfrage; der Islam kann sicher nicht auf eine wörtliche Auslegung des Koran oder der *sunna* reduziert werden,[106] ebensowenig wie die Frage nach der Vereinbarkeit von Christentum und Menschenrechten durch eine wörtliche Auslegung der Bibel beantwortet werden könnte.[107] Zweitens geht es

104 Vgl. dazu Stefan Gosepath, »Universalität der Menschenrechte – Ein Erklärungsansatz«, in: Günter Nooke u. a. (Hg.), *Gelten Menschenrechte universal? Begründungen und Infragestellungen*, Freiburg 2008, S. 195-203, hier S. 195.

105 Vgl. dazu Duncker, »Menschenrechte und Islam«, S. 344 ff.

106 Vgl. Mahmoud Bassiouni, *Menschenrechte zwischen Universalität und islamischer Legitimität*, Berlin 2014, der zeigt, dass es auch im Islam weitreichende Ressourcen gibt, die für eine Vereinbarkeit mit Menschenrechten sprechen.

107 Ähnliche Beobachtungen sind offenkundig auch für die Frage nach der Vereinbarkeit weiterer religiöser Traditionen mit den Menschenrechten relevant.

ohnehin nicht darum, eine Schnittmenge faktischer Überzeugungen über Menschenrechte auszuweisen, ja, dies ist schlechterdings nicht möglich, weil unklar ist, welche normativen Überzeugungen hier genau die Grundlage bilden könnten, von der ausgehend nach einer derartigen Schnittmenge zu suchen wäre. Zählten etwa auch die Überzeugungen von Extremisten verschiedener Couleur zum Spektrum derjenigen faktischen Überzeugungen, zwischen denen ein Konsens gefunden werden soll, so würde eine solche Suche vermutlich ergebnislos enden.

Kulturelle und religiöse Traditionen sind per se äußerst heterogene Gebilde normativer Überlieferung, die immer eine Vielzahl von wechselseitig unvereinbaren Annahmen enthalten und Auslegungen ebensolcher Art ermöglichen. Es wäre daher falsch, verschiedene Kulturen als unveränderbare, antagonistische und hermetisch abgeschlossene Großräume zu begreifen.[108] Kulturen sollten vielmehr als sich in einem stetigen Wandel befindende Traditionen verstanden werden, auf die sich Gesellschaftsmitglieder zudem immer schon auslegend beziehen. Individuelle Auffassungen des Guten und Gerechten sind durch diese Traditionen keineswegs festgelegt, wenn auch von ihnen geprägt. Statt nach dem – wohl nicht existenten – kleinsten gemeinsamen Nenner faktischer normativer Überzeugungen im globalen Kontext zu suchen, ist es sinnvoller anzunehmen, dass Menschen in verschiedenen Gesellschaften die Möglichkeit haben, durch eine selektive Neuinterpretation ihrer kulturellen Traditionen zur Affirmation von Menschenrechtsnormen und damit zu einem Konsens über normative Annahmen elementarer Art zu gelangen.[109] Dass es trotz eines Minimalkonsenses über *normative Ergebnisse* zu Uneinigkeit über die *normativen Gründe* kommen kann, ist aus der begründungspluralistischen Perspektive unproblematisch. Zusammenfassend lässt sich sagen, dass Menschenrechte insofern als kulturneutrale

108 Siehe dazu Amartya Sen, *Die Identitätsfalle. Warum es keinen Krieg der Kulturen gibt*, München 2007 [Orig. 2006].

109 Eine frühe Formulierung dieser Idee findet sich bei An-Na'im, »Toward a Cross-Cultural Approach to Defining International Standards of Human Rights«. Zur Idee eines kulturübergreifenden Konsenses über Menschenrechte, die ihren Ausgang von Rawls' Idee eines überlappenden Konsenses über Normen in liberalen Gesellschaften nimmt, vgl. auch Taylor, »Conditions of an Unforced Consensus on Human Rights«.

Forderungen gelten können, als ein kulturübergreifender Konsens diesbezüglich möglich ist, und zwar in dem Sinn, dass sich weltweit die Angehörigen verschiedener Kulturen, deren Weltanschauungen durch diverse religiöse und andere kulturspezifische Überzeugungen geprägt sind, auf die universale Geltung einiger basaler Menschenrechtsnormen einigen können. Ein solcher Konsens erscheint möglich, ohne dass sie sich deshalb zugleich auch über die Gründe für diese Zustimmung einig sein müssen, geschweige denn über die letzten und umfassenden Fragen bezüglich des guten Lebens und der Rolle des Menschen im Kosmos.

In diesem Kapitel ging es um die Möglichkeit einer pluralistischen Rechtfertigung von Menschenrechtsnormen im Sinne ihrer Vereinbarkeit mit verschiedenen moralischen, gerechtigkeitstheoretischen und weltanschaulichen Perspektiven. Die dazu angestellten Überlegungen haben verdeutlicht, dass sich eine pluralistisch begründete Verantwortung hinsichtlich ihrer *spezifischen Rechtfertigungsinstanz* von Verantwortung unterscheidet, die im Rekurs auf eine grundsätzliche Doktrin zugeschrieben wird. Während Letztere auf normativen Kriterien fußt, die unbedingte Gültigkeit beanspruchen, entspricht Erstere dem Desiderat, für eine Pluralität von verschiedenen Rechtfertigungen mit einer entsprechenden Pluralität von Rechtfertigungsinstanzen offen zu sein. Hat die pluralistisch begründete Weltarmutsverantwortung, um die es in diesem Buch geht, daher keine eigene Rechtfertigungsinstanz? Nun, der Sache nach ist es angemessener davon auszugehen, dass sie eine *Pluralität von Rechtfertigungsinstanzen* besitzt, was sich wiederum aus dem Erfordernis der Einigung auf einen normativen Standard ergibt, der vor dem Hintergrund eines vernünftigen Spektrums von normativen Perspektiven auf die Einrichtung der sozialen Welt akzeptabel ist.

VII. Die Objekte von Weltarmutsverantwortung

In der theoretischen Beschäftigung mit Weltarmutsverantwortung spielte bisher die Annahme eine tragende Rolle, dass sie ihrem Wesen nach als gemeinsame Verantwortung zur Gestaltung sozialer Institutionen und Hintergrundstrukturen zu begreifen ist. Diese Annahme kam schon in der Erörterung der allgemeinen Merkmale von struktureller Verantwortung zur Geltung (in Kapitel IV). Darüber hinaus war sie auch für die anschließende Auseinandersetzung mit verschiedenen Argumenten für die globale Reichweite von struktureller Verantwortung (in Kapitel V) sowie für die Auszeichnung von basalen Menschenrechtsnormen als begründungspluralistischen Ansprüchen an die Gestaltung sozialer Institutionen (in Kapitel VI) konstitutiv. Dementsprechend lautet ein wichtiges Zwischenergebnis, dass Subjekte eine gemeinsame Verantwortung dafür tragen, soziale Institutionen und Strukturen so zu gestalten, dass basale Menschenrechte weltweit geschützt sind – trotz tiefer Meinungsverschiedenheiten über die Reichweite, die Geltungsgründe und die genauen Inhalte von Gerechtigkeits- und Humanitätsnormen.

Nun muss es darum gehen, die Annahme der gemeinsamen Weltarmutsverantwortung genauer in den Blick zu nehmen, um davon ausgehend präzisere Urteile darüber zu ermöglichen, auf welche Weise Subjekte ihrer Verantwortung gegenüber Menschen in extremer Armut gerecht werden können und sollten. Dabei unterscheide ich zwei übergreifende Theoriestränge, nämlich einen, der die Subjekte, und einen, der die Objekte dieser Verantwortung betrifft. Die Analyse der *Subjektstelle* muss zweifellos ein zentrales Element jeder umfassenden Theorie der Weltarmutsverantwortung bilden. Kurz gesagt geht es hier darum, wer mit wem zusammen für die Veränderung von Strukturen im Sinne eines besseren Menschenrechtsschutzes verantwortlich ist und in welchem Verhältnis dabei Kollektiv- und Individualsubjekte zueinander stehen. Es gilt also (in Kapitel VIII), verschiedene Arten von Gruppen in den Blick zu nehmen und auch deren Bedeutung für individuelle Weltarmutsverantwortung zu ermitteln. Um für diese Auseinandersetzung über die Subjekte der Weltarmutsverantwortung gerüstet zu sein, muss es jedoch zunächst um deren *Objekte* und damit um ein anderes zentrales Theorieelement gehen, das zwar bereits an verschiedenen Stellen thematisiert, aber bisher noch keiner umfassenden Analyse unterzogen wurde.

Bis zu diesem Punkt zeigte sich schon, dass das Alleinstellungsmerkmal von struktureller Verantwortung darin besteht, dass ihre Objekte Handlungen sind, die dazu beitragen, soziale Institutionen und Strukturen mit bestimmten normativen Kriterien in Einklang zu bringen. Allerdings habe ich bisher noch nicht eigens analysiert, in welchen Kontexten Institutionen genau zum Gegenstand einer gemeinsamen Weltarmutsverantwortung werden können und in welchem Verhältnis dabei nationalstaatliche und internationale Institutionen zueinander stehen. Ich werde dazu eine *holistische* Theorie der Objekte von struktureller Verantwortung verteidigen, die durch eine ganzheitliche Beurteilung verschiedener institutioneller Kontexte charakterisiert ist und mit dem weitverbreiteten und, wie sich zeigen wird, reduktionistischen Vorurteil aufräumt, dass es ausschließlich um die Reform derjenigen nationalstaatlichen Institutionen gehe, unter denen Menschen in extremer Armut leben.

VII.1 Reduktionismus

Die Vorzüge der holistischen Perspektive auf die Objekte von Weltarmutsverantwortung lassen sich am besten über den Weg der Kritik an der mit ihr konkurrierenden *reduktionistischen Perspektive* herausarbeiten. Ein solcher Reduktionismus kommt in vielen gewöhnlichen Überzeugungen über politische Zuständigkeiten in der Weltgesellschaft zur Geltung, aber auch in einigen Ansätzen der zeitgenössischen Theoriebildung über globale Verantwortlichkeiten. Ich nenne diese Sicht reduktionistisch, weil die ihr entsprechenden Verantwortungszuschreibungen an der Bewertung und Gestaltung von als weitgehend *voneinander unabhängig* vorgestellten institutionellen Kontexten orientiert sind. Obwohl die reduktionistische Perspektive paradigmatischerweise in einer bestimmten Beurteilung der Rolle nationalstaatlicher Institutionen zum Tragen kommt, ist sie nicht auf diese Anwendung beschränkt.

Die reduktionistische Perspektive auf die Objekte von struktureller Verantwortung lässt sich in Form eines Arguments ausdrücken, das schon auf die Zuweisung von Verantwortlichkeiten zum institutionellen Schutz von Menschenrechten zugeschnitten ist. Die erste Prämisse dieses Arguments lautet, dass es beim Schutz von basalen Menschenrechten ausschließlich auf die Beschaffenheit nationalstaatlicher Institutionensysteme ankomme. Die zweite Prämisse ist, dass primär diejenigen Personen für die Gestaltung verschiedener nationalstaatlicher Institutionensysteme verantwortlich seien, die unter diesen jeweils leben. Außenstehenden könne höchstens eine sekundäre Verantwortung zufallen, jeweils nach ihren Möglichkeiten zur Reform von Institutionen in diesen externen Kontexten beizutragen. Eine solche sekundäre Verantwortung könne es demnach dann geben, wenn die primären Verantwortungsträger nicht dazu in der Lage sind, den Menschenrechtsschutz durch ihre heimischen Institutionen entscheidend zu verbessern, etwa weil die Staaten, in denen sie leben und um deren Institutionen es geht, wirtschaftlich zu schwach oder politisch repressiv sind und dadurch die Wahrnehmung primärer struktureller Verantwortung seitens ihrer Bürger verunmöglichen. Aus diesen beiden Prämissen kann nun gefolgert werden, dass der einzige Weg zur Verbesserung des Menschenrechtsschutzes darin bestehe, die betreffenden nationalstaatlichen Institutionen zu reformieren, und zwar entweder durch ihre jeweiligen Bevölkerungen als primäre oder durch externe Akteure als sekundäre Verantwortungsträger.

Ich glaube, dass die hier zur Geltung kommende reduktionistische Perspektive auf die Objekte von struktureller Verantwortung in entscheidenden Hinsichten zu kurz greift. Diese Perspektive kommt wie gesagt nicht selten in gewöhnlichen Überzeugungen über politische Verantwortlichkeiten, aber auch in manchen Theorieentwürfen zu Ausdruck – sie scheint zum Beispiel implizit in Rawls' Theorie internationaler Gerechtigkeit enthalten zu sein. Bevor ich mich der Kritik an dieser Perspektive zuwende, sollte betont werden, dass sie nicht zwingend mit einer Einschränkung der Reichweite von Gerechtigkeitsforderungen auf nationalstaatliche Kontexte einhergehen muss. Zwar ist als eines von mehreren möglichen Beispielen für diese Sichtweise eine etatistische Position denkbar, welche die Reichweite von Gerechtigkeitsforderungen jeweils auf einzelne Nationalstaaten begrenzt und zugleich annimmt, dass Außenstehende eine Humanitätsverantwortung haben, zum

Menschenrechtsschutz in anderen Ländern beizutragen.[1] Aber erstens ist auch eine Position möglich, die von der globalen Reichweite von Gerechtigkeitsforderungen ausgeht und zugleich die Objekte von struktureller Verantwortung reduktionistisch konzipiert. Denn es ist zumindest nicht begrifflich inkonsistent anzunehmen, dass (heute) alle Menschen allen anderen gegenüber aus Gründen der Gerechtigkeit eine Verantwortung tragen, auf einzelne nationalstaatliche Kontexte jeweils so Einfluss zu nehmen, dass sie mit bestimmten Normen konform gehen (zum Beispiel dass die Menschenrechte im jeweiligen Kontext geschützt werden). Zweitens wird spätestens nach der Betrachtung der *holistischen Perspektive* deutlicher werden, warum selbst eine etatistische Position vorstellbar ist, auf deren Basis strukturelle Verantwortung im Einklang mit einer holistischen Bewertung sozialer Strukturen zugeschrieben wird. Obwohl es richtig ist, dass die reduktionistische Perspektive auf strukturelle Verantwortung mit der Einschränkung der Reichweite von Gerechtigkeitsforderungen einhergehen kann (und in der Praxis auch häufig einhergeht), ist Letztere also weder eine notwendige noch eine hinreichende Bedingung für Erstere. Schon allein deshalb ist die Plausibilität der reduktionistischen Position unabhängig davon zu erörtern, welche der verschiedenen möglichen Positionen zu den Geltungsgründen und zur Reichweite von Gerechtigkeitsforderungen stichhaltig ist. Besonders im Rahmen der hier entwickelten begründungspluralistischen Perspektive auf Weltarmutsverantwortung ist also zu fragen, was genau gegen die reduktionistische und was für die holistische Sicht auf die Objekte von struktureller Verantwortung spricht.

VII.2 Zur Bewertung sozialer Strukturen in holistischer Absicht

Um diese Frage zu beantworten, lohnt die kritische Auseinandersetzung mit einem irreführenden Denkmuster, das zur Einnahme der reduktionistischen Perspektive verleitet. Dieses kann als ein *gegenständliches Verständnis sozialer Strukturen* bezeichnet

1 Zur Einschränkung der Reichweite von Gerechtigkeitsforderungen auf nationalstaatliche Kontexte siehe oben, Kap. V.2.3.2.

werden und kommt zum Beispiel in einer spezifischen und letztlich fehlgehenden Interpretation von Rawls' Idee zum Tragen, dass die *Grundstruktur* einer Gesellschaft das Iudicandum von Gerechtigkeitsurteilen darstelle – dass sie »der erste Gegenstand der Gerechtigkeit«,[2] ihr »Hauptgegenstand«[3] beziehungsweise ihr »vorrangige[r] Gegenstand«[4] ist. Rawls verknüpft mit dieser enorm wirkmächtigen Idee Überlegungen über den Stellenwert von Hintergrundgerechtigkeit, insofern er die »Rolle der zur Grundstruktur gehörigen Institutionen« darin sieht, »gerechte Hintergrundbedingungen für das Handeln der Individuen und Vereinigungen zu gewährleisten«.[5] Auf der Basis eines gegenständlichen Verständnisses sozialer Strukturen wird die Grundstruktur nun mit einem begrenzten Set von als grundlegend gedachten sozialen Institutionen identifiziert, wodurch bestimmte andere als weniger wichtig angesehene Institutionen ausgeschlossen werden. Eine solche gegenständliche Interpretation mag zwar gelegentlich von Rawls selbst evoziert und in gewissem Sinn sogar vom Begriff der Grundstruktur nahegelegt werden. Doch in systematischer Hinsicht kann und sollte seine These von der Grundstruktur als Hauptgegenstand von Gerechtigkeitsurteilen klar von einer gegenständlichen Interpretation sozialer Strukturen unterschieden werden. An die Stelle Letzterer sollte vielmehr ein *holistisches Verständnis* sozialer Strukturen treten, wonach die Grundstruktur als Iudicandum moralischer Urteile weder objektivierbar noch auf eine klar bestimmbare Menge von Gegenständen der sozialen Welt reduzierbar ist.[6] Die gesellschaftliche Grundstruktur ist dann das Resultat des Zusammenwirkens der Gesamtheit der für einen sozialen Kontext relevanten Institutionen; sie vergegenständlicht sich nirgendwo anders als im Handeln der von sozialen Strukturen betroffenen Akteure selbst.[7]

2 John Rawls, *Politischer Liberalismus*, Frankfurt/M. 1998 [Orig. 1993], S. 367.

3 John Rawls, *Gerechtigkeit als Fairneß. Ein Neuentwurf*, Frankfurt/M. 2003 [Orig. 2001], S. 256.

4 Ebd., S. 35.

5 Rawls, *Politischer Liberalismus*, S. 376 f.

6 Vgl. auch Iris Marion Young, *Responsibility for Justice*, Oxford 2011, Kap. 2.

7 Vgl. ebd. und bes. Anthony Giddens, *Die Konstitution der Gesellschaft*, Frankfurt/M. 1995 [Orig. 1984], S. 76 ff., der vom Phänomen der »Dualität von Struktur« spricht. Die Struktur der Gesellschaft sei »außerhalb von Raum und Zeit«, doch die »Strukturierung sozialer Systeme zu analysieren bedeutet, zu untersu-

Um besser zu verstehen, warum die gegenständliche Interpretation der Grundstruktur zugunsten einer holistischen Lesart verworfen werden muss, ist es hilfreich zu überlegen, auf welche Weise überhaupt einem bestehenden Institutionensystem verschiedene kausale Wirkungen zugeschrieben werden können und wie es der Bewertung unterzogen werden kann. Es sollte zunächst hervorgehoben werden, dass die Attribution von Ursache-Wirkung-Beziehungen im Fall von Strukturen komplizierter ist als bei personalem und interpersonalem Verhalten, denn die kausalen Folgen einzelner personaler und interpersonaler Handlungen sind zumindest im Nahbereich relativ gut prognostizierbar. Dies mag ein weiterer Grund dafür sein, warum personale und interpersonale Verantwortung im Fokus von alltagsmoralischen Verantwortungszuschreibungen stehen. Demgegenüber entziehen sich die Auswirkungen von konstant bleibenden strukturellen Hintergrundbedingungen der Tendenz nach viel leichter dem Betrachter.[8] Während die Auswirkungen von einzelnen sozialen Interaktionen zumeist relativ einfach durch kontrafaktische Fragen danach individuiert werden können, was geschehen wäre, wenn die betreffenden Akteure nicht so, sondern anders gehandelt hätten oder ihre Handlungen unterlassen hätten, lassen sich konstant bleibende strukturelle Hintergrundbedingungen oder einzelne Institutionen als Teilaspekte von diesen nicht auf ähnlich einfache Weise gedankenexperimentell »entfernen«, um zu sehen, welche kausale Wirkung ihnen zugeschrieben werden kann. Ein erster Schritt zur Bewertung eines Institutionensystems muss zunächst immer im Urteil darüber bestehen, ob bestimmte normative Zielsetzungen, etwa der im vorigen Kapitel formulierte Menschenrechtsstandard, von diesem System eingelöst werden. Doch um zu entscheiden, ob ein bestehendes System einen bestimmten Mangel verursacht oder nicht, genügt der Hinweis auf eine Diskrepanz zwischen Anspruch und Wirklichkeit allein noch nicht. Denn es könnte schließlich sein, dass das beurteilte System trotz der beobachteten Diskrepanz immer noch die bestmögliche Annäherung an den herangezogenen Standard darstellt. Daher sind auch bei der Bewertung eines existie-

chen, wie diese in Interaktionszusammenhängen produziert und reproduziert werden« (ebd., S. 77).

8 Die Einführung von gesetzlichen Verboten, die bestimmte Praktiken auf einen Schlag ganz unterbinden können, ist eher noch ein Beispiel der besseren Wahrnehmbarkeit von strukturellen Hintergrundbedingungen.

renden Institutionensystems – wie schon beim Nachdenken über personale Verursachung – kontrafaktische Überlegungen nötig, um diesem System bestimmte kausale Wirkungen zuzuschreiben.

Erkenntnistheoretisch ist eine Bewertung von Institutionen ungleich anspruchsvoller als die Evaluation interpersonalen Verhaltens. Denn für eine sinnvolle in die Zukunft gewandte Evaluation eines Institutionensystems oder auch einzelner Bestandteile dieses Systems ist es nötig, das bestehende System mit einem kontrafaktischen Zustand zu vergleichen, in dem es sich *nach* einer durchführbaren politischen Reform befände. Das impliziert natürlich nicht, dass es unmöglich oder generell sinnlos wäre, existierende Institutionen einfach mit ihren historischen Vorgängerinstitutionen zu vergleichen und sie danach zu bewerten, ob sich die Gesamtsituation verbessert oder verschlechtert hat. Doch zum einen geht es hier nicht nur um die retrospektive Evaluation eines Institutionensystems und zum anderen will ein *kontrafaktischer* Vergleich mehr leisten als solche *historischen* Vergleiche. Denn bei der Bewertung eines bestehenden Institutionensystems muss es nicht nur darum gehen, ob es weniger Schaden anrichtet oder besser bestimmte Ziele umsetzt als sein Vorgängersystem, sondern vor allem auch darum, ob sich dieses System – als Ganzes oder auch nur einzelne seiner Bestandteile – durch Reformen (weiter) verbessern ließe.[9] Mit anderen Worten: Plausible Reformvorschläge, deren Realisierung im Vergleich zum Status quo zu akzeptableren Hintergrundbedingungen führen würde, sind unverzichtbar, um ein bestehendes Institutionensystem einer möglichst umfassenden Bewertung zu unterziehen. Unter Umständen sind sogar umfangreiche und interdisziplinäre wissenschaftliche Anstrengungen nötig, die existierende Systeme (oder auch nur einzelne ihrer Bestandteile) mit einem kontrafaktischen Zustand dieser Systeme nach einer entsprechenden Reform vergleichen. In den meisten Fällen kann die Wirkung eines Institutionensystems jedoch zumindest einer ersten Vorbewertung unterzogen werden, die dann durch wissenschaftliche Prognosen weiter ausdifferenzierbar ist.

9 Ich folge hier in Grundzügen Thomas Pogges Kritik des rein historischen Vergleichs bestehender Institutionensysteme mit ihren Vorgängersystemen. Vgl. ders., »Anerkannt und doch verletzt durch internationales Recht: Die Menschenrechte der Armen«, in: Barbara Bleisch, Peter Schaber (Hg.), *Weltarmut und Ethik*, Paderborn 2007, S. 95-138, hier S. 112-115.

In der Praxis gehen Urteile über die normativen Defizite bestehender Institutionensysteme stets den für ihre umfassende wissenschaftliche Untermauerung benötigten interdisziplinären Anstrengungen voraus. Dabei kann die Kritik an institutionellen Hintergrundbedingungen durchaus schwerpunkthaft auf die Beschaffenheit einzelner besonders wichtiger Institutionen bezogen sein; der Holismus der Bewertung sozialer Institutionen bestreitet nicht, dass einige soziale Institutionen für die Aufrechterhaltung von Hintergrundgerechtigkeit wichtiger als andere sind. Gesetzgebungsorgane, um ein Beispiel zu nennen, sind selbstverständlich einflussreicher und daher wichtiger als Benimmregeln. Doch trotz der zentralen Bedeutung mancher Institutionen muss es bei einer holistischen Bewertung aller sozialen Institutionen bleiben, bei der diese jeweils hinsichtlich ihrer *Gesamtauswirkungen* auf soziale Hintergrundstrukturen mit einem kontrafaktischen Zustand nach ihrer Reformierung verglichen werden.

An dieser Stelle liegt der Vorschlag nahe, auf den Begriff der Grundstruktur, den ich ja keineswegs verabschiedet habe, doch ganz zu verzichten – etwa zugunsten der Rede von der Gesamtheit sozialer Institutionen und Organisationen und der von ihnen strukturierten Hintergrundbedingungen. Und in der Tat ist dieser Begriff nicht unersetzlich, aber ich halte es für relativ unbedenklich, ihn weiter zu verwenden, vorausgesetzt, er wird holistisch interpretiert. Dazu ist ein Verständnis von Hintergrundstrukturen vonnöten, dem zufolge diese prinzipiell durch alle bestehenden sozialen Institutionen und Verhaltensregeln erzeugt werden und sich sowohl in interpersonalen Interaktionen niederschlagen als auch durch sie reproduziert werden. Soziale Strukturen bestehen demnach aus der Totalität an geschriebenen und ungeschriebenen Regeln und Gesetzen sowie den akkumulierten Resultaten der von solchen Regeln beeinflussten Handlungen. Die Rede von den Hintergrundbedingungen des Handelns, die das Verhalten von individuellen und kollektiven Akteuren ermöglichen und begrenzen, wenn auch nicht vollständig determinieren, ist also in diesem holistischen Sinn zu verstehen und nicht auf ein begrenztes Set von besonders wichtigen Institutionen reduzierbar.

Während Rawls' Theorie internationaler Gerechtigkeit auf die Anwendung von normativen Prinzipien auf globale Hintergrundstrukturen verzichtet und in diesem Sinn reduktionistisch ist, kann er im Rahmen seiner Gerechtigkeitstheorie für den heimischen Kontext mit einigen Einschränkungen holistisch gelesen werden. Die entscheidende und in jedem Fall über Rawls hinausgehende Einsicht ist aber, dass die Evaluation von Hintergrundstrukturen nicht an Ländergrenzen haltmachen darf. Dies wäre höchstens dann gerechtfertigt, wenn Nationalstaaten wirklich »selbstgenügsame Vereinigung[en] von Menschen«[10] wären, wie Rawls es im Rahmen seiner konstruktivistischen Gerechtigkeitstheorie kontrafaktisch annimmt.[11] Doch es bedarf keiner aufwendigen empirischen Untersuchungen, um zu zeigen, dass Nationalstaaten heute alles andere als selbstgenügsam sind und politische Gemeinwesen dies wohl auch in der Vergangenheit nur selten waren. Heutzutage jedenfalls hängen Gesellschaften, wie bereits mehrfach erörtert, in ihrem Funktionieren mehr denn je von sehr komplexen grenzüberschreitenden Beziehungen ökonomischer, politischer und ökologischer Art ab.[12] Die isolierte Bewertung von nationalstaatlichen Kontexten ist daher ähnlich fehlgeleitet wie die separate Bewertung einer Teilmenge von Institutionen innerhalb von Nationalstaaten. Für beide Fälle scheint jeweils die irreführende reduktionistische Idee maßgeblich zu sein, dass es ausreiche, eine Submenge an Institutionen normativ zu beurteilen. Und in beiden Fällen wird von anderen strukturellen Bedingungen abstrahiert, die aber nicht aus der Bewertung ausgeklammert werden dürfen. Für die Beurteilung der Hintergrundstrukturen innerhalb nationalstaatlicher Kontexte ist daher nicht nur die Beschaffenheit interner, sondern auch diejenige externer sozialer Institutionen von Bedeutung. Anders als es die reduktionistische Sichtweise annimmt, können die Hintergrundbedingungen des Verhaltens von Akteuren nicht in verschiedenen als voneinander unabhängig vorgestellten sozialen Kontexten lokalisiert und bewertet werden.

10 John Rawls, »Kantischer Konstruktivismus in der Moraltheorie« [1980], in: ders., *Die Idee des politischen Liberalismus. Aufsätze 1978-1989*, hg. von Wilfried Hinsch, Frankfurt/M. 1992, S. 80-158, hier S. 108.

11 Vgl. auch John Rawls, *Eine Theorie der Gerechtigkeit*, Frankfurt/M. 1975 [Orig. 1971], S. 20, sowie oben die Kap. IV.3 und V.2.3.2 dieser Untersuchung. Die Beobachtung, dass diese fragwürdige methodologische Weichenstellung zu einer theoretischen Komplexitätsverringerung beiträgt, ist zwar richtig, kann sie aber natürlich nicht rechtfertigen.

12 Siehe dazu weiter oben, bes. Kap. III.2, IV.3 und V.2.3.

Die reduktionistische Perspektive auf die Objekte von Weltarmutsverantwortung geht davon aus, dass die Hintergrundbedingungen in Nationalstaaten jeweils ausschließlich mit Blick auf die spezifischen Eigenschaften nationalstaatlicher Institutionen beurteilt werden können. Im Ausgang von dieser Annahme schreibt sie verschiedenen Akteursgruppen (sei es als primär Verantwortlichen innerhalb oder als sekundär Verantwortlichen außerhalb dieser Kontexte) die Verantwortung zu, diese Institutionen im Dienst der Armutsbekämpfung zu reformieren. Nun wird nachvollziehbar, inwiefern die gegenständliche Interpretation der Idee der Grundstruktur eines sozialen Kontextes, wonach diese eine Ansammlung verschiedener sozialer Institutionen sei, die wiederum als eine solche Einheit mit bestimmten Normen in Einklang gebracht werden könne, auch zur Einnahme einer reduktionistischen Perspektive verleiten kann. Wenn es wahr wäre, dass verschiedene solche Grundstrukturen (im Plural) – jeweils für sich genommen und ohne Rücksicht auf das Zusammenspiel mit anderen sozialen Kontexten – mit bestimmten für relevant gehaltenen Normen (wie basalen Menschenrechten) in Einklang gebracht werden könnten, dann wäre diese Art der Zuschreibung von struktureller Verantwortung an Akteure unproblematisch. Auf der Grundlage einer holistischen Interpretation sozialer Strukturen ist das Bild jedoch deutlich komplexer, denn ihr zufolge ist es nicht mehr möglich, zwischen nationalstaatlichen und globalen Hintergrundstrukturen klar zu unterscheiden.

Dies wird anschaulich, wenn man bedenkt, dass globale Regeln auf vielfältige Weise in nationalstaatliche Kontexte hineinreichen und die Gestaltung des dortigen institutionellen Gefüges mitbestimmen. Regeln, die durch soziale Institutionen jenseits des Nationalstaates konstituiert werden, wie beispielsweise die von der Welthandelsorganisation (WTO) festgelegten Bestimmungen für den Abbau von Handelsbeschränkungen oder die von dieser Organisation mitgetragene Globalisierung des Patentschutzes, wirken in nationalstaatliche Kontexte hinein, weil sie im Rahmen der nationalstaatlichen Gesetzgebung der Mitgliedsländer implementiert werden müssen, was wiederum selbst auf die wenigen Länder Auswirkungen hat, die noch nicht der WTO beigetreten sind. Grenzüberschreitende Regeln, für die es zahlreiche weitere Beispiele gibt, beeinflussen sowohl die Beziehungen von Staaten untereinander (im obigen Beispiel etwa durch die Angleichung oder Aufhebung von Einfuhrzöllen) als auch das Verhalten von diversen nichtstaatlichen Akteuren wie Unternehmen und Nichtregierungsorganisationen. Auch die Hintergrundbedingungen des Verhaltens von nichtstaatlichen Akteuren lassen sich nicht mehr sauber einzelnen sozialen Kontexten zuordnen. So werden transnationale Unternehmen ihre Tätigkeiten auf die nationalstaatliche Implementierung solcher globalen Regeln ebenso abstimmen wie auf die besonderen Gegebenheiten in diversen Kontexten. Dichter denn je ist heute das Geflecht von grenzüberschreitenden Regeln, das de facto einen kaum zu überschätzenden Einfluss auf die Hintergrundstrukturen hat. Das holistische Verständnis von Strukturen hängt aber streng genommen nicht einmal von diesen besonderen empirischen Umständen ab, denn es müsste sogar im kontrafaktischen Szenario einer Welt mit weitgehend voneinander abgeschotteten Nationalstaaten zur Anwendung kommen, da selbst externe Bedingungen dieser Art zu den Hintergrundstrukturen des Handelns in nationalstaatlichen Kontexten zu zählen wären.

Die Zurückweisung der reduktionistischen und die Einnahme einer holistischen Perspektive hat mehrere gewichtige Konsequenzen für die Konzeptualisierung der Objekte von struktureller Verantwortung. Die *erste* Konsequenz ist, dass die von manchen Gerechtigkeitstheoretikern für zentral gehaltene Frage, ob es eine *globale Grundstruktur* gibt, bejaht werden kann; und dies, obwohl es gegenwärtig keinen Weltstaat mit einer entsprechenden Sanktionsgewalt gibt.[13] Auch hier könnte zwar die Vorstellung naheliegen, auf die Rede von einer globalen Grundstruktur zugunsten der weniger missverständlichen Rede von globalen Hintergrundstrukturen zu verzichten, doch damit wäre systematisch nicht wirklich etwas gewonnen. Vielmehr gilt es, die Frage, ob es eine globale Grundstruktur gibt, holistisch als Frage danach zu verstehen, ob es globale Hintergrundstrukturen gibt, die das Verhalten gesell-

13 Vgl. Allen Buchanan, *Justice, Legitimacy, and Self-Determination. Moral Foundations for International Law*, Oxford 2004, S. 83 ff., für eine Darstellung eines Arguments für Gerechtigkeitspflichten mit globaler Reichweite, das auf den Begriff einer globalen Grundstruktur rekurriert, obwohl er selbst eine praxisunabhängige Argumentation für die globale Reichweite von Gerechtigkeitsforderungen bevorzugt (vgl. dazu weiter oben Kap. V.2.2). Vgl. darüber hinaus Young, *Responsibility for Justice*, S. 140 ff., zum Begriff einer globalen Grundstruktur.

schaftlicher Akteure maßgeblich mitbestimmen und die somit zum Gegenstand der normativen Beurteilung werden müssen. Und die Antwort auf diese Frage lautet eindeutig ja. Mit anderen Worten: Auch ohne eine Weltregierung hat die Rede von einer zusammenhängenden globalen Sozialstruktur einen Sinn, denn es gibt ein globales Netz sozialer Strukturen, die gleichermaßen *in den* und *jenseits der* verschiedenen nationalstaatlichen Kontexte zu verorten sind und die als Gegenstand von Verantwortung ernst genommen werden sollten. Die Interaktionen von Kollektiv- und Individualsubjekten innerhalb staatlicher Grenzen und über diese hinaus werden durch internationale Abkommen und Institutionen auf vielfältige Weise *reguliert*, ja sogar konstituiert, geformt und beeinflusst. Globale Hintergrundstrukturen entstehen allerdings im Rahmen eines holistischen Verständnisses von Strukturen nicht erst und nicht allein durch spezifisch für internationale Tätigkeitsbereiche kreierte Institutionen (UNO, WTO, IMF etc.), sondern vielmehr durch das *Zusammenspiel* dieses Netzes internationaler Institutionen und Regeln mit den verschiedenen Ansammlungen »herkömmlicher« nationalstaatlicher Institutionen.

Die *zweite* Konsequenz aus dem holistischen Verständnis sozialer Strukturen ist vielleicht noch radikaler. Sie besagt, dass auch zunächst nur auf einzelne nationalstaatliche Kontexte beziehbare Hintergrundbedingungen wie etwa Steuergesetze oder Subventionen tatsächlich als Teilaspekte der *globalen* Hintergrundbedingungen zu konzipieren sind. Nationalstaatliche Politik mag zwar in formaler Hinsicht jeweils relativ autonom sein, doch in ökonomischer Hinsicht ist sie längst interdependent, denn sie beeinflusst das Handeln anderer Staaten genauso, wie sie von diesem beeinflusst wird, was sich sehr schön an der *Steuergesetzgebung* demonstrieren lässt. Diese liegt zwar in formaler Hinsicht in nationalstaatlicher Hand, hat aber in der Praxis (man denke nur an Unternehmens- oder Kapitalertragssteuern) aufgrund des Standortwettbewerbs erhebliche Auswirkungen auf das Verhalten von externen staatlichen und nichtstaatlichen Akteuren. Aus diesem Grund beziehen nationalstaatliche Gesetzgeber auch diese externen Akteure und deren Gesetzeslage mit in ihre Überlegungen ein. Auch wenn die nationale Steuergesetzgebung keineswegs vollständig durch das Verhalten von externen Akteuren determiniert ist, stehen sie und die durch sie jeweils erzielbaren Wirkungen doch stets unter deren Einfluss.

Dasselbe lässt sich über viele andere Regelungen sagen, die formal nur in einzelnen Nationalstaaten gelten, wie etwa solche zur *Regulierung von Arbeitsbedingungen*, aber aufgrund ihres Einflusses auf das Verhalten von externen staatlichen und nichtstaatlichen Akteuren einen Aspekt der Gesamtheit der globalen Hintergrundstrukturen bilden. Es ist also von einer Totalität sozialer Strukturen auszugehen, die jedoch in verschiedenen Kontexten sehr unterschiedliche Auswirkungen hat. Auch die Reformierung oder Neugründung von internationalen Institutionen kann für verschiedene nationalstaatliche Kontexte eine unterschiedlich große Bedeutung haben. Beispielsweise hätte die Einsetzung einer internationalen Organisation, die Praktiken der Korruption mit effektiven Sanktionen ahndete, offenkundig in solchen Staaten, in denen Korruption die Regel und in diesem Sinn strukturell verankert ist, andere Konsequenzen als dort, wo sie nur punktuell vorkommt.[14]

Es dürfte klar geworden sein, warum die reduktionistische Perspektive auf die Objekte von struktureller Verantwortung zu kurz greift. Das resultierende Bild ist allerdings komplexer und dadurch zunächst auch unübersichtlicher. Die Zuschreibung von struktureller Verantwortung an verschiedene Akteure muss aber aus den genannten Gründen auf einem holistischen Verständnis sozialer Strukturen basieren. Dabei ist von *einem* globalen System sozialer Institutionen auszugehen, in dem die Hintergrundbedingungen des Verhaltens von Kollektiv- und Individualakteuren vom Zusammenspiel verschiedener Teilaspekte dieses Systems geprägt werden. Auch nationalstaatliche Institutionen machen nur einen Teilaspekt dieses in seinem Zusammenhang zu betrachtenden Ganzen aus. Genauso wie es innerhalb von Nationalstaaten unmöglich ist, die Auswirkungen einzelner sozialer Institutionen völlig abgetrennt von den Auswirkungen der sie umgebenden Institutionen zu bewerten, lassen sich auch verschiedene nationalstaatliche Institutionensysteme nicht als gänzlich voneinander unabhängige Kontexte betrachten. Vielmehr ist stets ihr Verhältnis zu anderen Nationalstaaten sowie der Einfluss von internationalen Abkommen

14 Zu beachten ist jedoch, dass für Korruption immer mehr als eine Partei verantwortlich ist. In die Bestechung und Vorteilsnahme von Funktionären in armen Ländern waren z. B. über Jahrzehnte hinweg auch Vertreter westlicher Unternehmen involviert. Die Leidtragenden waren und sind die armen Teile der Bevölkerung der von Korruption betroffenen Länder.

und Institutionen auf die globale Sozialstruktur zu berücksichtigen. Angesichts dieser *Entgrenzung sozialer Strukturen* ist die Frage berechtigt, an welchen Kriterien sich die Zuschreibung von struktureller Verantwortung an verschiedene Akteure dann überhaupt noch orientieren kann.

Dazu ist zunächst zu sagen, dass die holistische Bewertung sozialer Strukturen sowohl mit der Analyse des kausalen Einflusses einzelner Institutionen und Institutionenkomplexe als auch mit der normativen Bewertung von solchen Submengen von Institutionen vereinbar ist. Man zöge die falsche Schlussfolgerung aus dem Plädoyer für den Holismus, wenn man meinte, dass er dazu führe, dass kleinere soziale Einheiten gar nicht mehr als solche evaluiert werden könnten. Auch die analoge Zuschreibung von struktureller Verantwortung für die Gestaltung kleinerer institutioneller Kontexte ist innerhalb der holistischen Perspektive auf soziale Strukturen ohne weiteres sinnvoll. Hierzu sei an ein Konzept erinnert, das schon weiter oben bei der Unterscheidung zwischen interpersonaler und struktureller Verantwortung implizit zur Anwendung kam.[15] Gemeint ist eine auf die Frage der Beurteilung verschiedener Iudicanda bezogene Position, die als methodologischer Prinzipienpluralismus bezeichnet werden kann. Der Prinzipienpluralismus besagt, dass verschiedene Iudicanda – soziale Strukturen, interpersonale Handlungen, Charakterausprägungen und dergleichen – mit normativen Kriterien zu bewerten sind, die jeweils einzeln zu begründen sind und sehr unterschiedlich ausfallen können.[16] Damit ist

15 Siehe dazu Kap. IV und VI.2 weiter oben.

16 In Rawls' Gerechtigkeitskonzeption für den heimischen Kontext kommt ein solcher Prinzipienpluralismus im Hinweis zur Geltung, dass die für die Bewertung der Grundstruktur heranzuziehenden Gerechtigkeitsprinzipien nicht einfach auf die Bewertung von interpersonalen Beziehungen innerhalb dieser Grundstruktur übertragen werden dürfen. Vgl. bes. Rawls, *Eine Theorie der Gerechtigkeit*, S. 74 ff. Auf diese Weichenstellung bei Rawls hat Liam Murphy mit dem Begriff des von ihm sog. Dualismus verwiesen (vgl. »Institutions and the Demands of Justice«, in: *Philosophy & Public Affairs* 27 [1999], S. 251-291, hier S. 254). Vgl. hierzu auch schon weiter oben, Kap. IV, Fn. 14. Murphy stellt dem Dualismus einen Monismus gegenüber, wonach für zwischenmenschliche Beziehungen dieselben moralischen Prinzipien gelten wie für die Evaluation von Institutionen. Unabhängig davon, wie man sich zu dieser substantiellen Streitfrage positioniert, halte ich den Begriff des Prinzipienpluralismus in diesem Zusammenhang jedoch für angemessener als den des Dualismus, weil hinsichtlich der *Mehrzahl* der ver

der Grundstein für ein angemessenes Verständnis der Objekte von struktureller Verantwortung gelegt, denn ein solcher Prinzipienpluralismus sollte meines Erachtens auch die Zuschreibung von struktureller Verantwortung im Allgemeinen und von Weltarmutsverantwortung im Besonderen anleiten. Es ist prinzipiell möglich und auch sinnvoll, einzelne Institutionen und begrenzte Institutionenkomplexe mit anderen normativen Standards zu beurteilen als die sie umgebenden Institutionensysteme. Dementsprechend kann auch die Gestaltung einzelner Organisationen, begrenzter institutioneller Kontexte und der sie umgebenden Systeme zum Gegenstand einer ausdifferenzierten Zuschreibung von struktureller Verantwortung werden. Je nachdem, um welchen institutionellen Kontext es sich handelt, können unterschiedliche normative Standards zur Anwendung kommen. Strukturelle Verantwortung zur Gestaltung heimischer Institutionen kann beispielsweise ohne weiteres auf anspruchsvolleren Gerechtigkeitsstandards aufbauen als Weltarmutsverantwortung, deren Adressaten im Regelfall keine Landsleute sind. Beispielsweise könnte der Standard für den innerstaatlichen Kontext ein komparativer Gerechtigkeitsstandard sein (wie das Rawls'sche Differenzprinzip und/oder ein Chancengleichheitsprinzip), der anders als ein Suffizienzkriterium nicht nur eine horizontale Gewährleistung eines Schwellenwertes vorsieht, sondern anspruchsvollere Verteilungsvorgaben für gerechtfertigte und ungerechtfertigte Ungleichheiten zwischen Gesellschaftsmitgliedern formuliert.

Bei einer solchen Differenzierung zwischen verschiedenen kontextspezifischen Standards darf allerdings nicht vorausgesetzt werden, dass diese Kontexte unabhängig voneinander sind. Es muss vielmehr im holistischen Geiste angenommen werden, dass verschiedene institutionelle Kontexte derart *interdependent* sind,

schiedenen Iudicanda (wie Personen [Charakter], Interaktionen, Institutionen, einzelne Verfahren etc.) von einer Pluralität (und nicht nur von einer Dualität) der Beurteilungsgegenstände auszugehen ist. Rawls' Gerechtigkeitsprinzipien enthalten jedenfalls keine positiven Vorgaben für beschränktere institutionelle Bereiche und Organisationen, die er im Anschluss an Jon Elster als Bereiche *lokaler Gerechtigkeit* klassifiziert. Vgl. Rawls, *Gerechtigkeit als Fairneß*, S. 33. Die Gerechtigkeitsprinzipien seien nur insofern für diese Bereiche (wie zum Beispiel Firmen, religiöse Vereinigungen oder Familien) relevant, als sie ihnen bestimmte äußerliche Schranken »innerhalb der Grundstruktur [...] auferlegen« (ebd.).

dass ihre Gestaltung jeweils einen bestimmten Einfluss auf Hintergrundstrukturen in anderen Kontexten hat. Schon aus diesem Grund muss die Gestaltung verschiedener institutioneller Kontexte mit Rücksicht auf ihre *externen Wirkungen* auf die sie umgebenden Kontexte erfolgen. Dabei haben politische Akteure stets einen Spielraum, der es ihnen erlaubt, interne und externe Wirkungen in ein angemessenes Verhältnis zueinander zu bringen. Ähnlich wie Akteure in Kontexten lokaler Gerechtigkeit müssen auch Regierungen bestimmte externe Beschränkungen bei der Realisierung von normativen Standards in Nationalstaaten berücksichtigen.[17] Im Fall von Exportsubventionen für einen Wirtschaftszweig, die zwar der Realisierung eines internen Gerechtigkeitsideals dienlich wären, aber starke negative Externalitäten zur Folge hätten, stünden interne und externe Wirkungen offenbar nicht in einem angemessenen Verhältnis zueinander. Den Agrarsubventionen der Industrieländer werden etwa häufig negative Auswirkungen derart nachgesagt, dass sie die Entwicklung in ärmeren Ländern erschweren. Allgemeiner zeigt sich an solchen Beispielen, dass Weltarmutsverantwortung, anders als es die reduktionistische Perspektive vorsieht, nicht auf die Gestaltung von Institutionen in ärmeren Ländern beschränkt sein darf. Sie kann vielmehr schon bei der Gestaltung von Institutionen in wohlhabenden Ländern ansetzen – und sollte es auch. Darüber hinaus muss natürlich auch die Gestaltung zwischenstaatlicher Abkommen überdacht sowie die Reformierung internationaler Institutionen angegangen werden. Die inter- und supranationale Ebene ist ohnehin von überragender Bedeutung, da sie die Verbesserung der Koordination und Kooperation von Staaten und anderen Kollektivakteuren mit Blick auf die Armutsbekämpfung und andere gemeinsame Ziele (wie beispielsweise die Förderung einer weniger klimaschädlichen Energiegewinnung) betrifft. Internationale Institutionen sollten nicht, wie das derzeit der Fall ist, hauptsächlich die nichtmoralischen Interessen der an ihrer Gestaltung beteiligten Kollektivakteure widerspiegeln. Sie müssen vielmehr stärker so gestaltet werden, dass

17 Dem können offenbar selbst etatistische Positionen nicht widersprechen, die davon ausgehen, dass die Reichweite von Gerechtigkeitsforderungen auf Nationalstaaten beschränkt ist, obgleich diese anführen würden, dass die Gründe für die Reduzierung negativer Externalitäten keine Gerechtigkeitsgründe seien. Siehe hierzu die Diskussion des Etatismus in Kap. V.2.3.2.

sie moralischen Zielsetzungen entsprechen, etwa dem weltweiten Schutz der Menschenrechte.

Hinsichtlich der Objekte von Weltarmutsverantwortung ist das holistische gegenüber dem reduktionistischen Verständnis sozialer Strukturen um zwei Dimensionen reicher. Ihm zufolge können insbesondere die Bürgerinnen und Bürger von wirtschaftlich und politisch einflussreichen Ländern ihre Weltarmutsverantwortung nämlich auf *drei institutionellen Ebenen* einlösen. Sie können sie *erstens* durch gemeinsame politische Anstrengungen einlösen, die zu einer Reform des bestehenden Sets *internationaler Institutionen und Organisationen* im Sinne des Menschenrechtsschutzes führen. *Zweitens* können sie ihrer Weltarmutsverantwortung durch eine Reform ihrer eigenen *innerstaatlichen Institutionen* im Lichte von deren *externen Wirkungen* auf Menschen in extremer Armut nachkommen. Diese zweite Ebene wird zwar im öffentlichen Diskurs oft übersehen, scheint aber kaum weniger wichtig zu sein als die erste, nicht zuletzt weil die politische Koordination von Landsleuten leichterfallen kann als die Einlösung der gemeinsamen Verantwortung zur Gestaltung internationaler Institutionen. *Drittens* kann Weltarmutsverantwortung auch durch Beiträge zur Reform derjenigen nationalstaatlichen Institutionen eingelöst werden, unter denen Menschen in extremer Armut leben. Nur in diesem Punkt stimmt die reduktionistische mit der holistischen Perspektive überein. Zur Erinnerung: Für alle drei Ebenen ist – zumal im Rahmen des hier entwickelten begründungspluralistischen Ansatzes – der Schutz basaler Menschenrechte der einschlägige normative Standard. Der Menschenrechtsschutz sollte also jeweils im Zentrum stehen, wenn es um die Zuschreibung von struktureller Verantwortung zur Gestaltung von internationalen Institutionen geht, wenn bei der Gestaltung heimischer Institutionen darauf zu achten ist, dass ihre externen Effekte nicht in Konflikt mit menschenrechtlich verbürgten Ansprüchen geraten, und wenn schließlich Institutionen in denjenigen Kontexten reformiert werden, in denen der Zugang zu Grundgütern noch nicht sichergestellt ist. Mit Blick auf die *Subjekte* von Weltarmutsverantwortung werde ich nun noch etwas genauer untersuchen, auf welche Weise diese drei Ebenen von struktureller Verantwortung in ein plausibles Verhältnis zueinander gebracht werden können.

VIII.
Die Subjekte von Weltarmutsverantwortung

Dieses Kapitel ist der Analyse der Subjektstelle von Weltarmutsverantwortung gewidmet, die zugleich das letzte zu erschließende begriffliche Kernelement der in diesem Buch angestrebten umfassenden Interpretation unseres moralischen Verhältnisses zu Menschen in extremer Armut darstellt. Mit der Beantwortung der Frage, wer die *Subjekte* von Weltarmutsverantwortung sind, wird das hier entwickelte übergreifende Argument abgeschlossen, insofern es am Ende möglich sein wird, verschiedenen Subjekten unter Berücksichtigung ihrer jeweiligen sozialen Position Weltarmutsverantwortung zuzuschreiben. Auf dem Weg dahin werde ich im ersten Abschnitt erörtern, warum die Identifikation der Verantwortung von Kollektivsubjekten in methodologischer Hinsicht eine wichtige Rolle in jeder Theorie globaler Verantwortung spielen sollte. Es handelt sich dabei um den ersten von zwei Schritten eines Zuschreibungsprozesses, in dem die Verantwortung von Individuen bestimmt werden kann. Die vorgängige Zuschreibung von struktureller Verantwortung an relevante Gruppen ist deshalb nötig, weil strukturelle Verantwortung in letzter Instanz nur durch gemeinsames politisches Handeln einlösbar ist. Im zweiten Abschnitt komme ich dann genauer auf das Verhältnis von individueller und kollektiver Weltarmutsverantwortung zu sprechen, um schließlich im dritten Abschnitt das *Gewicht* von Weltarmutsverantwortung im Vergleich zu anderen moralischen Relationen zu ermitteln, in denen die Subjekte ebenfalls stehen. Es ist, so viel sei vorweggenommen, hoch, selbst im Rahmen einer begründungspluralistischen Perspektive, die für unterschiedliche Konzeptionen der Geltungsgründe, Reichweite und Inhalte von Gerechtigkeits- und Humanitätsnormen empfänglich ist.

VIII.1 Zum methodologischen Status der Identifikation von Kollektiven als Verantwortungssubjekten

In diesem Abschnitt befasse ich mich mit dem methodologischen Status einer für den Argumentationsgang wichtigen Annahme, nämlich dass individuelle Weltarmutsverantwortung über den Weg der Identifikation der Verantwortung von *Kollektiven* zu ermitteln ist. Der für diese Grundannahme relevante Zusammenhang lässt sich folgendermaßen zusammenfassen: Weil soziale Institutionen und Strukturen nur durch gemeinsame Anstrengungen mehrerer Menschen verändert werden können, ist strukturelle Verantwortung nur über das kollektive Handeln mehrerer Personen einlösbar. Der erste Schritt für die Ermittlung der strukturellen Verantwortung von Individuen muss daher in der vorausgehenden Identifikation von Kollektiven bestehen, die sie intern oder extern beeinflussen können. Dabei kann es sich um bereits konstituierte Kollektive handeln, denen ein Individuum schon angehört oder denen es sich noch anschließen könnte, oder um existierende Kollektive, zu denen es in einem externen Verhältnis steht. Selbst solche Kollektive, die es gemeinsam mit anderen Subjekten neu formieren könnte, sind relevant. Prinzipiell kommen dabei alle Kollektive in Betracht, die soziale Strukturen im Einklang mit bestimmten Normen verändern können.[1] Da die Weltarmutsverantwortung, wie ich schon in Kapitel IV herausgearbeitet habe, wesentlich strukturelle Verantwortung ist, lassen sich diese allgemeinen Überlegungen über die Subjektstelle von struktureller Verantwortung problemlos auf sie übertragen. Oder anders gesagt: Eben weil die Veränderung von Strukturen eine so zentrale Rolle für die Bekämpfung der Armut spielt und weil diese strukturellen Bedingungen nur durch gemeinsame Anstrengungen verändert werden können, besitzt die Identifikation von Kollektivsubjekten für die Vermessung von Weltarmutsverantwortung einen zentralen Stellenwert.

Welche sind also die relevanten Kollektive? Nun, zunächst ist – noch wenig informativ – festzustellen, dass es sich um *genuine Ver-*

1 Vgl. dazu auch Stefan Gosepath, »Verantwortung für die Beseitigung von Übeln«, in: Ludger Heidbrink, Alfred Hirsch (Hg.), *Verantwortung in der Zivilgesellschaft. Zur Konjunktur eines widersprüchlichen Prinzips*, Frankfurt/M. 2006, S. 387-408, und ders., »Notlagen und institutionell basierte Hilfspflichten«, in: Barbara Bleisch, Peter Schaber (Hg.), *Weltarmut und Ethik*, Paderborn 2007, S. 213-246.

antwortungssubjekte handelt, deren Kollektivhandlungen zugleich Gegenstände der Verantwortung darstellen. Sowohl die Mitglieder dieser Kollektive als auch Außenstehende sind darüber hinaus aber auch als eigenständige Subjekte zu betrachten, deren Verantwortung mit Blick auf ihr jeweiliges Verhältnis zu diesen Kollektivsubjekten zu konkretisieren ist. Das bedeutet: Der Prozess der Zuschreibung von Weltarmutsverantwortung wird erst in einem zweiten Schritt vervollständigt, nämlich durch die Identifikation der Verantwortung von Individuen in Abhängigkeit von ihrer Stellung zu solchen Kollektivsubjekten, welche Einfluss auf soziale Strukturen nehmen (könnten). Denn um soziale Strukturen zu reformieren, müssen auch individuelle Mitglieder von Kollektiven sowie Außenstehende jeweils als Verantwortungssubjekte angesprochen werden und sich auch als solche angesprochen fühlen können.

Die Position, die diesem zweistufigen Verfahren zugrunde liegt, kann als methodologischer Kollektivismus bezeichnet werden, denn im Rahmen dieses Verfahrens wird das Verhältnis von kollektiven zu individuellen Verantwortungssubjekten in einem bestimmten Sinn als *irreduzibel* beschrieben. Die darin zum Tragen kommende Idee von kollektiver und ihr zugeordneter individueller Verantwortung unterscheidet sich von rein individualistischen Modellen, wonach die Zuschreibung von kollektiver Verantwortung im Prinzip auf eine elliptische, also verkürzende Redeweise zurückzuführen sei.[2] Wenn von kollektiver Verantwortung gesprochen werde, so die Auffassung, könne es immer nur um eine Verantwortung gehen, die bei Lichte betrachtet stets auf die individuellen Mitglieder des Kollektivs reduzierbar sei; es handle sich von daher um eine Form der Verantwortung, die problemlos innerhalb des Paradigmas des methodologischen Individualismus erklärt werden könne.[3] Demgegenüber behauptet der methodologische Kollektivismus, dass manche Gruppen als genuine Handlungssubjekte zu gelten haben. Diese Kollektive unterscheiden sich essentiell von

2 Für eine Darstellung einer in diesem Sinn reduktionistischen Position vgl. Doris Gerber, »Der Begriff der kollektiven Verantwortung: Ist individuelle Verantwortung das richtige Modell für kollektive Verantwortung?«, in: dies., Véronique Zanetti (Hg.), *Kollektive Verantwortung und internationale Beziehungen*, Berlin 2010, S. 66-93, hier S. 73.

3 Für eine dem nahekommende Position vgl. H. D. Lewis, »Collective Responsibility«, in: *Philosophy: The Journal of the Royal Institute of Philosophy* 24 (1948), S. 3-18.

bloßen *Aggregaten*, deren Handlungen atomistisch aus individuellen Handlungsvollzügen zusammengesetzt sind und deshalb keinen eigenständigen Akteursstatus besitzen.[4]

Ich bin der Überzeugung, dass der methodologische Individualismus dann zurückgewiesen werden muss, wenn er als eine umfassende Position zur Erklärung *aller* sozialen Phänomene konzipiert wird, die grundsätzlich negiert, dass Gruppen genuine Handlungsakteure sein können.[5] Das bedeutet aber natürlich weder, dass gar keine sozialen Phänomene individualistisch verstanden werden können, noch bedeutet es, dass *alle* Menschengruppen, wie auch immer sie beschaffen sein mögen, als genuine Handlungsakteure aufzufassen sind. Vielmehr gibt es eine Vielzahl von Gruppen, die sinnvollerweise nur als Aggregate, nicht aber als Kollektive zu verstehen sind. Ein Beispiel hierfür wäre etwa die Gruppe aller Menschen, die heutzutage zum Ausstoß von Treibhausgasen beitragen, denn in diesem Fall ist die entsprechende Gesamthandlung eine bloße Zusammensetzung von letztlich unkoordinierten Einzelhandlungen. Andere Menschengruppen sind im Gegensatz dazu Kollektive und damit genuine Handlungsakteure – und das gilt, wie sich noch zeigen wird, insbesondere für diejenigen Gruppen, die innerhalb des ersten Schrittes der Zuschreibung von struktureller Weltarmutsverantwortung primär in den Blick kommen müssen. Der Grund hierfür ist, dass diejenigen Eigenschaften, die diese Gruppen zu Kollektiven machen, auch für die Fähigkeit zur Reformierung von Strukturen wesentlich sind. Zu diesen Eigenschaften

4 Für die systematische Unterscheidung zwischen Kollektiven (bzw. auch »Konglomeraten«) und Aggregaten vgl. Peter French, »Types of Collectives«, in: ders. (Hg.), *Individual and Collective Responsibility*, Rochester 1998, S. 33-50. Auch Unternehmen sind French zufolge als genuine moralische Akteure zu betrachten. Vgl. ders., »The Corporation as a Moral Person«, in: *American Philosophical Quarterly* 16 (1979), S. 207-215. Es ist allerdings nicht abwegig, die Rede von »moralischen Personen« in Bezug auf Unternehmen aufgrund irreführender ontologischer Konnotationen zu kritisieren und trotzdem anzuerkennen, dass es sich bei Unternehmen um irreduzible Verantwortungssubjekte handelt. Unternehmen bilden im Rahmen der hier zur Anwendung kommenden Dichotomie zwischen Aggregaten und Kollektiven eine spezifische Unterform von Kollektiven.

5 Zur Darstellung des methodologischen Individualismus vgl. Stephen Lukes, *Individualism*, Oxford 1973, S. 110 ff. Eine Kritik an dieser Doktrin im Rahmen einer Theorie der Unternehmensverantwortung formuliert Christian Neuhäuser, *Unternehmen als moralische Akteure*, Berlin 2011, bes. S. 41 ff.

zählt unter anderem, dass diese Gruppen bestimmte *Ziele verfolgen* können und dass sie eine *Entscheidungsstruktur* aufweisen, welche individuelle in kollektive Entscheidungen übersetzt und dadurch das Verhalten ihrer Mitglieder *koordiniert*. Der methodologische Kollektivismus eignet sich deshalb nicht nur in deskriptiver, sondern auch in präskriptiver Hinsicht vorzüglich dazu, die Frage nach den Subjekten von struktureller Verantwortung in der dem Gegenstand angemessenen komplexen Weise zu beantworten.

Ich gehe also davon aus, dass die Wirklichkeit und Möglichkeit des Handelns von Kollektivsubjekten einen großen Stellenwert für die Zuschreibung von struktureller Verantwortung besitzt. Wenn etwa eine Regierung einem armen Land die Schulden erlässt oder sich dafür entscheidet, Exportsubventionen zu streichen, oder wenn sich ein Unternehmen zu Lohnerhöhungen entschließt, so sind dies Beispiele für echtes kollektives Handeln, das nicht auf individuelles Handeln reduzierbar ist, obwohl es sich zugleich auch in individuellen Handlungen niederschlägt und von diesen getragen wird. Natürlich wird es stets Regierungsbeamte geben, die den Schuldenerlass oder die Kürzung von Subventionen verwalten, genauso wie es in den betreffenden Unternehmen Angestellte geben wird, die für die Auszahlung von Löhnen zuständig sind. Die Irreduzibilität des Handelns von Kollektivsubjekten drückt sich jedoch darin aus, dass die individuellen Handlungen nur im Rekurs auf dieses erklärt werden können. Die Rede von Gruppenhandeln lässt sich in diesen Fällen also nicht einfach eliminieren, indem man es auf vermeintlich grundlegendere Handlungseinheiten reduzierte, die nur individuellen Akteuren zuzuordnen wären.[6] Aus der Irreduzibilität kollektiven Handelns folgt jedoch nicht, dass sich keine Verbindung zwischen Kollektiv- und Individualverantwortung herstellen ließe. Denn auf Basis der Identifikation relevanter Kollektive und einer entsprechenden Verantwortungszuschreibung lässt sich auch Mitgliedern und Außenstehenden – je nach ihrer jeweiligen internen oder externen Stellung – eine Individualverantwortung zuschreiben, die auf das Handeln von verschiedenen Gruppen bezogen ist. Die uns hier interessierende Kollektivverantwortung ist ihrem Wesen nach also so zu verstehen, dass sich

6 Für einen diese Irreduzibilitätsthese stützenden Ansatz zur Beschreibung von Gruppenhandeln vgl. Christian List, Philip Pettit, *Group Agency. The Possibility, Design and Status of Corporate Agents*, Oxford 2011.

aus ihr bestimmte Aufgaben für einzelne Gruppenmitglieder sowie Außenstehende ergeben und den einzelnen Subjekten in diesem Zusammenhang auch eine Teilverantwortung für die Realisierung kollektiver Ziele zufallen kann.

Somit ist es prinzipiell nicht sinnvoll, von einem strikten Gegensatz zwischen *kollektiver* und *geteilter Verantwortung* auszugehen. Zwar kann der Begriff der geteilten Verantwortung auch auf individuelle Mitglieder von Aggregaten bezogen werden. Doch aus einer strikten Entgegensetzung von kollektiver und geteilter Verantwortung könnte der falsche Schluss gezogen werden, dass kollektive Verantwortung bei der Zuschreibung von geteilter Verantwortung an verschiedene Subjekte keine Rolle spiele.[7] Dass das Gegenteil der Fall ist, lässt sich an vielen Beispielen zeigen und wird auch durch die Erörterung des Zusammenhangs von kollektiver und individueller Weltarmutsverantwortung im nächsten Abschnitt deutlich werden. Es gibt sogar Fälle, in denen den Mitgliedern von Kollektiven, nicht aber von Aggregaten, eine Teilverantwortung für bestimmte Handlungsfolgen zufällt. Man vergegenwärtige sich dazu ein Beispiel, das Joel Feinberg heranzieht, um die Idee eines »kollektiven, aber nichtdistributiven Gruppenfehlverhaltens«[8] zu veranschaulichen: Jesse James überfällt einen Zug und hält mit seiner Waffe alle Passagiere in Schach. Wären die Passagiere besser

7 Vgl. dazu Larry May, *Sharing Responsibility*, Chicago, London 1992, S. 38. Iris Marion Young bezieht sich affirmativ auf May und begreift strukturelle Verantwortung für Ungerechtigkeit, um die es ihr geht, als eine wesentlich geteilte Verantwortung im Gegensatz zu einer kollektiven Verantwortung, die nicht aufteilbar sei. Als Beispiel für Letztere nennt sie die Verantwortung von Unternehmen. Young schreibt dazu: »Larry May unterscheidet Teilnahmeverantwortung von kollektiver Verantwortung, insofern die Erstere im Gegensatz zur Letzteren eine auf alle verteilte Verantwortung darstellt.« Dies., »Verantwortung und globale Gerechtigkeit. Ein Modell sozialer Verbundenheit«, in: Christoph Broszies, Henning Hahn (Hg.), *Globale Gerechtigkeit. Schlüsseltexte zur Debatte zwischen Partikularismus und Kosmopolitismus*, Berlin 2010, S. 329-369, hier S. 358. In Youngs Entgegensetzung von kollektiver und geteilter Verantwortung lässt sich eine – vielleicht nicht vollends reflektierte – Weichenstellung diagnostizieren, die sich auf einen dementsprechenden Mangel ihrer Theorie struktureller Verantwortung für Ungerechtigkeit überträgt: Ihre Theorie ist meines Erachtens zu unspezifisch hinsichtlich der Art der Gruppen, die jeweils als Träger von struktureller Verantwortung in Frage kommen.

8 Joel Feinberg, »Collective Responsibility«, in: *The Journal of Philosophy* 65 (1968), S. 674-688, hier S. 687.

organisiert gewesen, so Feinberg, hätte es realistische Möglichkeiten für ein erfolgreiches Einschreiten gegeben – jenseits des heldenhaften Märtyrertums einzelner Akteure, das von niemandem erwartet werden konnte. Doch die Gruppe der Passagiere ist zum Zeitpunkt des Überfalls nicht organisiert, und somit handle es sich Feinberg zufolge um ein Versagen der Gruppe, das nicht den individuellen Mitgliedern anzulasten sei.[9] Es ist jedoch fraglich, ob das Beispiel zeigen kann, was es laut Feinberg zeigen soll, nämlich dass es Umstände gibt, in denen eine Gruppe für ein Versagen verantwortlich ist, ohne dass zugleich irgendeines ihrer Mitglieder dafür verantwortlich gemacht werden könnte. Es scheint vielmehr die Schlussfolgerung angemessen, dass diese Form des Gruppenfehlverhaltens vollständig auf die individuelle Handlungsebene reduzierbar ist, und dass in diesem Fall weder die als Aggregat zu beschreibende Gruppe noch ihre Mitglieder einzeln und zusammen verantwortlich gemacht werden können; nicht als Einzelne, weil sie als solche keine Möglichkeit hatten, den Überfall abzuwehren; aber auch nicht als Gruppe, gerade weil es sich bei der Ansammlung von Passagieren eben nicht um eine Gruppe handelte, die in der betreffenden Situation zu kollektivem Handeln fähig war. Denn den Gruppenmitgliedern fehlten die für Kollektive charakteristischen Entscheidungsprozeduren (und auch die Möglichkeit, diese herauszubilden), die es ihnen unter Umständen erlaubt hätten, den Überfall durch koordiniertes Handeln gemeinsam abzuwehren.

Wird das Beispiel dagegen so abgewandelt, dass es sich bei den Zugpassagieren um eine intern organisierte und als solche handlungsfähige Reisegruppe handelt, so ist es möglich, nicht nur der Gruppe als solcher, sondern zugleich auch ihren Mitgliedern eine Verantwortung zum Einschreiten zuzuschreiben. Angenommen, die Zugpassagiere wären nicht mehr – wie in Feinbergs Beispiel – eine »zufällig zusammengewürfelte«[10] Menschengruppe, sondern

9 Vgl. ebd.

10 Ich spiele hier auf einen Terminus an, den Virginia Held geprägt hat. Vgl. dies., »Can a Random Collection of Individuals Be Morally Responsible?«, in: *Journal of Philosophy* 67 (1970), S. 471-481. Held unterscheidet »zufällige Menschenansammlungen« (»random collections of individuals«) von Kollektiven, die über eine Entscheidungsprozedur verfügen. Sie vertritt die These, dass den Mitgliedern loser Menschenansammlungen unter bestimmten Umständen vorzuwerfen sei, sich nicht zu einem handlungsfähigen Kollektiv formiert zu haben, obwohl

eine in ziviler Kleidung reisende, aber bewaffnete Polizeieinheit. In diesem Fall ist es nicht schwer sich vorzustellen, wie diese Gruppe zu einem koordinierten Handeln fähig wäre, das den Überfall schlagartig beenden könnte. Die allgemeine und im Kontext dieser Untersuchung relevante Schlussfolgerung lautet, dass individuellen Mitgliedern von Kollektiven eine bestimmte Teilverantwortung zufallen kann, und zwar in Abhängigkeit von einer Aufgabe, die der Gruppe als solcher zuzuschreiben ist. Das bedeutet nicht, dass alle Mitglieder eines Kollektivs stets für dessen Handeln verantwortlich gemacht werden können, denn es kommt immer auf deren interne Stellung innerhalb der Gruppenstruktur an. Es bedeutet aber, dass es in vielen Fällen möglich ist, von der Verantwortung eines Kollektivs auf die individuelle Verantwortung seiner Mitglieder und auch Außenstehender zu schließen. Diese Einsicht gilt es nun in der Diskussion des zweistufigen Modells zur Ermittlung von Weltarmutsverantwortung zu vertiefen und auszudifferenzieren.

VIII.2 Kollektive und individuelle Weltarmutsverantwortung

Welche Kollektive kommen nun als Subjekte von Weltarmutsverantwortung in Frage? Und mit welchen Kriterien kann die Verantwortung von Individuen inhaltlich konkretisiert werden? Für die Beantwortung beider Fragen sind zwei miteinander zusammenhängende Leitideen maßgeblich, die jeweils auf das übergreifende Ziel der Reformierung von sozialen Institutionen für einen verbesserten Menschenrechtsschutz bezogen sind. Die *erste Leitidee* dient der Identifikation von Kollektivsubjekten und betrifft den jeweiligen *Einfluss*, den Kollektive auf die Veränderung von sozialen Strukturen haben oder haben könnten. Im Rahmen meiner Theorie besagt die Idee genauer, dass der Status eines Kollektivs als Subjekt von Weltarmutsverantwortung von den Ressourcen abhängt, die ihm zur Verfügung stehen, um zur Veränderung sozialer Strukturen im Sinne eines besseren Menschenrechtsschutzes beizutragen. Dies gilt nicht nur für schon konstituierte, sondern auch für erst noch zu

im strengen Sinn nicht die Rede davon sein könne, dass die Ansammlung als solche – vor der Entwicklung einer Entscheidungsprozedur – für Handlungen bzw. Unterlassungen verantwortlich gemacht werden könne.

bildende Kollektive, wobei entweder ihr realer oder ihr potentieller Einfluss zu berücksichtigen ist. Je größer der reale oder potentielle Einfluss eines Kollektivs auf die Veränderung sozialer Strukturen in einer gesellschaftlichen Sphäre[11] ist, desto bedeutsamer ist es demnach auch als Subjekt von struktureller Weltarmutsverantwortung. Die *zweite Leitidee* ist auf die Ermittlung von individueller Weltarmutsverantwortung bezogen. Sie besagt, dass die Verantwortung von Individuen jeweils von ihrem internen und externen Verhältnis zu relevanten Kollektivsubjekten abhängt, weil sich daraus ihre individuellen Einflussmöglichkeiten auf die Veränderung von sozialen Strukturen genauer bestimmen lassen.

Es gibt eine gewisse Nähe zwischen diesen beiden Leitideen und den Überlegungen, die Iris Marion Young mit Blick auf mögliche »Beurteilungsparameter«[12] für die Zuschreibung von struktureller Verantwortung angestellt hat. Denn die von Young skizzierten Beurteilungsparameter – Macht, Privilegien, Interessen sowie kollektive Fähigkeiten – können als Spezifikationskriterien für die hier zugrunde gelegten Leitideen gelesen werden. Allerdings handelt es sich bei Youngs Beurteilungsparametern keineswegs um erschöpfende Gesichtspunkte, sondern um noch relativ allgemein gehaltene Kriterien, die der Ergänzung, Konkretisierung und Einbettung in eine umfassende Theorie bedürfen. Zudem divergiert der hier ausgearbeitete Ansatz von dem Youngs dahingehend, dass sie nicht explizit zwischen den beiden Schritten der Zuschreibung von struktureller Verantwortung unterscheidet und diese Beurteilungsparameter primär auf Individuen, nicht aber auf Kollektive bezieht. Dies scheint damit zusammenzuhängen, dass Young strukturelle Verantwortung als geteilte Verantwortung konzipiert und mit der Verantwortung von Kollektiven kontrastiert, wohingegen ich ja behaupte, dass es sich dabei nicht um einen strikten Gegensatz handelt.[13] Meines Erachtens muss es ausdrücklich darum gehen, ei-

11 Vgl. zu diesem Begriff Regina Kreide, »Weltarmut und die Verpflichtungen kollektiver Akteure«, in: Barbara Bleisch, Peter Schaber (Hg.), *Weltarmut und Ethik*, Paderborn 2007, S. 267-295, hier S. 282. Kreide macht geltend, dass Unternehmen eine sphärenspezifische Verantwortung für die Achtung von Menschenrechten zukomme, die jeweils inhaltlich vom spezifischen Arbeitsgebiet und Einfluss des Unternehmens abhänge.

12 Young, »Verantwortung und globale Gerechtigkeit«, S. 362 ff. Vgl. auch dies., *Responsibility for Justice*, S. 142 ff.

13 Siehe hierzu VIII.1, Fn. 7.

nerseits handlungsfähigen Kollektiven und andererseits Individuen in ihrem spezifischen Verhältnis zu diesen Kollektiven jeweils mit Blick auf ihre Machtpositionen, Privilegien, Interessen und Handlungsfähigkeit strukturelle Verantwortung zuzuschreiben.[14] Und dazu bedarf es des vorgeschlagenen zweistufigen Modells.

Wenden wir uns nun der Frage zu, welche Kollektive als Subjekte von Weltarmutsverantwortung identifizierbar sind und in welchem Verhältnis Individualsubjekte zu ihnen stehen. Es sei an dieser Stelle nochmals an die in Kapitel VII in ihrem Zusammenhang betrachteten institutionellen Ebenen erinnert, auf denen Subjekte strukturelle Verantwortung gegenüber Menschen in extremer Armut wahrnehmen können: die Ebene der eigenen politischen Gemeinschaft, die Ebene derjenigen politischen Gemeinschaften, in denen Menschen leben, deren Zugang zu Grundgütern verbessert werden muss (insofern sich diese Ebene von der ersten unterscheidet), sowie die Ebene der internationalen politischen Gemeinschaft, die zwar schon heute durch ein dichtes Netz an Institutionen gekennzeichnet ist, ihrem Potential zur Koordination von Akteuren im Sinne des Menschenrechtsschutzes aber nicht gerecht wird. Mit Blick auf diese drei Ebenen stechen zweifelsohne *Nationalstaaten* als diejenigen Kollektive ins Auge, die nicht nur einen wichtigen Bestandteil der gegenwärtigen globalen Ordnung darstellen, sondern zugleich auch einen hohen Stellenwert als Kollektivsubjekte von struktureller Weltarmutsverantwortung besitzen. Denn sie spielen durch ihre jeweiligen politischen Repräsentanten eine entscheidende Rolle dabei, die Hintergrundstrukturen des Handelns in verschiedenen sozialen Bereichen zu prägen. Vor allem die wirtschaftlich starken Staaten könn(t)en auf allen drei Ebenen zur Veränderung von Strukturen zugunsten von Menschen in extremer Armut beitragen: Sie können erstens außenpolitisch auf diejenigen nationalstaatlichen Institutionen Einfluss nehmen, unter denen Menschen in extremer Armut leben; sie können zweitens auf eine entsprechende Veränderung des internationalen In-

14 Zumindest implizit scheint Young ihre Beurteilungsparameter jedoch auch auf Kollektive anzuwenden, z. B. wenn sie mit Bezug auf das Beispiel der transnationalen Kleidungsproduktion geltend macht, dass die Unternehmen am Ende der Zulieferkette aufgrund ihrer Machtstellung und Privilegien auch eine vergleichsweise große Verantwortung tragen. Vgl. Young, »Verantwortung und globale Gerechtigkeit«, S. 365.

stitutionengefüges hinarbeiten; und sie können drittens *alle* wirtschafts- und sozialpolitischen Entscheidungen (das heißt auch die vermeintlich nur »innenpolitischen«), die in einem kausalen Verhältnis zur Reproduktion von globaler Armut stehen, entsprechend modifizieren. Natürlich haben nicht nur wohlhabende Länder, sondern prinzipiell alle staatlich organisierten Gemeinschaften die Möglichkeit, auf den skizzierten drei Ebenen strukturelle Verantwortung wahrzunehmen. Gleichwohl gilt es, die beträchtlichen Unterschiede in den sozialen Verhältnissen bei der Zuschreibung von struktureller Verantwortung sowohl an Staaten (und ihre politischen Repräsentanten) als auch an Individuen (besonders an die Staatsbürger als Mitglieder dieser Kollektive, aber auch an Individuen, die auf die Führung anderer Staaten extern Einfluss nehmen können) zu berücksichtigen.

Es wichtig hervorzuheben, dass verschiedene Länder ganz unterschiedlich große *Handlungsspielräume* sowohl auf internationaler als auch auf nationaler Ebene haben. Neben den wirtschaftlich starken Industrienationen und den aufstrebenden Schwellenländern, deren Regierungen vergleichsweise große Handlungsspielräume auf allen drei Ebenen besitzen, gibt es eine Vielzahl von ökonomisch schwachen Staaten, deren Handlungsspielräume sehr viel kleiner sind, ja, es gibt sogar Staaten, die zu keinerlei kollektivem Handeln fähig sind,[15] was derzeit zum Beispiel auf Somalia oder Syrien zutrifft. An den Handlungsspielräumen bemisst sich auch der mögliche Einfluss auf den drei institutionellen Ebenen, wobei allerdings selbst wirtschaftlich schwache Staaten jeweils sehr spezifische Möglichkeiten besitzen können, positiv auf soziale Strukturen im Sinne der Menschenrechte einzuwirken, und dies nicht nur innenpolitisch, sondern auch auf außenpolitischer Ebene. Hier hängt vieles davon ab, wie ein solcher Staat im internationalen System positioniert ist, es also beispielsweise eine politische und wirtschaftliche Zusammenarbeit mit anderen Staaten sowie Kooperationen mit Unternehmen und Nichtregierungsorganisationen gibt.

Ein weiterer für die Verantwortungszuschreibung wichtiger Gesichtspunkt liegt in den unterschiedlichen *Regierungsformen*. Während heute viele Staaten vergleichsweise stabile und mehr oder weniger demokratisch legitimierte Regierungen besitzen, werden

15 Vgl. hierzu Cord Schmelzle, *Politische Legitimität und zerfallene Staatlichkeit*, Frankfurt/M. 2015, S. 170 ff.

andere diktatorisch regiert. Wieder andere weisen zwar ein auf demokratische Mitbestimmung bauendes politisches System auf, sind aber insofern nicht stabil, als sie von der Gefahr des Umsturzes ihrer Regierung durch nicht demokratisch legitimierte Akteure bedroht sind.[16] Solche Unterschiede seitens der internen politischen Verfasstheit von Staaten sind insbesondere für die Zuschreibung von struktureller Verantwortung an die (einzelnen) Bürger dieser Staaten von großer Bedeutung. Die Bürgerinnen und Bürger stabiler Demokratien besitzen ungleich mehr Möglichkeiten, langfristig auf die Staatslenkung Einfluss zu nehmen, als Menschen, die in einer Diktatur leben. Obwohl es auch in mehr oder weniger demokratisch verfassten Staaten nicht zu leugnende Einflussbarrieren gibt (insbesondere durch Lobbyismus), bieten sich ihren Angehörigen immer noch vergleichsweise viele Wege, auf Volksvertreter einzuwirken – nicht nur und nicht einmal primär durch die Stimmenabgabe bei Wahlen. Deshalb ist ihnen eher eine Teilverantwortung für die Handlungen ihrer politischen Repräsentanten zuzuschreiben als Menschen, die unter diktatorischen Regimen leben, was wiederum sowohl für die Ermittlung von retrospektiver als auch von prospektiver struktureller Verantwortung von Bedeutung ist.[17] Dementsprechend ist es plausibel zu sagen, dass die Verantwortung von Bürgern in stabilen Demokratien für das Handeln ihrer politischen Repräsentanten im Durchschnitt *größer* ist als diejenige von Menschen in Staaten, die keine demokratisch legitimierten

16 Pogge argumentiert dafür, dass diese Art der Instabilität nicht nur als eine Eigenschaft betrachtet werden sollte, die den jeweils betroffenen Staaten intern zukommt, sondern zugleich auch als eine Eigenschaft des internationalen Systems. Vgl. dazu Thomas Pogge, *Weltarmut und Menschenrechte. Kosmopolitische Verantwortung und Reformen*, Berlin, New York 2011 [Orig. 2002, ^{2}2008], Kap. 4.9 und 6.4.

17 Analog zu diesem Gedanken macht Miller geltend, dass die individuelle Verantwortung von Bürgern für die kollektiven Entscheidungen ihrer Nationen umso größer ist, je offener und demokratischer ihre Gesellschaften sind. Vgl. David Miller, *National Responsibility and Global Justice*, Oxford 2007, S. 130. Vanderheiden argumentiert mit Blick auf den Klimawandel dafür, dass die moralische Mitverantwortung von Staatsbürgern für die Emission von Treibhausgasen größer ist, wenn sie in demokratischen politischen Gemeinschafen mit einer freien öffentlichen Debattenkultur und fairen Entscheidungsprozeduren leben. Vgl. Steve Vanderheiden, *Atmospheric Justice. A Political Theory of Climate Change*, Oxford 2008, S. 204.

Regierungen haben oder von politischer Instabilität geprägt sind. Die Formulierung »im Durchschnitt« soll dabei anzeigen, dass den Bürgerinnen und Bürgern dieser Länder selbstverständlich nicht jeweils im gleichen Ausmaß diese Verantwortung zukommt. Denn natürlich muss die Verantwortung Einzelner wiederum mit Blick auf ihre jeweiligen sozialen Positionen *in* diesen Kollektiven evaluiert werden – unter anderem unter Einbeziehung dessen, wie privilegiert sie sind und welchen spezifischen Einfluss sie auf das Handeln ihrer politischen Repräsentanten faktisch nehmen können.

Außerdem kann daraus, dass in vielen Staaten demokratische Mitbestimmungsmöglichkeiten fehlen, natürlich nicht geschlossen werden, dass dadurch alle Bürger dieser Länder aus der Verantwortung entlassen wären. Insbesondere die nationalen Eliten, die von der undemokratischen Verfasstheit ihrer Nationen profitieren und zur Aufrechterhaltung des Status quo beitragen, scheinen eine besonders große Verantwortung zur Veränderung sozialer Strukturen zu besitzen. Selbst denjenigen, denen die Mitbestimmung in politischen Prozessen verweigert wird, fällt noch eine Verantwortung zu, Strukturen im Rahmen ihrer Möglichkeiten durch inoffizielle Kanäle gemeinsam mit anderen Subjekten zu verändern – auch wenn sie gewiss zu denjenigen gehören, die am meisten unter dem Status quo zu leiden haben. Das leitende Kriterium für die Zuschreibung von individueller Verantwortung muss auch hier der jeweilige Einfluss sein, den ein Individuum auf politische Entscheidungen selbst angesichts womöglich sehr widriger Bedingungen nehmen kann.[18] Einer plausiblen Auslegung dieses Kriteriums zufolge lässt sich Eliten und Mitläufern in diktatorischen Regimen jeweils eine ihrer Beteiligung entsprechende retrospektive Verantwortung für die durch ihre Regierungen begangenen Vergehen zuschreiben, nicht aber Widerstandskämpfern, die womöglich sogar ihr Leben riskierten.[19]

18 Vgl. hierzu auch Miller, *National Responsibility and Global Justice*, S. 121.

19 Dies entspricht in etwa dem allgemeinen Kriterium, das Jaspers in seiner unter dem Eindruck des Naziregimes entstandenen Untersuchung *Die Schuldfrage* für die Zuschreibung von moralischer Schuld geltend macht. Jaspers geht sogar noch einen Schritt weiter, wenn er auf Grundlage seiner Unterscheidung zwischen politischer, moralischer, rechtlicher und metaphysischer Schuld postuliert, dass grundsätzlich *alle* Angehörigen eines Regimes für dessen Taten im politischen Sinn schuldig seien und für diese haftbar gemacht werden können – unabhängig vom Grad ihrer individuellen Beteiligung. Vgl. Karl Jaspers, *Die Schuldfrage*,

Diese Überlegungen zeigen nicht nur, wie es möglich ist, Individuen unter Berücksichtigung unterschiedlicher Verwicklungsgrade für die Handlungen ihrer staatlichen Repräsentanten retrospektive und prospektive Mitverantwortung zuzuschreiben. Sie deuten zugleich auf einen von mehreren wichtigen Gründen dafür hin, dass es unbefriedigend ist, allein Staaten als relevante Kollektivsubjekte von Weltarmutsverantwortung zu identifizieren. Gerade wenn denjenigen Menschen, die unter einem Regime am meisten zu leiden haben, die für demokratische Gesellschaften typischen Kanäle der politischen Mitbestimmung versperrt bleiben, sollte man nach alternativen Wegen der Wahrnehmung von struktureller Verantwortung sowie nach der Rolle fragen, die andere Kollektivsubjekte dabei spielen könnten. Obwohl diejenigen, die gemessen am Menschenrechtsstandard unter den gegebenen Strukturen am meisten zu entbehren haben, die geringste Bringschuld haben, ist es wichtig, sie einzubeziehen, um ihren Bedürfnissen, Interessen und Idealen Rechnung tragen zu können.[20] Eine wichtige Rolle spielen in diesem Zusammenhang auch nichtstaatliche Kollektive. Insbesondere *Nichtregierungsorganisationen* (NGOs) und primär entlang von wirtschaftlichen Interessen operierende *Unternehmen* kommen hier als Subjekte von Verantwortung in den Blick, weil sie als Gegengewicht zu staatlichen Strukturen, die sich gegen die Bürgerinnen und Bürger wenden, fungieren können.

Zugleich gewinnen nichtstaatliche Kollektive im Zeitalter des

Heidelberg 1946, S. 38. In diesem Sinn seien alle Deutschen politisch schuldig (ebd., S. 56). Im Gegensatz dazu dürfen Zuschreibungen von moralischer Schuld laut Jaspers nicht nur auf die bloße Mitgliedschaft des Individuums in einem schuldigen Kollektiv verweisen, sondern sie müssen sich auf die Grade der individuellen Beteiligung, der Vorteilsnahme, des Mitläufertums, der Selbsttäuschung und des fehlenden Widerstands und Einsatzes für die Menschenrechte beziehen (vgl. ebd., bes. S. 31 ff. und S. 57-63). Jaspers schreibt hierzu: »Es ist das Verhängnis jedes Menschen, verstrickt zu sein in Machtverhältnisse, durch die er lebt. Dieses ist die unausweichliche Schuld aller, die Schuld des Menschseins. Ihr wird entgegengewirkt durch Einsatz für die Macht, welche das Recht, die Menschenrechte, verwirklicht. Das Unterlassen der Mitarbeit an der Strukturierung der Machtverhältnisse, am Kampfe um die Macht im Sinne des Dienstes für das Recht, ist eine politische Grundschuld, die zugleich moralische Schuld ist.« (Ebd., S. 33.)

20 Hierauf, d. h. auf die Wahrung einer nichtpaternalistischen Einstellung, macht Young aufmerksam. Vgl. Young, »Verantwortung und globale Gerechtigkeit«, S. 360.

globalen Wettbewerbs und seiner Dynamiken, welche die Wirkungsmacht und Handlungsspielräume einzelner staatlicher Akteure langfristig verringern, zunehmend an Bedeutung. Man denke nur an den Wettstreit der Produktionsstandorte, der einen großen Druck auf die daran beteiligten Akteure ausübt, zum Beispiel immer billiger zu produzieren, um einen Standort zu erhalten oder eben zu verlagern und etwa menschenunwürdige Arbeitsbedingungen in Kauf zu nehmen, die dann wiederum mit dem Verweis auf fehlende Handlungsspielräume – die berühmten »Sachzwänge« – gerechtfertigt werden.[21] Auch der Wettbewerb von Finanzstandorten, der in den letzten Jahrzehnten zu einer internationalen Abwärtsspirale bei der Besteuerung von Einkommen und Vermögen geführt hat, folgt dieser Logik. Kurzum: Nationalstaaten sind de facto selbst hinsichtlich vieler Fragen der politischen Gestaltung, über die sie in formaler Hinsicht frei entscheiden können, nicht mehr vollkommen unabhängig. Wie schon gesagt, sind heute fast alle politischen Entscheidungen, auch die vermeintlich »innenpolitischen«, durch globale Hintergrundstrukturen geprägt. Politische Autonomie mag als Leitidee zwar nicht völlig hinfällig sein, doch sie muss aufgrund der gewachsenen Mobilität von Akteuren im wirtschaftlichen Bereich offenkundig anders gedacht werden als noch vor fünfzig Jahren.

Die Rolle von *NGOs* als wichtigem Korrektiv zum Handeln staatlicher Akteure findet schon heute eine relativ große Anerkennung. Einige von ihnen – man denke zum Beispiel an große international agierende Organisationen wie Greenpeace, Amnesty International, Human Rights Watch oder Ärzte ohne Grenzen – können aufgrund ihres großen Einflusses auf die öffentliche Meinung und indirekt auch auf politische Repräsentanten als durchaus handlungsmächtige Akteure angesehen werden, denen entsprechend der ersten Leitidee eine vergleichsweise große Verantwortung zur Veränderung von sozialen Strukturen im Sinne der Menschenrechte zugesprochen werden kann. Sie sollten zugleich analog zu den Staaten auch in ihrer Rolle als Teil der holistisch zu verstehenden sozialen Strukturen beurteilt werden, die das Verhalten von anderen Akteuren im globalen Kontext bedingen und ermöglichen.

21 Young betont jedoch zu Recht, dass die Handlungsspielräume auf Seiten von Konzernen ungleich größer als diejenigen der Akteure am unteren Ende der Zulieferkette sind. Vgl. ebd., S. 365, und oben in diesem Kapitel, Fn. 14.

Dass es überhaupt sinnvoll ist, NGOs als Kollektivsubjekte von struktureller Verantwortung anzusehen, sollte auf der Hand liegen. Sie sind, wie erörtert, in der Lage, im Sinne der Gewährleistung des Menschenrechtsschutzes dort Einfluss zu nehmen, wo Staaten diesen Schutz entweder intentional vernachlässigen oder nicht imstande sind, ihn zu gewährleisten. Aus diesen Gründen ist die Handlungsmacht von NGOs bei der Ermittlung von Weltarmutsverantwortung einzubeziehen. Denn diese Kollektive können die negativen Auswirkungen illegitimer staatlicher Herrschaft durch Nothilfeleistungen abfedern, Druck auf staatliche und nichtstaatliche Akteure ausüben und zugleich eine breite Öffentlichkeit für diese Probleme sensibilisieren. Entsprechend dem zweiten Schritt des hier vorgeschlagenen zweistufigen Modells sind dann die Individuen dazu aufgefordert, auch dadurch strukturelle Verantwortung wahrzunehmen, dass sie dem Menschenrechtsschutz verpflichtete NGOs gebührend unterstützen oder sogar selbst in diesen aktiv werden (und dann das Handeln dieser Kollektive auf eine direktere Weise beeinflussen).

Auch wenn die Rolle von *Unternehmen* hinsichtlich ihres möglichen Beitrags zur Gewährleistung von Menschenrechten umstrittener ist als die von NGOs, wird auch ihnen zunehmend eine moralische Verantwortung hierfür zugeschrieben, und dies aus gutem Grund.[22] Sie sind – anders als die zum Teil sehr schwachen Staaten, in denen sie wirtschaftlich tätig sind – ziemlich handlungsmächtige Akteure. Und da es sich bei ihnen um Organisationen mit bestimmten Entscheidungsstrukturen und Plänen handelt, die sich neben wirtschaftlichen Zielsetzungen auch an moralischen Normen orientieren *können*, dürfen sie als genuine Kollektivsubjekte von Verantwortung gelten. Denn aus der Tatsache, dass Unternehmen und insbesondere große Konzerne trotz einer positiven Selbstdarstellung de facto häufig keine moralischen Akteure in einem anspruchsvolleren Sinn sind, folgt natürlich nicht, dass sie es nicht sein könnten – und dass der öffentliche Diskurs dies nicht konsequent von ihnen einfordern sollte.[23]

22 Vgl. Neuhäuser, *Unternehmen als moralische Akteure*, für eine umfassende Theorie der moralischen Unternehmensverantwortung.

23 Es ließe sich allerdings dafür argumentieren, dass für eine angemessene Zuschreibung von Verantwortung an Unternehmen die Transparenz über ihr Handeln

Strittiger als die Frage, ob NGOs und Unternehmen überhaupt als Verantwortungssubjekte betrachtet werden können, ist, *welche Rolle* sie jeweils sowohl als Teil der globalen Hintergrundstrukturen als auch als Akteure und damit als Subjekte von struktureller Verantwortung *genau* zu spielen haben. Zwar stellt sich zunehmend ein Konsens darüber her, dass Unternehmen bestimmten minimalen Handlungsbeschränkungen unterliegen und beispielsweise durch ihr Handeln die Menschenrechte nicht verletzen dürfen. Dessen ungeachtet wird manchmal darauf hingewiesen, dass die Rolle von Unternehmen oder selbst die von NGOs problematisch ist, wenn sie mit Blick auf die Gewährleistung von Menschenrechten Aufgaben erfüllen, die eigentlich, das heißt unter idealen Bedingungen, von staatlicher Seite übernommen werden sollten. So gesehen hat etwa die Forderung an Unternehmen, dass diese der Zivilbevölkerung Bildungsmöglichkeiten oder medizinische Versorgung zur Verfügung zu stellen hätten, unter den Bedingungen einer intakten Demokratie einen unangenehmen Beigeschmack, weil doch die Bürgerinnen und Bürger der jeweiligen Länder selbst via politische Partizipation darüber bestimmen sollten, *wie genau* diese und andere Güter kollektiv gewährleistet werden sollen. Das beinhaltet idealiter zumindest die staatliche Regulierung der Bereitstellung dieser Güter, wenn auch womöglich nicht immer ihre vollständige staatliche Finanzierung.

Ich möchte diesem Einwand noch etwas weiter nachgehen und fragen, welche Bedeutung er für die Zuschreibung von Verantwortung an NGOs und Unternehmen unter nichtidealen Bedingungen hat. Dazu bietet es sich an, zwischen einer idealtheoretischen und einer nichtidealtheoretischen Variante des zweistufigen Prozesses der Zuschreibung von struktureller Verantwortung zu unterscheiden. Während die idealtheoretische Variante kontrafaktisch das Szenario einer (zumindest annäherungsweise) vollständigen Normenkonformität von Akteuren unterstellt, berücksichtigt die nichtidealtheoretische Variante auch Szenarien der nur partiellen Normenkonformität, die dadurch charakterisiert sind, dass nicht alle relevanten Akteure das von ihnen moralisch Geforderte tun.[24] Die idealtheoretische Perspektive betont deshalb bei der Ver-

erhöht werden muss (wozu Regierungen, NGOs und andere zivilgesellschaftliche Gruppen jeweils einen Beitrag leisten können).

24 Dieses relativ enge Verständnis von idealer und nichtidealer Theorie entspricht

antwortungszuschreibung besonders die Rolle, die staatlichen Akteuren in ihrer Funktion der Regulierung des Verhaltens von nichtstaatlichen Akteuren zukommt. Ihr zufolge haben die Bürgerinnen und Bürger primär lediglich die strukturelle Verantwortung, auf staatliche Institutionen und Regelsetzungsprozesse so einzuwirken, dass das Verhalten des gesamten Spektrums sozialer Akteure auf eine Weise reguliert wird, die den Menschenrechtsschutz gewährleistet. Eine solche Regulierung würde allein durch staatliche, zwischenstaatliche und supranationale Strukturen geleistet werden: durch demokratisch und menschenrechtlich legitimierte positivrechtliche Bestimmungen sowie durch eine effektive Sanktionierung von Verstößen dagegen.

Die Grenzen der idealtheoretischen Perspektive auf strukturelle Verantwortung werden dadurch markiert, dass gegenwärtig von der unterstellten Normenkonformität offensichtlich keine Rede sein kann. Denn für viele Staaten gilt, wie erörtert, dass ihre Repräsentanten entweder nicht willens oder nicht fähig (oder beides) sind, den Schutz basaler Menschenrechte unter ihrer Jurisdiktion durch eine entsprechende Regulierung nichtstaatlicher Tätigkeiten sicherzustellen. Zwar ließe sich dafür plädieren, dass unter diesen Umständen eben diejenigen staatlichen Kollektive einspringen müssen, die fähig sind, dazu beizutragen, dass Menschenrechte durch staatliche Regelsetzungsprozesse in anderen Ländern geschützt werden, doch in der Regel mangelt es an der klaren Zuweisung von Verantwortlichkeiten. Ein Paradebeispiel hierfür sind humanitäre Interventionen. Obwohl es immer wieder Fälle gibt, in denen ein militärisches Einschreiten gegen Regierungen, die systematisch Gewalt an Teilen ihrer Bevölkerungen verüben, gerechtfertigt ist, kommt es vergleichsweise selten zu solchen Interventionen, weil die Kosten und Risiken für Interventionen im Alleingang enorm sind und weil es an effektiven und legitimen Mechanismen auf internationaler Ebene fehlt, die Handlungsfähigen zu koordinieren.[25] Dieser Mangel ließe sich aus idealtheoretischer Perspektive zwar dadurch beheben, dass eine Allianz demokratischer Länder *gemeinsame Institutionen* gründet, die ein wirksames kollektives Handeln auf

in etwa Rawls' früher Begriffsprägung. Vgl. John Rawls, *Eine Theorie der Gerechtigkeit*, Frankfurt/M. 1975 [Orig. 1971], bes. Kapitel I.2.

25 Vgl. zu dieser Thematik J. L. Holzgrefe, Robert O. Keohane (Hg.), *Humanitarian Intervention: Ethical, Legal and Political Dilemmas*, Cambridge 2003.

verschiedenen Feldern ermöglichen – natürlich nicht nur in Form von humanitären Interventionen, sondern auch von Hilfe für von Naturkatastrophen Betroffene sowie von langfristiger Bekämpfung struktureller Armut. Auch die Wahrnehmung der Verantwortung für den Menschenrechtsschutz auf den drei in Kapitel VII genannten institutionellen Ebenen würde, so die Vorstellung, durch die Gründung eines solchen neuen Kollektivs befördert werden. Die fähigen und willigen Staaten würden somit nicht nur reagieren, sondern aktiv zum Schutz von Menschenrechten beitragen.

Festzuhalten ist jedenfalls, dass in der idealtheoretischen Variante darauf verzichtet wird, Individuen in Bezug auf nichtstaatliche Akteure strukturelle Verantwortung zuzuschreiben. Und das ist meines Erachtens eine zumindest unvollständige Sicht darauf, wer unter den gegebenen Umständen wofür verantwortlich ist. Das Problem rührt nicht daher, dass man sich Staaten als moralfähige Akteure vorstellen muss, die nicht nur in ihrem eigenen Interesse, sondern auch aufgrund moralischer Zielsetzungen mit anderen Staaten kooperieren können. Denn auch nichtidealtheoretische Überlegungen sollten davon ausgehen, dass Staaten prinzipiell moralfähige Akteure sind. Problematischer an der idealtheoretischen Variante ist in meinen Augen, dass sie voraussetzt, dass Staaten aus eigenem Antrieb mit den altbekannten Problemen kollektiven Handelns adäquat umgehen werden. Hierfür wäre es notwendig, dass willige und handlungsfähige staatliche Akteure (beziehungsweise ihre politischen Repräsentanten) sich nicht nur dafür verantwortlich sehen, ihren fairen Anteil im Rahmen eines solchen koordinierten Vorgehens zu leisten, sondern auch dafür zu sorgen, dass andere ihren fairen Anteil übernehmen; und das bedeutet, dass ein auf Sanktionen bauender kollektiver Mechanismus in Gang gesetzt werden müsste, der zur Realisierung moralischer Ziele führt. Diese Voraussetzung scheint derzeit nicht gegeben zu sein, ja, die gegenwärtige Lage zeigt eher in die andere Richtung: Weil es an Koordinationsmechanismen fehlt, lassen viele handlungsfähige Staaten nicht nur die entsprechende politische Initiative vermissen, die nötig ist, um ein gemeinsames Handeln in Gang zu setzen. Sie leisten häufig nicht einmal den fairen Anteil, zu dem sie sich im Rahmen eines solchen gemeinsamen Vorgehens auf manchen Gebieten schon jetzt verpflichtet haben. Ein prägnantes Beispiel hierfür sind die seit Jahrzehnten nicht eingelösten Entwicklungshilfezusagen vieler Industrienationen. Auch im Jahr 2014 lagen nur wenige Länder über der seit 1970 angestrebten Schwelle von 0,7 Prozent ihres Bruttonationaleinkommens (BNE). Die Entwicklungshilfeetats der G7-Länder lagen im Durchschnitt sogar nur bei 0,27 Prozent des BNE.[26] Anstatt sich gegenseitig zu ermahnen und auf den nötigen Einsatz für das gemeinsame Vorgehen zu pochen, lässt man sich offenbar gerne von der Untätigkeit der anderen anstecken.

Die nichtidealtheoretische Variante der zweistufigen Zuschreibungsprozedur unterscheidet sich von der idealtheoretischen nicht dadurch, dass sie für solche Szenarien kollektiven Handelns an sich nichts übrig hätte oder sie außen vor ließe. Vielmehr nimmt sie eine Erweiterung des Spektrums von kollektiven Akteuren vor, die unter den gegebenen Bedingungen von Individuen dafür verantwortlich gemacht werden können, zum Menschenrechtsschutz beizutragen. Während die idealtheoretische Variante unterstreicht, dass es die Rolle staatlicher Akteure sei, einen Ordnungsrahmen für wirtschaftliche Tätigkeiten zu ermöglichen, geht die nichtidealtheoretische Variante einen Schritt weiter, indem sie danach fragt, welche Akteure dazu beitragen könnten, dass Staaten dieser Regulierungsfunktion auf lange Sicht besser gerecht werden. Hier kommen erneut die NGOs, Unternehmen und zivilgesellschaftlichen sozialen Bewegungen ins Spiel, deren spezifische Rolle jeweils durch einen Blick auf die *Gesamtkonstellation* zu bestimmen ist, in der die verschiedenen Arten von Akteuren zueinander stehen. Das bedeutet: Unternehmen und NGOs sollen Staaten als Verantwortungssubjekte nicht ersetzen, sondern gewissermaßen mittels des Einflusses, den sie auf die Veränderung sozialer Hintergrundstrukturen haben, Verantwortungslücken ergänzend füllen.

Hinsichtlich der Gesamtkonstellation ist es zunächst zwar plausibel, NGOs und Unternehmen als Kollektivsubjekten eine Verantwortung zuzuschreiben, außerhalb des staatlichen Ordnungsrahmens bestimmte Leistungen in ihren jeweiligen Betätigungsfeldern zu erbringen, die Staaten unter idealen Bedingungen selbst übernähmen oder zumindest auf eine stärkere Weise regulierten. Doch dass dies nicht die primäre Art der Verantwortungsübernahme ist, zeigt sich, wenn man sich den besonderen Stellenwert von struktureller Verantwortung in Erinnerung ruft. Subjekte von *struktu-*

26 Vgl. hierzu ⟨http://www.bmz.de/de/ministerium/zahlen_fakten/geber/index.html⟩, letzter Zugriff 31. 10. 2015.

reller Verantwortung haben die Aufgabe, soziale Strukturen so zu verändern, dass sie als Hintergrundbedingungen dem Schutz der Menschenrechte förderlich sind. Unter nichtidealen Bedingungen fällt das Erbringen von Leistungen außerhalb des staatlichen Ordnungsrahmens durch Unternehmen und NGOs dagegen in den Bereich der *interpersonalen Verantwortung*, da die Kollektivsubjekte dabei jeweils in ihrer direkten Interaktion mit ihrer Umwelt bestimmten moralischen Anforderungen entsprechen. Diese Art der Verantwortungsübernahme durch Unternehmen und NGOs ist dann problematisch, wenn sie zur Konsolidierung von illegitimer politischer Herrschaft führt. Diese Gefahr besteht mit Blick auf das Handeln von NGOs, insbesondere aber hinsichtlich der Aktivitäten transnationaler Unternehmen, die häufig direkt oder indirekt mit Regimen kooperieren, die die Menschenrechte missachten, und sich somit zumindest der stillschweigenden Komplizenschaft schuldig machen.[27]

In den Fällen, in denen die Übernahme von interpersonaler Verantwortung durch Kollektivsubjekte dagegen zu einer Unterwanderung der Macht von illegitimen politischen Herrschern führt, sollte sie hingegen eine sehr viel positivere Bewertung erfahren. Genau genommen wären die Unternehmensaktivitäten aufgrund ihrer verändernden Wirkung auf die Hintergrundbedingungen dann aber gar nicht mehr allein in der interpersonalen Dimension zu verorten. Damit sind wir bei der wichtigen, in Theorie und Praxis der Verantwortungszuschreibung aber noch zu wenig beachteten Einsicht angelangt, dass NGOs und Unternehmen *zusätzlich* und *komplementär* zu interpersonaler Verantwortung stets auch eine *strukturelle Verantwortung* tragen und dieser auch gerecht werden sollten. Denn als Kollektive sind diese wie andere Akteure auch in soziale Strukturen eingebettet: Sie sind Teil der holistisch zu verstehenden sozialen Strukturen; und sie verhalten sich immer schon zu

27 Vgl. auch Florian Wettstein, »The Duty to Protect: Corporate Complicity, Political Responsibility, and Human Rights Advocacy«, in: *Journal of Business Ethics* 96 (2010), S. 33-47. Wettstein unterscheidet zwischen verschiedenen Formen und Graden der Komplizenschaft. Er argumentiert dafür, selbst die vergleichsweise schwache Form der stillschweigenden Komplizenschaft als Grundlage für Zuweisungen von »politischer Verantwortung« (»political responsibilities«, ebd., S. 39) an Unternehmen anzusehen, deren Beschreibung dem in dieser Arbeit verwendeten Konzept von struktureller Verantwortung ähnelt.

diesen – ob sie es wollen oder nicht. Das heißt, dass NGOs und Unternehmen wie andere Kollektive auch stets einen positionsabhängigen Einfluss auf die Herausbildung sozialer Strukturen haben, dessen sie sich gewahr werden sollten. Aus diesem Grund sollten einerseits die individuellen Mitglieder dieser Kollektive deren Handeln auf eine Weise zu beeinflussen versuchen, die der Konformität mit Normen nicht nur in der interpersonalen, sondern auch in der strukturellen Dimension Rechnung trägt. Zudem sollten Außenstehende, die diese Kollektive im Sinne des Menschenrechtsschutzes fördern möchten (zum Beispiel im Fall von NGOs) oder anderweitig zu beeinflussen versuchen (zum Beispiel im Fall von Unternehmen), ihr Engagement immer auch daran orientieren, ob es tatsächlich zu einer positiven Veränderung derjenigen sozialen Strukturen führt, in denen Menschen in extremer Armut leben.

Es ist wichtig, diese Orientierung an der Veränderung von Strukturen durch Kollektivsubjekte nicht so zu verstehen, dass sie notwendigerweise zu einem Trade-off mit interpersonaler Verantwortung führen müsse. Prinzipiell scheinen sich Verantwortungssubjekte nicht entscheiden zu müssen zwischen der direkten Hilfe für diejenigen, die sie jetzt benötigen, und der indirekten Unterstützung für diejenigen, die in Zukunft aufgrund einer Veränderung des relevanten Institutionengefüges keine interpersonale Hilfe mehr benötigen werden. In Kapitel IV.2 habe ich ausführlicher begründet, dass interpersonale und strukturelle Verantwortung auf eine komplementäre Weise einlösbar sind, und diese generelle Kompatibilität liegt auch dann vor, wenn das Verantwortungssubjekt ein Unternehmen oder eine NGO ist. Allerdings können die Anforderungen von interpersonaler und struktureller Verantwortung von Kollektivsubjekten in einigen Fällen durchaus in Konflikt geraten. Dies gilt etwa für Unternehmensaktivitäten unter Regimen, die die Menschenrechte missachten. Hier sind beispielsweise Arrangements denkbar, in denen transnationale Unternehmen in Absprache mit den Regierungen der Länder, in denen sie aktiv sind, bereit sind, interpersonale Verantwortung gegenüber ihren Angestellten wahrzunehmen, aber zugleich im Hintergrund auf struktureller Ebene zur Konsolidierung des Regimes beitragen. Es gibt viele Weisen, in denen Unternehmen negativ auf soziale Strukturen Einfluss nehmen können, darunter – besonders eklatant – die oft monierte Zahlung von Bestechungsgeldern an Regierungsbeamte. In solchen Fällen erscheinen die Unternehmensaktivitäten problematisch, selbst wenn sie auch eine Orientierung an moralischen Normen in der interpersonalen Dimension erkennen lassen, wie etwa durch die Zahlung von vergleichsweise akzeptablen Löhnen oder durch die Beachtung von Umweltstandards über das gesetzlich geforderte Maß hinaus.[28] Durch die Zusammenarbeit mit Unrechtsregimen können Unternehmen in der strukturellen Dimension also zur Konsolidierung ungerechter Hintergrundbedingungen beitragen und sich dadurch, wie bereits erwähnt, der Komplizenschaft schuldig machen.

Die inflationär angewachsenen Selbst- und Fremdzuschreibungen von Verantwortung an Unternehmen im öffentlichen Diskurs stehen zu solchen faktischen Verstrickungen von Unternehmen in strukturelles Unrecht in einem starken Kontrast. Diese Verantwortungszuschreibungen bilden solche Verstrickungen meist nicht ab und sind darüber hinaus häufig auch mit allerlei anderen Unklarheiten behaftet. Zwei Klarstellungen sind daher hilfreich. Es ist erstens sicher nicht unrealistisch davon auszugehen, dass sich viele Repräsentanten von Unternehmen vor allem deshalb zu einer Rhetorik des »verantwortlichen« Unternehmenshandelns veranlasst sehen, weil sie den diesbezüglich gestiegenen Erwartungen seitens der Konsumenten und der Zivilgesellschaft entsprechen möchten. Eine »weiße Weste« attestiert zu bekommen, sich dies aber möglichst wenig kosten zu lassen, scheint die bevorzugte Strategie der meisten Unternehmen zu sein, die sie mit gezieltem Imagemanagement umsetzen, gelabelt als »Corporate Social Responsibility« oder »Corporate Citizenship«. Zweitens sind auch die in der Öffentlichkeit und unter Konsumenten herausgebildeten moralischen Erwartungen an Unternehmen der Tendenz nach noch sehr diffus. Oft sind sie nicht konkret genug auf das von Unternehmen einforderbare Handeln bezogen. Erschwerend kommt hinzu, dass die Aktivitäten insbesondere von transnational agierenden Unternehmen im Zeitalter global verzweigter Produktionswege alles andere als transparent sind. Zwar gerät moralisch fragwürdiges Unternehmenshandeln hin und wieder ans Licht der Öffentlichkeit, aber

28 Die Übernahme von interpersonaler Verantwortung durch Unternehmen wäre jedoch nur dann generell problematisch, wenn sie stets nur um den Preis einer Konsolidierung von illegitimen politischen Regimen zu haben wäre. Das ist offensichtlich nicht der Fall.

solche Enthüllungen sind in der Regel kontingent in dem Sinn, dass es keine institutionalisierten Mechanismen gibt, um solcher Missstände systematisch Herr zu werden; daher bleiben viele ähnliche Praktiken auf Seiten anderer Akteure unentdeckt und werden dementsprechend auch nicht öffentlich sanktioniert. Somit könnten sich Entscheidungsträger in Unternehmen wiederum dazu ermutigt sehen, aus primär wirtschaftlichem Interesse eben nur das Nötigste an Imagepflege zu tun, ohne dabei jedoch etwas Grundlegendes zu ändern – zum Beispiel in Bezug auf die Arbeitsbedingungen, die Löhne oder ihren unter Umständen problematischen Einfluss auf politische Repräsentanten.

Aus diesen Gründen ist es essentiell, sich über den Stellenwert und die möglichen Inhalte von Unternehmensverantwortung Klarheit zu verschaffen. Zunächst ist es wichtig, die Selbstzuschreibungen von Verantwortung durch Unternehmensvertreter auf ihren wirklichen Gehalt zu überprüfen und mit vernünftig begründeten normativen Forderungen abzugleichen. Dass Unternehmen die Menschenrechte achten sollen, wird beispielsweise sowohl von den Unternehmen als auch von der kritischen Öffentlichkeit häufig nur auf die interpersonale, nicht aber auf die strukturelle Dimension bezogen. Und auch hinsichtlich ersterer Dimension sind die Selbstzuschreibungen von Verantwortung durch Unternehmensvertreter oft noch zu diffus. Wenn sich etwa global produzierende Unternehmen zur Gewährleistung bestimmter Mindeststandards in der Produktion verpflichten – was keineswegs die Regel darstellt –, ist damit häufig noch nicht sehr viel gewonnen. Solche Selbstverpflichtungen greifen zum Beispiel zu kurz, wenn sie sich nicht auch auf die Produktion in den Zulieferbetrieben beziehen, mit denen die Unternehmen zusammenarbeiten. Darüber hinaus muss eine gründliche Auseinandersetzung mit Unternehmensverantwortung auch in den öffentlichen Diskurs getragen und von Regierungs- und Nichtregierungsorganisationen institutionalisiert werden. Das gilt für die Begründung von Normen für die Zuschreibung von interpersonaler und struktureller Unternehmensverantwortung und dann auch für die Bereitstellung von Wissen über das Handeln von Unternehmen, um deren Konformität mit diesen Normen überprüfen zu können. Auf diesen beiden Ebenen mangelt es heute noch an verlässlichen und transparenzfördernden Verfahren.

Wie wichtig dabei der Blick auf strukturelle Verantwortung

ist, und wie unvollständig zugleich jede Perspektive auf Unternehmensverantwortung, in der die strukturelle Dimension unberücksichtigt bleibt, verdeutlicht auch der in Industrieländern völlig legale und weitverbreitete Lobbyismus. Bei der Zuschreibung von Verantwortung an Unternehmen wird noch nicht ausreichend berücksichtigt, dass diese durch Lobbyisten einen großen Einfluss auf die Ausgestaltung von Gesetzen nehmen, die ihre wirtschaftlichen Aktivitäten betreffen. Lobbying beeinflusst auf diese Weise die Herausbildung und Entwicklung sozialer Strukturen und ist zugleich insofern ein fester Bestandteil von diesen, als sich Politiker auch aufgrund eines Mangels an entsprechendem Expertenwissen von Unternehmensvertretern (oder unternehmensnahen Verbänden und Organisationen) beraten lassen und mit diesen in einem längerfristigen Kontakt stehen. Darüber hinaus sollte betont werden, dass sich die Lobbying-Aktivitäten nicht nur auf die Ausgestaltung von Regeln für den *nationalstaatlichen*, sondern auch für den *internationalen Rahmen* beziehen.[29] Weil es keine Weltregierung gibt, sind die Politiker, mit denen Unternehmen in Kontakt stehen, in vielen Fällen auch für die Gestaltung internationaler Verträge und Institutionen verantwortlich (natürlich zusammen mit den politischen Repräsentanten anderer Länder), so dass sich auch für das Gefüge internationaler Abkommen und Institutionen ein durchaus problematisches Abhängigkeitsverhältnis von Wirtschaftsvertretern ergibt.[30]

Imagekosmetik und Lobbyismus machen somit deutlich, dass eine rein interpersonale Perspektive auf Unternehmensverantwor-

29 Ein gutes Beispiel hierfür sind die Verhandlungen über das Transatlantische Freihandelsabkommen (TTIP), die seit 2013 im Gange sind. Die Europäische Union wurde seither vonseiten der Zivilgesellschaft vielfach mit dem Vorwurf konfrontiert, dass diese Verhandlungen unter engem Einbezug von Unternehmensvertretern und zugleich unter Ausschluss der Öffentlichkeit stattfänden. Vgl. hierzu die folgende Stellungnahme der Europäischen Kommission: ⟨http://trade.ec.europa.eu/doclib/press/index.cfm?id=1231⟩, letzter Zugriff 31.10.2015.

30 Nicht zuletzt die Politik der USA, die als Weltmacht einen großen Einfluss auf die Gestaltung internationaler Abkommen und Institutionen nimmt, ist anfällig für Unternehmenslobbying. Pogge ist der Meinung, dass Lobbying mit Blick auf keinen anderen Bereich ähnlich lukrativ sei wie in Bezug auf die Gestaltung internationaler Abkommen und Institutionen. Vgl. Thomas Pogge, »Are We Violating the Human Rights of the World's Poor?«, in: *Yale Human Rights & Development Law Journal* 14 (2011), S. 1-33, hier S. 24.

tung zu kurz greift und durch die Zuschreibung von struktureller Verantwortung ergänzt werden muss. *Wie viel* genau von Unternehmen jeweils in der interpersonalen und strukturellen Dimension moralischer Verantwortung eingefordert werden kann, ist jedoch eine schwierige Frage, deren umfassende Beantwortung nur auf Basis einer umfangreicheren Auseinandersetzung zu leisten ist. An dieser Stelle muss es genügen, einen Minimalstandard zu skizzieren, anhand dessen moralisches Unternehmenshandeln im öffentlichen Diskurs eingefordert werden könnte. Zunächst einmal: Unternehmensverantwortung ist nicht allein und nicht einmal primär eine Sache des Geldes, und sie lässt sich daher auch nicht monetär beziffern. Im Vordergrund steht vielmehr ein Unternehmenshandeln im Einklang mit moralischen Normen, das *sphärenspezifisch*[31] unter besonderer Berücksichtigung ihres jeweiligen Einflusses auf die Herausbildung und Entwicklung sozialer Strukturen bestimmt werden muss. Je nach Arbeitsgebiet bieten sich Unternehmen ganz unterschiedliche Möglichkeiten der moralischen Betätigung; es wäre also verfehlt, diesbezüglich von allen Unternehmen dasselbe zu fordern. Dennoch gibt es für die interpersonale und strukturelle Dimension sinnvolle allgemeine Prinzipien, an denen man sich für die Ermittlung des von Unternehmen einzuhaltenden Minimums orientieren kann.

Für die *interpersonale* Dimension kann zunächst auf einer eher niedrigen Schwelle ein Prinzip I1 angesetzt werden, das von Unternehmen einerseits fordert, in ihrem unmittelbaren Tätigkeitsbereich (das heißt am Arbeitsplatz und in ihrer Einwirkung auf die Umwelt) keine basalen Menschenrechte – so wie ich sie in Kapitel VI formuliert habe – zu verletzen; andererseits verlangt dieses Prinzip von Unternehmen, sich an die in den jeweiligen Ländern geltenden positivrechtlichen Bestimmungen zu halten, insoweit diese dem Menschenrechtsschutz förderlich sind.[32] Ein auf einer deut-

31 Vgl. hierzu nochmals Kreide, »Weltarmut und die Verpflichtungen kollektiver Akteure«, S. 282, sowie oben, Fn. 11 in diesem Kapitel.

32 Dieser Aspekt von I1 bildet vor allem dann ein Element von moralischer (im Unterschied zu rechtlicher) Unternehmensverantwortung, wenn die dem Menschenrechtsschutz förderlichen positivrechtlichen Bestimmungen (z. B. Arbeitnehmer*innenrechte) nicht effektiv durchgesetzt werden, d. h., wenn deren Missachtung nicht staatlich sanktioniert wird. Weil die Gesetzeskonformität in solchen Fällen die Unternehmen aufgrund der fehlenden Sanktionen

lich höheren Schwelle angesetztes Prinzip für den interpersonalen Bereich könnte hingegen mittels eines kontrafaktischen Szenarios vollständiger Normenkonformität formuliert werden, das auf der Basis bestimmter Gerechtigkeitsforderungen zu entwerfen wäre. Diesem Prinzip I2 zufolge haben Unternehmen die moralische Verantwortung, dasjenige zu tun, was sie in diesem Szenario vollständiger Normenkonformität – das durch entsprechend *gerechte* positivrechtliche Bestimmungen charakterisiert ist – tun müssten.

Für die *strukturelle* Dimension lässt sich grob zwischen einem schwachen Moralprinzip S1, demzufolge Unternehmen keinen negativen, das heißt gerechtigkeitsmindernden Einfluss auf die Herausbildung und Entwicklung sozialer Strukturen nehmen dürfen, und einem stärkeren Moralprinzip S2 unterscheiden, wonach Unternehmen darüber hinaus soziale Strukturen auf eine positive, das heißt gerechtigkeitsfördernde Weise zu beeinflussen haben. Es liegt nun nahe, sich des rein formalen Charakters dieser beiden Grundlinien für die strukturelle Dimension dadurch zu entledigen, dass man den Standard basaler Menschenrechte als minimales Gerechtigkeitskriterium verwendet. Doch selbst nach dieser Konkretisierung stellen S1 und S2 offensichtlich noch relativ allgemein gehaltene Vorgaben dar. Insbesondere S2 ist noch sehr unbestimmt, da es das Ausmaß der von Unternehmen geforderten positiven Beeinflussung der politischen Sphäre nicht spezifiziert.

Trotz der Allgemeinheit dieser Prinzipien glaube ich, dass das von Unternehmen in beiden Dimensionen einzufordernde absolute Minimum durch die jeweils schwächeren Standards I1 und S1 in einer ersten Annäherung schon relativ gut eingegrenzt werden kann, wohingegen es an dieser Stelle eine offene Frage bleiben kann, inwieweit Unternehmen über die Unterlassung eines negativen Einflusses auf die Gewährleistung von Menschenrechten hinaus auch ein stärker positives Engagement abverlangt werden kann. Insbesondere S1 scheint eine Schlüsselrolle einzunehmen, da aus diesem Prinzip unter anderem auch die Forderung ableitbar ist, Lobbying-Aktivitäten zu unterlassen, die dem Menschenrechtsschutz strukturell abträgliche Wirkungen zeitigen. Darunter fiele zum Beispiel jeder Lobbyismus, der sich gegen die Ausgestaltung

tatsächlich mehr kostet als der Bruch mit positivrechtlichen Bestimmungen, handelt es sich dabei auch um einen moralischen (und nicht nur rechtlichen) Gesichtspunkt.

von solchen internationalen Verträgen und Abkommen richtet, die der Gewährleistung von Menschenrechten förderlich wären. Auch ein Lobbyismus für internationale Handelsabkommen, die den Menschenrechtsschutz unterminieren würden, wäre nicht mehr akzeptabel.[33]

Natürlich ließe sich dafür argumentieren, dass I1 und S1 zu wenig fordern und dass von Unternehmen insbesondere in der interpersonalen Dimension mehr verlangt werden könne, gerade weil sie heute so mächtige Akteure darstellen.[34] Auch wenn Handlungsbeschränkungen, die aus dem Wettbewerb mit anderen Marktteilnehmern herrühren, nicht aus den Augen verloren werden dürfen, ist die Forderung, dass sich Unternehmen in einem stärkeren Ausmaß engagieren sollten, sicherlich nicht ganz von der Hand zu weisen. Doch es ist wichtig zu sehen, dass selbst die Minimalprinzipien I1 und S1 moralische Forderungen an Unternehmen stellen, deren Einhaltung in den meisten Fällen zu einer deutlichen Korrektur des Verhaltens von Unternehmen, welches de facto derzeit überwiegend am wirtschaftlichen Eigeninteresse orientiert ist, führen müsste. Hielten sich alle Unternehmen etwa an S1, so dürfte es den politischen Repräsentanten von Staaten leichterfallen, gemeinsam zu Reformen beizutragen, die der Gewährleistung von Menschenrechten förderlich sind. Wohlgemerkt: S1 fordert nicht, dass Unternehmen gar keinen Einfluss mehr auf politische Repräsentanten nehmen sollen, was in Anbetracht der Komplexität staatlicher Regulierungsfunktionen und der Verteilung von verschiedenen Expertisen innerhalb der Gesellschaft wohl auch unrealistisch wäre. Es fordert lediglich, dass dieser Einfluss insofern moralischen Kriterien unterstellt werden muss, als er keine menschenrechtsschädigende Wirkung zeitigen darf. Es ist davon auszugehen, dass auch ein Prinzip wie S1 wiederum nur mit Hilfe von institutionalisierten Regeln befolgt werden wird. Dies ändert

33 Die Organisation Brot für die Welt hält diese Sorge mit Blick auf TTIP für berechtigt. Sie fordert vor diesem Hintergrund die Einführung einer »Menschenrechtsklausel« für Handelsabkommen. Vgl. ⟨http://www.euractiv.de/sections/entwicklungspolitik/brot-fuer-die-welt-ttip-verschaerft-globale-hunger-krise-303666⟩, letzter Zugriff 31.10.2015.

34 Für solche Forderungen vgl. Kreide, »Weltarmut und die Verpflichtungen kollektiver Akteure«, und Wettstein, »The Duty to Protect: Corporate Complicity, Political Responsibility, and Human Rights Advocacy«.

nichts daran, dass S1 auf grundlegender Ebene ein Prinzip für das Verhalten von Kollektivakteuren darstellt, das Unternehmen eine mit Blick auf Gerechtigkeitsstandards negative Einflussnahme auf die Politik und – im weiteren Sinn – die Herausbildung und Entwicklung sozialer Strukturen verbietet.

Weiter oben ist bereits deutlich geworden, inwiefern auch NGOs aus nichtidealtheoretischer Perspektive eine exponierte Rolle als kollektive Verantwortungssubjekte spielen und dass ihr Verhalten immer unter Berücksichtigung ihres Einflusses auf Strukturen beurteilt werden sollte. Es gibt viele NGOs, die es sich explizit zur Aufgabe gemacht haben, Regierungen und Unternehmen »auf die Finger zu schauen« und diese durch Öffentlichkeitsarbeit zur Konformität mit normativen Standards – im internationalen Raum häufig mit Menschenrechtsstandards – zu bewegen. Hierdurch nehmen sie strukturelle Verantwortung wahr, da sie auf unterschiedliche Weise auf die Herausbildung und Entwicklung von Strukturen Einfluss nehmen. Andere NGOs, etwa Nothilfeorganisationen, tragen dagegen überwiegend zur Grundgüterversorgung bei, die unter idealen Bedingungen von Regierungen erbracht oder zumindest reguliert würde. Ein solches Engagement ist daher eher interpersonaler Art, auch wenn einige von ihnen darüber hinaus strukturelle Veränderungen zu bewirken suchen.[35] Auch im Fall von NGOs können diese beiden Arten der Verantwortungsübernahme komplementär ineinandergreifen. Dennoch sollten NGOs, die vermehrt interpersonale Verantwortung wahrnehmen, dabei auch im Blick haben, welchen Einfluss ihre Tätigkeiten in der strukturellen Dimension haben. Und auch Außenstehende sollten die Aktivitäten dieser Organisationen stets eingedenk ihrer mittel- und langfristigen Wirkung auf strukturelle Hintergrundbedingungen beurteilen.

Dieser letzte Punkt ist insbesondere für die Frage relevant, welche Organisationen Privatpersonen durch Geldspenden oder aktive Mitarbeit unterstützen sollen. Dass NGOs im Sinne der holistischen Interpretation von Strukturen ihrerseits Teil dieser Strukturen sind, genügt noch nicht, um deren Unterstützung als eine Möglichkeit der Wahrnehmung von *struktureller* Verantwor-

35 Oxfam scheint durch seine politischen Aktivitäten, welche seine Entwicklungshilfeleistungen flankieren, ein gutes Beispiel für eine sowohl in der interpersonalen als auch in der strukturellen Dimension tätige Organisation zu sein.

tung durch Individuen auszuzeichnen. Denn alle sozialen Akteure sind Teil der Strukturen, doch nicht alle tragen durch ihr Handeln zu einer positiven Veränderung bei. Die Unterstützung von primär interpersonal tätigen NGOs ist wichtig und so lange unproblematisch, wie sie nicht zu einer *Verhärtung* von Strukturen führt, unter denen Menschen leiden. Das wäre zum Beispiel dann der Fall, wenn die Aktivitäten einer NGO indirekt zur Stützung eines Unrechtsregimes beitragen. Entsprechende Urteile können zwar immer nur bezogen auf konkrete empirische Konstellationen gefällt werden. Wenn sich jedoch herausstellen sollte, dass die Aktivitäten einer NGO in struktureller Hinsicht schädlich sind, weil sie mittel- und langfristig die Bedingungen für die Gewährleistung basaler Rechte unterminieren, so sollten Individuen selbstredend andere Organisationen unterstützen, die darauf achten, dass sie nachweislich dazu beitragen, soziale Strukturen im Sinne des Menschenrechtsschutzes zu verändern. In der Praxis sind allerdings, wie schon erörtert, die Grenzen zwischen interpersonalem und strukturellem Engagement nicht immer klar zu ziehen, was aber unproblematisch ist, solange die betreffenden Organisationen in beiden Dimensionen mit positiven Wirkungen tätig sind.

Zum Abschluss dieses Abschnitts möchte ich nochmals einen synthetisierenden Blick auf die individuelle Weltarmutsverantwortung werfen, also den Fokus verstärkt auf die zweite Stufe des Verfahrens legen, das bei der Identifikation der Verantwortung von Kollektivakteuren beginnt. Weiter oben in diesem Abschnitt sollte im Rahmen der Darlegung der beiden Leitideen für die Identifikation von Verantwortungssubjekten sowie im Zuge der Unterscheidung zwischen der ideal- und der nichtidealtheoretischen Perspektive schon deutlich geworden sein, dass insbesondere den Bürgerinnen und Bürgern der wohlhabenden Länder (aber nicht nur diesen) ungemein vielfältige Möglichkeiten der Wahrnehmung von struktureller Weltarmutsverantwortung zur Verfügung stehen. Ihre Regierungen besitzen durch ihre diversen Privilegien und ihre Machtpositionen vergleichsweise viele Gestaltungsmöglichkeiten, um das System internationaler Institutionen und Verträge, aber auch die innerstaatlichen Institutionen im Dienst der Armutsbekämpfung zu reformieren. Die Angehörigen wohlhabender Länder wiederum können auf ihre politischen Repräsentanten mehr oder weniger direkt einwirken – und zwar nicht nur und nicht einmal primär durch die Stimmenabgabe bei Wahlen, sondern beispielsweise auch indem sie an sie gerichtete Petitionen aufsetzen beziehungsweise unterzeichnen und diese in sozialen Netzwerken verbreiten. Auf solche Weise können und sollten sie kontinuierlich zu denjenigen Handlungen ihrer Regierungen Stellung beziehen, die den globalen Menschenrechtsschutz betreffen, darunter Beschlüsse zu nationalen Gesetzesvorhaben und internationalen Abkommen. Darüber hinaus können Individuen aber auch indirekt auf politische Repräsentanten – nicht nur ihre jeweils eigenen, sondern auch diejenigen anderer Staaten – sowie auf Unternehmen einwirken: indem sie NGOs und soziale Bewegungen unterstützen, die wiederum auf kompetente und effektive Weise auf das Verhalten von Regierungen im Sinne des globalen Menschenrechtsschutzes Einfluss nehmen oder die Unternehmen an den Pranger stellen, die basale Menschenrechte verletzen oder einen schädigenden Einfluss auf die Entwicklung sozialer Strukturen nehmen. Besonders die in diesem Abschnitt erörterte nichtidealtheoretische Perspektive auf die Subjekte von Weltarmutsverantwortung, welche den Stellenwert anderer Kollektivakteure neben Staaten unterstreicht, bringt die vielfältigen Möglichkeiten zur Geltung, die Individuen haben, wenn es darum geht, dass sie ihre Weltarmutsverantwortung wahrnehmen.

Der oben formulierten zweiten Leitidee zufolge sollten Individuen jeweils auf ihre spezifische soziale Position achten, aus der heraus sich ihnen jeweils auch unterschiedliche Möglichkeiten bieten, die Herausbildung und Entwicklung sozialer Strukturen positiv im Sinne des weltweiten Menschenrechtsschutzes zu beeinflussen. Denjenigen etwa, die innerhalb eines sozialen Kontextes privilegiert sind, stehen grundsätzlich mehr und andere Handlungsoptionen offen als Unterprivilegierten. Man denke hier etwa an die finanzielle Stellung von Individuen, von der natürlich abhängt, in welchem Ausmaß sie NGOs und soziale Bewegungen durch Spenden und Mitgliedsbeiträge unterstützen können. Dies bedeutet jedoch nicht, wie weiter oben schon verdeutlicht, dass weniger Privilegierte gar keine Möglichkeiten haben, Einfluss auf Hintergrundstrukturen zu nehmen, die das Leben von Menschen in extremer Armut betreffen. Neben finanziellen Mitteln spielen auch Aspekte wie Machtpositionen und Möglichkeiten kollektiven Handelns eine Rolle. Auch andere soziale Indikatoren wie die berufliche Stellung und außerberufliche Interessen von Individuen sind bedeutsam, um ihre konkreten Spielräume für die Einlösung von Weltarmutsverantwortung zu eruieren. Denn mit ihren Berufen und Interessen verbinden sich stets auch Zugehörigkeiten zu bestimmten gesellschaftlichen Gruppen und häufig auch Mitgliedschaften in Vereinigungen, die jeweils als schon gebildete oder auch noch zu bildende kollektive Verantwortung im Kampf gegen Armut übernehmen können, woraus sich spezifischere individuelle Möglichkeiten ergeben, die Aktivitäten dieser Kollektive intern oder extern im Dienst des weltweiten Menschenrechtsschutzes zu beeinflussen.[36] Schließlich sind für die Beantwortung der Frage, welche Organisationen Individuen durch ihren persönlichen Einsatz oder mit monetären Mitteln unterstützen sollen, offenkundig stets auch möglichst detaillierte Informationen darüber erforderlich, welche Folgen das Handeln von einzelnen Organisationen hat und wie sich deren Unterstützung auf die Entwicklung von Strukturen auswirkt. Ähnliches gilt für die öffentliche Anprangerung von »unmoralischen« Unternehmen durch die Zivilgesellschaft und Politik, die offensichtlich fallspezifisch und auf der Grundlage verlässlicher Information über die vielfältigen Aktivitäten einzelner Unternehmen erfolgen muss, auch wenn sie sich an den oben erörterten Prinzipien für die Zuschreibung von interpersonaler und struktureller Unternehmensverantwortung als Maßstab orientieren kann. Dabei sollten Individuen auch die Expertise von Organisationen zurate ziehen, die sich auf fundierte Weise mit den Auswirkungen des Handelns von verschiedenen NGOs und Unternehmen in der interpersonalen und strukturellen Dimension befassen.[37]

Insgesamt sollte die hier skizzierte nichtidealtheoretische Perspektive auf die Subjekte von struktureller Verantwortung deutlich gemacht haben, dass die Rolle einzelner staatlicher und nichtstaat-

36 Die Organisation Academics Stand Against Poverty (ASAP) ist ein Beispiel für die Formierung eines an der Berufszugehörigkeit orientierten Kollektivs, das der weltweiten Armutsbekämpfung gewidmet ist. Siehe ⟨http://academicsstand.org/⟩, letzter Zugriff 14.03.2016.

37 Die Organisation Ethical Consumer stellt auf ihrem Portal eine Vielzahl von Informationen zum Handeln von diversen Unternehmen zur Verfügung (einschließlich Informationen über einschlägige Lobbying-Aktivitäten), die bei der moralischen Beurteilung von Unternehmenshandeln durch die Öffentlichkeit herangezogen werden können. Siehe ⟨http://www.ethicalconsumer.org/⟩, letzter Zugriff 13.03.2016.

licher Akteure stets im Lichte der Gesamtkonstellation beurteilt werden muss, in der diese Akteure stehen. Davon ausgehend kann dann bestimmt werden, wie Individuen durch die Unterstützung und Beeinflussung handlungsfähiger Kollektive strukturelle Verantwortung wahrnehmen können. Damit soll, wie schon erörtert, nicht gesagt werden, dass der Zugang zu Grundgütern weltweit langfristig durch nichtstaatliche Akteure sicherzustellen sei; dies würde staatliche Akteure weiter schwächen und wohl dazu führen, dass sich die schon jetzt bestehenden Koordinationsprobleme im globalen Kontext weiter verschärfen. Aber es wäre kontraproduktiv zu leugnen, dass nichtstaatliche Akteure eine zunehmend wichtige Rolle in einer Gesamtkonstellation spielen, in der erstens staatliche Akteure allein momentan nur begrenzt willens beziehungsweise in der Lage sind, zur Gewährleistung von basalen Rechten weltweit beizutragen, und in der zweitens Hintergrunddynamiken am Werk sind, die ein benötigtes gemeinsames Vorgehen von Staaten eher verhindern als fördern. Dass es bei der Zuschreibung von Weltarmutsverantwortung auch aus nichtidealtheoretischer Perspektive letzten Endes darum gehen muss, zur Förderung der internationalen Solidarität und der konzertierten Aktion staatlicher Akteure im Sinne des Menschenrechtsschutzes beizutragen, soll durch die Berücksichtigung von nichtstaatlichen Akteuren also keineswegs in Abrede gestellt werden. Dies verdeutlichen nicht zuletzt auch die weiter oben formulierten Standards für die Zuschreibung von Unternehmensverantwortung, aus deren Befolgung und Institutionalisierung – das gilt insbesondere für S1 – die Stärkung der Autonomie von demokratischen Staaten folgen würde. Dies wiederum sollte sich förderlich auf die Fähigkeit dieser Staaten auswirken, im Einklang mit moralischen Zielsetzungen – allen voran dem Menschenrechtsschutz – handeln zu können und gemeinsam mit anderen Staaten zur Eliminierung von extremer Armut beizutragen.

Eine generelle Einsicht mit Blick auf die Weltarmutsverantwortung, die sich aus der Analyse der Subjektstelle ergeben hat, lautet: Der primäre Fokus sollte nicht darauf gelegt werden, *wie viel* Einzelne den Menschen in extremer Armut gegenüber tun müssen (in monetärer und nichtmonetärer Hinsicht), obwohl auch dies weiterhin relevant bleibt. Entscheidender ist, *auf welche Weise* und *mit wem zusammen* sich Subjekte mit Blick auf holistisch zu verstehende soziale Strukturen für Menschen in extremer Armut engagieren sollen.[38] Weil strukturelle Verantwortung einen so fundamentalen Stellenwert besitzt und weil Strukturen nur durch handlungsfähige Kollektive verändert werden können, kann die Frage, was Einzelne tun müssen, nicht unabhängig davon beantwortet werden, was andere Subjekte tun können und in welcher Relation diese Subjekte zueinander stehen. Dabei muss es immer auch darum gehen, wie die Handlungsfähigkeit von bereits bestehenden Kollektivsubjekten verbessert werden kann und welche neu zu bildenden Kollektive in der gegenwärtigen Konstellation zu Strukturveränderungen im Sinne des Menschenrechtsschutzes beitragen könnten.

VIII.3 Das Gewicht von Weltarmutsverantwortung

Wie schwer wiegt die Weltarmutsverantwortung von individuellen und kollektiven Subjekten, verglichen mit anderen Verantwortungsrelationen und Zielsetzungen? Ist das Gewicht von Weltarmutsverantwortung dergestalt zu konzipieren, dass Individuen und Kollektive sich jeweils ganz dem Ziel der Bekämpfung von Armut widmen und ihre spezifischen eigenen Zielsetzungen dafür völlig aufgeben sollten? Nun, das wäre sicherlich unrealistisch, und zwar sowohl mit Blick auf Individuen, die eigene Vorstellungen des guten Lebens ausbilden und nach diesen leben möchten, als auch bezogen auf Kollektive, die je nach ihrer internen Beschaffenheit ebenfalls bestimmte Ziele verfolgen, die nicht selten in keinem direkten Zusammenhang mit der Förderung des Menschenrechtsschutzes stehen. Von Individuen und Kollektiven den vollständigen Verzicht auf die Verwirklichung eigener Ziele zu fordern, wäre aber nicht nur unrealistisch, sondern auch normativ fragwürdig. Genauso wenig wie man von Individuen fordern sollte, dass sie etwa die Ausbildung ihrer Kinder zugunsten des Einsatzes für Men-

38 Meine Antwort darauf, was wir Menschen in extremer Armut schulden, fällt daher auch komplexer aus als etwa diejenige Peter Singers, der suggeriert, dass die Frage, was wir als Einzelne den Menschen in extremer Armut schulden, mit relativ einfachen Rechnungen beantwortet werden könne und letztendlich auf den individuellen Verzicht auf Luxusgüter zugunsten von Spenden an Hilfsorganisationen hinauslaufe. In Kap. IX beschäftige ich mich ausführlich mit Singers Position. Das Kapitel ist als Exkurs konzipiert, da es keinen integralen Bestandteil des in diesem Buch entwickelten übergreifenden Arguments bildet.

schen in extremer Armut vernachlässigen, kann von Unternehmen verlangt werden, dass sie zugunsten der Armutsbekämpfung langfristig ihre betriebswirtschaftliche Rentabilität in Gefahr bringen, was ihre komplette Handlungsfähigkeit und damit auch die Realisierung der Forderung selbst unterminieren würde. Ähnliches gilt für Staaten, beispielsweise sollte man von Demokratien nicht fordern, dass sie sich zu einer wohlmeinenden Monarchie umbilden, um dem Ziel der Armutsbekämpfung so effizient wie möglich nachgehen zu können, einmal angenommen, dass diese Entwicklung wirklich zu einer solchen Effektivitätssteigerung beitrüge, was ziemlich unwahrscheinlich ist. So etwas würde nicht zuletzt mit normativen Anforderungen anderer Art konfligieren, wie etwa dem Menschenrecht auf politische Mitbestimmung oder der Realisierung von kollektiver Selbstbestimmung.[39] Doch obwohl verschiedenen individuellen und kollektiven Subjekten offenkundig Raum für die Verfolgung ihrer jeweils eigenen Ziele zugestanden werden muss, bleiben genügend freie Kapazitäten, um zum Beispiel auch noch strukturelle Weltarmutsverantwortung zu übernehmen. Die Frage nach dem Gewicht von Weltarmutsverantwortung lautet so gesehen: Wie viel von diesen freien Kapazitäten soll dieser Verantwortungsart (gegenüber anderen) gewidmet werden?

Ich werde auf diese Frage eine begründungspluralistische Antwort geben, die im Sinne des in diesem Buch entwickelten übergreifenden Arguments mit einer Pluralität von Positionen vereinbar ist. Dabei wird sich zeigen, dass das Gewicht von Weltarmutsverantwortung selbst dann vergleichsweise groß ist, wenn diese auf begründungspluralistischer Basis zugeschrieben wird. Ich beginne mit einer kurzen Vorklärung dessen, was es allgemein heißt, eine moralische Verantwortungsrelation wiege schwer.

Dies kann *erstens* bedeuten, dass das Subjekt mit gravierenden moralischen Schuldvorwürfen und Sanktionen (rechtlicher oder sonstiger Art) konfrontiert werden darf, wenn es seiner Verantwortung nicht oder nicht in ausreichendem Maße nachkommt. Im Fall einer Verantwortungsrelation von geringem Gewicht dürfte dies dagegen nur milden Tadel und – wenn überhaupt – vergleichsweise moderate Sanktionen nach sich ziehen. *Zweitens* kann die

39 Für die Verteidigung dieser letzten Forderung vgl. u. a. David Miller, *On Nationality*, Oxford 1995, und ders., »Against Global Egalitarianism«, in: *The Journal of Ethics* 9 (2005), S. 55-79.

Einschätzung, dass eine Verantwortungsrelation schwer wiegt, bedeuten, dass sie im Falle eines Konfliktes mit anderen Verantwortungsrelationen, in denen das Subjekt steht, prioritär zu behandeln ist. Eine schwerwiegende Verantwortungsrelation kann also eine andere Relation auch insofern *überwiegen*, als das Subjekt von ihr mit größerem Nachdruck zum Handeln beziehungsweise Unterlassen aufgefordert wird und dabei andere soziale Beziehungen sowie die Verfolgung anderweitiger Interessen hintanstellen muss.

Die Frage danach, wie schwer Weltarmutsverantwortung wiegt, wird auch im Rahmen der zeitgenössischen Debatte darüber verhandelt, ob Bessergestellte *negative* oder *positive Pflichten* gegenüber Menschen in extremer Armut haben und gegebenenfalls verletzen. Die These, dass die Weltarmutsverantwortung von Bürgerinnen und Bürgern wohlhabender Länder in Begriffen *negativer Pflichten* diskutiert werden müsse, wurde von Thomas Pogge prominent gemacht, der in zahlreichen Aufsätzen und Abhandlungen für sie argumentiert und sie gegenüber Einwänden verteidigt hat.[40] Pogges Projekt der Begründung dieser These kann auf zwei Motive zurückgeführt werden. Auf der Grundlage der Unterstellung, dass die Pflichten Bessergestellter gegenüber Menschen in extremer Armut *strenger* sind, wenn sie nicht nur positiver, sondern auch negativer Art sind,[41] ergibt sich das erste Motiv. Es lautet, dass es einerseits eine Frage der moralischen Integrität ist, Handlungen, die aus Gründen einer negativen Verpflichtung und nicht nur aus Gründen der moralisch gebotenen Hilfe erforderlich sind, auch als solche zu klassifizieren und diese nicht fälschlich der Kategorie der »Armenhilfe« zuzuordnen,[42] und dass andererseits die aus negativer Verpflichtung geforderten Handlungen als entsprechend dringlich

40 Vgl. u. a. Thomas Pogge, *Weltarmut und Menschenrechte*; ders., »›Armenhilfe‹ ins Ausland«, in: *Analyse & Kritik* 25 (2003), S. 220-247; ders., »Severe Poverty as a Human Rights Violation. Reply to the Critics«, in: *Ethics & International Affairs* 19 (2005), S. 55-83; ders., »Anerkannt und doch verletzt durch internationales Recht: Die Menschenrechte der Armen«, in: Bleisch/Schaber (Hg.), *Weltarmut und Ethik*, Paderborn 2007, S. 95-138; ders., »Responses to Critics«, in: Alison Jaggar (Hg.), *Thomas Pogge and His Critics*, Cambridge 2010, S. 175-250.

41 Vgl. u. a. Pogge, »›Armenhilfe‹ ins Ausland«, S. 227 und S. 244.

42 Vgl. ebd., S. 243: »[D]as Etikett [›Armenhilfe‹] lenkt davon ab, dass hier auch strengere, negative Pflichten im Spiel sind – etwa die Pflicht, von uns verursachte schwere Schädigungen zu minimieren, und die Pflicht, ungerechte Verhältnisse nicht zum Nachteil ihrer Opfer auszunutzen.«

betrachtet werden müssen. Das zweite Pogges These zugrundeliegende Motiv ist, dass die Einsicht in die Verletzung negativer Pflichten auf Seiten der Angehörigen wohlhabender Staaten für eine *Erweiterung der argumentativen Ressourcen* sorgen soll. Selbst eher libertär Gesinnte, die dem Gedanken von positiven Pflichten beziehungsweise von Hilfspflichten kritisch gegenüberstehen, könnten mit dieser These von ihrer Verpflichtung gegenüber Menschen in extremer Armut überzeugt werden. Pogge ist also der Ansicht, dass seine These auch von den Vertretern eher restriktiver normativer Überzeugungssysteme akzeptiert werden kann, weil die Infragestellung negativer Pflichten letztendlich bedeuten würde, ein aus verschiedenen normativen Perspektiven jeweils unverzichtbares und universales Fundament moralischen Handelns in Frage zu stellen.

Ich werde mich nun eingehender mit Pogges These über die Verletzung negativer Pflichten durch die Bürger wohlhabender Länder befassen und zu einer eigenen Einschätzung hinsichtlich der beiden damit assoziierten Motive gelangen. Ich behaupte, dass Pogge mit seiner Begründungsstrategie dem ersten Motiv gerecht wird, nicht aber dem zweiten. Ich werde also zu dem Schluss kommen, dass Pogges Konzeption in einem gewissen Sinn nicht »ökumenisch« beziehungsweise begründungspluralistisch genug ist, weil sie nicht mit dem gesamten Spektrum der in dieser Untersuchung verhandelten vernünftigen Perspektiven auf die Reichweite, Geltungsgründe und Inhalte von globaler Verantwortung vereinbar ist.

Für eine systematische Annäherung an Pogges These über die Verletzung negativer Pflichten, die ich im Folgenden auch *Schädigungsthese*[43] nennen werde, ist es zunächst hilfreich, zwei Weisen zu betrachten, wie positive und negative Pflichten überhaupt voneinander unterschieden werden können.[44] Positive können von negativen Pflichten erstens dadurch unterschieden werden, dass

43 Für diese Begriffsprägung vgl. Norbert Anwander, Barbara Bleisch, »Beitragen und Profitieren. Ungerechte Weltordnung und individuelle Verstrickung«, in: Bleisch/Schaber (Hg.), *Weltarmut und Ethik*, S. 171-194, hier S. 172.

44 Zum Hinweis auf diese zwei verschiedenen Weisen der Definition von positiven und negativen Pflichten vgl. Corinna Mieth, »On Human Rights and the Strength of Corresponding Duties«, in: Gerhard Ernst, Jan-Christoph Heilinger (Hg.), *The Philosophy of Human Rights. Contemporary Controversies*, Berlin, New York 2012, S. 159-184, hier S. 161.

Erstere ein Tun auf Seiten der Pflichtsubjekte verlangen, während Letztere ein Unterlassen von ihnen fordern.[45] Zweitens können positive von negativen Pflichten unterschieden werden, indem jene von den Pflichtsubjekten verlangen, den Pflichtadressaten zu *helfen*, während diese von den Pflichtsubjekten nur verlangen, den Pflichtadressaten *keinen Schaden zuzufügen*. Diese beiden Arten der Unterscheidung von positiven und negativen Pflichten sind wohlgemerkt keineswegs vollständig kongruent – obwohl es beträchtliche Überschneidungen gibt, da zahlreiche Pflichten, seien sie eher allgemein oder aber relativ spezifisch formuliert,[46] sowohl auf der Basis des ersten als auch des zweiten Unterscheidungskriteriums jeweils als positive beziehungsweise negative Pflichten klassifiziert werden können. Die allgemeine Pflicht, niemandem Gewalt anzutun, ist beispielsweise sowohl auf der Grundlage des ersten wie des zweiten Kriteriums eine negative Pflicht, denn sie fordert eine Unterlassung (erstes Kriterium) einer gewalttätigen Handlung, weil sie dem Pflichtadressaten Schaden zufügen würde (zweites Kriterium). Auch die allgemeine Pflicht, bedürftigen Menschen zu helfen, kann nicht nur auf der Grundlage des zweiten, sondern auch des ersten Kriteriums als positive Pflicht klassifiziert werden (da eine solche Nothilfe in aller Regel ein aktives Tun im Unterschied zu einem Unterlassen erfordert).

Andere Fälle von Pflichten müssten dagegen je nach herangezogenem Kriterium durchaus unterschiedlich klassifiziert werden. Man betrachte beispielsweise den Fall eines Rettungsschwimmers, der verpflichtet ist, im Dienst nichts zu tun, das seine Fähigkeit zur

45 Es ist sinnvoll, hierbei zusätzlich auf das Kriterium der physischen Aktivität zu rekurrieren, so dass die aus einer positiven Pflicht folgende Handlung mit einer entsprechenden körperlichen Aktivität einhergehen muss, während die Unterlassung einer Handlung entsprechend mit der Abwesenheit einer physischen Aktivität verbunden sein muss. Vgl. Dieter Birnbacher, *Tun und Unterlassen*, Stuttgart 1995, S. 35, und Corinna Mieth, *Positive Pflichten. Über das Verhältnis von Hilfe und Gerechtigkeit in Bezug auf das Weltarmutsproblem*, Berlin, New York 2012, S. 98. Andernfalls besteht die Gefahr, dass die Anwendung der Dichotomie von positiven und negativen Pflichten beliebig wird, da Handlungen, die mit Bezug auf dieses zweite Kriterium als Unterlassungen charakterisiert werden müssen, sprachlich manchmal auch so wiedergegeben werden können, als handele es sich um ein Tun, was es aber nicht ist.

46 Siehe oben, Kap. II.2.2 zur Unterscheidung von allgemeinen und spezifischen Pflichten bzw. von allgemeiner und spezifischer Verantwortung.

Hilfe gravierend einschränken würde. Angenommen, eine Person ertrinkt, weil der Rettungsschwimmer eingeschlafen ist, so scheint es begrifflich zumindest nicht ganz abwegig zu sagen, dass er der ertrunkenen Person *Schaden zugefügt* habe.[47] Die Pflicht des Rettungsschwimmers, einer Person zur Hilfe zu eilen, kann deshalb auf der Basis des ersten Kriteriums, das auf die Unterscheidung von Tun und Unterlassen rekurriert, als eine positive Pflicht klassifiziert werden, während sie auf Grundlage des zweiten Kriteriums, das auf die Unterscheidung von Hilfe und Schädigung rekurriert, als negative Pflicht klassifiziert werden kann. Dieses Beispiel verdeutlicht, dass was in einzelnen Fällen jeweils als »Hilfe« beziehungsweise als »Schädigung« zu gelten hat, nicht einfach durch den Verweis auf begriffliche Intuitionen begründet werden kann, sondern stets nur durch den Rekurs auf weitere normative Kriterien zu entscheiden ist. Deshalb ist es möglich, dass die unterlassene »Hilfe« (in einem engen, auf die Unterscheidung von Tun und Unterlassen bezogenen Sinn) durch den Rettungsschwimmer nicht als Unterlassung von »Hilfe«, sondern als eine »Schädigung« (beides jeweils nun in einem umfassenden und stärker normativ aufgeladenen Sinn) verstanden wird. Die letztere Klassifizierung wird dadurch möglich, dass das Verhalten des Rettungsschwimmers im Einklang mit bestimmten, auf seine spezifische Rolle gerichteten normativen Erwartungen beurteilt wird, wonach sein Versagen eine andere Beurteilung erfährt als beispielsweise eine Unterlassung der Hilfe durch, sagen wir, andere Badegäste.

Thomas Pogges Schädigungsthese stützt sich nun, wie der Begriff schon vermuten lässt, auf das zweite Kriterium zur Unterscheidung von positiven und negativen Pflichten. Denn Pogge ist der Meinung, dass die Bewohner wohlhabender Länder den Menschen in extremer Armut Schaden zufügen und dadurch eine negative Pflicht verletzen. In seiner Schädigungsthese kommt allerdings ein noch spezifischeres Verständnis von Schädigung zum Ausdruck, da er die für die Pflichtverletzung relevante Schädigung nicht in der interpersonalen Dimension, sondern auf *institutioneller Ebene* verortet. Pogge unterscheidet zwischen einem »interaktionalen« und einem »institutionellen« Verständnis von Menschenrechten und

47 Auf die Möglichkeit der Schädigung durch Unterlassung sowie auf ähnliche Beispiele weist Corinna Mieth hin. Vgl. dies., »On Human Rights and the Strength of Corresponding Duties«, S. 162, und *Positive Pflichten*, S. 15 ff.

weist darauf hin, dass die Korrelation von Rechten und Pflichten im Rahmen von Ersterem eine völlig andere sei als ihm Rahmen von Letzterem.[48] Während mit Menschenrechten zwar immer auch bestimmte »interaktionale Verpflichtungen«[49] korrelierten, gebe es daneben aber auch auf institutionelle Ordnungen bezogene Pflichten beziehungsweise eine »institutionelle Verantwortung«,[50] soziale Institutionen im Einklang mit Menschenrechten zu gestalten. Es ist wohlgemerkt diese institutionelle Ebene, auf der Pogge die Verletzung einer *negativen Pflicht* seitens der Bürgerinnen und Bürger wohlhabender Länder gegenüber Menschen in extremer Armut geltend macht.

Die Unterscheidung zwischen einem interaktionalen und institutionellen Verständnis von Menschenrechten und den damit jeweils korrelierenden Pflichten hat in systematischer Hinsicht einen hohen Stellenwert. Sie lässt sich trotz der begrifflichen Differenzen der Sache nach weitgehend analog zu der in diesem Buch zur Geltung kommenden Unterscheidung von interpersonaler und struktureller Verantwortung verstehen.[51] Denn die Pflichten, die Pogge dem institutionellen Verständnis von Menschenrechten zuordnet, sind implizit dadurch charakterisiert, dass sie – wie strukturelle Verantwortung – eine andere Ausrichtung als diejenigen Pflichten aufweisen, die er dem interaktionalen Verständnis von Menschenrechten zuordnet.[52] Wenn Pogge beispielsweise postuliert, dass die dem institutionellen Verständnis von Menschenrechten zugeordneten institutionellen Pflichten von allen an der Aufrechterhaltung einer institutionellen Ordnung Beteiligten fordern, diese Ordnung so zu gestalten, dass Menschenrechte in ihr

48 Zu dieser Unterscheidung vgl. u.a. Thomas Pogge, »Menschenrechte als moralische Ansprüche an globale Institutionen«, in: Stefan Gosepath, Georg Lohmann (Hg.), *Philosophie der Menschenrechte*, Frankfurt/M. 1998, S. 378-400, hier S. 378 ff., und Pogge, *Weltarmut und Menschenrechte*, S. 61 ff., S. 85 ff. und S. 213 ff.

49 Ebd., S. 87. Diese grundsätzliche Kompatibilität der beiden Arten von Pflichten hat Pogge allerdings nicht von Anfang an, sondern erst im Rahmen der Entgegnung auf Einwände eingeräumt. Siehe hierfür die Literaturhinweise in diesem Buch in Kap. VI.2, Fn. 7 und 8.

50 Pogge, *Weltarmut und Menschenrechte*, S. 140.

51 Vgl. dazu die Literaturhinweise oben in Kap. IV.2, Fn. 17.

52 Siehe oben, Kap. II.2.2, zur Beobachtung, dass die Dimension der Ausrichtung analog zum Verantwortungsbegriff auch auf den Pflichtbegriff bezogen werden kann.

gewährleistet sind,[53] so haben diese Pflichten offensichtlich eine andere Ausrichtung als interaktionale Pflichten (in Pogges Terminologie) beziehungsweise interpersonale Verantwortung (in meiner Begrifflichkeit).[54] Denn die Subjekte, an die diese moralischen Forderungen gestellt werden, haben gegenüber den Adressaten die institutionelle Pflicht, gemeinsam geteilte soziale Institutionen so zu gestalten, dass ihre Auswirkungen im Einklang mit Menschenrechtsnormen stehen.

Doch warum soll es sich bei dieser von Pogge geltend gemachten institutionellen Pflicht um eine negative Pflicht handeln? Die Antwort liegt in einer speziellen Ausdeutung des Schadensbegriffs begründet, wonach das Urteil darüber, ob eine *institutionelle Ordnung* einer bestimmten Menschengruppe schadet, davon abhängig ist, ob diese Ordnung *gerecht* ist.[55] Bevor ich diese Strategie beurteilen werde, möchte ich Pogges Argument kurz rekonstruieren, um die entscheidenden systematischen Elemente der Schädigungsthese herauszupräparieren. Dadurch wird es leichterfallen zu beurteilen, welche Bedeutung diese These für die Beantwortung der Frage nach dem Gewicht von Weltarmutsverantwortung besitzt.

Pogges Schädigungsthese

(1) Die gegenwärtige Weltordnung fügt Menschen in extremer Armut Schaden zu; die Bürgerinnen und Bürger wohlhabender Länder tragen zu ihrer Aufrechterhaltung in vorhersehbarer und vermeidbarer Weise bei und profitieren von ihr.
(2) Wer in vorhersehbarer und vermeidbarer Weise von einer Weltordnung profitiert, die anderen Menschen Schaden zufügt und zu deren Aufrechterhaltung er beiträgt, der verletzt diesen Menschen gegenüber eine institutionelle Nichtschadenspflicht.
(3) Zwischenkonklusion (aus 1 und 2): Die Bürgerinnen und Bürger wohlhabender Länder verletzen gegenüber Menschen in extremer Armut eine institutionelle Nichtschadenspflicht.

53 Vgl. u. a. Pogge, *Weltarmut und Menschenrechte*, S. 88.
54 Siehe oben, Kap. II.2.2, zur strukturellen Ähnlichkeit des Pflicht- und des Verantwortungsbegriffs.
55 Vgl. u. a. Pogge, »›Armenhilfe‹ ins Ausland«, S. 238.

(4) Wer anderen gegenüber eine institutionelle Nichtschadenspflicht verletzt, der muss (erstens) versuchen, nicht mehr zur Aufrechterhaltung derjenigen institutionellen Ordnung beizutragen, die diesen Personen gegenüber in vorhersehbarer und vermeidbarer Weise Schaden zufügt, und (zweitens) sowohl seinen Beitrag zum entstandenen Schaden als auch den eventuell aus ihm gezogenen Nutzen durch angemessene Wiedergutmachungsleistungen kompensieren.

(5) Konklusion (aus 1, 2, 3 und 4): Also müssen die Bürgerinnen und Bürger wohlhabender Länder (erstens) versuchen, nicht mehr zur Aufrechterhaltung einer Weltordnung beizutragen, die den Menschen in extremer Armut in vorhersehbarer und vermeidbarer Weise Schaden zufügt, und (zweitens) sowohl ihren Beitrag zum entstandenen Schaden als auch den aus ihm gezogenen Nutzen durch angemessene Wiedergutmachungsleistungen kompensieren.

Diese Rekonstruktion von Pogges Argument für die Schädigungsthese gibt in komprimierter Form die zentralen Annahmen wieder, die er in einer Vielzahl von Aufsätzen ausführlich dargelegt, begründet und gegenüber Einwänden verteidigt hat.[56] Wie überzeugend dieses Argument ist, hängt natürlich davon ab, ob seine Prämissen durchgehen. Mit anderen Worten: Jede kritische Auseinandersetzung mit Pogges Argument muss den Weg der Kritik an einer oder mehrerer seiner Prämissen gehen. Dafür ist es zunächst wiederum sinnvoll, hinsichtlich der Art der verwendeten Prämissen Klarheit zu erlangen, um sich eine grundlegende Orientierung darüber zu verschaffen, aus welcher Richtung sie überhaupt in Frage gestellt werden können. Das Argument besteht aus vier Prämissen und einer Konklusion, wobei Prämisse (3) durch eine Zwischenschlussfolgerung aus den Prämissen (1) und (2) gewonnen wurde. Alle vier Prämissen und die Konklusion enthalten im weiteren Sinn normative Annahmen. Während Prämisse (2) Pogges Konzept einer institutionellen Nichtschadenspflicht erläutert (und somit nur einen Begriffszusammenhang normativer Art postuliert), drückt Prämisse

56 Vgl. u.a. Pogge, *Weltarmut und Menschenrechte*; ders., »›Armenhilfe‹ ins Ausland«, und ders., »Anerkannt und doch verletzt durch internationales Recht«. Pogge geht ausführlich auf Einwände von Kritikern ein in: ders., »Severe Poverty as a Human Rights Violation« und »Responses to Critics«.

(1) neben normativen auch empirische Annahmen aus, die im Folgenden noch etwas ausführlicher erörtert werden müssen. Prämisse (4) hingegen ist rein normativ und postuliert, was diejenigen moralisch gesehen zu tun haben, die eine institutionelle Nichtschadenspflicht verletzen. In begrifflicher Hinsicht scheint die in ihr enthaltene Forderung, dass man im Fall selbsterzeugten Schadens vom schädigenden Handeln abzulassen und adäquate Wiedergutmachungsleistungen zu erbringen habe, relativ unproblematisch zu sein. Diese letzte Prämisse veranschaulicht somit, dass Handeln im Einklang mit einer negativen Pflicht durchaus implizieren kann, bei einer Pflichtverletzung bestimmte positive Tätigkeiten zur Wiedergutmachung verrichten zu müssen, ohne dass sich deshalb am negativen Charakter der Verpflichtung etwas ändert. Genauso wie die negative Pflicht, anderen keine Gewalt anzutun, im Fall einer Pflichtverletzung die Pflicht zur Folge haben kann, eine oder mehrere aktive Handlungen zur Wiedergutmachung zu erbringen, kann die negative Pflicht, nicht zu einer Weltordnung beizutragen, die Menschen in extremer Armut Schaden zufügt, die Pflicht zur Folge haben, eine dem Pflichtverstoß angemessene Wiedergutmachung zu leisten.[57] Allerdings besteht ein offenkundiger und folgenreicher Unterschied zwischen diesen beiden Pflichtverstößen darin, dass es zur Erfüllung der negativen Pflicht, anderen keine Gewalt anzutun, genügt, Gewalthandlungen zu unterlassen, während im zweiten Fall die Unterlassung verschiedener Handlungen für die Erfüllung der grundlegenden negativen Pflicht nicht ausreicht. Dieser Unterschied rührt daher, dass es sich im zweiten Fall um einen strukturellen Zusammenhang handelt, in den die Pflichtsubjekte anders eingebunden sind als in interpersonale Schädigungszusammenhänge. Dieser Unterschied wird bei der weiteren Beurteilung der Schädigungsthese noch eine wichtige Rolle spielen müssen.

Prämisse (2) erläutert das für das Argument zentrale Konzept einer institutionellen Nichtschadenspflicht, indem sie auf zwei Phänomene Bezug nimmt, die prinzipiell auch unabhängig voneinander betrachtet werden können.[58] Denn die Prämisse postuliert,

57 Vgl. dazu u. a. Pogge, »Severe Poverty as a Human Rights Violation«, S. 68 f.

58 Darauf machen Anwander und Bleisch aufmerksam. Vgl. Norbert Anwander, »Contributing and Benefiting: Two Grounds for Duties to the Victims of Injustice«, in: *Ethics & International Affairs* 19 (2005), S. 39-45, und Anwander/Bleisch, »Beitragen und Profitieren«.

dass die Verletzung einer negativen institutionellen Pflicht durch ein Subjekt dann vorliegt, wenn das Subjekt zu einer institutionellen Ordnung, die einer Menschengruppe Schaden zufügt, in einem Verhältnis derart steht, dass es einerseits von dieser Ordnung profitiert und andererseits zu ihrer Aufrechterhaltung beiträgt. Prämisse (2) gibt entsprechende Formulierungen Pogges wieder, die auf diese beiden Kriterien – also das Beitragen zu und das Profitieren von einer institutionellen Schädigung – Bezug nehmen. Dennoch könnten diese Prämisse und damit zusammenhängend auch die damit korrespondierenden Bestandteile der anderen Prämissen auch schwächer formuliert werden, so dass sie die Verletzung der institutionellen negativen Pflicht entweder nur vom Profitieren von einer institutionellen Schädigung oder nur vom Beitrag zu dieser Schädigung abhängig machen. Pogges Argument könnte dementsprechend insgesamt auch in zwei schwächeren Versionen rekonstruiert werden, die jeweils nur auf den Beitrag zu oder das Profitieren von einer Schädigung von Pflichtsubjekten rekurrierten. Für die Beantwortung der Frage, ob Pogges Argument seinen beiden eingangs beschriebenen Motiven gerecht wird, spielen diese möglichen Variationen in der Argumentation jedoch keine entscheidende Rolle. Denn es zeigt sich, dass andere normative Annahmen in Pogges Argument zentraler für die Auseinandersetzung damit sind, ob seine Argumentation erstens die These bekräftigt, dass unsere Pflichten gegenüber Menschen in extremer Armut vergleichsweise schwer wiegen, und ob sie zweitens auch eine Verteidigung einer weithin akzeptierbaren Minimalposition darstellt. Um dies beurteilen zu können, wende ich mich nun insbesondere Prämisse (1) zu, da sie die in dieser Hinsicht entscheidenden Annahmen bereithält.

Prämisse (1) enthält nun zum einen empirische Annahmen über das Profitieren von und den Beitrag der Bürgerinnen und Bürger wohlhabender Länder zur Aufrechterhaltung unserer derzeitigen Weltordnung mit bestimmten Eigenschaften; zum anderen enthält sie aber auch ein zentrales normatives Element. Denn dieser Prämisse zufolge ist diese Weltordnung schließlich so beschaffen, dass sie den Menschen in extremer Armut vorhersehbarer- und vermeidbarerweise *Schaden* zufügt. Und was schon für die interaktionale Zuschreibung von schädigenden Handlungen galt, das muss auch für die Zuschreibung von institutionellen Schadensrelationen gelten: Um beurteilen zu können, ob eine institutionelle Ordnung einer Gruppe von Menschen Schaden zufügt, muss diese Ordnung jeweils mit überzeugenden normativen Kriterien beurteilt werden. Thomas Pogge plädiert nun dafür, dass für die Evaluation unserer globalen Ordnung ein *Gerechtigkeitskriterium* in Anschlag gebracht werden muss. Dies sei der einzig plausible Weg, um zu dem begründeten Urteil zu gelangen, dass unsere globale Ordnung den Menschen in extremer Armut Schaden zufüge.

Pogge verwirft damit zwei alternative Wege:[59] Erstens könne die Frage, ob unsere Weltordnung den Menschen in extremer Armut schade, nicht einfach mit einem Verweis auf den gegenwärtigen Trend bezogen auf die Anzahl der Menschen in extremer Armut beantwortet werden (selbst wenn diesen Zahlen gänzlich zu trauen wäre[60]). Eine historische Grundlinie tauge nicht für einen Vergleich mit unserer derzeitigen Weltordnung, weil eine Verbesserung der derzeitigen Lage der am schlechtesten Gestellten gegenüber einem früheren Zeitpunkt schließlich nicht zeige, dass diese Verbesserung der globalen Ordnung anzurechnen ist (im Unterschied etwa zu einer Verbesserung der Eigenschaften von Teilaspekten wie nationalstaatlichen Institutionensystemen). Zudem beweise ein solcher Hinweis auf eine Verbesserung der Lage der Ärmsten im Vergleich mit einer historischen Grundlinie nicht, dass diese Ordnung zu deren Gunsten gestaltet sei, denn sie könnte schließlich nur weniger zu ihren Ungunsten gestaltet sein als diejenige institutionelle Ordnung, die zu Zeiten der jeweiligen historischen Grundlinie Bestand hatte. Zweitens sei eine hypothetische Grundlinie, etwa ein imaginierter Naturzustand, als Vergleichsmaßstab für die Evaluation unserer globalen Ordnung untauglich. Zum einen sei nicht klar, was ein solcher Vergleich in normativer Hinsicht einbringt, selbst wenn er sinnvoll durchführbar wäre. Zum anderen sei noch nicht einmal klar, dass die Situation der in einem solchen Naturzustand am schlechtesten gestellten Menschen tatsächlich schlechter wäre als diejenige von Menschen in extremer Armut heutzutage.

Pogge schlägt deshalb vor, die Frage, ob unsere derzeitige Welt-

59 Vgl. dazu bes. Pogge, »›Armenhilfe‹ ins Ausland«, S. 237 f., und »Anerkannt und doch verletzt durch internationales Recht: Die Menschenrechte der Armen«, S. 112 ff.

60 Pogge ist diesbezüglich sehr skeptisch. Vgl. Thomas Pogge, »Die Entwicklung moralisch plausibler Indizes für Armut und Geschlechtergleichstellung: ein Forschungsprogramm«, in: *Zeitschrift für Politik* 56 (2009), S. 300-327.

ordnung den Armen Schaden zufügt, auf der Basis eines Menschenrechtsstandards als minimalem Gerechtigkeitskriterium zu beantworten. Dieses Kriterium postuliert genauer, dass unsere globale institutionelle Ordnung den Menschen in extremer Armut Schaden zufügt, wenn sie *in vorhersehbarer* und *vermeidbarer Weise* dazu beiträgt, dass Menschenrechte unerfüllt bleiben;[61] dies bedeutet insbesondere, dass bestimmte *institutionelle Reformen* in Sicht sein müssen, welche die Lage der Ärmsten mit Blick auf den gewählten Menschenrechtsstandard spürbar verbessern würden. Von dieser Warte aus erklärt sich der beträchtliche Aufwand, den Pogge darauf verwendet hat zu zeigen, dass es realisierbare Vorschläge zur Reform von Institutionen im globalen Kontext gibt, deren Umsetzung zu einer solchen Verbesserung der Lage der Ärmsten führen würde. Denn seine Vorschläge zur Einführung einer globalen Rohstoffdividende und des Health Impact Funds sind gar nicht nur von praktischem Interesse, sondern sie dienen zugleich dem theoretischen Erfordernis zu zeigen, dass unsere derzeitige Weltordnung den Menschen in extremer Armut Schaden zufügt, weil es realisierbare Reformen gibt, unter denen sie spürbar besser gestellt wären.[62] Anders gesagt: Unsere gegenwärtige Weltordnung ist deshalb *ungerecht*, weil institutionelle Reformen möglich wären, deren Realisierung zur besseren Erfüllung der Menschenrechte der Ärmsten dieser Welt führen würde.

Kann Pogges Argument für die Schädigungsthese im Lichte dessen, was ich gerade über die ihm zugrunde liegenden Annahmen ausgeführt habe, tatsächlich zeigen, was es zeigen soll: dass erstens die Konzeptualisierung von Weltarmutsverantwortung als ausschließlich positiver Verpflichtung irreführend ist, weil sie die Dringlichkeit der Handlungen unterschätzt, die Menschen in extremer Armut gegenüber erforderlich sind, und dass sich der Rekurs auf negative Verpflichtung zweitens in normativer Hinsicht nur auf Annahmen stützt, die aus der Perspektive eines breiten Spektrums verschiedener theoretischer Ansätze allgemein akzeptierbar sind? Nicht ganz. Zwar kann es meines Erachtens zeigen, dass die Kon-

61 Vgl. dazu u. a. Pogge, »Severe Poverty as a Human Rights Violation«, S. 60 f.

62 Vgl. bes. Pogge, *Weltarmut und Menschenrechte*, Kap. 8 und Kap. 9. Die globale Rohstoffdividende und der Health Impact Fund stellen natürlich nur zwei von vielen möglichen Beispielen realisierbarer Reformen dar, die zu Gerechtigkeitszuwächsen im globalen Kontext führen würden.

zeptualisierung unseres moralischen Verhältnisses zu Menschen in extremer Armut als eine Frage der ihnen gegenüber gebotenen Hilfe irreführend ist, weil sie dazu tendiert, das Ausmaß zu ignorieren, in dem sowohl wir als auch Menschen in extremer Armut in globale soziale Strukturen verwoben sind, die Leid verursachen. Doch Pogges Argumentationslinie hat einen Preis, denn sie hängt, wie gezeigt, davon ab, ob die zugrunde liegenden Annahmen darüber, wann eine Schädigung von Menschen in extremer Armut durch die Bürgerinnen und Bürger wohlhabender Länder vorliegt, allgemein überzeugen können. Schon die Plausibilität von Prämisse (1) hängt ja davon ab, ob die ihr implizite Gerechtigkeitskonzeption für den globalen Kontext zu überzeugen vermag.

Aus meiner Sicht lässt sich eine solche Gerechtigkeitskonzeption im Rahmen eines *grundsätzlichen* Ansatzes, der dem Muster nichtrestriktiver praxisabhängiger Begründungen der globalen Reichweite von Gerechtigkeitsforderungen folgt, das ich in Kapitel V ausführlich diskutiert habe, durchaus verteidigen. Dieser allgemeine Begründungsrahmen für Gerechtigkeitsforderungen im globalen Kontext, der im Detail auf bestimmte *gerechtigkeitsgenerierende soziale Praktiken* Bezug nimmt, erscheint mir selbst in normativer Hinsicht plausibel zu sein. Dabei kann man, wie Pogge dies häufiger tut, auf die Auswirkungen geteilter Institutionen im globalen Kontext rekurrieren[63] oder – alternativ – auf den Grad an globaler ökonomischer Kooperation als eine weitere von mehreren möglichen praxisabhängigen Argumentationen für die globale Reichweite von Gerechtigkeitsforderungen verweisen. In einem solchen theoretischen Rahmen sind die moralischen Relationen zu Menschen in extremer Armut in der Tat andere, als sie es auf der Basis einer restriktiven praxisabhängigen Position wären, welche die Reichweite von Gerechtigkeitsforderungen auf die jeweiligen nationalstaatlichen Kontexte beschränkt. Von der Warte einer nichtrestriktiven praxisabhängigen Position ist es von daher legitim, zwischen *negativen* institutionellen Pflichten beziehungsweise einer *negativen strukturellen Verantwortung* zur Gestaltung gemeinsam geteilter internationaler Institutionen und einer *positiven Humanitätsverantwortung* zu unterscheiden, die keine solchen Gerechtigkeitsforderungen beinhaltet.

63 Vgl. u. a. ebd., Kap. 8, bes. S. 248 ff.

Natürlich könnte man einwenden, dass die Konzeptualisierung dieser Verantwortung als *negativer* Verantwortung den Charakter einer definitorischen Festlegung habe, die nicht zwingend ist. John Rawls beispielsweise hat in *Eine Theorie der Gerechtigkeit* die auf die Gestaltung der heimischen Institutionen bezogenen natürlichen Pflichten der Gerechtigkeit nicht als negative, sondern als positive Pflichten klassifiziert.[64] Jedoch erscheint auch diese Kategorisierung nicht unbedingt weniger willkürlich – zumindest dann, wenn nicht das erste, sondern das zweite Kriterium zur Unterscheidung von positiven und negativen Pflichten herangezogen wird. Denn wäre es auf der Grundlage des zweiten Kriteriums tatsächlich adäquater, die strukturelle Verantwortung gegenüber denjenigen Mitgliedern der eigenen Gesellschaft, die innerhalb des gemeinsamen Institutionensystems unterprivilegiert sind, in Begriffen der »Hilfe« statt in solchen der »Nichtschädigung« zu diskutieren? Zumindest die privilegierten Mitglieder einer ungerechten Gesellschaft könnten meines Erachtens schwerlich plausibel machen, dass sie durch ihr fehlendes Engagement in der strukturellen Dimension den Armen schließlich nur »nicht helfen«, ihnen aber »keinen Schaden« zufügten.

Strukturelle Verantwortung beziehungsweise institutionelle Pflichten, so viel sollte deutlich geworden sein, können nie durch ein bloßes Unterlassen wahrgenommen werden. Die Subjekte von struktureller Verantwortung sind vielmehr immer dazu aufgefordert, aktive Anstrengungen zu unternehmen, um zur Veränderung sozialer Strukturen beizutragen. Handelt es sich also bei Pogges institutioneller Pflicht doch um eine positive Pflicht, zumindest auf der Grundlage des ersten Kriteriums? Nun haben wir ja aber bereits gesehen, dass es in der strukturellen Dimension genau genommen nicht mehr möglich ist, trennscharf zwischen aktivem Tun und passiven Unterlassen zu unterscheiden, weil Kollektiv- und Individualsubjekte *immer schon* Einfluss auf soziale Strukturen ausüben, ob sie dies wollen oder nicht. Die Unterscheidung zwischen Tun und Unterlassen verliert in dieser Anwendung also streng genommen ihren klaren Sinn. Dies mag ein Grund dafür sein, dass Pogge in seinem Argument für die Schädigungsthese implizit auf das zweite und nicht auf das erste Kriterium zur Unterscheidung von positiven und negativen Pflichten rekurriert, das ja trotz Überschneidun-

64 Vgl. dazu das Schema in Rawls, *Eine Theorie der Gerechtigkeit*, Kap. II.18.

gen insgesamt zu einer anderen Klassifizierung von Pflichten führt. Dies ist auch bei der Schädigungsthese der Fall. Denn da diese auf Institutionen und damit auf Strukturen bezogen ist, die Subjekte und Adressaten *auf ungerechte Weise* miteinander verbinden, kann der Rekurs auf negative Pflichten (beziehungsweise negative Verantwortung) offensichtlich auch nicht durch den Hinweis darauf kritisiert werden, dass für die Wahrnehmung dieser Verantwortung ein aktives Tun erforderlich sei. Darin besteht ja gerade eine Pointe der Schädigungsthese. Es müsste stattdessen plausibel gemacht werden können, dass die Rede von »Schädigung« verfehlt und diejenige von »fehlender Hilfe« angebracht sei – was aber keine erfolgversprechende Strategie ist, wenn berücksichtigt wird, was »Hilfe« und »Nichtschädigung« unter ungerechten Hintergrundbedingungen sinnvollerweise jeweils bedeuten können.

Ich teile also die mit dem ersten Motiv verbundenen begrifflichen Intuitionen hinter der Schädigungsthese. Mit Blick auf das zweite Motiv bin ich aber, wie schon angedeutet, skeptisch. Denn weil Pogges Argument implizit auf die Gültigkeit einer nichtrestriktiven praxisabhängigen Perspektive angewiesen ist, ist es offenkundig unvereinbar mit anderen grundsätzlichen Perspektiven auf die Geltung und Reichweite von Gerechtigkeitsforderungen. Der Etatismus zum Beispiel würde schon bestreiten, dass Gerechtigkeitsforderungen überhaupt auf unsere strukturelle Relation zu Menschen in extremer Armut anwendbar sind. Diese Position lässt sich zwar ihrerseits kritisieren – und von einem grundsätzlichen Standpunkt aus teile ich diese Kritik auch, was ich besonders in Kapitel V.2.3.2 verdeutlicht habe. Darüber hinaus verträgt sich Pogges Argument allerdings auch nicht mit einer *praxisunabhängigen Perspektive* auf die Reichweite von Gerechtigkeitsforderungen, da die Geltungsgründe für Gerechtigkeitsforderungen im Rahmen dieser Position gerade nicht in Praktiken zu suchen sind, die Verantwortungssubjekte und -adressaten miteinander verbinden. Vielmehr bestehen sie praxisunabhängig, so dass es aus dieser Perspektive plausibel ist, strukturelle Gerechtigkeitsverantwortung als eine ihrem Wesen nach *positive Verantwortung* zu kategorisieren.[65]

65 Für einen analogen Rekurs auf positive Pflichten vgl. Simon Caney, »Global Poverty and Human Rights: The Case for Positive Duties«, in: Thomas Pogge (Hg.), *Freedom from Poverty as a Human Right: Who Owes What to the Very Poor?*, Oxford 2007, S. 275-302.

Die eingehende Diskussion dieser praxisunabhängigen Perspektive in Kapitel V.2.2 hat zwar verdeutlicht, dass Zweifel dahingehend berechtigt sind, ob diese den Charakter von Gerechtigkeitsforderungen angemessen konzeptualisiert. Doch auch eine solche Kritik würde von dem hier angestrebten Ziel wegführen, ein konsensuales Terrain für verschiedene vernünftige sowohl praxisabhängige als auch praxisunabhängige Perspektiven zu erschließen.

Die Quintessenz dieser Überlegungen ist, dass Pogges Argumentation für die Schädigungsthese weniger konsensfähig ist, als sie behauptet zu sein. Denn die These, dass wir negative Pflichten verletzen, ist trotz des Rekurses auf *Minimalstandards der Gerechtigkeit*[66] eben nicht mit einem breiten Spektrum von verschiedenen vernünftigen normativen Perspektiven auf die Geltung und Reichweite von Gerechtigkeitsforderungen vereinbar, obwohl sie sich innerhalb der nichtrestriktiven praxisabhängigen Perspektive auf globale Gerechtigkeitsforderungen verteidigen lässt. Gerade aus dieser Perspektive liegt es meines Erachtens sehr nahe, dafür zu argumentieren, dass die Konzeptualisierung von Weltarmutsverantwortung allein in Begriffen der Hilfe irreführend ist, weil dadurch das Gewicht dieser Verantwortung nicht angemessen wiedergegeben werde und strukturelle Verflechtungen kaschiert würden. Damit wäre Pogges erstem Motiv Genüge getan, wohingegen er das zweite Motiv nicht einlösen kann, weil die Schädigungsthese nicht für alle Vertreter relevanter normativer Überzeugungssysteme und insbesondere nicht für alle in dieser Untersuchung betrachteten vernünftigen Konzeptionen der Geltungsgründe und Reichweite von Gerechtigkeitsforderungen akzeptierbar ist. Aus diesem Grund kann strukturelle Weltarmutsverantwortung im Rahmen einer begründungspluralistischen Konzeption nicht als negative Verantwortung konzipiert werden.

Das bedeutet jedoch nicht, dass das Gewicht von Weltarmutsverantwortung im Rahmen eines begründungspluralistischen Ansatzes als schwach einzustufen ist. Obwohl die Weltarmutsverantwortung etwa aus etatistischer Perspektive lediglich als Humanitäts- und nicht als Gerechtigkeitsverantwortung zu fassen ist, impliziert das noch nicht, dass es sich um eine schwache normative Relation

66 Pogge spricht in diesem Zusammenhang auch davon, dass es sich um eine »Kernungerechtigkeit« handle, siehe *Weltarmut und Menschenrechte*, S. 262.

handelt. Schon hinsichtlich der interpersonalen Dimension zeigte sich, dass diese Gewichtung nicht aus der begrifflichen Unterscheidung zwischen solchen Verantwortungsbeziehungen, die aus Gerechtigkeitsgründen, und solchen, die aus anderen moralischen Gründen (wie der geteilten Humanität) bestehen, folgt. In Bezug auf zwischenmenschliche Beziehungen kann es also richtig sein, einer Verantwortungsrelation, die aufgrund der geteilten Humanität eines Subjekts und eines Adressaten Bestand hat, fallspezifisch ein größeres Gewicht als der Erfüllung manch anderer interpersonaler Gerechtigkeitsforderungen beizumessen. Zu denken ist etwa an Gebote der Fairness, die sich auf die Verteilung nichtlebenswichtiger Güter unter Kleingruppenmitgliedern beziehen, im Gegensatz zu Geboten der Hilfe in akuten Notlagen.[67] Diese Überlegungen lassen sich auf die strukturelle Dimension übertragen. Auch mit Blick auf institutionelle Arrangements ist es nicht einzusehen, warum struktureller Verantwortung ein schwaches Gewicht beizumessen ist, selbst wenn sie »nur« als Humanitätsverantwortung konzipiert wird.

Diese Überlegungen revidieren keineswegs die Einsicht, zu der schon die Diskussion der restriktiven praxisabhängigen Perspektive und insbesondere des Etatismus in Kapitel V.2.3.2 führte: dass sie in normativer Hinsicht weniger plausibel zu sein scheint als die mit ihr konkurrierenden Perspektiven auf die Geltungsgründe und Reichweite von Gerechtigkeitsverantwortung. An dieser Stelle geht es lediglich darum, dass mit der Beantwortung der Frage, ob es sich um eine moralische Relation der Gerechtigkeit oder um eine der Humanität handelt, noch nicht viel gewonnen ist für die Bemessung des relativen Gewichts dieser moralischen Relation. Denn Forderungen der Gerechtigkeit und der Humanität werden innerhalb einzelner Ansätze jeweils unterschiedlich interpretiert. Beispielsweise habe ich in Kapitel V gezeigt, dass, je nachdem, ob es sich um eine praxisunabhängige oder praxisabhängige Perspektive handelt, Gerechtigkeitsverantwortung als allgemeinmenschliche oder als besondere Verantwortung aufgefasst wird. Wie schwer die Humanitätsverantwortung wiegt, hängt also davon ab, wie Gerechtigkeitsverantwortung konzipiert und von ihr abgegrenzt wird. So ist es durchaus möglich, im Zugang zu Grundgütern auf Seiten

67 Siehe hierzu auch die Erörterung weiter oben in Kap. V.2.2.

von Menschen in extremer Armut ein besonders schützenswertes Gut zu sehen, dessen Erfüllung gegenüber anderweitigen Gerechtigkeitsverpflichtungen *prioritär* ist. Begrifflich und normativ ist es damit möglich, Weltarmutsverantwortung als Humanitätsverantwortung zu klassifizieren und dennoch den entsprechenden Schritten im politischen Raum – anders als in alltagsmoralischen Urteilen üblich – ein *größeres* moralisches Gewicht beizumessen als der Gerechtigkeitsverantwortung gegenüber Landsleuten. Eine solche Position bedarf selbstverständlich einer detaillierteren Analyse, als ich sie hier leisten kann, aber es ist wichtig zu sehen, dass sie begrifflich möglich ist.

Aus alldem folgt natürlich nicht, dass es keinen Unterschied macht, ob globale Institutionen *nur* aus Gründen der Humanität oder *auch* aus Gerechtigkeitsgründen so gestaltet werden sollten, dass alle Menschen einen sicheren Zugang zu Grundgütern haben. Es dürfte unstrittig sein, dass moralische Verantwortungsbeziehungen von globaler Reichweite grundsätzlich schwerer wiegen, wenn sie nicht nur auf allgemeine Humanitätsnormen, sondern *zusätzlich* auf die Geltung von Gerechtigkeitsnormen zurückführbar sind.[68] Falsch wäre es nur, dies mit der allgemeinen These, dass Humanitätsverantwortung immer schwächer sei als jede mögliche Gerechtigkeitsverantwortung, zu verwechseln; oder mit der spezifischeren These, dass Weltarmutsverantwortung, wenn sie begrifflich nicht als Gerechtigkeitsverantwortung, sondern »nur« als Humanitätsverantwortung gefasst wird, schwach sei. Beide Thesen, die allgemeine wie die spezifisch auf Weltarmut bezogene, sind, wie sich zeigte, zurückzuweisen.

Neben dem Konsens über die globale Reichweite von struktureller Weltarmutsverantwortung sowie über Menschenrechte als deren inhaltliche Standards kristallisiert sich damit eine weitere Ebene des begründungspluralistischen Konsenses heraus: Struktureller Weltarmutsverantwortung sollte in jedem Fall, das heißt unabhängig von der jeweils eingenommenen grundsätzlichen Perspektive, ein vergleichsweise schweres Gewicht beigemessen werden. Diese allgemeinen Schlussfolgerungen zum Gewicht von Weltarmutsverantwortung müssen mit Hilfe von Zusatzüberlegungen in spe-

68 Vgl. dazu z.B. Thomas Nagel, »Das Problem globaler Gerechtigkeit«, in: Broszies/Hahn (Hg.), *Globale Gerechtigkeit,* S. 104-145, hier S. 128, in defensiver Absicht und Pogge, *Weltarmut und Menschenrechte*, S. 247, in offensiver Absicht.

zifischere moralische Urteile darüber, welches Gewicht die Weltarmutsverantwortung verschiedener kollektiver und individueller Akteure jeweils hat, übersetzt werden. Die Auseinandersetzung mit der Verantwortung von Staaten, Unternehmen und NGOs und mit der korrespondierenden Verantwortung von Individuen in diesem Kapitel hat bereits gezeigt, welche Form solche spezifischeren Überlegungen annehmen können. Entscheidend ist, dass die jeweiligen Positionen und Interessen verschiedener Kollektiv- und Individualsubjekte innerhalb des übergreifenden Netzes sozialer Strukturen berücksichtigt werden, wenn es darum geht, welchen Beitrag sie bei der Bekämpfung der Weltarmut leisten können und in moralischer Hinsicht auch zu leisten haben. Zieht man nun die Überlegungen zum Gewicht von Weltarmutsverantwortung hinzu, so ist zu konstatieren, dass die Verantwortung der Angehörigen wohlhabender Länder gegenüber Menschen in extremer Armut im Durchschnitt vergleichsweise schwer wiegt, obwohl sie aus begründungspluralistischer Perspektive nicht als negative Verantwortung konzeptualisiert werden kann. In der Praxis kommt es natürlich darauf an, wie die Zivilgesellschaft dieses Gewicht von Weltarmutsverantwortung auf verschiedene Kollektivsubjekte verteilt und dadurch in Kanäle leitet, die Menschen in extremer Armut zugutekommen.

Die Auseinandersetzung mit Thomas Pogges Ansatz in diesem Kapitel beschränkte sich weitgehend auf die Frage nach der allgemeinen Plausibilität der Schädigungsthese. Diese Diskussion war einschlägig, weil Pogges Argument direkt auf die Frage des Gewichts von Weltarmutsverantwortung bezogen ist und zu interessanten Ergebnissen führt, die in Kontrast zu alltäglichen moralischen Denk- und Urteilsweisen stehen. Seine theoretischen Beiträge, die schon früh auf die Bedeutung des globalen Institutionensystems für die Frage nach der Reichweite von Verantwortungsbeziehungen aufmerksam gemacht haben, verdienen darüber hinaus eine ganz generelle Anerkennung, wie auch meine Erörterung nicht die Bedeutung der von Pogge entworfenen Reformvorschläge in Abrede stellen soll. Dennoch hat sich in dieser Untersuchung gezeigt, dass die Dimension der *Objekte* von Weltarmutsverantwortung ganzheitlicher gefasst werden muss, so dass die drei institutionellen Ebenen berücksichtigt werden, hinsichtlich der verschiedene Kollektiv- und Individualsubjekte strukturelle Weltarmutsverantwortung wahrnehmen können: die Ebene derjenigen nationalstaatlichen

Institutionen, unter denen Menschen in extremer Armut leben; die für die Koordination von Kollektivsubjekten besonders wichtige Ebene internationaler Institutionen und Verträge und die Ebene der nationalstaatlichen Politik wohlhabender Länder, die hinsichtlich ihrer externen Wirkungen auf Menschen in extremer Armut zu hinterfragen ist. Es wurde deutlich, dass Kollektiv- und Individualsubjekte auf der Grundlage einer holistischen Interpretation sozialer Strukturen generell *auf allen diesen Ebenen* Weltarmutsverantwortung wahrzunehmen haben. Hingegen scheint die geläufige Annahme, dass schon einige wenige kollektive Anstrengungen auf internationaler Ebene zur Lösung des Armutsproblems führen würden, dieses Problem zu unterschätzen und darüber hinaus auch wichtige Kausalrelationen auf den anderen beiden Ebenen, die ebenfalls zu seiner Perpetuierung beitragen, zu übersehen.

Auch die *Subjekte* von Weltarmutsverantwortung werden bei Pogge nicht differenziert genug betrachtet. Zwar hat er schon früh und völlig zu Recht die »Bürger reicher Länder«[69] als Subjekte von Weltarmutsverantwortung identifiziert. Doch die Überlegungen in diesem Kapitel sollten gezeigt haben, dass man nicht bei dieser Gruppe stehen bleiben darf, die bei genauer Betrachtung zudem nur als Aggregat klassifizierbar ist. Die »Bürger der wohlhabenden Staaten«[70] sind kein genuines *Kollektiv*, das als solches zu kollektivem Handeln fähig wäre. Ich habe aber gezeigt, dass die Identifikation von handlungsfähigen Kollektiven generell der unverzichtbare erste Schritt sein muss, weil sie die Vorbedingung für die gezielte Veränderung von sozialen Strukturen im Einklang mit Normen und damit auch die Vorbedingung für die Übernahme von struktureller Verantwortung darstellt. *Wie* sich verschiedene Kollektive – insbesondere Staaten, Unternehmen und NGOs – als Subjekte von Weltarmutsverantwortung identifizieren lassen und wie darauf aufbauend auch Individuen als Träger von Weltarmutsverantwortung bestimmt werden können, je nachdem, in welchem internen oder externen Verhältnis sie zu ihnen stehen, sollte ebenfalls deutlich geworden sein. Vermittels eines Blicks auf den positionalen Einfluss von Kollektiv- und Individualsubjekten auf die Veränderung von Strukturen lassen sich dann, wie erörtert, auch genau-

69 Pogge, *Weltarmut und Menschenrechte*, S. 2.
70 Ebd., S. 40.

ere Richtlinien dafür und Aussagen darüber formulieren, welche Verantwortung Individuen – und insbesondere die Bessergestellten unter ihnen – gegenüber Menschen in extremer Armut haben. Die Überlegungen zum Gewicht von globaler Verantwortung können zudem herangezogen werden, um das jeweilige Gewicht der Weltarmutsverantwortung von verschiedenen Akteuren zu bestimmen.

Damit ist die übergreifende Argumentation für eine begründungspluralistische Theorie globaler Verantwortung abgeschlossen, die ich anhand einer Analyse der moralischen Relation der Bürgerinnen und Bürger wohlhabender Länder gegenüber Menschen in extremer Armut in allen acht Dimensionen des Verantwortungsbegriffs entwickelt habe. Bevor ich im Schlusskapitel nochmals einige wesentlichen Ergebnisse zusammenfassen werde, geht es in Kapitel IX zunächst um Peter Singers Sicht auf Weltarmutsverantwortung. Dieses ist als Exkurs gedacht, nicht als integraler Bestanteil der übergreifenden Argumentation, die dadurch gleichwohl eine zusätzliche Plausibilisierung erhalten dürfte.

IX.
Exkurs: Peter Singers Sicht auf Weltarmutsverantwortung

Peter Singers Argument für anspruchsvolle und umfangreiche Hilfspflichten von Bessergestellten gegenüber Menschen in akuten und chronischen Notlagen ist berühmt und berüchtigt. Er hat es seit seinem frühen Essay »Famine, Affluence, and Morality« aus dem Jahr 1972 in zahlreichen Aufsätzen, Abhandlungen, Zeitungsartikeln und Interviews immer wieder präsentiert, verteidigt und mitunter ergänzt, ohne es dabei in seiner ursprünglichen argumentativen Substanz grundlegend zu verändern.[1] Singers Position mag in erster Linie aufgrund seiner radikalen Schlussfolgerung berüchtigt sein, die, nimmt man sie ernst, zu einer tiefgreifenden Revision herkömmlicher Ansichten über den Umfang unserer allgemeinmenschlichen moralischen Verantwortung gegenüber Menschen in extremer und schwerer Armut führt.[2] Laut Singer lässt sich weder die für das gewöhnliche Moraldenken bezeichnende Priorisierung besonderer gegenüber allgemeinmenschlicher Verantwortung noch dessen schwerere Gewichtung des aktiven Tuns im Gegensatz zu passivem Unterlassen rechtfertigen.[3] Gutsituierte

1 Vgl. bes. Peter Singer, »Famine, Affluence, and Morality«, in: *Philosophy & Public Affairs* 1 (1972), S. 229-243 (dt.: »Hunger, Wohlstand und Moral« [1972], in: Barbara Bleisch, Peter Schaber [Hg.], *Weltarmut und Ethik*, Paderborn 2007, S. 37-51); ders., *Praktische Ethik*, Stuttgart 1994 [Orig. 1979, ^{2}1993], Kap. 8; ders., »The Singer Solution to World Poverty« [1999], in: ders., *Writings on an Ethical Life*, New York 2000, S. 118-124; ders., *One World*, New Haven 2002, S. 156 ff.; ders., »Outsiders: Our Obligations to Those Beyond Our Borders«, in: Deen K. Chatterjee (Hg.), *The Ethics of Assistance. Morality and the Distant Needy*, Cambridge 2004, S. 11-32; ders., »Poverty, Facts, and Political Philosophies: A Debate with Andrew Kuper«, in: Andrew Kuper (Hg.), *Global Responsibilities. Who Must Deliver on Human Rights?*, New York 2005, S. 173-181; ders., »What Should a Billionaire Give – and What Should You?«, in: *The New York Times*, 17.12.2006; ders., *The Life You Can Save. Acting Now to End World Poverty*, New York 2009.

2 Diese Einschätzung formuliert Singer auch selbst, siehe »Hunger, Wohlstand und Moral«, S. 13 ff., »The Singer Solution to World Poverty«, S. 122, und *The Life You Can Save*, S. xiv und S. 17.

3 Siehe in diesem Buch Kap. III.2 für die Charakterisierung des gewöhnlichen Moraldenkens.

Bewohner wohlhabender Länder sind ihm zufolge moralisch dazu verpflichtet, einen beträchtlichen Anteil ihrer materiellen Ressourcen für die Bekämpfung von extremer und schwerer Armut einzusetzen, zum Beispiel – und für Singer paradigmatisch – in Form von Geldspenden an Hilfsorganisationen wie Oxfam, Ärzte ohne Grenzen oder UNICEF. Tun sie dies nicht, machen sie sich ihm zufolge eines ernsten moralischen Vergehens schuldig. Dass Singers Position so berühmt geworden ist, ist gewiss nicht nur auf diese radikale Schlussfolgerung seines Arguments zurückzuführen, das ich weiter unten im Detail analysiere. Auch die wirkungsmächtige Analogie – die Teichanalogie –, die sein Argument für weitgehende Hilfspflichten gegenüber Menschen in extremen und schweren Notlagen stützen soll, ist vielfach und kontrovers diskutiert worden.[4] Singer schreibt:

> Der Weg von der Bibliothek meiner Universität zum Hörsaalgebäude der Geisteswissenschaften führt an einem flachen Zierteich vorbei. Angenommen, ich bemerke auf meinem Weg zur Vorlesung, daß ein kleines Kind hineingefallen ist und Gefahr läuft zu ertrinken. Würde irgendwer bestreiten, daß ich hineinwaten und das Kind herausziehen sollte? Dies würde zwar bedeuten, daß ich mir die Kleidung beschmutze und meine Vorlesung entweder absagen oder verschieben muß, bis ich etwas Trockenes zum Anziehen finde; aber verglichen mit dem vermeidbaren Tod eines Kindes wäre das unbedeutend.[5]

Nach Singer kann diese Analogie die moralische Dringlichkeit der geforderten Hilfe für Menschen in extremer und schwerer Armut gut verdeutlichen. Die Relation materiell vergleichsweise gut situierter Menschen zu Menschen in extremer und schwerer Armut sei in moralischer Hinsicht analog zur Relation des Passanten zum ertrinkenden Kind zu beurteilen. Natürlich enthält ein solcher Rekurs auf die Teichanalogie, in welcher der Passant das Kind unter Verur-

4 Vgl. u. a. die Diskussion in William Aiken, Hugh LaFollette (Hg.), *World Hunger and Morality*, London [2]1996 [1977]; Garrett Cullity, *The Moral Demands of Affluence*, Oxford 2004; Bleisch/Schaber (Hg.), *Weltarmut und Ethik*; Barbara Bleisch, *Pflichten auf Distanz*, Berlin, New York 2010, und Corinna Mieth, *Positive Pflichten. Über das Verhältnis von Hilfe und Gerechtigkeit in Bezug auf das Weltarmutsproblem*, Berlin, New York 2012.

5 Singer, *Praktische Ethik*, S. 292. Für alternative Formulierungen der Teichanalogie vgl. ders., »Famine, Affluence, and Morality«, S. 231 (bzw. ders., »Hunger, Wohlstand und Moral«, S. 9), ders., *The Life You Can Save*, S. 3, sowie Peter Unger, *Living High & Letting Die*, Oxford 1996, S. 9.

sachung von vergleichsweise geringen Kosten für ihn selbst aus dem Teich ziehen kann, jede Menge Stoff für Kontroversen. Ist eine Untätigkeit von gutsituierten Menschen gegenüber sich kontinuierlich wiederholenden, medial in unsere Wohnzimmer projizierten und postalisch per Spendenbrief angemahnten Hungerkatastrophen sowie der zunehmend besser medial beleuchteten chronischen Unterernährung und Armut von Hunderten von Millionen von Menschen in moralischer Hinsicht tatsächlich ähnlich gravierend, wie es das Verhalten des Passanten wäre, wenn er es unterließe, das Kind zu retten, etwa um seine Kleidung nicht schmutzig zu machen?

Klar ist zunächst, dass alltagsmoralische Intuitionen mit Bezug auf das Teichbeispiel und ähnlich konstruierte einfache Szenarien relativ verlässlich vorgeben, was das Verantwortungssubjekt aus moralischen Gründen tun muss.[6] Dies scheint dagegen nicht für die Frage zu gelten, was angesichts etwa von im Fernsehen ausgestrahlten Spendenaufrufen oder Spendenbriefen von Hilfsorganisationen in moralischer Hinsicht genau zu tun ist.[7] Während der Passant, der dem Kind seine Hilfe versagt, auf der Basis vorherrschender Überzeugungen gewiss mit Verachtung oder gar Abscheu betrachtet würde, scheinen diese Überzeugungen hinsichtlich der moralisch richtigen Reaktion auf Spendenaufrufe keine ähnlich klare Richtung vorzugeben. Wenn eine gängige Haltung ausmachbar ist, dann eher die Singers Position entgegengesetzte: Die Mehrzahl der Menschen in den wohlhabenderen Ländern sieht es zwar als löblich, aber nicht verpflichtend und damit als übergebührlich an, einen Betrag kleiner oder mittlerer Höhe an eine Hilfsorganisation zu überweisen, von darüber hinausgehendem finanziellen Engagement ganz zu schweigen. Ist man davon überzeugt, dass eine starke Pflicht zum Spenden vorliegt, kann man sich dabei also offenbar nicht auf den Common Sense berufen. Dessen ist sich Singer natürlich bewusst, denn er hat seine Position ja explizit als eine entworfen, die auf eine Inkonsistenz in den gewöhnlichen

6 Singer bezieht sich auch auf andere Analogien, um die Frage der moralischen Dringlichkeit der Hilfe für Menschen in extremer Armut zu diskutieren, darunter die von Peter Unger entworfene »Bugatti vs. Kind«-Analogie. Vgl. Unger, *Living High & Letting Die*, S. 24; Singer, »The Singer Solution to World Poverty«, S. 119, und ders., *The Life You Can Save*, S. 13.

7 Vgl. Unger, *Living High & Letting Die*, S. 9, wo mit genau diesem Vergleich gearbeitet wird.

Moralüberzeugungen hinweisen und deren Revisionsbedürftigkeit mit Blick auf das Leid von Hunderten von Millionen von Menschen hervorheben will.

Singers Position könnte so wiedergegeben werden, als wäre die Teichanalogie aus seiner Sicht allein schon hinreichend, um weitgehende Hilfspflichten gegenüber Menschen in extremer Armut zu begründen. Dies ist sicher nicht der Fall, sondern wie sich noch im Einzelnen zeigen wird, dient sie Singer primär zur Veranschaulichung seines prinzipiell auch von ihr unabhängig analysierbaren Arguments. Doch er erachtet die Teichanalogie als heuristisches Mittel, das aufgrund seiner Schlichtheit dabei helfen kann, das Dickicht unserer empirischen Situation durch die Veranschaulichung übersichtlicher Kriterien zumindest ein wenig zu lichten. Singer behauptet wohlgemerkt nicht, dass sich die beiden von ihm verglichenen Situationen in allen möglichen Hinsichten hinreichend ähnlich sind. Ihm dies zu unterstellen, hieße, den Witz der Analogie zu verkennen. Der offensichtlichste und beabsichtigte Unterschied besteht ja schon darin, dass sich das Teichgeschehen in unmittelbarer Nähe des Passanten abspielt, während Hungernde oft Tausende Kilometer von ihren potentiellen Helfern entfernt leben. Singer behauptet nur, dass sich eine gegensätzliche moralische Beurteilung dieser beiden Szenarien trotz des Unterschiedes in der räumlichen Distanz bei genauerer Betrachtung nicht rechtfertigen lässt und als inkonsistent gelten muss. Es ist diese These der moralischen Vergleichbarkeit der beschriebenen Situationen, die in der Auseinandersetzung mit Singer genauer zu untersuchen ist.

Was in moralischer Hinsicht relevant ist, kann nun offensichtlich nicht allein unter Berücksichtigung von deskriptiven Annahmen, sondern muss mit zusätzlichen normativen Annahmen beantwortet werden. Sicher ist zunächst, dass sich die beiden Situationen, unabhängig davon, welches generelle Gewicht Absichten in der moralischen Bewertung von Handlungen zugestanden wird, in der Hinsicht gleichen, dass weder einer potentiellen Spenderin noch dem Passanten die Absicht unterstellt werden kann, einen Menschen sterben zu lassen. Allerdings nimmt der Passant im Fall einer unterlassenen Hilfeleistung den Tod des Kindes in Kauf, um sich nicht schmutzig zu machen und nicht zu spät zur Arbeit zu kommen. Auch der Mehrheit der Bürgerinnen und Bürger reicher Länder darf unterstellt werden, dass sie es trotz unterlassener Spenden nicht richtig finden, dass weltweit jährlich Millionen von unterernährten Menschen sterben, sondern dies – sollte es ihnen überhaupt kontinuierlich gegenwärtig sein – nur in Kauf nehmen. Doch es gibt auch Merkmale, die auf eine moralische Disanalogie der beiden Situationen hindeuten. Mindestens drei solcher unterscheidenden Merkmale drängen sich geradezu auf, die jeweils in systematischer Hinsicht vom nicht intrinsisch bedeutsamen Unterschied der räumlichen Entfernung der Verantwortungssubjekte zu den Verantwortungsadressaten unabhängig sind, auch wenn sie kontingenterweise mit diesem zusammenfallen mögen. Der erste offensichtliche Unterschied zwischen der Teichsituation und der Spendersituation besteht in der *unterschiedlichen Gewissheit* über die Schadensvermeidung, denn während es der Passant gänzlich selbst in der Hand hat, das Leben des Kindes zu retten, sind Spender auf die Interaktion mit und von anderen angewiesen, die als Empfänger und Übermittler ihres Hilfsbeitrags fungieren. Ob und inwieweit ihre Spende Bedürftige in fernen Ländern auch wirklich erreicht und dadurch Not und Leiden von Menschen in extremer Armut lindert, können sie nicht unmittelbar wahrnehmen, sondern nur im Vertrauen auf die Auskünfte von Übermittlerpersonen und auf andere Quellen, etwa sozialwissenschaftliche Berichte, in Erfahrung bringen. Aus der Perspektive von Privatpersonen gibt es zunächst eine Vielzahl von sich für eine Spende anbietenden Hilfsorganisationen, deren Wirksamkeit und Effizienz nicht unmittelbar eingesehen, sondern auf die nur auf Basis prinzipiell fallibler Informationen geschlossen werden kann. Selbst wenn empirische Untersuchungen die kurz- und mittelfristige Effizienz von Spendengeldern relativ sicher demonstrieren können, unterscheidet sich die Situation des potentiellen Spenders in psychologischer Hinsicht gravierend von der des Passanten.

Der zweite moralisch bedeutsame Unterschied besteht darin, dass sich Spender nicht nur einer, sondern einer *Vielzahl hilfsbedürftiger Personen* gegenübersehen. Obwohl die Teichanalogie gut veranschaulichen kann, dass es in bestimmten Situationen eine gewichtige allgemeinmenschliche moralische Verantwortung gibt, die nicht mit einer speziellen Beziehung zwischen Helfer und Hilfebedürftigem zusammenhängt,[8] scheint man ihr wenig darüber

8 Die Teichgeschichte könnte so präzisiert werden, dass klarerweise keinerlei besondere Verantwortung im Spiel ist und zum Beispiel auch keine geteilte Staatsbürgerschaft vorliegt: Der Passant könnte ein ausländischer Tourist sein.

entnehmen zu können, wie weit eine solche Verantwortung reicht und wie schwer sie generell im Vergleich mit besonderer moralischer Verantwortung wiegt. Während der Umfang beziehungsweise das Objekt der moralischen Verantwortung im Teichszenario völlig unstrittig ist – die gebotene Handlung ist, das Kind aus dem Teich zu ziehen, und tut der Passant dies nicht, macht er sich eines schweren moralischen Vergehens schuldig –, bleibt im Weltarmutsfall zunächst einmal unklar, wie vielen Personen wie lange geholfen werden muss. Selbst wenn man davon überzeugt ist, dass die Hilfspflicht generell auf dem Weg von Spenden eingelöst werden kann und muss, ist damit die Frage, zur Spende welchen genauen Betrages und gegebenenfalls mit welcher Regelmäßigkeit Bürger wohlhabender Länder verpflichtet sind, noch nicht beantwortet. Anders als im Teichbeispiel, das eine einmalige Nothilfesituation darstellt, kann sich im Weltarmutsfall die moralisch relevante Situation des Geldspendens theoretisch so lange wiederholen, wie sich Menschen in Not befinden und wie Verantwortungssubjekte in der Lage bleiben zu spenden.

Der dritte moralisch relevante Unterschied besteht darin, dass, wie soeben gezeigt, nicht nur die Zahl der potentiellen Verantwortungsadressaten um ein Vielfaches höher ist als im Teichszenario, sondern auch die Anzahl der in Frage kommenden *Verantwortungssubjekte*. Es gibt offensichtlich eine Vielzahl ausreichend gutsituierter und prinzipiell zur Hilfe fähiger Menschen, die angesichts des Leids von Menschen in extremer Armut aktiv werden könnten. Auch dieser Unterschied betrifft den Umfang der Verantwortung von einzelnen Subjekten gegenüber Menschen in extremer Armut. Denn vom Verhalten der jeweils anderen Verantwortungssubjekte hängt erstens ab, wie viel insgesamt durch den Einzelnen noch getan werden muss. Zweitens gibt es aber auch ein Fairnessproblem, insofern es plausiblerweise als unfair gelten kann, wenn verschiedene Verantwortungssubjekte sich in sehr unterschiedlichem Maße bei der Bekämpfung der Weltarmut engagieren.

Man könnte freilich versuchen, Singers Beispiel so zu modifizieren, dass die genannten drei Unterschiede zwischen den Vergleichssituationen verschwinden oder zumindest kleiner werden. So könnte man etwa sowohl den hypothetischen Teich mit einer großen Anzahl von Ertrinkenden als auch das Teichufer mit sehr vielen anderen Passanten anreichern. Dann könnte man plausibel argumentieren, dass Unfairness in dem Sinn, dass andere ebenfalls zur Hilfe Fähige nichts oder nicht genug tun, allein noch keinen legitimen Grund darstellt, selber nicht zu helfen: Im auf diese Weise modifizierten Beispiel ändert die Tatsache, dass andere um den Teich herumstehende Passanten ihrer Pflicht nicht nachkommen, nichts daran, dass offensichtlich jeder Einzelne versuchen muss, Menschenleben zu retten, und dies legitimerweise über den fairen Anteil hinaus, den er oder sie leisten würde, wenn alle anderen ebenfalls helfen würden.[9] So viel scheint jedenfalls gewiss zu sein, auch wenn die genaue moralische Relevanz solcher Situationen der Unfairness gegenüber der moralischen Relevanz der Forderung, dass Menschen in schwerer Not geholfen werden muss, damit freilich nicht abschließend geklärt ist.

Doch selbst ein auf diese Weise modifiziertes Beispiel kommt nicht nahe genug an die Situation des Spenders im Kontext der Weltarmut heran. Zum einen unterscheidet es sich hinsichtlich der Gewissheit der Schadensvermeidung von der Situation des Geldspenders. Zum anderen sind der Aussagekraft der Analogie schon allein deshalb Grenzen gesetzt, weil das Teichszenario die Kontinuität, mit der sich die jeden Tag wiederholbare Frage stellt, was Individuen hinsichtlich der Weltarmut in moralischer Hinsicht tun müssen, nur schlecht veranschaulichen kann. Versuchte man, die Analogie auch in diese Richtung weiter herbeizumodifizieren, verlöre sie dadurch letztendlich wohl ihre moralische Aussagekraft. Es wäre zumindest nicht mehr klar, welches Urteil das gewöhnliche Moraldenken in Bezug auf ein fiktives Szenario nahelegen würde, in dem eine Person jeden Tag mehrmals an einem von unzähligen anderen Passanten gesäumten Ufer eines Sees entlangläuft, in dem zahlreiche Personen zu ertrinken drohen. Man sieht, dass Versuche, das Teichszenario noch komplexer zu machen, den Nachteil haben, weniger geeignet zu sein, um bestimmte moralische Intuitionen darüber zu testen, was und wie viel die Bürgerinnen und Bürger wohlhabender Länder Menschen in extremer Armut moralisch gesehen schulden.

9 Zur Kritik an der Anwendung der Konzeption des fairen Anteils auf das Teichbeispiel vgl. Singer, »Hunger, Wohlstand und Moral«, S. 11, ders., *The Life You Can Save*, S. 145, und Garrett Cullity, »Fremde in Not. Wohltätigkeit, Rechte und Staatsbürgerschaft«, in: Bleisch/Schaber (Hg.), *Weltarmut und Ethik*, S. 53-75, hier S. 64 f.

Dieser Blick auf die moralische Disanalogie zwischen dem Teichszenario und der Situation des Geldspenders zeigt, dass ein einfaches Analogieargument allein kein überzeugendes Mittel darstellt, um den Umfang der moralischen Verantwortung der Bürger wohlhabender Länder gegenüber Menschen in extremer Armut genauer zu begründen. Um seine anspruchsvolle Position zu untermauern, hat Singer jedoch ein Argument skizziert, das prinzipiell auch unabhängig von der Aussagekraft der Teichanalogie analysierbar ist und mit dessen Hilfe er zu einer relativ konkreten Einschätzung des moralisch geforderten Umfangs individueller Hilfsbeiträge gelangt. Eine plausible Rekonstruktion dieses Arguments lautet:[10]

(1) Leiden und Tod aufgrund von Nahrungsmittelmangel, Obdachlosigkeit und medizinischer Unterversorgung sind etwas (sehr) Schlechtes.
(2) Wenn es in meiner Macht steht, etwas (sehr) Schlechtes zu verhindern, so ist es in moralischer Hinsicht falsch, dies nicht zu tun, solange ich dabei nichts von (ähnlicher) moralischer Relevanz opfern muss.
(3) Es steht in meiner Macht, Leiden und Tod aufgrund von Nahrungsmittelmangel, Obdachlosigkeit und medizinischer Unterversorgung zu verhindern, ohne dabei etwas von (ähnlicher) moralischer Relevanz zu opfern.
(4) Konklusion: Also ist es moralisch gesehen falsch, wenn ich Leiden und Tod aufgrund von Nahrungsmittelmangel, Obdachlosigkeit und medizinischer Unterversorgung nicht verhindere.

Auf den ersten Blick könnte man meinen, auch dieses Argument spezifiziere den Umfang der moralisch geforderten Hilfsbeiträge nicht genauer. Doch aus Prämisse (2) lassen sich diesbezüglich durchaus nähere Schlüsse ziehen. Denn sie bestimmt den Umfang der geforderten Hilfe in Abhängigkeit davon, wie die moralische Relevanz von zur Hilfeleistung konkurrierenden alternativen Handlungsoptionen gemessen wird. Während die normative Prä-

10 Vgl. Singer, »Famine, Affluence, and Morality«, S. 231, bzw. ders., »Hunger, Wohlstand und Moral«, S. 9 f., zu Singers Formulierungen.

misse (1) weitgehend unstrittig sein dürfte und auch Prämisse (3) in empirischer Hinsicht relativ gut gestützt ist, ist es damit Prämisse (2), von deren Plausibilität auch die der Schlussfolgerung insgesamt abhängt. Denn dass Leiden und Tod aufgrund von Nahrungsmittelmangel, Obdachlosigkeit und medizinischer Unterversorgung etwas (sehr) Schlechtes sind – Prämisse (1) –, dürfte ohne weitere Diskussion konsensfähig sein, genauso wie zur Untermauerung von Prämisse (3) verschiedene Handlungsoptionen aufgezeigt werden können, durch die Individuen Leiden und Tod aufgrund von Nahrungsmittelmangel, Obdachlosigkeit und medizinischer Unterversorgung verhindern oder zumindest lindern können. Singer denkt dabei primär an Spenden an Hilfsorganisationen wie Oxfam, UNICEF oder Ärzte ohne Grenzen, doch er scheint auch anderen Handlungsoptionen gegenüber grundsätzlich nicht abgeneigt zu sein, solange sie zu Leidverminderung führen.[11] Prämisse (2) ist dagegen prinzipiell nicht von den empirischen Begebenheiten abhängig. Und sie ist in normativer Hinsicht keineswegs so unstrittig wie Prämisse (1). Die Verbindung der Teichanalogie zu diesem Argument ist laut Singer, dass sie ebendiese entscheidende – und auch aus seiner Sicht strittigste – Prämisse (2) stützen könne und einen plausiblen Anwendungsfall für sein übergreifendes Argument für moralische Pflichten gegenüber Menschen in Not darstelle. Die Teichanalogie könne zeigen, dass man etwas Schlechtes verhindern müsse, wenn man dabei nichts von ähnlicher Relevanz opfern müsse.[12]

Dieser Begründungszusammenhang steht allerdings auf wackeligen Beinen. Es ist zwar richtig, dass die Teichanalogie in gewisser Weise als Anwendungsbeispiel für Prämisse (2) betrachtet werden kann, insofern all diejenigen, die diese Prämisse für richtig halten, auch zu dem Schluss kommen dürften, dass der Passant dem ertrinkenden Kind moralisch gesehen zur Hilfe kommen muss. Doch man könnte zu demselben Schluss auch auf der Basis ganz anderer normativer Annahmen gelangen, die keine ähnliche allgemeine Tragweite wie Singers Prämisse haben. Auch die folgende Annahme beispielsweise führt in Anwendung auf das Teichszenario zu einer starken Hilfspflicht des Passanten: »Wenn du Menschen begegnest,

11 Vgl. Singer, »Poverty, Facts, and Political Philosophies«.

12 Vgl. Singer, »Famine, Affluence, and Morality«, S. 231, bzw. ders., »Hunger, Wohlstand und Moral«, S. 9, und ders., *The Life You Can Save*, S. 16.

die sich in unmittelbarer räumlicher Nähe von dir in größter Not befinden, und wenn du ihnen helfen kannst, ohne dabei etwas von ähnlicher moralischer Bedeutung zu opfern, so musst du dies moralisch gesehen tun.« Das folgende noch spezifischere Prinzip würde ebenfalls genügen, um eine Pflicht zur Hilfe im Teichszenario zu begründen: »Wenn du ein ertrinkendes Kind retten kannst, ohne dabei etwas von vergleichbarer moralischer Bedeutung zu opfern, so musst du dies moralisch gesehen tun.« Die Liste solcher möglicher alternativer normativer Annahmen – seien sie abstrakter oder konkreter Art – ließe sich problemlos verlängern. Aber dies sollte nicht mehr nötig sein, um zu verstehen, dass die Teichanalogie allein die entscheidende Prämisse (2) nicht stützen kann, obwohl es richtig ist, dass diese Prämisse umgekehrt die gewünschte Schlussfolgerung aus der Teichanalogie nahelegt. Aus diesem Grund werden all diejenigen, die hinsichtlich des Teichszenarios die moralische Intuition teilen, dass der Passant dem Kind helfen muss (und das sollte eine breite Mehrheit sein), nicht notwendigerweise auch Prämisse (2) für richtig halten, und dies insbesondere dann nicht, wenn deutlich gemacht wird, wie stark diese ist.

Wie stark diese Prämisse ist, hängt gewiss davon ab, welchen Maßstab beziehungsweise welche Moralkonzeption man heranzieht, um die moralische Relevanz von Handlungen und Unterlassungen zu ermitteln. Dies gibt die Prämisse selbst nicht vor. Sie ist bewusst neutral formuliert, so dass das Subjekt moralischer Überlegungen unter eigenständiger Abwägung dessen, was aus moralischer Sicht relevant ist, entscheiden kann, in welchem Umfang es verpflichtet ist, an Hilfsorganisationen zu spenden. Es ist also nicht richtig, so wie es Singer manchmal unterstellt wird, dass sein Argument für weitgehende Hilfspflichten gegenüber Menschen in extremer Armut von der Akzeptanz utilitaristischer Annahmen abhängig ist,[13] denn es ist durchaus möglich, dieses Prinzip mit den Ressourcen einer alternativen Moralkonzeption zu konkretisieren. Denn die Not von Menschen in extremer Armut muss nicht nur aus utilitaristischer Perspektive als etwas sehr Gravierendes angesehen werden. Auch von der Warte anderer Maßstäbe für moralische Relevanz kann vielen Zielsetzungen, denen wir nachgehen, statt zu

13 Für ein solches Missverständnis vgl. Colin McGinn, »Our Duties to Animals and the Poor«, in: Dale Jamieson (Hg.), *Singer and His Critics*, Oxford 1999, S. 150-161.

spenden, nicht einmal annäherungsweise eine ähnliche moralische Dringlichkeit zugesprochen werden. Auch unter Zugrundelegung plausibler alternativer Maßstäbe für moralische Relevanz bleibt Singers Prinzip und die mit ihm erreichte Konklusion daher sehr anspruchsvoll.

Trotz des in moraltheoretischer Hinsicht bewusst neutralen Charakters bevorzugt Singer selbst eine utilitaristische Auslegung seiner zweiten Prämisse. Diese hat gewiss zumindest den Vorzug, relativ klar vorzugeben, wie viel jeder Einzelne im Angesicht der Weltarmut in moralischer Hinsicht zu tun hat. Denn welche Handlungen welche moralische Relevanz besitzen, möchte Singer grundsätzlich unter Anwendung des utilitaristischen Grundsatzes der Nutzenmaximierung in Verschränkung mit dem Prinzip des abnehmenden Grenznutzens beantwortet wissen.[14] Dem Grundsatz der Nutzenmaximierung zufolge ist bekanntlich dasjenige Handeln moralisch geboten, das den größten Gesamtnutzen erzeugt, und das Prinzip des abnehmenden Grenznutzens spezifiziert die Antwort auf die Frage nach der Möglichkeit einer solchen Nutzenmaximierung. Ihm zufolge nützt ab einer bestimmten Grenznutzenschwelle materiell schon gut versorgten Menschen der zusätzliche Besitz von Gütern sehr viel weniger als Menschen, die nichts oder fast nichts besitzen. Die Anwendung dieser beiden Prinzipien hat damit zur Folge, dass es mit Blick auf Hungerleidende in fernen Ländern für jeden Einzelnen moralisch geboten wäre, so lange in dem durch das Grenznutzenprinzip festgelegten Ausmaß zu helfen, wie dies möglich ist, ohne sich selbst und seinen Angehörigen dabei eine vergleichbare Entbehrung aufzubürden. Damit ist auch sichergestellt, dass Fairnessüberlegungen hinsichtlich der Frage, wie viel Einzelne geben sollen, von Nutzenerwägungen ausgestochen werden. Jede zur Hilfe befähigte Person soll demnach in dem durch das Grenznutzenprinzip festgelegten Umfang helfen, unabhängig davon, ob andere zur Hilfe fähige Personen dieser Anforderung auch nachkommen oder nicht, das heißt unabhängig davon, ob das Ausmaß der Hilfe und Aufopferung in diesem Sinn »fair« verteilt ist.[15]

Die Radikalität von Prämisse (2) in dieser utilitaristischen Auslegung und der durch sie erreichten Konklusion wird deutlich,

14 Vgl. Singer, »Famine, Affluence, and Morality«, S. 234 und S. 241.
15 Ebd., S. 232.

wenn man sich klarmacht, dass Singer nicht dafür argumentiert, dass Hilfsbeiträge der Bewohner reicher Länder bis zu dem durch das Grenznutzenprinzip festgelegten Maß gehen *könnten* und die Bewohner sich dadurch als großzügig, ehrbar oder gar heldenhaft erweisen würden, weil sie derart viel geben und auf allen nicht für das Überleben nötigen Luxus verzichten. Gemeint ist vielmehr, dass jeder bis zu dem vom Grenznutzenprinzip festgelegten Punkt helfen *muss* in dem Sinn, dass es moralisch falsch wäre, dahinter zurückzubleiben. Singers Argument hat auf diese Weise zur Folge, dass ein Handeln, das wohl in den Augen der meisten eine extreme Form des Altruismus darstellt, plötzlich der für alle geltende moralische Maßstab sein soll.[16] Nicht zuletzt dadurch hat er sich – nicht zu Unrecht – den Ruf eines moralischen Maximalisten erworben und einer generellen Kritik an utilitaristischen Ansätzen Vorschub geleistet, welche diesen vorwirft, viel zu anspruchsvolle und in der Praxis nicht erfüllbare Handlungsmaßstäbe zu formulieren.

Dass nicht einmal Peter Singer selbst den Anforderungen seiner anspruchsvollen Moralkonzeption voll entspricht, kann als Ad-hominem-Vorwurf noch allein keinen legitimen Einwand gegen sie darstellen.[17] Schon plausibler erscheint da die Kritik, dass die öffentliche Formulierung eines so anspruchsvollen Maßstabes womöglich kontraproduktiv ist, weil sie Menschen ganz vom Versuch abbringen könnte, moralisch zu handeln, statt sie zumindest zu moderaten Hilfsbeiträgen zu bewegen. Doch selbst wenn dies zuträfe, würde hieraus streng genommen nicht folgen, dass Singers Moralkonzeption falsch ist, sondern nur, dass es pragmatisch gesehen ratsam ist, öffentlich eine weniger anspruchsvolle Konzeption zu vertreten. Dies ergäbe keinen Widerspruch, da die Befolgung starker privater moralischer Maßstäbe einerseits und die öffentliche Bekundung schwächerer, aber womöglich effektiverer Maßstäbe andererseits durchaus vereinbar sind. Es ist möglich, öffentlich einen viel moderateren Maßstab zu verteidigen und öffentliches Lob und Tadel entsprechend an ihm auszurichten und doch als

16 Susan Wolf hat sich auf eine solche Forderung kritisch mit der Figur der »moralischen Heiligen« (»moral saints«) bezogen. Vgl. dies., »Moral Saints«, in: *Journal of Philosophy* 79 (1982), S. 419-439.

17 Singer gesteht offen zu, selbst nicht gänzlich im Einklang mit den von ihm formulierten starken Anforderungen zu handeln. Vgl. Singer, *The Life You Can Save*, S. 151.

Privatperson für die Frage des moralisch richtigen Umgangs mit der Weltarmut an einem anspruchsvolleren Maßstab festzuhalten.[18]

Jedenfalls sollte nun deutlich geworden sein, dass Peter Singers Vorschläge in Bezug auf das Menschen in extremer Armut moralisch geschuldete Handeln sowohl hinsichtlich des Verhältnisses von besonderer und allgemeiner Verantwortung als auch hinsichtlich der relativen Gewichtung von Tun und Unterlassen in größtmöglichem Kontrast zu dem von mir in Kapitel III charakterisierten gewöhnlichen Moraldenken stehen. Nicht nur ist es für Singer als Utilitaristen, der auf die Konsequenzen von Handlungen wie Unterlassungen blickt, im Gegensatz zum gewöhnlichen Moraldenken nicht entscheidend, ob wir Armut durch unser Handeln aktiv verursachen oder sie durch Unterlassen nicht verhindern. Auch nimmt die allgemeinmenschliche moralische Verantwortung, Menschen in Not zu helfen, zu denen man in keinem besonderen Verhältnis steht, in Singers Modell eine äußerst exponierte Stellung ein.[19] Und da auf der Basis von Grenznutzenerwägungen angenommen wird, dass die Hilfe für Menschen in extremer Armut der effektivste Weg zur Erhöhung des Gesamtnutzens ist, können sie demzufolge auch innerhalb des alle Menschen enthaltenden globalen Kontextes der Verantwortung als Priorität genießende Adressaten angesehen werden.

Die besonders starke Gewichtung von allgemeinmenschlicher im Vergleich zu besonderer Verantwortung im Utilitarismus wird manchmal so verstanden, als führte sie zur kompletten Negierung von besonderer Verantwortung. Dies trifft jedoch nicht zu. Besondere Verantwortung, definiert als diejenige Verantwortung, die Subjekte nur gegenüber Adressaten tragen, zu denen sie in einer besonderen Beziehung stehen, lässt sich auch auf der Basis utilitaristischer Annahmen prinzipiell rechtfertigen. Dabei gilt jedoch das folgende »reduktionistische« Begründungsverhältnis: Diejenigen

18 Singers moderatere Vorschläge (zuletzt im Rahmen der Forderung einer Abgabe von 5 Prozent des Einkommens) könnten dementsprechend als Korrelate einer öffentlichen, nicht aber privaten Moral verstanden werden. Vgl. dazu ebd., S. 152.

19 Würde man mittels des in Kap. III.1 skizzierten Modells konzentrischer Kreise Singers Überlegungen veranschaulichen wollen, so müsste der äußere Kreis, der den globalen Verantwortungskontext symbolisiert, so nah wie möglich an den inneren Kreis herangezogen werden. Vgl. für diese Idee auch Martha Nussbaum, »Patriotism and Cosmopolitanism«, in: Joshua Cohen (Hg.), *For Love of Country. Debating the Limits of Patriotism*, Boston 1996, S. 2-17, hier S. 9.

fundamentalen moralischen Gebote, die allgemeinmenschlicher Verantwortung zugrunde gelegt werden, sind in letzter Instanz auch für moralische Verantwortung innerhalb besonderer Beziehungen (etwa zwischen Familienmitgliedern) zentral, insofern die Geltungsgründe dieser besonderen Verantwortung immer allgemeinmenschliche seien.[20] Doch selbst im Rahmen von Moralkonzeptionen, in denen allgemeinmenschliche Moralprinzipien eine solche Fundierungsfunktion einnehmen, kann eine parteiliche Behandlung von Menschen und damit die Postulierung besonderer Verantwortung in der Praxis durchaus unparteilich gerechtfertigt werden. Die Bevorzugung von Kindern durch ihre Eltern kann beispielsweise auch utilitaristisch begründet werden, indem angenommen wird, dass das Handeln im Einklang mit einer solchen Parteilichkeitskonvention zu einem höheren Gesamtnutzen führt als von Verantwortungssubjekten zu fordern, in jeder Handlungssituation von Neuem ungeachtet persönlicher Bindungen und Neigungen dasjenige zu tun, was den größten Allgemeinnutzen erzeugt. Weniger klar ist das offenkundig im Fall des Kaufs von luxuriösen Weihnachtsgeschenken für die eigenen Kinder anstelle etwa einer Spende an UNICEF. Entscheidend ist, dass Regeln für das Verhalten in besonderen Beziehungen demnach mit einem Regelutilitarismus beziehungsweise Zwei-Ebenen-Utilitarismus begründbar sein müssen, um als legitime Parteilichkeit moralisch gerechtfertigt werden zu können. Es muss also nicht jede aus der Sicht des Utilitarismus legitime Handlungsregel selbst als unparteiliche Regel formuliert sein.[21]

Wie viele Interpreten Singers bin ich jedoch davon überzeugt, dass andere als utilitaristische Maßstäbe herangezogen werden müssen, um unsere moralische Verantwortung gegenüber Menschen in extremer und schwerer Armut genauer zu bestimmen.[22] So leuchtet

20 Für einen solchen Reduktionismus vgl. auch Robert Goodin, *Protecting the Vulnerable. A Reanalysis of Our Social Responsibilities*, Chicago 1985, sowie Singer, »Outsiders: Our Obligations to Those Beyond Our Borders«.

21 Siehe dazu auch die Darstellung oben in Kap. III.2.

22 Für Alternativvorschläge zu Singer vgl. u.a.: Liam Murphy, *Moral Demands in Nonideal Theory*, Oxford 2000; Richard Miller, »Moral Closeness and World Community«, in: Chatterjee (Hg.), *The Ethics of Assistance*, S. 101-122; Cullity, *The Moral Demands of Affluence*; Bleisch, *Pflichten auf Distanz*, und Corinna Mieth, »On Human Rights and the Strength of Corresponding Duties«, in: Gerhard Ernst, Jan-Christoph Heilinger (Hg.), *The Philosophy of Human Rights.*

es auch mir nicht ein, dass das Verhalten von Individuen in letzter Instanz im Hinblick darauf moralisch zu beurteilen ist, wie gut diese sich als Nutzenmaximierer schlagen. Damit zusammenhängend bin ich davon überzeugt, dass die Anforderungen der Moral mit der Möglichkeit, individuelle Lebenspläne zu verfolgen, vereinbar sein müssen. Diese sollten zwar als moralisch imprägniert, aber nicht als derart umfassend durch die Moral bestimmt angesehen werden. Selbst in einer alternativen (nichtutilitaristischen) Ausdeutung scheint mir Prämisse (2) in Singers Argument zu stark zu sein. Das gewöhnliche Moraldenken bedarf hinsichtlich der Frage nach dem geforderten Umfang moralischer Verantwortung zwar der Korrektur, aber nicht mittels eines derart anspruchsvollen und nur auf das Verhalten von Individuen als Individuen bezogenen Moralprinzips.[23] Meine Strategie in diesem Buch ist es aber nicht, eine aus meiner Sicht kritikwürdige Moralkonzeption wie die Singers durch eine andere, ebenso grundsätzliche zu ersetzen, um zu begründen, was wir Menschen in extremer Armut schulden. Stattdessen habe ich einen begründungspluralistischen Ansatz verteidigt, der in Bezug auf Grundsatz- und Fundierungsfragen bewusst agnostisch bleibt und mit einem Spektrum verschiedener plausibler Moralkonzeptionen vereinbar ist, die sich hinsichtlich bestimmter Kernforderungen überschneiden. Das Motiv für die Wahl eines solchen Modells ist ein konsenstheoretisches, kein erkenntnistheoretisches: Hinsichtlich der Frage, wer im Angesicht der Weltarmut was tun muss, sollte eine Konzeption von moralischer Verantwortung vertreten werden, die möglichst breit begründbar ist und die verschiedene in anderer Hinsicht gegenläufige fundamentale Perspektiven beheimaten kann. Die praktische Bedeutung dieser Frage ist einfach zu groß, um sie im Dickicht eines Grundsatzstreites aus den Augen zu verlieren.

Allerdings hat sich gezeigt, dass auch meine begründungspluralistische Konzeption in substantieller Hinsicht in einem Kontrast zur Alltagsmoral steht, obwohl meine Konzeption im Vergleich zu Singers Position moderater ausfällt. Welche substantiellen mora-

Contemporary Controversies, Berlin, New York 2012, S. 159-184, und dies., *Positive Pflichten*.

23 Vgl. auch Bleisch, *Pflichten auf Distanz*, S. 185 ff., zu einer Diskussion des Standardeinwands gegen Singer, dass er eine viel zu anspruchsvolle normative Theorie vertrete.

lischen Standards zugrunde gelegt werden sollen, ist jedoch, wie wir in Kapitel IV gesehen haben, nicht der einzige wichtige Gesichtspunkt für die Ermittlung unserer moralischen Verantwortung gegenüber Menschen in extremer Armut. Insbesondere der für alltagsmoralische Überzeugungen typische Fokus auf interpersonale und die entsprechende Vernachlässigung von struktureller Verantwortung muss eine Korrektur erfahren. Auch die Fokussierung auf Individuen als singuläre Akteure muss insofern einer Revision unterzogen werden, als die Verantwortung von Kollektiven als eigenständigen Subjekten der Verantwortung sowie das interne und externe Verhältnis von Individuen zu diesen Kollektivsubjekten unbedingt zu berücksichtigen sind. Auch bei Singer bleiben diese beiden Aspekte – die Frage nach der Ausrichtung sowie nach dem Subjekt von Verantwortung – systematisch unterbeleuchtet.

Das gewöhnliche Moraldenken zeichnet sich durch eine Fokussierung auf interpersonale Beziehungen und damit durch eine chronische Vernachlässigung der strukturellen Hintergrundbedingungen dieser interpersonalen Beziehungen aus. Diese Tendenz ist psychologisch erklärbar, insofern kurzfristig variable zwischenmenschliche Interaktionen leichter zu beobachten sind als die kurz- und mittelfristig konstant bleibenden, aber dadurch nicht weniger einflussreichen Hintergrundstrukturen. Peter Singers Position ist diesbezüglich ambivalent. Einerseits hebt er die Bedeutung sozialer Faktoren für die Einkommensverteilung hervor und weist davon ausgehend auch die im Common Sense weitverbreitete populär-libertäre Ansicht zurück, wonach von niemandem moralisch gefordert werden könne, »selbst verdientes« Einkommen zugunsten von Menschen in extremer Armut zu spenden.[24] Doch man vermisst bei Singer eine solche Sensibilität, wenn es um die Frage geht, welche Rolle sozialen Strukturen für die Bestimmung der spezifischen Verantwortungsbeziehung zwischen gut situierten Menschen und solchen in extremer Armut zugesprochen werden muss.

Singers Zuschreibung von Verantwortung an Individuen gegenüber anderen Individuen ist zudem durch die fehlende Problematisierung der möglichen Wege charakterisiert, auf denen eine solche interpersonale Verantwortung wahrgenommen und eingelöst werden kann. Existierende Strukturen scheinen dabei einfach

24 Vgl. Singer, *The Life You Can Save*, S. 26 f., zur Kritik an dieser Position.

unhinterfragt vorausgesetzt zu werden und prinzipiell nicht selbst als Gegenstand der Verantwortungszuschreibung in Frage zu kommen. Auch wenn Singer in Reaktionen auf Einwände prinzipiell auch andere Wege der Verantwortungseinlösung zulässt,[25] fokussiert er auf existierende Nothilfeorganisationen als Vehikel für die Verantwortungsübernahme. Dies wird am deutlichsten aus einer aktuellen und von Singer selbst formulierten Rekonstruktion seines zentralen Arguments für weitgehende Hilfspflichten erkennbar. Wohl auch aufgrund der zuvor nur losen Verknüpfung der oben genannten empirischen Prämisse (3) über die Möglichkeit zur effektiven Hilfe mit der Möglichkeit zur Spende an geeignete Hilfsorganisationen hat Singer sein Argument zuletzt so rekonstruiert, dass aus der Schlussfolgerung explizit hervorgeht, dass es moralisch gesehen falsch ist, nicht an Hilfsorganisationen zu spenden:

Erste Prämisse: Dass Menschen wegen eines Mangels an Nahrung, Unterkunft und medizinischer Versorgung leiden oder gar sterben müssen, ist schlimm.
Zweite Prämisse: Wenn es in unserer Macht steht, etwas Schlimmes zu verhindern, ohne ein annähernd so bedeutendes Opfer bringen zu müssen, dann ist es verwerflich, dies nicht zu tun.
Dritte Prämisse: Wenn man Hilfsorganisationen Geld spendet, kann man das Leiden verhindern, das durch einen Mangel an Nahrung, Unterkunft oder medizinischer Versorgung verursacht wird, ohne dass man sich selbst diesem Mangel aussetzt.
Schlussfolgerung: Wer kein Geld für Hilfsorganisationen spendet, handelt falsch.[26]

Es sollte angemerkt werden, dass das Argument zumindest in dieser Rekonstruktion Singers nicht schlüssig ist: Die Konklusion folgt hier offenbar nicht aus den drei genannten Prämissen. Schlüssig würde das Argument beispielsweise durch Hinzufügung einer weiteren Prämisse, die angibt, dass das Spenden an Hilfsorganisationen der *einzige* Weg ist, um Leiden aufgrund von Unterernährung, Obdachlosigkeit und fehlender medizinischer Versorgung zu verhindern. Eine solche Prämisse wäre aber empirisch falsch. Denn auch wenn das Spenden an Hilfsorganisationen ein schnel-

25 Vgl. dafür vor allem Singer, »Poverty, Facts, and Political Philosophies«.

26 Peter Singer, *Leben retten. Wie sich die Armut abschaffen lässt – und warum wir es nicht tun*, Zürich, Hamburg 2010 [Orig. 2009], S. 30 (bzw. Singer, *The Life You Can Save*, S. 15 f.).

ler, unkomplizierter und kurzfristig effektiver Weg sein mag, um Leiden und Tod zu verhindern, könnte man schließlich auch auf eigene Faust aktiv werden oder sich gemeinsam mit anderen politisch für die Bekämpfung der Weltarmut durch die Veränderung entsprechender Strukturen, die diese reproduzieren, einsetzen. In diesem Sinn kann Singers Konklusion, dass derjenige etwas Falsches tut, der nicht an Hilfsorganisationen spendet, nicht gestützt werden. Anders verhält es sich mit der Konklusion, dass etwas Falsches tut, wer weder an Hilfsorganisationen spendet noch sich auf andere Weise für Menschen einsetzt, die unter Unterernährung, Obdachlosigkeit und medizinischer Unterversorgung leiden. Meine weiter oben angeführte und allgemeiner formulierte Rekonstruktion des Arguments scheint so gesehen sinnvoller zu sein, da sie in empirischer Hinsicht nicht ähnlich angreifbar ist wie Singers aktuelle eigene Formulierung – die aber wiederum besonders gut die fehlende Problematisierung sozialer Strukturen als *Gegenstand* und nicht nur als *Vehikel der Verantwortung* verdeutlicht. Soziale Strukturen müssen insbesondere dann Gegenstand der Verantwortungszuschreibung werden, wenn sie mit Blick auf einen für gültig befundenen normativen Standard als kritikwürdig erachtet werden (können). Die Lebensbedingungen von Menschen in extremer Armut können nun auf kritikwürdige soziale Strukturen zurückgeführt werden, insofern politische Reformen vorgebracht werden können, deren Umsetzung zu einer deutlichen Verbesserung ihrer Lage führen würde. Durch eine solche Veränderung der Hintergrundbedingungen würde auf lange Sicht auch die Arbeit von Nothilfeorganisationen weitestgehend überflüssig.

Wird die strukturelle Dimension einbezogen, so wird auch die spezifische Relevanz der Frage nach dem Subjekt der Weltarmutsverantwortung als dem zweiten sowohl bei Singer als auch in der Alltagsmoral unterbelichteten Aspekt deutlich. Auch diesbezüglich vertritt Singer eine zu individualistische Konzeption, die individuelles Handeln nur im Hinblick darauf moralisch beurteilt, welche (kurz- oder mittelfristigen) Wirkungen es gemessen am Kriterium der Nutzenmaximierung erzielen kann. In welchem Zeitraum Individuen Nutzen maximieren sollen, wird dabei ebenso vernachlässigt wie die Rolle, die diejenigen Strukturen spielen, welche zur Ungleichverteilung von Gütern, auf die sich die Forderung der Nutzenmaximierung bezieht, in einem bestimmten Verhältnis stehen. Gesteht man zu, dass die Wahrnehmung von moralischer Verantwortung nie nur innerhalb von, sondern auch *in Bezug auf* soziale Strukturen erfolgen kann, so muss auch die Relevanz von individueller Mitverantwortung sowie von kollektiver Verantwortung höher bewertet werden, da soziale Strukturen nicht von als Einzelnen vergleichsweise machtlosen Individuen allein, sondern nur von vielen in gemeinsamer politischer Aktion verändert werden können. Singers Losung, dass es für die Frage nach dem Umfang von individueller Verantwortung prinzipiell irrelevant sei, was und wie viel andere Subjekte unternehmen, ist symptomatisch für sein Verkennen der Bedeutung von sozialen Strukturen, des gemeinsamen *politischen* Handelns sowie der entsprechenden moralisch relevanten Beziehung von Subjekten untereinander.

Die fehlende Berücksichtigung sozialer Strukturen bei der Zuschreibung von Verantwortung ist gewiss nicht nur bei Singer anzutreffen, sondern sie ist eben auch für das gewöhnliche Moraldenken und die auf diesem basierende Alltagsmoral typisch. Dieser steht Singer somit verblüffenderweise näher, als es sein revisionistisches Modell zunächst vermuten ließ. Eine weitere damit in Zusammenhang stehende Parallele besteht darin, dass für beide das Gewicht unserer moralischen Relation zu extrem armen Menschen vom Gewicht *allgemeinmenschlicher Verantwortung* abhängig ist, auch wenn sich Singer und das gewöhnliche Moraldenken aufs Schärfste hinsichtlich der Bewertung des Gewichts von dieser Verantwortungsform unterscheiden. Die systematische Relevanz, die besondere Beziehungen und ihnen zugrunde liegende Strukturen im globalen Kontext für die inhaltliche Bestimmung unserer Verantwortung gegenüber Menschen in extremer Armut haben, wird dabei in ähnlichem Ausmaß übersehen.

Im Kontrast dazu sollte das in den vorausgegangenen Kapiteln entwickelte übergreifende Argument gezeigt haben, dass diesen besonderen Beziehungen in der Tat eine grundlegende Bedeutung zukommt, wenn angemessen bestimmt werden soll, was wir Menschen in extremer Armut schulden. Weil es sich um ein begründungspluralistisches Argument handelt, das sich bewusst konkreter Festlegungen hinsichtlich der Frage nach den Geltungsgründen moralischer Forderungen enthält, liegt die Bedeutung besonderer Beziehungen hier jedoch nicht in ihrer Funktion der Normgenerierung – die im Rahmen grundsätzlicher Ansätze selbstverständlich erfasst werden muss. Ihre Bedeutung (und auch die ihrer Hintergrundstrukturen) liegt vielmehr darin, dass sie uns erkennen lassen, wie wichtig sowohl schon konstituierte als auch noch zu bildende Kollektivsubjekte nebst der politischen und sozialen Bedingungen, in denen sie handeln und Einfluss auf Strukturen nehmen, sind, wenn wir den Inhalt, den Umfang und das Gewicht der Weltarmutsverantwortung von verschiedenen Akteuren bestimmen wollen.

Die Diskrepanz zwischen Peter Singers Sicht auf Weltarmutsverantwortung und der in diesem Buch entwickelten Position ist also beachtlich, auch wenn die Unterstützung von Nothilfeorganisationen auch in meinem Ansatz eine nicht unbedeutende Rolle spielt, wie in Kapitel VIII.2 zu sehen war. Gleichwohl muss die Frage nun nicht mehr nur sein, *wie viel* Individuen an NGOs spenden sollten, sondern auch, *welche* Organisationen sie jeweils als Subjekte in einer ganz spezifischen sozialen Position unterstützen und *mit wem zusammen* sie sich politisch für die Verbesserung der Situation von Menschen in extremer Armut einsetzen sollen. Die Übernahme von Weltarmutsverantwortung ist dadurch auch in kognitiver Hinsicht anspruchsvoller als in Singers Modell, dem zufolge mit relativ einfachen Rechnungen bestimmt werden kann, wer wie viel an Nothilfeorganisationen zu spenden hat. Auf der Grundlage des in diesem Buch entwickelten Ansatzes erfährt die Unterstützung von Nothilfeorganisationen eine andere Interpretation als bei Singer: Sie ist nur eine Form des gebotenen Engagements neben anderen und nicht weniger elementaren Betätigungsmöglichkeiten. Ich werde auf diese Gedanken im Rahmen der folgenden Schlussbetrachtung nochmals zurückkommen.

X.
Schluss

Was sind die Bürgerinnen und Bürger wohlhabender Länder den Menschen in extremer Armut in moralischer Hinsicht schuldig? Im vorliegenden Buch habe ich eine ökumenische Antwort auf diese Frage gegeben. Am Anfang standen zwei zentrale Intuitionen. Zum einen nahm ich an, dass es möglich ist, trotz notorischer und womöglich selbst auf lange Sicht unüberbrückbarer Differenzen in grundsätzlichen Gerechtigkeitsfragen zu einem konsensfähigen Ergebnis dahingehend zu gelangen, was Bessergestellte den am schlechtesten gestellten Mitgliedern unserer Weltgesellschaft moralisch gesehen *mindestens* schulden. Zum anderen ging ich davon aus, dass dieses Resultat trotz seiner *pluralistischen Begründung* – und trotz der daraus resultierenden Unterbestimmtheit hinsichtlich des umfassend Geschuldeten – nicht der im Alltag gängigen Sicht entspricht. Diese beiden Intuitionen konnten umfassend bestätigt werden. In diesem Schlusskapitel möchte ich zunächst nochmals die wichtigsten argumentativen Schritte der Untersuchung kurz in Erinnerung rufen. Im Anschluss daran unterziehe ich ihre zentralen Ergebnisse einer abschließenden Interpretation und analysiere ihre Bedeutung im Lichte neuerer weltpolitischer Entwicklungen.

Der erste Argumentationsschritt bestand in einer Analyse des Verantwortungsbegriffs, in der die zentralen begrifflichen Kategorien der Untersuchung herausgearbeitet wurden. Es zeigte sich hier, dass der Begriff der Verantwortung dem der Pflicht als Grundbegriff für die Analyse unseres moralischen Verhältnisses zu Menschen in extremer Armut vorzuziehen ist. Im Rahmen der allgemeinen Begriffsanalyse in Kapitel II wurde zudem deutlich, dass eine Theorie globaler Verantwortung auf der Betrachtung von acht *Verantwortungsdimensionen* aufbauen sollte: des Subjekts, des Objekts, der normativen Standards, der Rechtfertigungsinstanz, der Zeitrichtung, des Adressaten, der Ausrichtung sowie des Kontextes der Verantwortung. Im Anschluss daran habe ich mich zunächst der Unterscheidung verschiedener Verantwortungskontexte samt ihrer jeweiligen Adressatenkreise sowie dem Stellenwert dieser Kontexte im gewöhnlichen Moraldenken zugewandt. Ein Ergebnis von Kapitel III war, dass alltägliche moralische Urteile über unser Verhältnis zu Menschen in extremer Armut der Tendenz nach nicht nur hinsichtlich ihrer normativen Prinzipien, sondern auch auf der Ebene der Anwendung dieser Prinzipien auf die Welt zu kritisieren sind. Denn sie lassen die im globalen Kontext gegebenen besonderen Beziehungen interpersonaler sowie struktureller Art außen vor. Ab Kapitel IV ging es dann darum, eine eigenständige normative Konzeption zu entwickeln, die an die Stelle der alltagsmoralischen Sicht auf Weltarmutsverantwortung treten kann. Dort wurde zunächst der herausragende Stellenwert von sozialen Institutionen und Strukturen als Gegenstand von normativen Urteilen dargelegt. Soziale Strukturen üben einen fundamentalen Einfluss auf die Identitäten von Mitgliedern verschiedener Gesellschaften sowie auf deren Lebensqualität und Erfolgsaussichten aus. Zudem bedingen sie die Möglichkeit einer fairen institutionellen Arbeitsteilung innerhalb von Ländergrenzen und über sie hinweg. Deshalb müssen Institutionen erstens einer normativen Beurteilung unterzogen und zweitens zum Gegenstand der Verantwortungszuschreibung werden. Vor allem unter kritikwürdigen gesellschaftlichen Hintergrundbedingungen sollte ein besonderes Augenmerk auf *struktureller Verantwortung* liegen, welche die Gestaltung sozialer Strukturen zum Gegenstand hat.

Als Nächstes habe ich in Kapitel V ein Spektrum vernünftiger Perspektiven auf die Geltungsgründe und Reichweite von Gerechtigkeitsforderungen diskutiert. Bei der Analyse der entsprechenden Argumentstrukturen zeigte sich, dass es trotz weitreichender Divergenzen zwischen diesen grundsätzlichen Positionen möglich ist, einen substantiellen begründungspluralistischen Konsens über die *globale Reichweite* von Armutsverantwortung zu formulieren. In Kapitel VI lag der Fokus auf den inhaltlichen *Standards*, die für die Zuweisung dieser globalen Verantwortung maßgeblich sind. Es bietet sich dafür ein Set *basaler Menschenrechte* an, die sich in mehrfacher Hinsicht als begründungspluralistische Standards von Weltarmutsverantwortung eignen: Sie sind offen für verschiedene moralische Begründungen, für ein Spektrum von Auffassungen über das Wesen und die Inhalte sozialer Gerechtigkeit sowie für verschiedene kulturell geprägte Weltanschauungen, für die jeweils auch unterschiedliche religiöse Traditionen und Akzentuierungen der Stellung des Individuums in der Gemeinschaft bedeutsam sind. Kapitel VII war den *Objekten* von Weltarmutsverantwortung gewidmet. Ich habe dort argumentiert, dass soziale Strukturen *holistisch* zu verstehen sind. Auf der Grundlage eines solchen holistischen Verständnisses können Institutionen in verschiedenen sozialen Kontexten jeweils auch einen beträchtlichen Einfluss auf die Hintergrundstrukturen in anderen Kontexten ausüben. Auf eine Weltgesellschaft wie die unsrige, die durch starke Interdependenzen ökonomischer, politischer und ökologischer Art charakterisiert ist, trifft dies sogar in besonderem Maße zu. Die *holistische Perspektive* auf Strukturen impliziert, dass Weltarmutsverantwortung auch auf die Gestaltung der »inneren Angelegenheiten« von wohlhabenden Staaten ausgerichtet sein muss. Daraus ergeben sich drei Ebenen der Gestaltung von Institutionen, die für die Übernahme von Weltarmutsverantwortung durch Subjekte relevant sind: erstens die Gestaltung derjenigen nationalstaatlichen Institutionen, unter denen Menschen in extremer Armut leben und die ihre Lebensaussichten am direktesten betreffen; zweitens die Gestaltung internationaler Abkommen und Institutionen, die vor allem für die Koordination staatlichen Handelns eine wichtige Rolle spielen; drittens die Ebene der Gestaltung der nationalstaatlichen Institutionen und Regeln wohlhabender Länder. Auch politische Entscheidungen, die auf der dritten Ebene angesiedelt sind, haben gravierende Auswirkungen auf das Leben von Menschen in extremer Armut, weshalb auch sie zum Gegenstand von struktureller Verantwortung werden müssen. Zu den typischen Politikfeldern, die in diesem Sinn eben nicht ausschließlich die »inneren Angelegenheiten« von wohlhabenden Ländern betreffen, gehören zum Beispiel die Agrar- und Energie-, aber auch die Steuerpolitik, deren Auswirkungen auf die Lebensaussichten von Menschen in extremer Armut mit zu berücksichtigen sind.

Kapitel VIII bildet den letzten Baustein der übergreifenden Argumentation und beschäftigte sich mit den *Subjekten* von Weltarmutsverantwortung. Hervorgehoben wurde zunächst der Stellenwert des zweistufigen Prozesses zum einen der Identifizierung von verschiedenen Kollektivsubjekten sowie zum anderen der darauf bezogenen Verantwortung von Individuen. Anschließend ging es darum, die Rolle von Staaten, Unternehmen und NGOs als Kollektivsubjekten zu analysieren und die Verantwortung von Individuen unter nichtidealen Bedingungen dazu in Beziehung zu setzen.

Die Leitidee war hierbei, dass die Weltarmutsverantwortung von Kollektiv- und Individualsubjekten jeweils unter Berücksichtigung ihres positionsabhängigen Einflusses auf die Veränderung sozialer Strukturen zu ermitteln ist. Schlussendlich war noch das Gewicht von Weltarmutsverantwortung aus begründungspluralistischer Perspektive genauer zu ergründen. Zwar hängt dieses auch davon ab, ob neben Gründen der Humanität auch spezifischere Gerechtigkeitsgründe für diese Verantwortung in Anschlag gebracht werden können. Dennoch ergab sich, dass Weltarmutsverantwortung aus allen diskutierten grundsätzlichen Perspektiven vergleichsweise schwer wiegt.

Der anschließende Exkurs zu Peter Singers Sicht auf Weltarmutsverantwortung in Kapitel IX stellte zwar keinen integralen Bestandteil der übergreifenden Argumentation mehr dar, aber an der Auseinandersetzung mit dieser Position zeigten sich in komprimierter Form nochmals die Besonderheiten meines Ansatzes, der wie Singer zur Revision alltäglicher Überzeugungen über unsere moralische Relation zur Weltarmut aufruft. Der Kontrast zwischen Singers Position und der hier entwickelten Theorie globaler Verantwortung ist gleichwohl sehr stark. Anders als bei Singer basiert die Neuvermessung unserer moralischen Relation zu Menschen in extremer Armut nicht auf einer – weitgehend unpolitischen – grundsätzlichen Moralkonzeption, die Individuen immense materielle Opfer abverlangt. Über ihre begründungspluralistische Grundlage hinaus hebt sich die hier vertretene Theorie besonders dadurch von Singers ab, dass sie die Bedeutung sozialer Strukturen für die Verantwortungszuschreibung ernst nimmt.

Eine auch in praktischer Hinsicht zentrale Diagnose dieses Buches lautet also, dass die alltagsmoralische Einschätzung unserer moralischen Relation zu Menschen in extremer Armut die Bedeutung sozialer Strukturen weitgehend ignoriert. Deshalb ist das gewöhnliche Moraldenken durch die Formulierung einer adäquateren Moralkonzeption zu korrigieren. Samuel Scheffler artikuliert diesbezüglich die Sorge, dass veränderte Lebensbedingungen und die gestiegene lebensweltliche Komplexität das Individuum als »primären Ort« von moralischer Verantwortung in Frage stellen.[1]

1 Vgl. Samuel Scheffler, »Individual Responsibility in a Global Age« [1995], in: ders., *Boundaries and Allegiances. Problems of Justice and Responsibility in Liberal Thought*, Oxford 2001, S. 32-47, hier S. 44.

Dieser Diagnose ist in einem gewissen Sinn zuzustimmen und in einem anderen zu widersprechen. Sie ist zutreffend, sofern damit nur die Einschätzung verbunden wird, dass Individuen *nicht* als *solitäre Verantwortungssubjekte* aufgefasst werden sollten, sondern als Subjekte, die sich mit anderen zusammenschließen und im politischen Raum *gemeinsam* zur Veränderung von sozialen Strukturen beitragen können. Zudem habe ich in diesem Buch die Bedeutung von Kollektiven als Subjekten und von Strukturen als Gegenständen von Verantwortung herausgestellt. Die Berücksichtigung von Kollektivsubjekten und von Strukturen, die das Handeln von Kollektiven und Individuen auf vielfältige Weise zugleich beschränken und ermöglichen, führt jedoch nicht zur Abwertung, sondern nur zu einer adäquateren Auffassung von individueller Verantwortung. Weder ersetzen Kollektive Individuen als Verantwortungssubjekte, noch verunmöglicht die Einbindung von Subjekten in Strukturen die Zuweisung von individueller Verantwortung. Schefflers Diagnose wäre meines Erachtens daher sogar falsch, wenn sie so verstanden würde, dass es aufgrund der gewachsenen lebensweltlichen Komplexität und unserer vielschichtigen Verflechtung in soziale Strukturen unmöglich geworden sei, wohlbegründete Urteile darüber zu fällen, was Individuen als solche angesichts von Herausforderungen globaler Tragweite tun sollten. Anders als Scheffler denke ich nicht, dass uns die Einsicht in die Unzulänglichkeiten des gewöhnlichen Moraldenkens zwangsläufig in einen Zustand der gedanklichen Verwirrung stürzt und dass kein Weg zur Formulierung einer Moralkonzeption in Sicht ist, die diese Unzulänglichkeiten beheben könnte.[2] Damit wäre meines Erachtens nicht der richtige Schluss aus der Betrachtung der Defizite der Alltagsmoral gezogen. Die hier entwickelte Theorie der globalen Verantwortung hat ja hoffentlich deutlich gemacht, dass es möglich und nötig ist, überlieferte Annahmen des gewöhnlichen Moraldenkens so zu korrigieren und zu ergänzen, dass erkennbar wird, wie Individuen und Kollektive trotz einer gesteigerten lebensweltlichen Komplexität ihrer Verantwortung zur Armutsbekämpfung gerecht werden können.

Dessen ungeachtet stellt strukturelle Verantwortung zweifellos *höhere kognitive Anforderungen* an Subjekte als moralische Gebote, die auf interpersonale Beziehungen bezogen sind und denen

2 Vgl. ebd., S. 46.

sie tagtäglich auf zumeist intuitive Weise entsprechen. Ich spreche von höheren – statt von größeren – Anforderungen, weil es bei der Übernahme von struktureller Verantwortung nicht allein auf das Ausmaß ankommt, in dem Subjekte ihren übrigen Zielsetzungen entsagen. Zwar geht es auch darum, Subjekten das Recht abzusprechen, hinsichtlich solcher globaler Herausforderungen wie der Bekämpfung der Weltarmut nur das Eigeninteresse walten zu lassen. Aber das bedeutet nicht, dass Individuen und Kollektive jeweils danach streben sollten, »moralische Heilige« zu werden, um es mit einem Begriff von Susan Wolf auszudrücken.[3] Es geht primär in dem Sinn um höhere Anforderungen, dass sich Subjekte für die Übernahme von Weltarmutsverantwortung damit auseinandersetzen müssen, wie genau sie selbst jeweils in strukturelle, die Weltarmut betreffende Zusammenhänge verstrickt sind und wie sie davon ausgehend handeln können. Diese Auseinandersetzung ist in kognitiver Hinsicht anspruchsvoller als etwa nur die Befolgung von bestimmten interpersonalen Unterlassungsgeboten. Nicht alle gesellschaftlichen Akteure sind gleichermaßen fähig und/oder willens, über ihre je eigene Verwicklung in solche sozialen Strukturen, die im Sinne eines besseren Menschenrechtsschutzes verändert werden müssen, zu reflektieren. Weil jedoch eine realistische Bewertung des Einflusses bestimmter Strukturen eine *Voraussetzung* für ihre Veränderung darstellt, kann schon eine Kultur der mangelnden Einsicht in strukturelle Zusammenhänge, die zur Perpetuierung der Weltarmut beitragen, selbst als ein *Teil* derjenigen Strukturen betrachtet werden, die es zu verändern gilt. Daher ist Öffentlichkeitsarbeit, die bezweckt, über Ländergrenzen hinweg für strukturelle Reformen im Dienst der Armutsbekämpfung zu werben, eine erste fundamentale Ebene, auf der strukturelle Verantwortung wahrgenommen werden kann.

Im Zuge der technologischen Veränderungen der Lebenswelt wächst zwar derzeit auch in wohlhabenden Ländern das Bewusstsein von der Verwicklung in weit von der eigenen Haustür entfernt stattfindendes Unrecht. Doch Verweise darauf haben häufig noch einen punktuellen Charakter, indem sie auf einzelne Phänomene oder Akteure fokussiert sind und andere strukturelle Ursachen der

3 Vgl. Susan Wolf, »Moral Saints«, in: *Journal of Philosophy* 79 (1982), S. 419-439, sowie Kap. IX, Fn. 16.

Armut ausblenden. Ein Ziel muss es deshalb sein, das Nachdenken über die Ursachen der Weltarmut dauerhaft im *Mainstream* des öffentlichen Diskurses zu etablieren. Dabei müssen, wie gezeigt, das System internationaler Institutionen und außenpolitische Entscheidungen ebenso zum Gegenstand der Debatte werden wie viele nur vermeintlich »rein innenpolitische« Entscheidungen in wohlhabenden Ländern. Dem Slogan »Verantwortung beginnt zu Hause« kann damit eine neue Bedeutung verliehen werden. Denn nicht nur steht die Übernahme von Weltarmutsverantwortung in keinem prinzipiellen Konflikt mit der Übernahme von Verantwortung in kleineren sozialen Kontexten und der gerechten Gestaltung der eigenen Gesellschaft. Darüber hinaus kann und sollte auch das Schicksal von in extremer Armut lebenden Menschen schon bei denjenigen politischen Entscheidungen berücksichtigt werden, auf die wir einen vergleichsweise direkten Einfluss nehmen können. Ich bleibe also in diesem Sinn optimistisch, dass es auch unter komplexer gewordenen lebensweltlichen Bedingungen möglich ist, Individuen als verantwortliche Akteure zu begreifen – in der interpersonalen und in der strukturellen Dimension.

Ich möchte nun auf einige jüngere Entwicklungen von globaler Tragweite zu sprechen kommen und die Ergebnisse der vorliegenden Untersuchung in deren Licht betrachten. Es lässt sich schwerlich bestreiten, dass die Welt seit der Jahrtausendwende nochmals »unübersichtlicher« geworden ist. Mehrere Aspekte sind hervorzuheben. Erstens zeigen die Finanzkrise der späten Nullerjahre, die im Sommer 2007 als Subprimekrise in den USA begann, und die durch sie angestoßenen Folgekrisen, dass sich grenzüberschreitende ökonomische und politische Interdependenzen, die in diesem Buch einer umfassenderen normativen Interpretation unterzogen wurden, weiter verstärkt haben. Zur Krise der Finanzwirtschaft ist seit Beginn der Zehnerjahre eine tiefgreifende und besorgniserregende Krise der europäischen Wirtschaft und Staatshaushalte getreten, die vermutlich nur über den schwierigen Weg einer stärkeren politischen Integration auf gesamteuropäischer Ebene überwunden werden kann.[4] Manche Zeitdiagnostiker sprechen in diesem Zusammenhang sogar von einer Krise des demokratischen

4 Vgl. hierzu Claus Offe, »Europe Entrapped. Does the EU have the Political Capacity to Overcome its Current Crisis?«, in: *European Law Journal* 19 (2013), S. 595-611.

Kapitalismus als dem tragenden ökonomisch-politischen System der westlichen Industrienationen.[5] Der Ausgang der gegenwärtigen Entwicklungen in Europa ist jedenfalls schwer vorauszusagen. Ein zweiter Aspekt der unsere Zeit prägenden Ungewissheit betrifft ökologische Aspekte, etwa tiefgreifende Umweltveränderungen und -verschmutzungen sowie Ressourcenverknappung. Zudem bedroht das seit langem bekannte, aber politisch immer noch ungelöste Problem des Klimawandels die Lebensgrundlagen schon gegenwärtiger, aber insbesondere zukünftiger Generationen. Der prognostizierte Anstieg der Weltbevölkerung – im Jahr 2050 soll die Marke von zehn Milliarden erreicht sein – kann die bestehenden Sorgen hinsichtlich drängender Herausforderungen wie der Reduktion von Treibhausgasemissionen und der Bekämpfung von Wasserknappheit nochmals verstärken.[6] Drittens zeigt sich, dass die Mitgliedsstaaten der Europäischen Union dem Irrglauben aufgesessen sind, sich von (den Folgen von) kriegerischen Konflikten abschotten zu können, an deren Entstehung sie nicht selten einen Anteil hatten. Aufgrund von gewalttätigen Konflikten im Nahen Osten, Zentralasien und Nordafrika, die mehreren Millionen von Menschen die Lebensgrundlagen entziehen, ist Europa derzeit mit einem großen Zustrom von Flüchtlingen konfrontiert.[7] Zu den Kriegsflüchtlingen treten Armutsflüchtlinge, die nicht aus Kriegszonen kommen, aber der strukturellen Armut in ihrer Heimat durch Auswanderung zu entkommen versuchen.

Welche Bedeutung haben diese Entwicklungen für die Theorie und Praxis der Zuschreibung von Weltarmutsverantwortung? Zunächst ist festzuhalten, dass die erwähnten sozioökonomischen Krisen, ökologischen Gefährdungen und kriegerischen Konflikte schon allein deshalb einen großen Stellenwert besitzen, weil Men-

5 Vgl. Wolfgang Streeck, *Gekaufte Zeit. Die vertagte Krise des demokratischen Kapitalismus*, Berlin 2013.

6 Vgl. hierzu Stephen Emmott, *Zehn Milliarden*, Berlin 2013.

7 Im Jahr 2015 beantragten rund 1,2 Millionen Menschen in den Mitgliedsstaaten der Europäischen Union Asyl. Vgl. ⟨http://ec.europa.eu/eurostat/documents/2995521/7203832/3-04032016-AP-EN.pdf/⟩, letzter Zugriff 07.03.2016. Im internationalen Vergleich relativiert sich diese Zahl allerdings. Der Hochkommissar der Vereinten Nationen für Flüchtlinge (UNHCR) gibt an, dass 2014 weltweit ca. 59,5 Millionen Menschen aufgrund von Verfolgung, Konflikten und Gewalt auf der Flucht waren. Vgl. UNHCR, *World at War – Global Trends. Forced Displacement in 2014*, Genf 2015, S. 5.

schen in extremer Armut als besonders verletzliche Mitglieder der Weltgesellschaft nicht selten deren Hauptleidtragende sind. Extrem arme Menschen sind vor rapiden Veränderungen in ihrer Umwelt schlechter geschützt als Bessergestellte, was sich zum Beispiel besonders deutlich zeigte, als im Jahr 2009 die Nahrungsmittelpreise im Zuge der weltweiten Finanzkrise schlagartig anstiegen und in der Folge die Zahl der Unterernährten kurzfristig die Milliardengrenze überschritt.[8] Trotz aller Prognoseschwierigkeiten stellt es einen wissenschaftlichen Konsens dar, dass Menschen in extremer Armut unter sonst gleichen Bedingungen – das heißt, wenn notwendige institutionelle Reformen ausbleiben – auch unter den Folgen des Klimawandels überproportional zu leiden haben werden. Beispielsweise wird sich im Zuge des Klimawandels die Ernährungssicherheit und Wasserversorgung in vielen subtropischen und schon heute trockenen Gebieten voraussichtlich weiter verschlechtern.[9]

Ein davon zu unterscheidender Aspekt ist, dass die Bekämpfung von extremer Armut auch im *wohlverstandenen Eigeninteresse* der wohlhabenden Länder und ihrer Bewohner liegt. Diese Einschätzung lässt sich in mehrfacher Hinsicht qualifizieren. Zum einen betonen Entwicklungsökonomen seit langem, dass die Eindämmung von Armut zur Verringerung von Geburtenraten führt – vorausgesetzt, es kommt dabei ein multidimensionales Armutsverständnis zum Tragen, das zum Beispiel auch den fehlenden Zugang zu Bildung als wesentlichen Aspekt von Armut begreift.[10] Dies kann wiederum in einen Zusammenhang mit ökologischen Herausforderungen verschiedener Art gebracht werden. Die Verringerung von Treibhausgasemissionen und Adaptionsmaßnahmen lassen

8 Vgl. Deutsche Welthungerhilfe, *Welthunger-Index 2010*, Bonn, Washington, D.C., u.a. 2010, S. 3.

9 Der WBGU nimmt an, dass bereits »heute [...] 1,1 Mrd. Menschen keinen sicheren Zugang zu Trinkwasser [haben]« und dass sich »die Situation [...] weltweit für mehrere 100 Mio. Menschen verschärfen [könnte], weil sich durch den Klimawandel die Variabilität der Niederschläge und die verfügbare Wassermenge verändern.« (Wissenschaftlicher Beirat der Bundesregierung Globale Umweltveränderungen [WBGU], *Welt im Wandel: Sicherheitsrisiko Klimawandel*, Berlin, Heidelberg 2008, S. 2.) Vgl. auch Stefan Rahmstorf, Hans Joachim Schellnhuber, *Der Klimawandel*, München [7]2012, S. 78.

10 Vgl. hierzu schon Amartya Sen, »Population: Delusion and Reality«, in: *The New York Review of Books* 41 (1994), S. 62-71. Siehe oben, Kap. VI.1, zum multidimensionalen Armutsverständnis.

sich beispielsweise mit einer kleineren Weltbevölkerung leichter als mit einer weiter ansteigenden erreichen. Überdies kann Armutsbekämpfung auch die grenzüberschreitende Migration abschwächen, vorausgesetzt natürlich, dass sie zu einer langfristigen Verbesserung des Lebensstandards in den heutigen Auswanderungsländern führt. Nicht zuletzt ist zu erwarten, dass die Etablierung von globalen Strukturen der Grundgütergewährleistung für weltpolitische Stabilität sorgen kann und auch für den Umgang mit anderen globalen Herausforderungen zielführend ist. Für die Eindämmung von gewaltsamen Konflikten bedarf es beispielsweise ebenfalls der verbesserten Kooperation und Reform von Institutionen über nationalstaatliche Grenzen hinweg. Auch für die Lösung von Problemen kollektiven Handelns (für die der politische Umgang mit dem Klimawandel nur ein besonders prominentes Beispiel ist) scheint eine grundlegende Reform des derzeitigen Systems internationaler Institutionen unabdinglich. Die gegenwärtigen ökonomischen und politischen Krisen, gewaltsamen Konflikte und ökologischen Risiken verdeutlichen, dass es im Grunde schon ein Gebot der Klugheit (und nicht erst der Moral) darstellt, globale Institutionen so zu verändern, dass die Menschheit diese Probleme in den Griff bekommt. Diesbezüglich ist es zumindest nicht abwegig anzunehmen, dass tiefgreifende institutionelle Reformen im Dienst der Abschaffung von extremer Armut auch den Umgang mit anderen globalen Herausforderungen erleichtern werden.

All dies unterstreicht erneut den Stellenwert von strukturellen Anstrengungen zur Bekämpfung von Armut. Es ist jedoch entscheidend, die genannte instrumentelle Perspektive auf Armutsbekämpfung, die Gründe dafür angibt, warum es im *wohlverstandenen Eigeninteresse* der Bessergestellten ist, ihren Beitrag dazu zu leisten, von der moralischen Perspektive auf Armutsverantwortung zu unterscheiden, die Dreh- und Angelpunkt dieses Buches war. Denn solange Armutsbekämpfung nur als ein bedeutsames prudentielles Anliegen betrachtet wird, ist die Rede von einer globalen moralischen Verantwortung fehl am Platz. Zwar ist die Verwendung des Verantwortungsbegriffs selbst im Rahmen der instrumentellen Perspektive nicht ganz ohne Sinn. Doch dann handelt es sich bestenfalls um Überlegungen über die wohlverstandene *Eigenverantwortung* von Staaten oder Staatenkonföderationen sowie ihrer Mitglieder. Eigenverantwortung, die auf Klugheitsgründe zurückgeführt wird, unterscheidet sich jedoch in mehreren Hinsichten von moralischer Verantwortung. Die Objekte beider Verantwortungsarten (beispielsweise sozioökonomische und politische Reformen) können zwar unter bestimmten Umständen konvergieren. Eigenverantwortung basiert aber auf andersartigen normativen Standards und weist auch eine andere Subjekt-Adressat-Relation auf. Sie fußt nicht auf einem moralischen Sollen gegenüber Mitmenschen, sondern auf zweckrationalen Überlegungen, die nur das Wohlergehen der Verantwortungssubjekte selbst betreffen.

Obwohl instrumentelle und moralische Gründe je nach Handlungskontext tatsächlich zu ähnlichen praktischen Empfehlungen führen können, bleibt diese Übereinstimmung empirisch kontingent und kann unter anderen Umständen auch wieder aufgehoben werden. Zudem sind es offensichtlich nicht ausschließlich auf das Eigeninteresse ausgerichtete Gründe, die Subjekte zum Handeln auffordern und motivieren können. Der Verweis auf das Eigeninteresse kann den Rekurs auf die Moral also nicht ersetzen, sondern nur ergänzen. Als Ergänzung handelt es sich um eine Erweiterung des Raums der Gründe, so dass auch diejenigen Akteure angesprochen werden, die sich in ihrem Handeln nur von instrumenteller Rationalität leiten lassen und für moralische Begründungen nicht empfänglich sind – obwohl sie dies eigentlich sein sollten. Instrumentelle Rationalität wird vermutlich immer einen wesentlichen Bestandteil im Handeln von Kollektiv- und Individualakteuren ausmachen. Dies ist legitim, solange Akteure ihr Eigeninteresse zurückstellen, wenn moralische Gründe dies erforderlich machen. Problematisch und zu kritisieren ist dagegen die *Verschleierung* von nichtmoralischen Interessen, etwa durch das Vortäuschen einer moralischen Handlungsmotivation, wo in Wahrheit das Eigeninteresse motivational wirksam ist. Schon allein um der Aufrichtigkeit willen sollten Akteure nicht vorgeben, durch moralische Gründe motiviert zu sein, wo sie in Wahrheit nur vom Eigeninteresse angetrieben sind. Es ist letztendlich jedoch eine empirische Frage, inwieweit genau einzelne Kollektiv- und Individualakteure auch durch Überlegungen über ihr wohlverstandenes Eigeninteresse dazu motiviert werden können, ihren Beitrag zu strukturellen Reformen zugunsten von Menschen in extremer Armut zu leisten. Ich hoffe jedenfalls deutlich gemacht zu haben, dass Armutsbekämpfung als eine moralische Aufgabe zu begreifen ist, die Akteuren in der Verfolgung eigener Interessen Grenzen setzt beziehungsweise davon unabhängig ist.

Die Abschaffung von extremer Armut sollte in einer Welt wie der unsrigen – mit all ihrem Wohlstand und all ihren technischen Errungenschaften – nicht als eine unerreichbare Utopie angesehen werden. Diese Einschätzung hat jüngst auch auf der höchsten politischen Ebene eine zumindest symbolische Anerkennung gefunden. Im September 2015 kamen die Vereinten Nationen zusammen, um neue Entwicklungsziele zu beschließen. Die sogenannten Ziele nachhaltiger Entwicklung (*Sustainable Development Goals*, SDGs) sollen bis zum Jahr 2030 erreicht werden. Trotz einiger notwendiger Einschränkungen stellen die SDGs vergleichsweise ambitionierte Nachfolger der Millenniumsentwicklungsziele (*Millennium Development Goals*, MDGs) dar, die im Jahr 2000 beschlossen wurden und 15 Jahre lang als allgemeine Ziele der Entwicklungspolitik Bestand hatten. Gleich das erste SDG fordert, »Armut in allen ihren Formen und überall [zu] beenden«.[11] Im ersten MDG war dagegen nur von der Halbierung des Anteils von Menschen in extremer Armut die Rede. Wird das erste SDG beim Wort genommen, so ist es in der Tat sehr weitreichend. Denn die Beendigung von Armut »in allen ihren Formen« impliziert nicht nur die Abschaffung von absoluter, sondern auch von relativer Armut, die in Gesellschaften mit größeren sozioökonomischen Ungleichheiten selbst dann vorliegen kann, wenn ein minimal akzeptabler Lebensstandard für alle gewährleistet ist. Dass diese Interpretation nicht abwegig ist, geht zum Beispiel auch aus dem zehnten SDG hervor, das die Verringerung der »Ungleichheit in und zwischen Ländern« fordert.[12]

Auch die neuen Entwicklungsziele sind jedoch noch nicht der Weisheit letzter Schluss. Gleich aus der ersten von vielen Zusatzformulierungen, die den ambitionierten Großzielen jeweils zur Seite gestellt sind, wird deutlich, dass das Ziel der vollständigen Beendigung von Armut an die internationale Armutsgrenze von 1,25 US-Dollar pro Tag gebunden ist.[13] Diese Grenze wird jedoch

11 Deutscher Übersetzungsdienst der Vereinten Nationen, *Resolution der Generalversammlung 69/315, verabschiedet am 1. September 2015*, S. 15, ⟨http://www.un.org/depts/german/gv-69/band3/ar69315.pdf⟩, letzter Zugriff 16.10.2015.

12 Ebd.

13 Vgl. ebd., S. 16: »Bis 2030 die extreme Armut – gegenwärtig definiert als der Anteil der Menschen, die mit weniger als 1,25 Dollar pro Tag auskommen müssen –

von Armutsforschern seit langem als viel zu niedrig angesetzt kritisiert.[14] Darüber hinaus ist sie auch allen anderen grundlegenden Einwänden ausgesetzt, die sich gegenüber der Vermessung von extremer Armut mit einer eindimensionalen monetären Armutsmetrik vorbringen lassen (siehe dazu besonders Kapitel VI.1). In einer weiteren Unterformulierung zum ersten SDG heißt es zwar, dass es gelte, »[b]is 2030 den Anteil der Männer, Frauen und Kinder jeden Alters, die in Armut in all ihren Dimensionen nach der jeweiligen nationalen Definition leben, mindestens um die Hälfte [zu] senken«.[15] Hier wird ein multidimensionales Armutsverständnis angedeutet, aber nur noch mit dem abgeschwächten Ziel der Halbierung von Armut verbunden. Diese Ambivalenz sollte bei der Implementierung der SDGs durch die Staatengemeinschaft zugunsten eines multidimensionalen Armutsbegriffs aufgelöst werden, der nichtmonetäre Aspekte wie den Zugang zu Nahrungsmitteln, sauberem Trinkwasser und angemessenen Unterkünften, zu Gesundheitsfürsorge, Bildung und politischer Mitbestimmung auf angemessene Weise verbindet. Darüber hinaus ist an den SDGs (wie zuvor schon an den MDGs) problematisch, dass sie einige Zielsetzungen enthalten, deren Realisierung schwer überprüfbar ist; einerseits aufgrund ihrer Vagheit – wann lässt sich zum Beispiel von der Forderung, dass die »Ungleichheit in und zwischen Ländern« zu »verringern« sei, genau sagen, dass sie erfüllt wurde? –, aber auch deshalb, weil sie keine akteursspezifischen Verantwortlichkeiten formulieren. Dadurch lassen auch die SDGs wie zuvor schon die MDGs der Staatengemeinschaft sehr große Spielräume und nehmen niemanden konkret in die Verantwortung.

Wird das Ziel der Beendigung von »Armut in allen ihren Formen und überall« sinnvollerweise auf einen multidimensionalen Armutsbegriff bezogen, so wird jedenfalls deutlich, dass die Vereinten Nationen noch vor einer gewaltigen Herausforderung stehen. Weil Armut ein multidimensionales Problem darstellt, ist auch der in diesem Buch zur Geltung gekommene normative Standard für die Zuschreibung von Weltarmutsverantwortung multidimensio-

für alle Menschen überall auf der Welt beseitigen.« Auch das erste MDG aus dem Jahr 2000 war auf die unterste monetäre Armutsgrenze der Weltbank bezogen.

14 Siehe Kap. VI.1, Fn. 2 und 3.

15 Deutscher Übersetzungsdienst der Vereinten Nationen, *Resolution der Generalversammlung 69/315*, S. 16.

nal. Er ist nicht nur an den dringendsten materiellen Mitteln zur Subsistenzsicherung orientiert, sondern auch an der Gewährleistung von anderen Grundgütern, etwa Gesundheit und politischer Mitbestimmung; und er lässt sich vor dem Hintergrund einer Vielzahl von grundsätzlichen normativen Perspektiven rechtfertigen. Ein uneingeschränktes Lob ist somit erst dann fällig, wenn sich herausstellt, dass die Unterzeichnerstaaten es mit der Realisierung der durch die SDGs ausgedrückten Ambitionen wirklich ernst meinen und tatsächlich – einzeln und gemeinsam – zu den tiefgreifenden politischen und ökonomischen Reformen bereit sind, die dafür erforderlich sind. Schon die Erfüllung des abstrakt gesehen eher moderaten Ziels der Beendigung von extremer Armut ist auf der Grundlage eines multidimensionalen Armutsbegriffs kein Selbstläufer. Um es zu erreichen, muss vielmehr das gesamte Spektrum von staatlichen und nichtstaatlichen Akteuren dazu aufgefordert und gebracht werden, sich für politische und ökonomische Reformen einzusetzen.

Ich habe in diesem Buch eine Begrifflichkeit und eine normative Grundlage für solche Verantwortungszuschreibungen entwickelt. Nicht zuletzt um der politischen Konsensfähigkeit willen bin ich dabei von der Intuition ausgegangen, dass es möglich ist, moralische Kriterien für die Zuschreibung von Armutsverantwortung an Individual- und Kollektivakteure zu begründen, ohne eine einzige grundsätzliche (und als solche strittige) normative Perspektive auf das Wesen von Gerechtigkeits- und Humanitätsnormen in Anschlag zu bringen. Ob gesellschaftliche Akteure – also wir – aber diesbezüglich wirklich zu »verantwortlichen« Akteuren werden, wird letztendlich auch davon abhängen, ob sie es verstehen werden, die Übernahme von Weltarmutsverantwortung kontinuierlich von sich selbst und von anderen einzufordern und sich dabei des kategorischen Charakters gewahr zu sein, den sie besitzt. Ob es gelingen wird, »Armut in allen ihren Formen und überall« zu beenden, liegt in diesem Sinn an uns.

Danksagung

Dieses Buch ist das Ergebnis einer langjährigen Auseinandersetzung mit globaler Verantwortung. Genauso wie die Wahrnehmung von Weltarmutsverantwortung ist auch ein Buch über sie ein soziales Unterfangen. Es verdankt der Zusammenkunft mit Menschen und den Institutionen, in denen und durch die wir handeln, sehr viel – sicherlich mehr, als ich das auf diesem knappen Raum zum Ausdruck bringen kann. Meine ersten akademischen Gehversuche zum Thema im Rahmen einer Magisterarbeit wurden von Holm Tetens und Bernd Ladwig begleitet. Zunehmend sicherer wurden meine Schritte dann während der Arbeit an meiner Dissertation, die ich 2008 auf einer Promotionsstelle am Institut für Interkulturelle und Internationale Studien der Universität Bremen begann und 2013 auf der Schwelle zum Postdoc am Institut für Philosophie der Freien Universität Berlin verteidigte. Stefan Gosepath hat mich als Erstgutachter der Dissertation seit den Bremer Tagen mit großer fachlicher und sozialer Kompetenz unterstützt. Nicht nur hierfür gebührt ihm an allererster Stelle mein Dank, sondern auch dafür, dass er mir in Bremen, Frankfurt und schließlich in Berlin jeweils ein wunderbares Arbeitsumfeld ermöglicht hat. Regina Kreide danke ich für den intensiven inhaltlichen Austausch in der Frankfurter Zeit sowie dafür, dass sie bereit war, als Zweitgutachterin meiner Arbeit zu fungieren. Wertvolle Anregungen verdanke ich auch Rainer Forst und den damaligen Teilnehmerinnen und Teilnehmern des von ihm gemeinsam mit Stefan Gosepath geleiteten Frankfurter Kolloquiums zur Politischen Theorie sowie denjenigen des Berliner Kolloquiums zur praktischen Philosophie.

Das Dissertationsprojekt wurde auf entscheidende Weise während meiner Frankfurter Zeit in den Jahren 2009 bis 2012 als wissenschaftlicher Mitarbeiter im Exzellenzcluster »Die Herausbildung normativer Ordnungen« geformt. Für viel geistige Nahrung sorgten dort nicht nur die facettenreichen Veranstaltungen des Clusters, sondern auch diejenigen der DFG-Kollegforschergruppe »Justitia Amplificata«, die seit 2013 zum Glück auch noch ein Berliner Standbein besitzt. In Bremen, Frankfurt und Berlin sowie während eines halbjährigen Forschungsaufenthaltes am Centre for

Applied Philosophy and Public Ethics an der ANU in Canberra profitierte ich vom regen Kontakt mit Freunden, Kolleginnen und Kollegen, Fellows, Vortragenden und nicht zuletzt mit den Studierenden in meinen Lehrveranstaltungen. Teilaspekte der vorliegenden Studie habe ich in Kolloquien und auf Tagungen in Bremen, Dubrovnik, Frankfurt, Bad Homburg, Canberra, Konstanz, Berlin, Münster und Bayreuth präsentiert und dafür hilfreiches Feedback erhalten. Ich verdanke somit vielen Menschen wertvolle Impulse, die hoffentlich um meine Anerkennung wissen, selbst wenn ich sie hier nicht namentlich erwähnen kann.

Meinen Eltern, Nina Engwicht, Stefan Gosepath, Regina Kreide, Bernd Ladwig, Sebastian Laukötter, David Löwenstein, Jekaterina Markow, Cornelia Mügge, Mirjam Müller, Chris Neuhäuser, Christoph Rothenfußer, Benjamin Schopp, Johannes Sudau, Eva Weber-Guskar und Anna Wehofsits bin ich sehr dankbar dafür, dass sie sich Zeit genommen haben das Manuskript in unterschiedlichen Stadien in Teilen oder sogar ganz zu lesen und zu kommentieren. Jakob Zoche danke ich für die Hilfe bei der Anfertigung der in Kapitel III verwendeten Grafik, Ina-Maria Gumbel und Johannes Sudau für das sorgfältige und aufopferungsvolle Korrektorat und die Unterstützung bei der Erstellung des Registers.

Ein ganz besonderer Dank gebührt Eva Gilmer: dafür, dass sie sich gemeinsam mit ihren Kollegen im Wissenschaftslektorat von Suhrkamp dafür entschieden hat, diese Studie in das von mir seit Jugendtagen verehrte Verlagsprogramm aufzunehmen; und dann vor allem dafür, dass sie den letzten Überarbeitungsprozess durch unzählige kluge Anregungen bereichert hat. Meiner Frau Elise bin ich zutiefst verbunden für und durch den seelischen und intellektuellen Austausch in den letzten Jahren, der auf ganz eigene Weise einen unschätzbaren Anteil an diesem Buch hat.

Register der Personen, Organisationen und Institutionen